再造傳統

道教研究學術論叢

再造傳統

淨明科儀的文獻研究

許蔚　著

香港中文大學出版社

道教研究學術論叢
叢書主編：黎志添

《再造傳統：淨明科儀的文獻研究》
　　許蔚　著

© 香港中文大學 2023

國際統一書號 (ISBN)：978-988-237-278-8

出版：香港中文大學出版社
　　　香港 新界 沙田 · 香港中文大學
　　　傳真：+852 2603 7355
　　　電郵：cup@cuhk.edu.hk
　　　網址：cup.cuhk.edu.hk

Daoist Studies Series
Series Editor: Lai Chi Tim

Reconstructing Tradition: A Documentary Study of Jingming Ritual (in Chinese)
　　By Xu Wei

© The Chinese University of Hong Kong 2023
All Rights Reserved.

ISBN: 978-988-237-278-8

Published by The Chinese University of Hong Kong Press
　　　　　The Chinese University of Hong Kong
　　　　　Sha Tin, N.T., Hong Kong
　　　　　Fax: +852 2603 7355
　　　　　E-mail: cup@cuhk.edu.hk
　　　　　Website: cup.cuhk.edu.hk

Printed in Hong Kong

目錄

推薦序（李豐楙）.. ix

引言..1

    第一節　用語界定 1

    第二節　淨明史述補 2

    第三節　近代以來的西山萬壽宮（南昌萬壽宮附）.................... 19

    第四節　本書構想 42

第一章　作為靈寶法的淨明法：南宋淨明法的批判與接受

           兼談近世道教幽科幾個要素 **69**

    第一節　「淨明經、法」、「靈寶大法」與《上清靈寶大法》........70

    第二節　作為靈寶法的淨明法：

           靈寶法對淨明法的引用與化用 86

    第三節　作為淨明法的靈寶法：

           靈寶法中不見於現存淨明法文獻的淨明法 99

    第四節　想象淨明：

           草人、昇天券與作為「常式」的靈寶法 108

    第五節　本章結語 114

第二章　元代淨明忠孝道法的傳度秘旨及其流出版本：
　　　　兼談金蓬頭丹法文獻問題以及淨明忠孝道法
　　　　的傳衍與在地化 **125**

　　第一節　抄本《玄機》概況暨有關淨明秘旨所處之文本環境 .. 126

　　第二節　抄本所見有關淨明秘旨內容及其可靠性問題 130

　　第三節　劉天素與金蓬頭脫契而改宗淨明史事測兼談金蓬頭
　　　　　　丹法文獻問題 138

　　第四節　道法「臆造」與淨明忠孝道法的在地化 146

　　第五節　本章結語 155

第三章　自我認同與他者認同：
　　　　趙宜真、劉淵然嗣派淨明問題再探討 **161**

　　第一節　道法與丹法：趙宜真宗派問題的再探討 162

　　第二節　劉淵然嗣派淨明問題的再探討 170

　　第三節　本章結語 181

第四章　趙宜真傳記書寫中的捨棄資料 **189**

　　第一節　資料來源與改筆分析：
　　　　　　〈趙元陽〉與〈趙原陽傳〉等三種傳記資料的比較 192

　　第二節　從《靈寶歸空訣》看趙宜真傳記書寫中
　　　　　　死後托夢之事的被捨棄 202

　　第三節　本章結語 207

第五章　作為淨明科儀的「正一表懺都仙勝會」：
　　　　以晚清民國進賢縣興真古觀分派道壇抄本為主 **217**

　　第一節　西山廟會的民俗傳統與儀式記憶 218

　　第二節　作為淨明科儀的朝仙進表與香會朝香的儀式需求 ... 222

　　第三節　作為淨明道壇的進賢縣興真古觀分派道壇及
　　　　　　其「正一表懺都仙勝會」 229

第四節　本章結語 240

附：〈星主表〉（擬）、〈仙會牒式〉、〈仙會誠意〉（擬）............ 243

第六章　儀式中的文學表達：
淨明道科儀文獻中的許遜傳記 259

第一節　《神功妙濟真君禮文》中的許遜傳記 260

第二節　《淨明演經朝科》中的許遜傳記 262

第三節　《許祖表科》中的許遜傳記 266

第四節　本章結語 271

第七章　真君醮的成立 277

第一節　真君降鑒：禮、懺、朝、醮 277

第二節　從《許祖表科》到真君醮科 283

第三節　本章結語 297

第八章　真君背後的真君：許遜信仰文本中的施岑信仰潛流及
施岑降筆的正典化以及許遜神格的下降與在地化 303

第一節　從許遜傳記的附庸文本及地方遺跡變遷
　　　　看施岑信仰的潛流 304

第二節　宋元金陵城的一個微觀宗教地理：金陵城內區域
　　　　信仰網絡與許遜、施岑道院的分合 308

第三節　作為施岑信仰史料的許遜傳記：施岑降筆
　　　　《西山許真君八十五化錄》及其正典化 314

第四節　真君背後的真君：《普天福主演玄法懺》及
　　　　其在當代道教恢復中的正典化問題 317

第五節　本章結語 330

第九章　文本流傳與科儀拼接：

　　《太上靈寶淨明道元正印經》的再發現 343

　　第一節　《太上靈寶淨明道元正印經》的文本問題 343

　　第二節　呂祖降乩與金丹後派：

　　　　　　《金丹祭煉》的成立背景 361

　　第三節　「聖語」與「人心」：

　　　　　　從《呂祖慈航無極懺》到《金丹祭煉》.................369

　　第四節　本章結語 374

結語 383

附錄一：《沖虛至道長春劉真人語錄》校點 387

附錄二：《慈善孝子報恩成道經》合璧 405

主要參考書目 427

後記 447

索引 449

推薦序

　　晚近應友人或學棣輩寫序漸多，一般均僅著一「序」字，但這次應忘年交許蔚博士新出大作寫序，特別鄭重加上「推薦」二字，並非賣老，而是嗅到一種學術氣息。這種感覺是真誠、真實：「真誠」者有感於學界同行，終於有人完成此願；「真實」則因真蹟、寫本俱存，如此認真建構，確有近乎真實之感。與許博士結緣的因緣凡三：其一，是弟子張超然推薦，當時許博士新出「鉅」作《斷裂與建構：淨明道的歷史與文獻》(2014) 厚達八百頁，值得一讀之故也。他深知我曾對此一課題著迷一段時間。其二，為師門之故，在完成博士學位後與道門結緣，每次上壇唸經必會誦請「西山、許真君……」，故中國大陸對台灣開放後可以參訪道教聖地，我即直奔江西西山，當時看到諸殿正在恢復中，聖像初步泥塑。由於當時與道教總會一起前往，特別獲准拍照留念，此即與西山的初緣。其三，則是執行計劃，從整理刊本文獻，到收集寫本文本，諸多機緣累積漸多，亟想親訪其觀其壇。當時實多不便，故在王秋桂教授主持計劃時情商毛禮鎂大姊幫忙，記錄恢復中的進香盛況，每次閱讀即可滿足無法從文本想像的驚喜。職是之故，先考試過郭武博士的突破之作後，繼又欣見許博士進一步的開發，的確一圓當初想作而不能之願。

　　這次許博士邀請我作序，當時我正忙著撰寫一部書稿，但看到電子檔後知道又是鉅作，雖然這些電子檔看起來頗耗眼力，但佳構當前還是要先睹為快，果然又是一大突破，此即要鄭重「推薦」的原因。推薦對象凡三：一為淨明弟子，在此地認識許多，多數僅屬法派的認同，但通讀此書即可知，此派的門面開闊、堂廡深廣，不宜如是窄化；二為道教同行，目前道教研究仍多用道教經藏，而使用寫本者僅為初步，許博士則勇於嘗試，其寶貴經驗盡在此中；三則是學界同道，道教學仍屬冷門，但許真君乃江西福主，旌陽觀遍及各地，捨此則江西文化何從了解。基於諸般複雜的原因，許博士在新作中也微露心聲，對於圍繞許真君的故事群，這些資料散於宮志、碑刻、檔案，尤其地方道觀／道壇的秘密抄本，才是真正亟需搜尋的直接史料！否則如何深入既編又寫的文化語境？這部新作特多嘗試，諸如使用的材料、運用的方法，乃至初步的成果，應是目前為止較少見的。

　　許博士近年來由此一核心課題輻射出去，所探索的範圍實已逐漸跨越，但無論鄉土感情、學養累積，此一道派的全幅研究仍非他莫屬。猶記在香港寫畢西山進香一篇，為之掩卷嘆息，開展此一研究所需的條件：經典文本、歷史文獻、田野調查，甚至實踐體驗，每一條件若有不足何以為之！故連續讀到舊、新二書，覺得許真君深慶得人矣！這部大作值得推薦的理由凡三：首為寫本系統的開挖，道教研究以往仰賴刊本系統，如此就無法建構全史，乃因明清至近代闕如也，許博士的書齋則多珍寶，只有地方道壇寫本方能補足其闕。其次，就是格局開闊，圍繞著南昌故觀與西山新觀，居然自成一個「信仰圈」，甚至沿江傳布而舊蹟猶存！記得有次在鎮江親見其觀，深感其信仰輻射之廣且多，此作既初步補益，即可見信仰與商旅的關係。最後，則是許遜信仰全史的完成，任一道教神仙久遠者，就像杜贊奇揭舉的「層疊」現象，同好如我，認為是本相、變相、萬變不離其本，層層厚疊始為真「相」。此即許真人／真君的真

實寫照也，一人而千百年重塑不絕，學者則是不斷重構，在書中宣稱「歷史再造」：鸞社／鸞壇，而鸞授／鸞封常是「道封」的前奏，故道經習誦三寶：道、經、師，即彰顯其神啟性經典的本質。推薦此書正因許博士上下古今，在此結穴，其實還有一些，隔省福建尊為許法主，法像法儀俱在，將來還可再次結穴。斯作作為範例，先睹其盛，爰綴於前，既羨又賀，是為推薦序。

李豐楙
草於退休之年

（作者為台灣中央研究院院士、政治大學宗教研究所名譽講座教授）

引言

　　道教經歷千年發展，至今仍然活躍。作為歷史上以及今日道教所承認的一個流派，淨明道或者淨明派，與其他的道派一樣，經歷過長期斷裂與反復重建，而目下也以江西省南昌市新建區西山鄉的西山萬壽宮為祖庭，得以恢復。本書擬就淨明道相關的儀式文獻作專題性的討論。在進入論述以前，擬先對有關概念予以說明，並對有關史事及史料略作通貫的梳理。這既是對我以往的研究進行檢視與補充，同時也有利於讀者在進入具體個案的閱讀前，能有一個較為清晰的整體印象。

第一節　用語界定

　　「淨明道」一詞，並非傳統認知，而是現代學術研究中提出的概念。
　　我在以往的研究中，也曾為「淨明道」作過嚴格與寬泛兩種定義。嚴格的定義，僅指以南宋建炎二、三年（1128、1129）間周方文等人在臨江軍新喻縣所出經典與紹興元年（1131）何守證等人在洪州西山玉隆萬壽宮翼真壇所出經典為核心的「淨明法」。寬泛的定義，除南宋淨明法外，還包括元代劉玉、黃元吉創立的「淨明忠孝道法」，以及明清以來在此基礎上衍生出的淨明認同（如清初朱道朗等

人創立的所謂「淨明續派／淨明青雲派」等）。而在具體行文上，既納
入晉唐孝道，將南宋以前的有關傳統均稱為孝道，南宋以後則統稱
為淨明道。[1]當時的此種處理，既有前輩學者的論述為基礎，也是為
了通代敘述的方便，當然，也有利於進行「斷裂與建構」的觀察。

「孝道」見於相應經典、傳記及石刻文獻。

「淨明法」則見於相應經典以及白玉蟾、金允中等人的論述，此
外，也見有「淨明院」、「孝道明王之教」、「淨明忠孝之道」等個別表述。[2]

劉玉等人往往使用「淨明之教」、「淨明大教」、「淨明忠孝之
教」、「淨明靈寶忠孝之道」，當然，有時也會用「淨明法」（趙宜真轉
載藥方時也使用「淨明法」[3]）或「淨明道法」；朱權則著錄作「淨明忠孝
道法」，列為三十九階道法之一，[4]而邵以正重刊《淨明忠孝全書》收入
的趙宜真傳記也使用「淨明忠孝道法」。[5]

以上均為文獻中固有之說法。

本書在具體論述上，涉及不同時期傳統時，晉唐時期採用「孝
道」，南宋時期採用較為通行之「淨明法」，元代則採取朱權所用「淨
明忠孝道法」，以示區別。但明萬曆（1573–1620）以後，不涉及對不
同時期傳統作區隔時，為敘述方便，對有關認同及科儀資料，尤其
是有關晚近道壇分派及科儀歸屬、現當代「恢復」情況的論述，本書
則擬在尊重道壇文獻用語及當代道教自我認知的基礎上，採用簡稱
「淨明」或者現代學術用語「淨明道」。

第二節　淨明史述補

晉唐孝道保存下來的史料主要是〈許遜真人傳〉、〈吳猛真人
傳〉、《孝道吳許二真君傳》以及《晉西山十二真君內傳》佚文或轉寫
等傳記資料，有關其經典及法術傳統之資料及記載非常有限，但也
透露其從六朝到北宋徽宗朝一直堅韌地存在著。

其中，《赤松子章曆》記錄的《孝道仙王一十八階征山神將籙》[6]應屬孝道專有的法籙，可惜並未流傳下來，具體內容不明。

《慈善孝子報恩成道經》為目前所知僅存的孝道經典，其成立年代不早於隋開皇八年（588），可能不晚於武周延載元年（694），現存殘卷分見於敦煌寫卷與《道藏》之中，去除重複的兩種，共存三卷（原本至少有四卷），[7]除孝順子成道故事外，也涉及日、月、斗中孝道明王、孝道仙王及孝悌王等。雖然沒有證據表明南宋淨明法延用了該經，但孝道明王、孝道仙王不僅被周方文等人尊奉為祖師，作為參與「六真降經」的仙真，而且也融入淨明經法的法術細節，如存身為孝道明王、飛步朝孝道明王及孝道仙王等。

〈濟瀆廟靈符碑〉現存於河南省濟源市濟瀆廟中，包括雲篆、符文與碑文三部分，署政和六年（1116）九月九日，為現存所知有明確紀年且年代最晚，同時明確屬於孝道的實物遺存。其符文即許真君鎮蛟符，見於宋代刻石〈真君鎮蛟鐵符摹刻記〉。碑文提到諶姆、蘭公傳孝道，見於前述傳記資料。而諶姆也被南宋淨明法尊為經師，作為「六真降經」的仙真之一。至於雲篆中的「淨」字則是孝道所特有的篆字，除見於南宋以降許真君傳記外，也為周方文等人用作「淨明法主印」的印文。[8]就這些細節而言，南宋淨明法與晉唐孝道之間雖然斷裂巨大，明顯是不同的兩個傳統，但也不能不說存在著一些無法斬斷的連續之處。

周方文即周真公，南宋紹興間（1131–1162）使金的「牛頭」學士周麟之應當就是他的兒子。他本為出身海陵周氏的官員，卸任崇仁縣後，在臨江軍新喻縣（可能在玉虛觀）從事降經，即所謂「六真降神於渝水」，[9]我稱之為「六真降經」。六真即祖師孝道明王（日）、祖師孝道仙王（月）、經師諶姆、籍師吳猛、監度師張道陵以及度師許遜。至於六真所降經目，我在已往的研究中曾予考證及列明，[10]迄今仍覺可靠，僅就新近的認識，對諸書之間的關係及先後次第略予微調與標註：

表0.1 「六真降經」經目及次第

序號	書名	標註
1	《高上月宮太陰元君孝道仙王靈寶淨明黃素書》	今本有改動。原本出建炎二年。
2	《靈寶淨明黃素書釋義秘訣》	建炎二年。
3	《太上靈寶淨明洞神上品經》	建炎二、三年間。
4	《太上靈寶淨明法序》、《太上靈寶淨明入道品》、《太上靈寶淨明法印式》、《太上靈寶淨明秘法篇》	以上屬同書，出建炎三年，可能在三月到六月間。
5	《靈寶淨明院教師周真公起請畫一》	可能出建炎三年。
6	《太上淨明院補奏職局太玄都省須知》	可能出建炎三年，至少在《太上靈寶淨明飛仙度人經法》前已問世。[11]
7	《靈寶淨明院真師密誥》	可能出建炎三年。[12]
8	《太上靈寶淨明飛仙度人經法》	今本有改動，原本可能出建炎三年，與《太上靈寶淨明秘法篇》同時或稍晚問世。
9	《靈寶淨明院行遣式》	可能出建炎三年，與《太上靈寶淨明飛仙度人經法》同時或稍晚問世。
10	《靈寶淨明大法萬道玉章秘訣》	可能出建炎三年，與《太上靈寶淨明飛仙度人經法》同時或前後問世。
11	《太上靈寶淨明天尊說禦殟經》	建炎三年六月庚戌。

　　如上所示，「六真降經」雖然大體上可看作一時所降，但既有先後次第的不同，各經典所主張也有一定的差異。

　　較早問世的《高上月宮太陰元君孝道仙王靈寶淨明黃素書》、《太上靈寶淨明洞神上品經》、《太上靈寶淨明秘法篇》及附屬文獻，具有自成體系的「黃素法」、淨明經法及獨特的真文、靈書。稍晚問世的《太上靈寶淨明飛仙度人經法》、《靈寶淨明大法萬道玉章秘訣》（以及《靈寶淨明院行遣式》），雖然不得不接受前此問世的「黃素法」及淨明〈靈書〉上、下篇，但卻是採用〈靈書〉中篇與五方真文的「新」「編到《靈寶大法》」。[13]這與周方文希望六真能「大演《度人經》」教，以為

教法之祖」，¹⁴以及有能力編制《靈寶大法》的「歐陽教師等」人加入降經活動有關。

與此可作對比的是，周方文也曾希望六真能頒示真本汪火師五雷法，尤其是希望得到醮四維神法及〈赤鵝符〉(應是對〈赤雞符〉、〈紫鵝符〉的概稱) 等符訣目等，但批覆只說不及前日張道陵所降正一五雷法；¹⁵而淨明經法中也並未出現五雷法內容，僅有《靈寶淨明天樞都司法院須知法文》中錄出的〈天樞都錄養神法〉、〈天樞都錄糾察法〉並〈雷符〉一種勉強與雷法有關，並且只是通過存思許遜、張道陵及孝道明王飲以雷炁之類 (此或即張道陵所降示正一五雷法)，¹⁶表明並未有擅長或者熟悉五雷法的人員加入降經活動。

而在《太上靈寶淨明飛仙度人經法》問世之後，淨明弟子除接受「黃素法」及淨明經法外，還需要參受「靈寶大法」。¹⁷應當說，歐陽教師等人的加入，使得淨明法脫離了沉迷於內丹修煉與忠孝救世的士大夫宗教 (或稱「同人宗教」)，與道教儀式傳統接軌，真正具有了影響力。

在「六真降經」諸種之外，諸如《靈寶淨明新修九老神印伏魔秘法》(紹興元年，丹陽子)、《太上靈寶淨明九仙水經》(丹陽許子)、《太上靈寶淨明玉真樞真經》(丹陽子)、《太上靈寶首入淨明四規明鑑經》，則出自紹興初年的玉隆萬壽宮翼真壇，即丹陽許子 (亦即高明大使許遜) 所降經典，我稱之為「許遜降經」。至於《太上靈寶淨明道元正印經》、《太上靈寶淨明中黃八柱經》，沒有證據表明晚至元代，也不排除出自翼真壇的可能。¹⁸

就《道藏》所保存的文獻而言，翼真壇「許遜降經」數量非常有限。考慮到此時的洪州、臨江軍等地剛剛經歷了金兵屠城、地方叛亂等兵火蹂躪以及伴隨戰事而來的疫癘荼毒，或許前此參與降經的能文精思之士已喪失殆盡，再加上核心人物周方文已由張浚保舉轉往舒州任官，降經活動可能並未持續太久，並且所降諸經大體都篇幅短小，主要是通過修辭性的文字來反復宣說忠孝淨明，雖然符合

「翼真」、「勸善」的需要，卻與「六真降經」反映的豐富的道書閱讀與內丹修煉經驗形成鮮明對比。

其中，《靈寶淨明新修九老神印伏魔秘法》本身可能是承續「六真降經」時未及出世的《丹井緣事》(校正真本《九老帝君回屍起死之經》)之作，[19]儘管從《伏魔神印》並列「別本」來看，翼真壇奉真旨編修的「門人」仍然不熟悉相關法術，無力抉擇，其編修出世是比較勉強的。[20]同時，與其他諸種解說內煉、宣講忠孝的短製不同，《靈寶淨明新修九老神印伏魔秘法》所尊奉的「上清九老帝君」以及所採用的印、訣等與「六真降經」特別是淨明經法明顯異質。此種異質類似歐陽教師等人引入靈寶大法，雖然與淨明經法的用印規矩及符、訣不太適配，卻也形成新的做法，此後在天台靈寶法中也被作為淨明法予以融攝。[21]

以上兩個經目所反映的淨明法，儘管並非南宋時代的完整樣態，仍然覆蓋了忠孝義理、仙官職局、文檢行移、拔亡救濟、驅邪治病、內煉存思、行罡飛步等諸多方面，可以説將時人所能掌握的道教知識與地方傳統、文官經歷及個人追求進行了較為充分的整合，相較在此前後興起的道法傳統而言，具有鮮明的文人氣質與真切的時代關懷。

不過，儘管上述個別文獻一般認為曾在元代被予添改或重新整理，但也往往呈現出草寫特徵，特別是《靈寶淨明院真師密誥》這一私人性質的文件與治瘟癘符法、服柏葉方褁鈔為一卷，收入《道藏》，似乎透露寫本擁有者與淨明法傳統之間存在隔膜。而從王契真、金允中《上清靈寶大法》等對淨明法的接受、批判及曲解情況，尤其是從淨明〈靈書〉上篇被天台靈寶法誤認或改造為《元始祖炁洞經》進而受到金允中的強烈批判來看，[22]淨明法雖然造成一定的影響，但在南宋中晚期已經不能被正確理解。

元代玉隆萬壽宮提舉宮事許宗聖在為劉玉所作傳記中提到「至建炎戊申，僅七百年(指許遜留下龍沙讖之後)，兵禍煽結，民物塗

炭,何真公等致禱真君,匄垂救度。既而降神渝川,諭以辛亥八月望當降玉隆宮。至期迎俟,日中雲霧鬱勃,自天而下,由殿西徑升玉冊殿,降授《飛仙度人經》、《淨明忠孝大法》。真公得之,建翼真壇,傳度弟子五百餘人,消禳厄會,民賴以安。迄今二百餘年,其法寖微」。[23]

建炎戊申即建炎二年,辛亥則紹興元年,與前述經目之年代是一致的。作為玉隆萬壽宮本宮的提舉,許宗聖不排除是得敕差而來者,但也很可能是由本宮成長起來的道士。儘管對兩次降真、參與人物及所降經典的敘述不太正確,但他仍然清楚地知道曾有兩次降真,並且提供了正確的年代。而他所說「迄今二百餘年,其法寖微」,也應屬事實。畢竟,南宋淨明法如果在元代仍然得到有效的延續,也就不太可能出現劉玉、黃元吉重行降經,再造淨明之事。實際上,劉玉對南宋淨明法的利用,也僅止於引用《太上靈寶首入淨明四規明鑑經》的忠孝表達而已。[24]

劉玉本為西山鄉儒。他在至元十九年(1282)初遇胡慧超,喻以大教將興。次年(1283)即奉真旨建立騰勝道院。至元三十一年(1294),則移居烏晶原。此後,一直到元貞元年(1295),劉玉才在紫清宮拍洪樓,初次接受胡慧超降授〈淨明大道說〉,並預告許遜也將親臨。此事傳出後,很快就吸引了黃元吉的加入。元貞二年(1296)十二月,黃元吉冒雪深夜造訪劉玉宅,共同接受了許遜降授〈玉真靈寶壇記〉,郭璞降授〈玉真壇疏〉。之後的大德元年(1297),在黃元吉所屬玉隆萬壽宮清逸堂,他們又接受了胡慧超降授〈淨明道法說〉,「由此開闡大教」。[25]大德二年(1298),郭璞降授〈淨明法說〉,其地點則不明,不排除仍在清逸堂。[26]以上五篇文字收錄於《淨明忠孝之書》,尤其以胡慧超所降〈淨明大道說〉、〈淨明道法說〉最為重要,為劉玉的根本思想所在。

此外,〈中黃內旨〉雖非真授文字,並且也未收入《淨明忠孝之書》,但與〈淨明大道說〉、〈淨明道法說〉關係密切,可以確定是淨明

忠孝道法的重要文獻。這一文獻原係傳度時的秘密文字，本應在傳度後立即銷毀，卻遭到「洩密」，不僅保存於《養生秘錄》之中，而且也見於與淨明忠孝道法有淵源關係的晚近道壇抄本，使我們得以了解劉玉、黃元吉以下的傳度秘密，同時也得以重新審視掩藏在理學論說之下的元代淨明忠孝道內丹理論。[27]

　　至於劉玉所創《淨明告斗法》、《一暘煉度法》，不僅曾為弟子及鄉里信士實際演行過，他自己也曾有簡單的解說。比如書寫〈煉度火符〉先於圓象中心著一墨點、〈煉度水符〉先於圓象中心著一朱點云云。[28]雖然號稱是一種簡而又簡的「先天」做法，但類似的做法也見於趙宜真系統清微法的《玉宸經法煉度內旨》中〈書符籙法〉、《上清龍天通明煉度大法》中〈書符籙要訣〉，即「引真炁從天目中出，隨筆於籙中符下圈上作圓象，運過，就中一點注念」云云，再「左塗，九轉，出筆」，而「拂抹有用水筆、用火筆」[29]（應即指朱書、墨書），實際上是宋元時代常見的書符方法，與雷法中所重視的玄關一竅、先天一炁也存在共通之處。[30]當然，所謂相通或相似只是就其理論而言，具體的做法則無法對比。而劉玉的這兩種做法雖為朱權所著錄，但在明代及以後是否仍有流傳不得而知，至少就目前所知，《道藏》內外都沒有見到相關科儀文獻保存下來。

　　豐城人黃元吉十二歲入玉隆萬壽宮清逸堂學道，先後師事本堂朱尊師、王月航。他加入劉玉團體，改變了降經活動的走向，使得劉玉為玉隆萬壽宮所接納。儘管黃元吉進京結交名公，謀求敕差，最終僅得到玉隆萬壽宮提點一職，而未能得到住持提點之職，不能主其宮事（當時擔任玉隆萬壽宮住持提點的是出自張留孫派下的著名道士朱思本[31]），但他獲授「教門高士、淨明崇德弘道法師」，[32]卻也為淨明忠孝道法贏得了認可。此後，虞集曾向吳全節推薦他，他也因此留在崇真萬壽宮，但不久，到泰定二年（1325）就去世了。

　　虞集記錄了他的幾位最重要的弟子，即陳天和、劉真傳、熊玄暉、[33]劉思復、黃通理等。其中，雲隱道人陳天和是黃元吉在玉隆萬

壽宮清逸堂的嫡傳弟子。不過，陳天和雖在〈中黃先生碑銘〉中被提名，並且署名編撰了黃元吉語錄，是黃元吉當然的繼承者；卻因為未有傳記附入《淨明忠孝全書》，而被後世所遺忘，明萬曆以降的有關記載全都是以原本名不見經傳的徐慧為接續黃元吉的「四祖」。

另外，根據晚近道壇抄本輾轉傳抄而偶然保存下來的淨明秘旨、劉天素自述文字以及師派名單可知，劉天素（志玄）曾在京師拜入黃元吉門下。此後他與乃師金蓬頭脫契，來住豫章五靈道院。不過，至晚到元統三年（1335）春，他又接受邀請，前往撫州宜黃縣紫山長春觀擔任住持。[34] 儘管劉天素主要是以全真弟子身份活動，紫山長春觀也在他的主張下增塑了全真宗師像，但他派下的淨明忠孝弟子至少應傳承了兩代。[35]

作為黃元吉在京師時所傳弟子之一，儒生徐慧回到吉安後，在《淨明忠孝之書》的基礎上編輯刊行了《淨明忠孝全書》。在他所住吉安縣永和鎮清都觀，至少有其子徐師晉嗣傳其道法。此外，其弟子可知者，還有蕭尚賢、上官良佐。上官良佐與陳天和、謝西蟾均有交往。謝西蟾曾與劉天素共同編撰《金源正宗全真像傳》。上官良佐不排除也認識劉天素。他成為徐慧弟子後，在安福縣東二十五里仙子峰建立了壇宇，且曾計劃請徐慧住持，因徐慧去世而未果。[36] 作為弟子，他在徐慧去世後的次年到訪清都觀致奠，並根據徐師晉提供的材料，為徐慧撰寫了傳記。不過，他稱徐慧在京師時獲授「淨明配道格神昭效法師」[37] 則頗為可疑。徐慧在泰定元年（1324）春即因母病而返回吉安，而黃元吉在泰定元年（1324）方纔獲薦受封。徐慧在乃師獲薦之前就取得含有「淨明」二字的封號，並且還比乃師多兩個字，如果不是偉特異常，則必為家人、弟子輩的僭稱。[38] 可作對比的是，劉天素拜入黃元吉門下之前，已經是「賜紫、教門高士、澄虛湛寂洞照法師」；[39] 但他本為金蓬頭弟子，又曾在大長春宮侍奉孫德彧，完全具備獲封的條件。而徐慧在京師時不過是應選寫金經的經生，與黃元吉相識可能也不過半年，在〈中黃先生碑銘〉中更是毫無蹤影

可尋，只是不可備列的一般弟子而已。他的名聲是回鄉後逐漸累積
的。傳稱徐慧不僅精熟科儀，手撰科文數卷，而且在為其鄉里進行
祈晴禱雨、治病祛邪等儀式活動時，甚至能夠做到「神動天隨，雷電
隨應」、「雲篆一飛，陰怪旋屏」的程度，[40]倘若這並非傳記寫作上的
誇大之辭，那真可謂是道法靈驗。而他拜訪陳天和，刊行《淨明忠
孝全書》，應當也給陳天和留下很好的印象，因而陳天和會向上官良
佐推薦他。而他曾為上官良佐保奏《神霄總攝雷書》，也在至正十年
（1350）五月去世前，命蕭尚賢為他代謝所佩師仙將吏，表明至少徐
慧派下的淨明忠孝弟子應是傳習包括神霄系統的雷法在內的種種儀
式做法的。[41]

在徐慧去世十餘年後的至正二十三年（1363），距吉安縣永和鎮
兩百餘里的贛州興國縣，縣城西門外一里處的三台山興建了一座旌
陽道院。起因是邑人鍾生與城外治平觀道士楊以誠、王順聖、劉時
憲交游，得傳淨明忠孝之學，將施地為道院，但遇兵亂而不果。而
新任縣令，來自清江縣的陳文彬力主興建，除奉祀許真君外，並配
以劉玉等宗師，此外，又於後山之頂建立雷壇。而楊、王、劉及楊
氏弟子黎日昇遂耕讀於此。[42]儘管師授不明，但就地域而言，他們很
可能是徐慧派下的淨明忠孝弟子，而在後山建雷壇的做法似乎表明
他們也應佩行雷法。[43]

安福地區成長起來的縣令之子趙宜真，早年從縣城北門洞淵閣
（洞淵延真觀）曾貴寬（塵外）受清微法，復從青華山泰宇觀張天全（創
建泰宇觀前，住壽昌觀）受混元道法，[44]可能稍後又從南昌李玄一、興
國蒲衣馮先生受內外丹法，[45]遂住白鶴山永興觀，[46]入明後曾攜弟子到
訪龍虎山大上清宮，為四十二代天師張正常所挽留，除教授宮中道
眾外，[47]也從方從義印證丹訣，[48]此後還至贛州，居於雩都紫陽觀，直
到明洪武十五年（1382）五月化於該觀。

就其活動軌跡來看，吉安永和鎮的清真觀距離安福並不太遠，
並且吉安縣與安福縣之間還有水路可達，交通稱得上頗為便捷，而
上官良佐在安福縣仙子峰建立壇宇，更可以說是近在咫尺，但至少

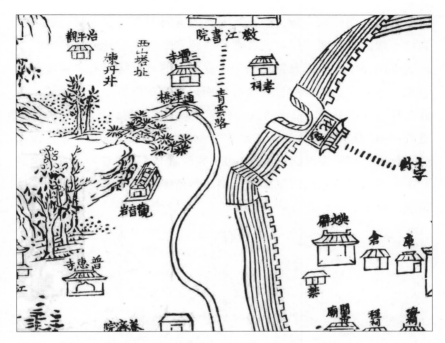

圖 0.1 清乾隆十五年（1750）《興國縣志》卷首〈繪圖〉。觀音岩即三台山，又稱三台岩。治平觀亦在附近。

目前並沒有任何證據表明趙宜真與徐慧、上官良佐等人有直接的交往與師授關係。儘管如此，趙宜真對吉安、贛州地區流行的淨明忠孝道法也算不上陌生。除記錄醫方外，在其整理的清微法中，至少在名義上也確實融入了所謂「淨明院」官將。儘管根據《道法會元》所保存下來的文本無法證明趙宜真對淨明忠孝道法是否有實質上的體認，但晚近道壇抄本中卻出現了極有可能是源自趙宜真系統清微法的「淨明院」官將，從而使我們不僅得以重新思考《道法會元》的相關文本在多大程度上可以被視為趙宜真整理清微法的成果，並且也可藉由這種整理情形來間接地了解淨明忠孝道法在傳承過程中與流行性道法元素相融合的一面。[49]

　　趙宜真派下活動於贛州者應有不少，但除為其奉斂的哀德淵外，大多不彰。當然，他最重要的弟子則為少年出家贛州玄妙觀的高道劉淵然（若淵）。[50]與趙宜真類似，劉淵然也是守臣之子。他們

師弟二人之間傳承一種「天心帙」，本為記錄日常行為善惡，類似功過格一類的日記簿；但趙宜真在其上題寫了「玉真祖師三十字戒」，即劉玉語錄中所說懲忿窒慾云云，從而使該日記簿具有了淨明忠孝道法的色彩。而劉淵然也確實對淨明忠孝道法保有一種親近感，不僅在其語錄中引用南宋淨明法經典、許遜故事、胡慧超所降〈淨明大道說〉等以及主張修合許真君如意丹，可能也促成了徐慧派下流傳的《淨明忠孝全書》在洪武（1368–1398）間的重刊。[51]儘管如此，就道經寫本、語錄以及道壇文獻來看，劉淵然所說、所傳卻也很明確仍然是趙宜真系統的清微法。

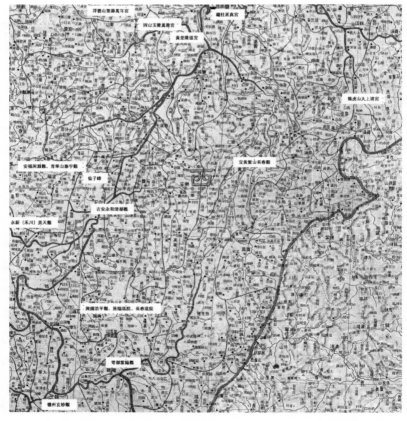

圖 0.2 元明之際淨明關係宮觀網絡，底圖為 1930 年上海商務印書館印行〈江西福建明細圖〉。

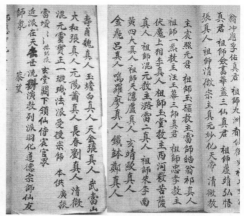

圖 0.3 李豐楙藏〈玉清生天寶籙〉列有清微法師派名單，破損處二位即趙宜直（真）、劉若淵。趙宜真以前，除祖舒、許遜等祖師外，逐次列出朱、李、南、黃、熊、彭、曾，即趙宜真所從出的清微法派。劉淵然以下首位應為其弟子，可惜僅殘存「盧」字，其他派下子孫則尚待檢證。[52]

圖 0.4 如不來室藏民國西江救塘（萍鄉？）廣振雷壇吳玄真抄本《啟師玄範》，列有清微法、混元道法等諸師名單，最末出現張天全、蕭（趙）宜真、劉淵然。另外，據該冊卷末所抄〈廣振雷壇宗派〉，係出「玉壺山元陽觀杏隱堂法派」。該派下出過靜觀尹住持、了然賀提點、龍虎山上清宮正一玄壇金門羽客鶴崖玉湖周先生等較有資歷與影響的道士；除廣振雷壇外，還有玄憲、真應、法應、真化、忠孝、應化感應、顯化、普應、永應、廣應（黃）、廣震、通玄、通真、普濟、普應、廣應等眾多雷壇分派。[53]

所謂洪武刊本《淨明忠孝全書》現已不存。就現存邵以正刊本所保存的洪武三十一年（1398）序可知，該本所據底本原係吉安永新縣（禾川）城內東街昊天觀[54]藏本，為南昌常清觀周定觀自京師神樂觀攜至南昌宗華彭真觀，並由魏希然的弟子胡孔聞校正手書，徐古愚出資刊行。[55]周定觀說昊天觀藏本「尚未校勘」，[56]則應係抄本。就原藏地點及收入徐慧傳記來看，該抄本應為吉安地區徐慧派下所傳抄。[57]

周定觀未說明他從何處得到這一吉安地區的抄本。從該抄本經歷吉安、京師、南昌的長途流轉，以及清嘉慶（1796–1820）雲南刊本

號稱以「劉淵然刊本」為底本重刊來看，不排除是劉淵然從贛州攜至京師的。[58]劉淵然在贛州當地的弟子，除興國治平觀的王貞白外，大體湮沒無聞。[59]僅就王貞白個人而言，他與三台山旌陽道院的道士似乎不能沒有交往，自可有接觸乃至傳承淨明忠孝道法的機會。也就說，劉淵然是有條件得到徐慧派下所傳抄《淨明忠孝全書》的。

倘若確實如此，劉淵然自己不出面刊行此書，而是授予來自神樂觀的一位樂舞生，由其攜回南昌刊行就顯得極為微妙。[60]實際上，劉淵然編刊過不少道書，除曾編集《原陽子法語》、《靈寶歸空訣》外，洪武二十八年（1395）曾刊行《仙傳外科集驗方》、《秘傳外科方》、《仙授理傷續斷方》等，均是與乃師趙宜真有關的道書。[61]此外，他還重刊了南宋董思靖所撰《太上老子道德經集解》。[62]這是否說明劉淵然雖然親近淨明，但並不像邵以正所塑造的那樣有「嗣續」淨明的意思呢？

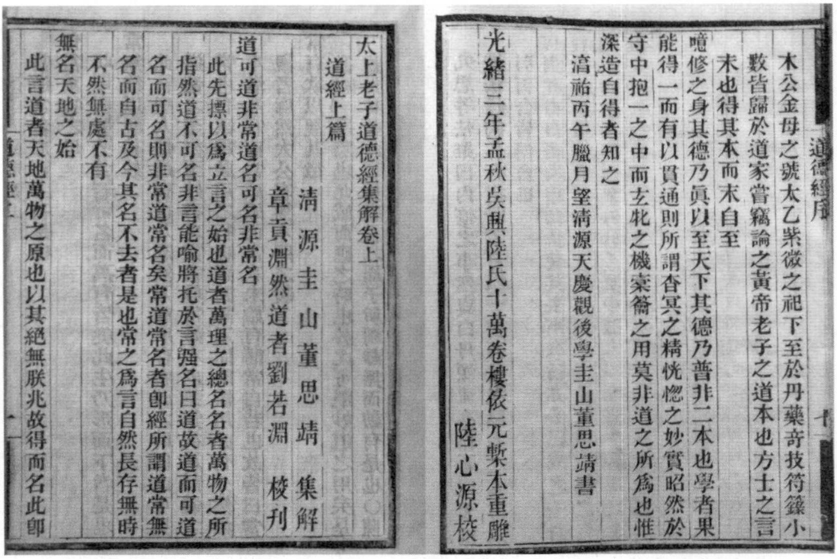
木公金母之號太乙紫微之祀下至於丹藥竒技符籙小
數皆歸於道家嘗竊論之黃帝老子之道本也方士之言
末也得其本而末自至
噫修之身其德乃眞以至天下其德乃普非二本也學者果
能得一而有以貫通則所謂杳冥之精恍惚之妙實昭然於
守中抱一之中而玄牝之機槖籥之用莫非道之所爲也惟
深造自得者知之
淳祐丙午臘月望清源天慶觀後學圭山董思靖書
光緒三年孟秋吳興陸氏十萬卷樓依元槧本重雕
陸心源校

太上老子道德經集解卷上
道經上篇
清源圭山董思靖集解
章貢淵然道者劉若淵校刊
道可道非常道名可名非常名
此先標以爲立言之始也道者萬理之總名名者萬物之所
指然道不可名非言能喻將托於言强名曰道故道而可道
名而可名則非常道常名矣常道常名者卽經所謂道常無
名而自古及今其名不去者是也常之爲言自然長存無時
不然無處不有
無名天地之始
此言道者天地萬物之原也以其絕無朕兆故得而名此卽

圖 0.5 如不來室藏光緒三年（1877）陸心源重刊本《太上老子道德經集解》，「章貢淵然道者劉若淵」即劉淵然。

圖 0.6　2010 年 12 月，南京西善橋街道梅山村劉淵然墓出土銅五供，現保存於南京市博物館。其中，香爐中仍然保留有香灰，而兩枚燭台形制也稍有差異。據保存下來的遺骸推測，劉淵然身高約為 160 厘米，其股骨見有骨刺。其墓已遷址並以原磚復建，遺骸亦歸葬該處。[63]

　　劉淵然派下最重要者當然是在雲南所收弟子邵以正。

　　邵以正在景泰三年 (1452) 刊行了《淨明忠孝全書》。該本目前僅見日本國立公文書館收藏 (原內閣文庫藏書)，木夾板一函，線裝一厚冊，托裱重裝，四周雙邊，黑口，雙黑魚尾，正文每半葉十二行，行二十三至二十五字不等，封面墨題「淨明忠孝全書 全」，鈐「昌平坂學問所」墨記，內葉鈐「昌平坂學問所」、「淺草文庫」等記，前有景泰三年壬申秋十月朔胡濙序、洪武三十一年戊寅 (1398 年) 秋八月望日曾恕序，後有景泰三年壬申中秋日邵以正後序。該本未分卷，與道藏本不同，但與《萬卷堂書目》、《天一閣書目》著錄作一卷是一致的，正文內容則依次為仙師傳記、〈淨明靈寶忠孝書序〉、〈淨明靈寶忠孝全書〉、〈西山隱士玉真劉先生語錄內集〉、〈西山隱士玉真劉先生語錄外集〉、〈西山隱士玉真劉先生語錄別集〉及〈中黃先生黃真公答問語錄〉。

該本最值得注意的是，仙師傳記部分增入了趙宜真、劉淵然二人像、傳，並且明確將二者尊為「淨明嗣師」。對此，胡濙序說「以正繼長春真人所傳之道，融會貫通，瑩徹於心，如鏡之明，如水之淨，忠孝恆存於方寸，惠利普及於幽明，其道法之精、制行之篤、纘述之勤，而奉先淑後，誠大有補於名教也」，而邵以正自己也反復強調「旌陽傳之玉真劉先生，再傳於中黃黃先生，至丹扃道人而是書始行於世。(我)師祖趙原陽、先師劉長春相繼嗣續，復闡(揚)之」，「遂以師祖、先師(像暨傳)錄於內」，[64]「昔者太上授之日、月二君，二君授之旌陽祖師。越若干年，玉真祖師應龍沙之讖，親受旌陽之傳，為八百真仙之師匠，以大闡斯道於垂絕。再傳至丹扃祖師，輯為是書，以詔學者。厥後，我師祖原陽趙真人、先師長春劉真人上承仙緒，實振揚而昌大之，學者宗為嗣師。以正猥以庸陋，仰荷師傅，於忠孝之旨嘗竊幸預有聞焉，猶愧未能上窺淨明閫奧之萬一，然而不敢以愚駑自棄而不勉焉以求其至也」，「復以原陽、長春二真人像傳刊於諸祖之後，用續師派云」。[65]可見，該本是一個彰顯邵以正個人法派意識的本子，有著強烈的標舉個人道法源流所自，確立趙宜真、劉淵然以及其個人一系嫡傳的淨明正宗的訴求。

不過，邵以正的此種認同建構在景泰(1450–1457)、天順(1457–1464)之際又發生了變化。景泰八年(1457)正月奪門之變發生後，邵以正所授意撰寫的趙、劉二人碑傳中就都不再出現淨明相關內容；而邵以正本人也在憂懼中於天順六年(1462)去世。在他身後，雖有喻道純、胡守法[66]等顯於世，但似乎都未再像邵以正那樣深度介入宮廷政治，可能也因此不再需要對淨明忠孝表示認同。而就實際所行道法來看，邵以正派下雖不排除融入了淨明因素，但所傳為清微法也非常明確。[67]

邵以正去世六十年後，南昌鐵柱延真宮住持鄧繼禹在嘉靖元年(1522)重刊了景泰邵以正增補本《淨明忠孝全書》。[68]儘管其本人是否傳承淨明忠孝道法，限於史料，無從證明；[69]但作為許遜信仰核心

宮觀的住持，鄧繼禹刊行此書是符合其身份的。而《道藏》中保存的
《神功妙濟真君禮文》，儘管具體年代難以確定，應可認為是明代鐵
柱延真宮所採用的朝拜許真君的禮文。[70] 如果不把南宋淨明法文獻算
在內的話，可以說該禮文是《道藏》內唯一保存下來的與淨明有關的
科儀文獻。

　　而南昌鐵柱延真宮也成為某些雲水道人的遇真之所。水晶子趙
一明自稱萬曆二十三年 (1595) 在南昌鐵柱延真宮感得天詔封其仙
職，又獲得許遜親自傳授，撰著《淨明歸一內經》一卷。該經內容駁
雜，與淨明忠孝道法無甚關係，主要是一些尋常修真圖像、歌訣、
丹詩等內丹修煉方面的內容，刊於水晶子所住廬山黃岩洞新建許君
萬壽宮，後附《許真君淨明宗教錄》行世。[71]

　　類似的攀附性著述，還有中國國家圖書館藏彩繪《煉丹圖》(擬)
一卷。[72] 該本抄寫年代不明，姑且依照館藏著錄，視為明代繪本。
除描繪金丹燒製技術外，也有諶姆授丹、許遜煉丹、拔宅飛升等圖
像，以及許遜、吳猛、陶相、吾紹仙等人序跋及圖像。其中，許遜
煉丹、拔宅飛升圖與《道藏》所收《許太史真君圖傳》、明刊《許旌陽
事蹟圖》差別較大。許遜像則比較接近邵以正刊本《淨明忠孝全書》
中的許遜像。而署吳猛〈敘〉稱「孝悌忠信王修煉功圓，傳之孝道宣
王，功成行著，而傳孝道明王，傳至蘭公，轉授諶姆，令傳許君」
撰著神丹指要云云，結銜作「嗣教淨明忠孝道士」。其內容既不見孝
道、南宋淨明法、元代淨明忠孝道法文獻，吳猛也不為劉玉團體所
重視，其結銜也與劉玉以降不同。其他如許遜結銜作「淨明忠孝學
仙童子」、陶相結銜作「忠孝淨明道人」、吾紹仙結銜作「忠孝淨明仙
童」、楊貞一結銜作「忠孝淨明仙吏」、張玄真結銜作「忠孝淨明小
隸」，形成一定序列，可以認為該書出自一派託名「忠孝淨明」的外丹
燒煉團體。

　　另外，上海圖書館藏清抄本《丹亭真人盧祖師廣胎息經》[73]卷末詳
細開列諸祖源流，也自信為淨明一宗的系譜。其傳派依次如下：前

五代為淨明啟教宗主日中始炁孝道仙王、月中元炁孝道明王、斗中玄炁孝悌王、蘭公、諶母元君，第六代為淨明道師許真君，第七、八代為淨明傳教祖師吳真君、洞真胡真君，第九至十五代為淨明嗣教祖師玉真劉真君、中黃黃真君、丹扃徐真人、蕭真人、塵外曾真人、原陽趙真人、體玄劉真人，第十六至二十六代為淨明嗣教導師止一邵真人、潛夫吳先生、乾初張先生、聖源鄒先生、愚谷祁先生、嬾山雲真人、麩子李真人、雪隱盛先生、默默韓先生、丹亭盧真人、石臺王先生，第二十七代為淨明嗣教弟子孫淨儀，又另附淨明經師君洪崖先生張真人、淨明監度師君景純先生郭真人。其中，繼丹扃徐真人之後的嗣教第十二代蕭真人，可能是指〈丹扃道人事實〉中提到的徐慧弟子蕭尚賢，他的出現不論是否有所根據，顯然彌補了從徐慧到曾塵外之間的斷裂。第十六代「止一邵真人」繼劉淵然之後，為「淨明嗣教導師」，應當是指邵以正，[74]這與他增補刊行《淨明忠孝全書》時所曾經預期的嗣教正統身份是一致的。至於吳潛夫則不知為何人，他與邵以正是否有授受關係亦不可考。而該經既題《丹亭真人盧祖師廣胎息經》，似乎到第二十五代丹亭盧真人才成書或成派，並且該書尚有說明文字指出傳派字號從第七代吳真君到第二十六代王先生已完結，現重擇二十八字再編成派，亦即從孫淨儀開始新開字派，再續淨明。可以認為吳潛夫以下纔是《廣胎息經》所傳丹法的真正傳派，且丹亭盧真人以下方奉持該經；而吳潛夫以上與該丹法傳承之間則未必有什麼淵源關係，基本上可以認定只是比附宗派，以示其丹法的正宗而已。

類似這樣的著述行為，我在以往研究中視為「淨明道運動」的一種類型。為什麼明中葉以後會興起「淨明道運動」呢？

首先，當然是淨明忠孝道法的理學底色得到明代士人精英的肯定，具有了「仙家唯許旌陽最正」的盛名。冒以淨明之名，自然是期待不被士人視為異端。

其次，就是龍沙讖期將至，無論僧人、道士還是藩王、陽明學

者乃至一般文人，都以應讖自期。[75]實際上，龍沙讖並不是到明代纔
發生廣泛響應的。宋代的儒釋道都有相應的表述，如釋惠洪即明確
有此期許。劉玉也是明確以八百地仙師自居，其創立淨明忠孝道法
就是一種應讖活動。而明萬曆以後，一直到清末，乃至當代，應讖
活動則以呂祖降乩的形式仍然繼續著。[76]清初朱道朗等人在青雲譜續
派淨明時，也遵從萬曆末成立的《瀛州仙籍》，明確主張「宗兩口」，[77]
將呂祖列入〈淨明宗派〉。

再次，參照劉玉降真時的情況，可知在明中葉以後，雖不排除
某些道壇分派能夠部分延續淨明做法，[78]但至少制度性的淨明忠孝道
法已經不再傳續了。

第三節　近代以來的西山萬壽宮（南昌萬壽宮附）

無論是孝道、南宋淨明法、元代淨明忠孝道法還是明中葉以降
的「淨明運動」，除早期孝道自有其複雜性外，始終都圍繞許遜信仰
而展開。而許遜信仰之最重要遺跡即玉隆萬壽宮、鐵柱延真宮。綿
歷千年的中秋萬壽朝香勝會即以這兩個宮觀為核心。

玉隆萬壽宮，即今日的西山萬壽宮，位於南昌市新建區西山
鄉，前身可追溯至唐代游帷觀，相傳許遜拔宅飛升後錦帷飛返旋繞
經月，鄉人就其地建觀者，屢毀屢建。鐵柱延真宮，即民國時期的
南昌萬壽宮，又稱江西省（城）萬壽宮、省垣萬壽宮、妙濟萬壽宮
等，原位於廣潤門內，現僅存遺址，其前身可追溯至唐代洪州城內
之鐵柱觀，相傳許遜植鐵柱鎮洪州地脈之處，同樣是屢毀屢建。

我們對兩宮沿革之認識，多憑《逍遙山萬壽宮志》。至晚在元
代，西山玉隆萬壽宮應已編撰《逍遙山萬壽宮志》。[79]該志未見流傳，
是否含有鐵柱宮之記錄，不得而知。洪武十年（1377）鐵柱宮熊常靜
（玄同）曾編刊過《鐵柱延真宮紀事類編》，正德十五年（1520）鐵柱宮

住持鄧繼禹曾予重刊，但版毀不存，清康熙（1662–1722）間曾重輯，
迄亦未見流傳。[80] 諸本雖已不存，但清人修《逍遙山萬壽宮志》時尚
能利用，有關鐵柱宮之記錄也因而得以部分保存。現存宮志以清光
緒四年（1878）鐵柱宮刊本，金桂馨、漆逢源等編《逍遙山萬壽宮志》
二十二卷最為常見。該志係以清乾隆五年（1740）刊本，丁步上、郭
懋隆等編《逍遙山萬壽宮志》二十卷為基礎，刪定重編者。後者存清
乾隆五年原刊本及清道光二十六年（1846）重刊乾隆本。

　　存世尚有清宣統三年（1911）逍遙山文昌宮刊本，魏志良等重
輯《逍遙山萬壽宮志》二十二卷。[81] 該志係在光緒三十年（1904）重修
西山萬壽宮之後，鑒於「宮之志，舊板無存。光緒戊寅新刊亦半歸
漫滅，不及今重梓，後益湮沒難稽，非所以迪前光，垂不朽也。擬
將丙午以後經管攤租項下積存餘款以備刊資，不足則借墊以益之，
取新、舊志書各一，設局開鐫」，「編次一如其舊，其近今之事實，
有關於廟祀者，謹於篇末稍採取而附益之」，[82] 即在清乾隆（1736–
1796）、光緒（1875–1908）刊本的基礎上增補一些明代及清末史料、詩
文而成。其中，〈大明嘉靖三十六年（1557）以後累屆南朝編年〉保存
明萬曆五年（1577）至清光緒三十三年（1907）東西二社的南朝記錄，[83]
再加上〈南朝勝會聯〉及清嘉慶七年（1802）南朝時募集經費的〈南朝
募繳小引〉，為我們了解今日萬壽進香中已然消失的「南朝」保存了
難得的史料。[84] 清嘉慶三年（1798）〈奉憲安腹碑記〉提供了新建縣出
面重新真君神像，及開光錦腹安腹八字（戊午、己未、癸卯、己未）
的記錄。[85] 其他如清乾隆六年（1741）新建縣關於進香期間買賣籤帖
收入由住持道士自行管理的〈籤帖錢碑〉、記載進香期間宮內設置攤
位及收取租金的〈棚攤記〉以及光緒二十九年（1903）正月初六日旌陽
正殿、關帝殿失火，住持熊理佳奔走募款至三十年（1904）興工重修
的記錄[86]等，結合西山萬壽宮現存清代、民國及重新開放以來的十
縣（豐城、高安、南昌、新建、清江、進賢、奉新、臨川、安義、鄱
陽）[87]香會功德以及光緒三十四年（1908）、民國四年（1915）收支結算

碑刻，可以較清晰地了解清代以來西山萬壽宮的宮觀經濟狀況。[88]

民國四年冬，西山萬壽宮全真堂住持刊佈的刻石〈民國乙卯年募化整修正殿及各殿檢蓋樂助芳名並收付數目〉除傳統的十縣香會善戶款項外，居首也見列赤田張松壽堂、赤田張志安堂、南昌梅祖兆、清江李懌愈、安徽朱明德山房、朱立真、朱松真、朱志厚堂等八位個人捐助款項。其中，赤田張松壽堂即出身奉新縣赤田村的大帥張勳，捐款最多，為錢四百千文。[89]

張勳復辟失敗後，當時有報紙宣稱大帥因鄉人多有落井下石而不願兌現認捐，萬壽宮失火重修款前因復辟事而中輟，至民國八年（1919）四月，張勳委派弟張芝珊到贛參加萬壽宮事務所會議，僅繳捐萬元而已，[90]與西山萬壽宮碑刻所載收支情況不能相合，應是指南昌萬壽宮失火重修之事。

圖0.7 〈民國乙卯年募化整修正殿及各殿檢蓋樂助芳名並收付數目〉。

南昌萬壽宮位於省城繁華之區，附近廟產有店鋪百餘間。[91]光緒三十三年（1907），江西省商務總會奉稟商部，將萬壽宮外舊有店鋪歸商會經管，修葺後，招集眾商，陳列百貨，至九月十五日正式開辦勸業場。[92]通常香會「定期於（八月）初一上殿，故七月晦日，省城萬壽宮徹夜不閉，殿內所擺各貨攤亦皆不收」，[93]「前後數旬，鼓樂

進香者，每日不下數千人，喧闐擁擠，習以為常。及屆誕辰（八月初一）進頭香，爭先擁入。廣潤門三更即啟，嗣是，進城膜拜者，紛紛擾擾，直至日午，始見清」。[94]民國四年（1915）秋，正值萬壽進香之期，八月初一日晚，南昌萬壽宮因玉皇殿西偏商號「義興祥號」燈火翻入棉花而失火，焚毀前、後殿（即真君殿、玉皇殿）各一進及店鋪、貨攤、堆棧等數十家，兩殿除真君、玉皇石像未損外，僅用於迎請的白袍福主像（即真君像）一尊為本部設於夫人殿的商會所搶出。[95]至於重修完工，則已在民國十年（1921），由京、滬、漢各埠富商出資，費十餘萬元，[96]與報載張勳繳款事相合。

至於報紙所渲染之大帥心理，則未可信。民國五年（1916）八月一日，總商會召開重建萬壽宮籌備會議，饒士端演說中提到商會前已致電張勳申重建之意，得到回電贊同並允捐巨款，他本人也曾到徐州再致意，復得大帥應允，但考慮到所需款巨，非一人所能辦，遂倡議到會人士籌商募款等事，[97]可見贛人並未希求大帥一人出資。另據萬壽宮事務所三月函，張勳前已繳捐，惟距預算尚有差額，希望大帥再行贊助，[98]則張芝珊所繳萬元應該是第二次應捐的款項。實際上，就在民國八年冬，張勳還出資在南昌刻印了《淨明忠孝龍沙經懺》，書板存淨明壇，附存於南昌萬壽宮後書坊街（即甲戌坊）書坊「劉乙照齋」。[99]該書除見藏北京國家圖書館外，亦見私人收藏，可能是奉新地區信士所用經懺，係現存眾多真君經懺刻本、抄本中年代較早的一種。[100]

民國十五年（1926）北伐軍興，自九月起先後三次攻略南昌，至十一月得以最終佔領。十月初，國民革命軍第三軍（軍長朱培德、參事伍毓瑞）主力自新喻進至西山萬壽宮，與鄭俊彥部交戰數晝夜，殲數千人。[101]據稱蔣介石亦曾駐此指揮攻略南昌，不知確否。[102]而西山萬壽宮作為戰場，是否遭到破壞，未見記載。戰後，在西山萬壽宮西北山丘建有「國民革命軍北伐陣亡將士紀念碑」，成為當時萬壽進香路線上的風景。[103]

　　民國十六年（1927）八一軍興。據老紅軍回憶，三年後，紅一軍
團於民國十九年（1930）七月二十九日到達西山一帶，駐紮西山街，
朱德、毛澤東居住西山萬壽宮正殿二進西面的一排房子（現在西山小
學內），八月一日在西山萬壽宮召開「八一暴動三周年紀念大會」，
並派一隊到沙井、牛行車站向南昌守軍鳴槍示威，八月三日轉向安
義、萬載，共停留六天。[104]西山萬壽宮現存標語「紅軍是工農的軍隊」
一鋪，可以印證此一回憶。

圖 0.8　西山萬壽宮紅軍標語。

圖 0.9　文保牌。

民國二十年（1931）一月二十五日，紅軍孔荷寵、李實行部佔
領高安，魯滌平急電駐紮南昌的獨立十四旅劉夷部、駐紮贛北的
五十四師郝夢齡部進攻高安，劉夷部之毛團二十七日下午由生米進
駐西山萬壽宮。[105]民國二十二年（1933）十二月二十六日午，紅軍
孔荷寵部由豐城北入新建，抵西山萬壽宮一帶，隨後與南昌駐軍激
戰，並遭轟炸，至二十七日午後三四時許，由西山萬壽宮撤退。[106]
民國二十三年（1934）一月二十六日，熊式輝赴西山萬壽宮一帶視察
戰後災況。[107]

民國二十三年（1934）二月十九日（星期一，舊曆正月初六），蔣
介石在南昌行營發表〈新生活運動之要義〉，發起「新生活運動」。[108]
九月，熊式輝因不滿於視察中所見萬壽進香的混亂無序，命令成立
西山萬壽宮臨時整理處，以西山萬壽宮所在的西山街為中心，開展
新生活運動，除進行清潔、秩序、禁煙、禁賭等方面的整治和新生
活宣傳外，也由新建縣長及各機關、保長等與萬壽宮道人共同組成
廟產管理委員會對香期收入等予以整理。西山萬壽宮臨時整理處
工作初獲肯定後，於十一月正式成立江西省西山萬壽宮地方整理
處。[109]民國二十六年（1937）一月，該整理處改由江西省立民眾教育
館承辦，除處長、總幹事外，下設政治課、教育課、經濟課、衛生
課等。[110]

整理西山萬壽宮雖出自熊式輝命令，也與民國二十三年（1934）
二月十八日（星期日，舊曆正月初五）蔣介石到訪西山萬壽宮有
關。[111]三月，蔣介石即有手令，命保護西山萬壽宮古柏，[112]一定程
度上似可認為相當於帝制時代的「禁名山樵採」。而民國二十四年
（1935）西山新生活運動布置也將「登記萬壽宮內外古柏編製號碼」納
入香期管理工作。[113]不過，西山萬壽宮古柏並非一般古木，傳說皆
係許遜手植，並且與八百龍沙讖結合，形成另一版本的讖記，即所
謂「柏葉掃地，吾教再興」云云。這一讖記也像龍沙讖一樣，流傳既
久且廣。曾在吉安營守備、永修守禦所領運千總等清軍將領手中流

轉的《太上靈寶淨明宗教錄》，亦見有側批云「江西省德勝門外沙井已成洲、西山真君廟內柏葉已掃地」。[114]蔣介石此令似應與其個人在贛征戰經歷有關，是否有新生活運動順利開展，報答神庥的意味，或者亦有應讖再興的意圖，不得而知。[115]

圖 0.10 1936 ／ 1947 年，「倒栽柏」，有石欄保護。[116]

圖 0.11 1981 年，「倒栽柏」，樹形、石欄、宮牆與民國時一致。[117]

圖 0.12 2020 年，高明殿古柏。

圖 0.13 2020 年，萬壽閣（文昌宮舊址），倒栽柏。[118]

　　就西山整理處的計劃與行動來看，主要是修葺廟宇、整理古
蹟、開闢公園、整理街道、檢查衛生以及識字教育、抗戰宣傳、設
立圖書館等工作，也包括拆除東嶽廟及「注意萬壽宮道人教育」。[119]
民國二十三年（1934）十二月十二日西山新運會成立，民國二十四
年（1935）八月十六日新運促進總會派員到西山，指導重新布置新運
會，推行香期新運工作。前期準備工作，除「擬定〈香客須知〉，張貼
於萬壽宮前及各通衢路口」外，首要的工作就是「擬定〈萬壽宮道人
須知〉，用牌懸掛全真堂，並累次召集道人講話，以遵守清規、戒除
煙賭、勤勞廟務、刻苦服役，使萬壽宮合於新生活精神相勉勗」。香
期工作首先是掃除往年惡習，如針對往年賭徒群集，「首重禁賭」；
針對往年豐城香客倚仗人多強行低價購物，導致落單豐城人遭毆打
報復，「嚴禁強買」；針對往年有地痞流氓「羅漢團」專事搶奪香客香
燭，侵害婦女，「驅逐流氓」等。此外，也就秩序、衛生等新運方面
加以管理，如就西山萬壽宮各殿順序規定出入路線；劃定各殿走廊
為香客露宿處並提供飲料；就香會中規模較大之盃袍會、松柏會組
織服務隊，在出入口依照〈香客須知〉指導香客；「散發〈新生活須
知〉，暨商會贈送之《許真君傳》，各六千份」；「訓練解籤人，使之解
籤時，灌輸香客新生活意義」等。[120]

　　其中，出入萬壽宮各殿路線的規劃可能會與某些香會的傳統路
線發生衝突，但目前除民國七年（1918）劉明彝抄本《太上靈寶淨明
普保真君法懺》列出西山玉皇閣、三清殿、聖母殿、三官堂、祖師
殿、靈官殿、關聖殿（不知是否按此順序）外，[121] 僅有當代口述資料表
明香會是隨火居道士按各自傳統路線遊殿進香的。[122]

　　值得慶幸的是，民國二十四年的〈西山萬壽宮朝香紀〉，雖然
完全沒有提到火居道士的參與及有關淨明仙醮的情況，但對豐城地
區香會組織和進香實況有較詳細的記錄，不僅可以觀察新生活運動
對民眾萬壽朝香的干預程度與實際影響，也可藉以對比西山萬壽宮

修復開放之後，地方香會組織與朝香傳統的恢復情況，彌補上世紀九十年代初田野調查的不足。[123]

　　據稱仙會名稱各有不同，每村至少一會，多則七、八會，豐城縣有四、五十會，每會至少二、三十人，多則百餘人。初立會，由會員繳納一定會款借給當地商號，[124]以利息作為每年朝香開支。會員每年必去西山朝香，非會員同去須繳銅元一千，米三升。會有會首，由各會員按年輪流擔任，除負責朝香途中事務外，最重要是負責管理龍頭香（應指竹龍口中所銜之香）。[125]龍頭香不能熄滅，尤其返程下山前，在萬壽宮許真君像前神燈上點燃的「回香」不可熄滅，如中途熄滅，必由會首再回宮點燃，到家後作為引火點燃眾香，分給每人兩支到各家神龕。各地香會起程日期不一，豐城香會多在七月二十五、六日上山，下山則全在八月一日上午一時左右，是為「搶頭香」。[126]動身前一天，由會首預備酒肉請客，謂之「封齋」，並議定購買香燭以及是步行還是乘船，並抽籤決定吹打和旗幟的人選。此後即全員吃素，直到返回家後的第二天，再由會首預備酒肉請客，謂之「開齋」，並結算帳目。如果乘船，靠近舵手的船艙須放一隻大碗點的清油燈，旁邊放一個插著香的香爐，這兩樣一直到由西山回來上岸後纔可熄滅。船上由水手代煮飯，首先盛一碗到後艙敬神，謂之「打滿飯」，之後才許開飯。船到新建縣生米街，上岸步行四十里，途中有茶館、茶棚供休息，也有眾多乞丐沿路乞討。快到西山時，在山腳溪水沐浴，換上帶來的乾淨衣服，再上山進宮朝香。進宮後，晚上即在殿廊下露宿。按慣例，廊下早有專門的招呼人，預先拿稻草為他們鋪好，並從家中煮好飯食來論碗出售。香客每天早晚進宮朝兩次香，事先要換好衣服，手臉洗乾淨，手拿香紙爆竹，吹打整隊進各殿。正殿拜神後，可檢籤，然後到左側籤房換籤，每籤收費五枚。[127]宮中除蓋印錢（據稱萬壽宮有顆印，加蓋可以避鬼）、功德捐款外，每年籤款收入，按平均每人一籤計算，約在六千多元錢。[128]

　　民國二十四年（1935）因厲行新生活，對香會進香確實有一些影響。這些農民在途中接受各種傳聞，如講衛生、講新生活等特別是士兵打人、禁賭，頗為不安。同會中，有的香客主張返程，不去朝香了；賭博者則主張在船上多賭幾天，再到西山進香。而西山萬壽宮的實際情況，也確實與往年不同，殿廊下不許鋪草，飲食也必須出宮外吃，出入各一門，由軍警荷槍把守，檢查著裝整潔，「走錯了門路而不聽指揮時，便有挨打被囚的危險」。影響最大的則是禁賭。賭博在往年是香期最熱鬧的一項活動，有職業賭徒就依賴這一個多月的生意。禁賭後，香客無法排遣時光，遂決定再進省城朝南昌萬壽宮。

　　另外，據該文稱西山整理處因為參與廟產管理，意圖將朝香收入用於其他事業，對統計數字有增多的傾向，而宮中道人對此有所抗拒，則取減少的措施，雙方統計數字既然不實，兩相折算大約可知每年朝香人數仍在五十萬左右。而香會方面，對此種管理方式也有所不滿與抵抗，「今年自地整處會同縣政府及廟裏的道士，共同組織廟產管理委員會之後，收入銳減，因為豐城全縣的四五千仙會，另有一種上層組織，凡來朝香的人，都得聽這組織的指揮，今年他們議決凡豐城香客不許抽籤寫捐，這一來，宮裏的收入，至少要較往年減少一半」。[129]這種做法，從西山萬壽宮現存各地香會功德以及用款結算碑刻來看，可以理解為香會不願意款項被西山萬壽宮以外的無關人員管理與挪用。

　　民國二十五年（1936）九月二日，「推行萬壽宮香客新運籌備委員會」在南昌成立，先後召開三次會議，動員組織各組機關，推行香客新運，「推行組由省新運會、省黨部勞動服務團、省保安處、省衛生處、省會公安局、水上公安局、駐省憲兵營七機關組織之；宣傳組由省黨部、教育廳兩機關組織之；招待組由衛生處、市政委員會、新建縣政府、西山萬壽宮地方整理處、省新運會五機關團體組織

圖 0.14 1936 年，西山萬壽宮正門，有士兵守衛。[130]　　圖 0.15 1981 年，待修復的西山萬壽宮正門。[131]

圖 0.16 1985 年，西山萬壽宮正門。[132]　圖 0.17 2015 年，西山萬壽宮正門。

之；布置組由市政委員會、省商聯會、西山萬壽宮地方整理處、市商會四機關團體組織之；總務組由省新運會、省商聯會、市商會三機關團體組織之；展覽組由建設廳、教育廳、農業院、衛生處、農村合作委員會、水利局、江西農村服務區管理處、市政委員會、省會公安局九機關組織鄉村建設展覽會」，[133]「原有辦法內規定由省新運會印製〈新生活須知〉、省會公安局訂印〈行路須知〉、〈進香須知〉、衛生處訂印〈衛生常識〉、省黨部訂印〈宣傳大綱〉，交由各推行及宣傳隊員散發並分發各縣翻印」。[134]展覽組方面，農業院彙集了稻種標本四十餘種、森林標本三十餘種、農具二十餘件、掛圖及《農林淺說》等，送至西山萬壽宮、南昌萬壽宮陳列，展期一個月。[135]另外，與新運會利用廟會開展香客新運形成對比的是，當時的江西公路處於十月十日、十一日加開了牛行車站到西山萬壽宮遊覽專車，此後每逢星期日及假日均開行，並在牛行車站出售來回遊覽票，每張國幣一元五角，鼓勵市民將西山萬壽宮作為休閒目的地。[136]

　　民國二十六年（1937）七七事變，全面抗戰開始，江西省新運會
對萬壽進香亦採取嚴厲禁止的措施。江西省會警察局第八分局因「查
萬壽宮香期已屆，值此時局嚴重，曾經奉令嚴禁香客進香，但所攜
帶香燭爆竹紙錢等項，悉數沒收，並由沒收機關繳送市商會變價撥
充修理該廟費用」，即將所沒收壽香四十五筒，大壽香八枝，小蠟竹
三斤轉交南昌市商會查收。[137] 鑒於南昌市商會所管理者係省城萬壽
宮，此處所禁可能只是香客前往省城南昌萬壽宮的進香活動。

　　實際上，就在這一年，由江西省立民眾教育館編撰，江西省西
山萬壽宮地方整理處發行了《西山萬壽宮志略》。該書是萬壽進香期
間發放的一種宣傳小冊子，同時發放的可能還有《許真君傳》或者《許
真君》宣傳小冊子。這表明西山新運組織並不像南昌城內的公安局那
樣強行阻止香客，而是仍然履行招待、布置特別是新運宣傳工作。
他們將許真君垂世八寶稱為「八寶道德」，並與四維八德相對應，提
出〈敬許真君的十大信條〉，包括對父母盡孝；對國家盡忠；對朋友
重義輕財；對自己改惡行善；疏河築堤造林，防止水災；實行「忠孝
仁愛信義和平」八德；尊重「禮義廉恥」四維；注意「整齊、清潔、簡
單、樸素、迅速、確實」的生活規律；實行勞動服務，為大眾謀幸
福；大無畏精神。[138] 僅就字面上來看，八德四維六大準則與明以來
為儒者所接受的淨明忠孝觀念似乎沒有太大的區別。[139]

　　十一月，暨南大學及附中擬遷往江西，何炳松等與江西省教育
廳長程時煃共同擇定西山萬壽宮為校址，布置校舍，準備下學期開
學。[140] 不過，暨南大學最終並沒有遷往西山萬壽宮，在南昌所設籌
備處也撤銷了。[141]

　　民國二十八年（1939）三月二十五日西山淪陷，兩天後南昌淪
陷，西山萬壽宮成為日軍守衛南昌的前沿據點，[142] 此後也成為國軍與
日軍的爭奪焦點。[143] 此前，為阻滯日軍進攻，守衛南昌的國軍炸毀
了中正橋。[144] 據西山萬壽宮道人李誠心回憶，「日軍搶拆夫人殿、玉

冊閣、玉皇閣、偶來松下樓等,把屋柱、屋樑運到南昌去修被炸斷的贛江大木橋——中正橋。殿內、樓內一大批塑像、匾額在拆屋時被毀。二十多個道人,除敵人逃跑外,其餘全被日寇殺戮。因木材不夠,日軍又把真武殿拆去三分之一。這個殿在1950年塌毀,塌下來的木瓦等材料用來修了糧倉」。[145]

民國二十九年(1940)四月二十一日十二時,國軍陸軍第五十八軍一度克復西山萬壽宮。[146]曾一之在報紙刊文提出「希望今年(1940)八月,在我軍民合作而收回的勝地,重見著歷史上有名的勝會」。[147]不過,這一希望很快落空,隨著南昌攻略失利,西山萬壽宮又失去了。

五月三十一日,南京偽政府視察團成員訪問了「最前線」的西山萬壽宮,提到「萬壽宮是最近戰事中一個注目的地點,在重慶的電訊中,往往以佔領萬壽宮為號召,而現在我們居然深歷其地」,「臨時為慎重起見,有日軍哨兵一隊,在附近擔任警戒,我們踏進了古廟,觸目就是斷牆殘垣,鳥糞遍地,關雲長的金像,還端坐在神龕裏,有幾尊小菩薩,斷了臂,折了肱,東跌西倒。庭中兩株七、八百歲的古柏,龍一樣的老枝幹,蔥蘢綠蔭」,[148]可見戰爭破壞還是比較嚴重的。

南昌淪陷前,南昌萬壽宮廟產歸江西省萬壽宮公局,由南昌市商會代管,具體事務則由管理員吳殿卿經辦,主要包括各項店屋產權、宮門外上下三十六戶及宮門外明塘二十五戶租金、籤資、萬壽宮住持工資及其他各項花銷等。[149]

圖 0.18 1940年，國軍「精銳部隊分途襲擊日軍於萬壽宮前線」。[150]

圖 0.19 1940年4月，國軍陸軍五十八軍「向西山萬壽宮攻擊前進」。[151]

圖 0.20 1940 年 1 月 1 日，日軍在西山萬壽宮慶祝新年，舉行軍旗奉拜儀式。[152]

圖 0.21 1940 年 5 月 31 日，南京偽政府視察團訪問「最前線」西山萬壽宮，與日軍在高明殿合影。[153]

　　淪陷後，市商會委員星散。民國二十九年（1940）一月，南昌市
商會籌備委員會成立，劉炳成任常務委員，第四次常會討論萬壽宮
事，「吳保管員殿卿報稱謂公局租金全行停止，而齋公伙食、工資各
項用支無從措辦，請求維持。由公決議（按月由炳成墊借）日金伍拾
元正，俟市面恢復，租金收入有餘，當如數歸還」，第七次常會「接
收吳管理員殿卿交來萬壽宮賬目、字據等件，當決議交由炳成暫行
保管」，第八次常會「因市商會事務煩雜，無假兼任，而再決議成立
萬壽宮財產保管委員會，則由商會全體委員兼任之。因為萬壽宮按
月所需開支概由炳成墊出，當推炳成為主任委員，並推有常務監察
等委員，均是義務職。所有收入支出賬目，均由原管理員吳殿卿經
手，按月造具有收支賬目報告表一份，呈報市商會鑒核」，「因吳管
理員殿卿患病沉重之致，所有進出開支賬目各事一切不能料理，而
特請鄒會長、李委員、劉炳成及助理員饒先生等在場，而吳殿卿當
謂本人年老病沉，所有萬壽宮一切事務及賬目等等……面託諸君暫
行照料云云。是此以後，賬件均交由助理員饒先生經手。自（民國
二十九年十一月起）……均交饒先生手收，分別蓋章」，此後劉炳成
屢次請辭。[154]

　　民國三十一年（1942）三月十四日（舊曆正月二十八）真君誕，
萬壽宮財產保管委員會重新選任，成立江西省會萬壽宮財產保管委
員會，設文書、會計、調查、事務四股推定保管委員十一名，又於
三月十七日由各委員推選常務委員五名，其中主任委員萬樹榮、常
務委員史丹青、徐蔚林、委員朱友棠等四人職業均登記為「佛門」，
其他六人為政界、一人為商界。[155]該會隨即辦理廟產物件、賬目移
交，並造立有〈萬壽宮移存物件清冊〉、〈萬壽宮補造移存物件清冊〉
及〈照抄劉炳成原節略〉等。[156]根據賬目、清冊，可知南昌萬壽宮擁
有牌樓、福主殿（前後進）、玉皇殿（有棧房）、三元殿（有樓）、夫人
殿（前後進）、諶母殿（有樓）等殿宇建築及花園，所存萬壽宮置辦及
香信樂捐物件眾多，其中，孫希祖、陳順芝、朱錫慈、孫秉彝、譚

順安、老同昇、紫陽會等捐有福主銀盔、夫人鳳冠、香爐、獅子等件。又福主玉圭一件，因涉及年代鑑定問題，另有特別說明及交接簽押。

七月十九日，齋公熊士平、熊家斌等報告住持道人劉雲海[157]於七月十八日上午七時在法國醫院病故，保管委員會撥付「殮費，交由該故道師侄李誠森具領購棺殮葬」。但住持一額並未由宮中道人如李誠森等繼任，而是由保管委員會另行函聘青雲譜住持道人韓守松擔任。[158]

民國三十二年（1943），因主任委員萬樹榮、常務委員譚墨山等人相繼去世，額員不足，保管委員會於七月三十一日結束，轉由市商會管理，但遲至民國三十三年（1944）三月尚未交接完畢。而保管員饒浚川造立的〈萬壽宮物件清冊〉提到「存《萬壽宮志》書板乙副，計算三百卅二塊。又《許真君妙經》板一部，計十五塊」，並說明「該前會原冊未載，後經清出，特以列交，合併聲明」。[159]此《萬壽宮志》書板似應即光緒四年（1878）鐵柱宮刊本書板。而《許真君妙經》，鑒於現存相關經懺刻本、抄本內容繁多，則不知為何種，目前也未見到署南昌萬壽宮或鐵柱宮的刊本或抄本流傳。

抗戰勝利後，南昌萬壽宮由江西省萬壽宮董事會管理，歐陽武任董事長，龔師曾、王明選、余建丞、周子實等任常務董事。就檔案所見，自民國三十四年（1945）十月起，開始整理事務，催收租款、遷出住戶眷屬、遷出難民、補辦產權、重建店房以及請求免予地價稅等。為申請免除地價稅，民國三十七年（1948）該董事會造冊〈萬壽宮土地使用情形總報告表〉，說明為供應局、工業協會、省商聯合會、市商會、華光日報社等各單位以及難民、失業軍人眷屬等佔用情況。據表，萬壽宮坐落三區五段，雖經戰火，保存基本完好，有福主殿、玉皇殿、白馬廟及花園、夫人殿、諶母殿、三元殿、持志堂、逍遙別館、關帝殿（已焚毀，改建為市商會）等殿宇，外有宮門口兩邊攤棚、宮門口明塘、塘前攤棚、塘邊攤屋、塘邊公路及東西龍鬚巷。至於住持道人，據《南昌市志》，係由陳守華繼

任，解放後則為胡守梅(廷芝)。解放後，成立南昌(萬壽宮)廟產
管理委員會，仍由歐陽武任主任委員，李善元、王明選為副主任委
員，侯中和、龔師曾、伍毓瑞為委員。1958年，廟產管理委員會撤
銷，廟外收租的廟產交房管部門代管，萬壽宮本身則由道人管理，
直到1966年8月神像被毀，1970年殿宇被毀為止。[160] 原萬壽宮址現
為考古發掘工地，擬復建為仿古街區。

　　民國三十五年(1946)九月一日，由丁立中、歐陽武、李文星、
伍毓瑞、龔師曾、黃光斗、賀治寰、王明選、程學問、胡廷鑾、涂
雨蒼、漆履堂、史岳門、曾章桂、周子實等辛亥元老、省市政府要
員及軍學工商界百餘人，舉行「修復江西西山萬壽宮成立大會」，推
舉丁立中等二十一人為理事，楊鐵生等十一人為監事，並互選李定
魁為理事長，胡廷鑾為監事長。[161] 修復之事雖未實現，但當時的西
山萬壽宮似已恢復道人住持。民國三十六(1947)年八月六日，「西
山萬壽宮全真堂主教羅宗任」通過位於「大士院側巷三號」的「本市
通訊處」提交，為遺失市區宅地登記收據呈請備案撥付所有權證。
該地產權係民國三十五年(1946)由羅宗任申報，「坐落靈應橋一區
四段」。[162]

　　隨著西山萬壽宮的光復，萬壽進香也終於得以重現。民國
三十六年(1947)，豐城與安義兩地香會為爭頭香而發生械鬥，豐城
一方被殺傷數十人，其中一人被肢解梟首，安義一方搶得頭香。民
國三十七年(1948)，豐城一方預作準備，多遣壯丁進香。九月二
日(舊例七月三十日)半夜，各地香客擁入山門，豐城百餘人與鄱
陽八十餘人發生械鬥，鄱陽一方被殺傷七人，豐城一方搶得頭香。
而安義香會，據稱由於熊式輝預先勸阻且令省政府治安當局預作防
止，因而沒有參與爭奪頭香。而戰前參與管理廟會的西山整理處雖
未恢復施行，一方面，江西省社會處「派人駐廟監守，把香汛期中廟
方所有的進益完全由公家分配」，「八月底，江西省社會處委託印刷
廠連夜趕印萬壽宮的神籤三十萬張，以備香汛期中賣出」，「進香者

入門進香，若係打着旗幟遠道來南昌的鄉民，先需納捐給政府，然後始容許登殿進香」；[163] 另一方面，江西省教育廳成立了「西山香期工作團」開展社教工作，儘管收效甚微。[164]

民國三十八年（1949）四月，解放軍渡江。五月，新建縣解放，據王咨臣所述，「縣人民政府接管這座道觀時，只剩下正殿、關帝殿、三清殿、三官殿、諶母殿、道院、儀門、宮門、院牆、戲台和缺頂的玉皇閣」，[165] 與李誠心回憶「到解放初，萬壽宮還剩下五個大殿。這五個大殿一直保存到現在（指1981年）」大體一致。[166]

1952年六月，江西省人民政府文物管理委員會成立，王咨臣即任職該委員會。據他所述，委員會曾「撥款一億元（舊幣制）給新建人民政府，要縣文教科組織人力對萬壽宮所存宮殿，進行了初步的維修。但維修以後，因無人管理，又被拆毀和污損不堪」。[167] 有關拆毀事也得到李誠心回憶的證實，他說「1950年前後，糧食部門利用關公殿和三清殿作倉庫，區委機關佔用諶母殿和三官殿作辦公樓，將四個殿進行了改建，改建所需木、磚、瓦料就地取材，從宮內其他建築拆取，因而拆掉了宮外牆垣、道院、許大祠、文昌宮、碑亭等。四個殿中的塑像、匾額等在改建時被毀。同時，宮西道院、太虛觀、行館等被改建成西山小學，宮前溪流間數十畝柏林墾成良田」。[168]

據王咨臣所述，1955年三月，江西省文管會發文給新建縣政府，要求「務必維持西山萬壽宮的整潔，禁止破壞神像和屋宇」。1957年七月，西山萬壽宮列為江西省級文物保護單位。1959、1960年，江西省政府兩次共撥款四萬八千元，再次維修西山萬壽宮。「當時集中力量重修了五座大殿，儀門、宮牆。並按舊制於各殿中安奉了神像、香爐和玉案。還利用夫人殿較高的地勢，建起了一座別具風格的八角亭」。[169] 1961年二月十日，朱德與康克清、邵式平等曾到西山萬壽宮調查並座談。[170]

不過，西山萬壽宮仍然遭到持續破壞。除前述佔用情況外，據李誠心回憶，「1958年，因大煉鋼鐵，又拆去了剩下的外牆、風火

牆，砍去了四周的大樹。1966年，文化大革命初期，西山當地一些單位組織了破四舊隊伍，砸掉了高明殿內許真君等塑像十八個及宮燈匾額等，破壞了山門、儀門、宮牆上的石刻浮雕，打壞了守門石獅，並丟到水塘裏。1971年，公社農機廠進駐萬壽宮正殿，殿內成了車間，鐘、鼓等文物徹底毀去。農機廠汽車從山門進出，撞歪了山門石柱。後來，又因遷廠的需要，拆去了儀門、宮牆和正殿戲台等。因為沒有了圍牆，近年來又有商業、郵電等單位及居民在侵佔萬壽宮地皮建房子。現在(指1981年)，萬壽宮前後左右的公房、民房有＿幢之多。附近村民也乘機到萬壽宮撬石板，拆欄杆，取走磚石、礎墩、柱頂石，拿去做橋、砌屋、墊牲口圈等」。[171]

1981年文物普查時，高明殿(正殿)整體結構基本完好，只是屋頂等處破損；關帝殿頂架基本完好，加了柱子，用磚石砌成了小間，沿檐柱築竹筋土牆，公社農機廠住用；三清殿頂架基本完好，沿檐柱砌土磚牆，為公社農機廠職工所居住；三官殿頂架基本完好，檐柱外砌斗磚護牆，因曾改建為區委機關辦公樓，用磚砌成了小間，內部做了木板樓，後為公社農機廠住用，上、下兩層都有人居住；諶母殿屋頂基本完好，第二層飛檐和走廊已拆毀，沿檐柱砌牆，改建為二層住房，一半做了公社招待所的客房，一半住了職工；山門整體尚存；原文昌宮已做了西山郵電所，前有倒栽柏，居民在旁建有廚房；禁火井、丹井尚完好；風火牆在七一年遷廠時拆除，僅留下大半條紅軍標語。[172]

1983年，新建縣政府成立修復西山萬壽宮領導小組，募款三百餘萬元，邊修復邊開放，並請溥傑、溥任、趙樸初、黎遇航等題寫了相應匾額。[173]

圖 0.22 1981年，焚化爐拆毀前的高明殿。

圖 0.23 1981年，待修復的高明殿，兩側有焚化爐殘構。

圖 0.24 1981年，待修復的高明殿。

圖 0.25 1985年，恢復開放的高明殿及香客。[174]

圖 0.26 1981年，待修復的儀門。

圖 0.27 1985年，修復後的正門背面。[175]

圖 0.28 1981 年，三清殿。[176]

圖 0.29 1981 年，關帝殿。[177]

圖 0.30 1981 年，諶母殿。[178]

圖 0.31 1981 年，玉皇閣殘構。

圖 0.32 1981 年，三官殿。

圖 0.33 1981 年，文昌宮殘構。

　　一般而言，「歷史寫作」，無論是宏大還是細膩論述，往往找不到宗教的蹤影，好像宗教是孤立的、自生自滅的東西；而在有限的寥寥筆述中，往往又只注重宗教的政治影像，似乎除了政治，宗教沒有獨自存在的理由。相對而言，宗教史的專門研究願意深入發掘宗教自身的歷史，但是這樣的歷史雖然有其自足性，如何與它所處的時代發生連接，卻往往由於視角的欠缺或者史料的限制而無法表

達；當然，有時則是過度表達。以上綜合利用宮志、碑刻、公私檔案及近代報刊，對西山萬壽宮以及南昌萬壽宮相關史事與史料進行梳理、辨析，嘗試在近代史坐標上定位西山萬壽宮。這樣寡淡無味的鋪陳，既沒有深度，也毫無技術可言，卻使我們得以穿越百年變局，動態地看到地方性、全國性乃至世界性的政治、經濟、軍事、文化事件中，寄託於西山萬壽宮、南昌萬壽宮的信仰行為與宗教熱情，始終綿綿兮若存，雖然經歷殘酷，然而並不那麼容易被規訓或泯滅。

圖 0.34 2015年西山萬壽宮廟會，香會（不同類型）、頭紮柏葉的女性香客、拜懺。

第四節　本書構想

　　學界關於淨明道的研究，持續超過一個世紀。這期間研究的得失，我在《斷裂與建構：淨明道的歷史與文獻》一書中已有評述，在此不再贅述。而在該書完成之後，我關於淨明道又持續做了不少工作。最開始仍然是對前書未及處理的某些文獻進行調查、考訂與整理，同時也將與淨明道關係密切的白玉蟾以及江右陽明學者，納入研究視域。此後被迫申請資助，也就順勢把放出去的心收回，集中討論前書未曾致力的科儀方面。可以說，本書就是在賡續前書的心願下完成的姊妹篇，體現於書名，即「再造傳統」的表述。

　　所謂「再造傳統」，既是源於「斷裂與建構」所遺留的思維慣性，也是面對當下，從現實回觀歷史的省思。在我有限的田野工作中，所感知的當代道教恢復狀況，相比我以往所埋首的文獻情形，無疑不怎麼理想，但也並非毫無是處。後之視今，亦猶今之視昔。現今的情形無論如何都是歷史的一環。西山萬壽宮修復開放迄今近四十年，每年的進香場面似乎恢復往昔的盛況。儘管數十年的斷裂，使得無論是宮中道眾還是周邊縣市的火居道士對所謂「淨明仙醮」或者「淨明大朝」已毫不知情；而參與進香的香會，除個別老會或延請火居道士等建壇進香，或者請宮中道眾代為進疏，或自行將疏文甚至字條黏貼於真君案下，顯現出對朝仙進表的儀式記憶外，許多香會往往隨香頭一起拜禮「福主懺」，自發地造成一種儀式傳統。[179] 當代道教，無論是行政管理層面，還是火居道士層面，也很自然地將這種傳統接受下來。這既反映當代道教對自身傳統長久隔絕所帶來的陌生感，也反映當代道教為接續香火，再造傳統所作努力的急迫感。對相關歷史與儀式文獻的研究，既可以了解歷史上曾經存在的傳統，也可以幫助理解當代道教在恢復中所遭遇的問題；同時，對當代道教境遇的體認，反過來也有助於對歷史文獻作動態的觀察。

　　那麼，首先要考慮的問題是，既然現在基本上不存在了，歷史上淨明科儀、法術又是什麼樣子呢？在前書中，我雖然揭示南宋淨

明法曾經兩次降經,但對相關經典反映的淨明法本身,卻並沒有予以討論。原因是多方面的。一者,我當時對道法本身缺乏足夠的了解,可以說不具備研究的能力。再者,我不願意在自己還沒有吃透文獻的情況下,僅僅以現代語言轉述的方式,蒙混過關。更何況,淨明法文獻中並沒有記載立成之儀。沒有記載的東西,如何去研究呢?當然,以此理由搪塞,等於舉手投降,於心終有不甘。

本書第一章即是圍繞這一已然不存在,並且沒有明確記述的法術及儀式做法而展開。在系統閱讀靈寶法文獻,特別是對讀兩種《上清靈寶大法》的基礎上,我又重讀淨明法文獻,意識到相關研究必須借助靈寶法文獻的共同文本才能夠實現。通過細緻處理金允中《上清靈寶大法》與淨明法的文獻互動,不僅能夠了解金允中對淨明法的認識與想像,以及他修訂靈寶法的意圖、方法和工作基礎,也能夠解明他所批判的對象「天台靈寶法」的相應認知與做法,從而在靈寶法的共同文本環境中去定位淨明法的形成、作用與影響。可以說,文獻交互為我呈現出一幅真切的圖景,讓我感到在與數百年前的友人對話,杯酒釋恩仇。

在靈寶法的共同文本環境中,既有「被認為」是淨明法的東西,也有屬於淨明法或與淨明法相同,而未「標識」為淨明法的東西。不標識,不說,不代表不知道。而現存淨明法文獻沒有立成之儀,特別是丟失了拔度儀的相關說明。這部分如何研究?閱讀儀式文獻,無論是《道藏》所收,還是道壇所見,常常遇到一個表述,即「法事如常」。這一表述的背後,是一種共同知識,代表道士都明白法事怎麼做,不需要詳細抄錄。既然淨明法與靈寶法互相認同與借鑑,借助靈寶法的「常式」,也就可以找到淨明法「失落」的做法。換句話說,文獻沒有記載的東西,只要能找到與它互動的共同文本,也是可以研究的。類此的研究方法,我在處理辛天君法、使者法時也有應用,[180]自認為宋明道法的研究都應重視「常式」,從而將具體道法置於法派湧現與法術更新的歷史進程中予以綜合考察。

　　劉玉創立淨明忠孝道法，雖然也有「法」的面向，但《淨明忠孝全書》只收高文大論，也因此給學者造成他就是要革去道法的誤解。實際上，《道藏》內所零星見到的藥方、丹法、雷說以及邵以正刊本《淨明忠孝全書》所保存的徐慧派下行雷法的記錄，表明淨明忠孝道法並不能脫離它所處的法術競進環境，而獨自「革新」。可是，同樣是沒有記載的東西，也可以像之前研究淨明法那樣去復原嗎？遺憾的是，儘管淨明忠孝道法在明清時代的士人群體特別是陽明學者中有著廣泛的影響力，但就「法」的層面而言，它的接受度並不高，其拜斗與煉度，至少就目前掌握的文獻來看，僅僅停留在著錄層面，基本上無法確認其共同文本。稍許幸運的是，淨明忠孝道法的傳度秘旨不僅保存在《道藏》所收《養生秘錄》之中，其更完整、更原始的版本也見於輾轉傳抄的道壇抄本。

　　第二章即圍繞幾種抄本而展開。作為一種秘密書寫文化，道壇抄本有遞代相承的特性。儘管今日所能收集到的道壇抄本大都比較晚近，但其根據的祖本往往淵源有自。只是因為存世數量相對較多，內容也往往互有重複，其價值也就為學界所普遍低估。元代道士劉天素傳抄之淨明秘旨的發現與確認，無論是對道壇抄本價值的認識還是對淨明忠孝道法的研究而言，都具有重要意義。不過，困擾也隨之而來。劉天素何以與金蓬頭脫契而拜入黃元吉門下？劉天素對淨明秘旨的溢美，是否表明他從金蓬頭學而無所得？而金蓬頭丹法如何，又是一個撲朔迷離的問題。本章專闢一節，圍繞明代抄本中的金蓬頭口授秘旨的整理與辨析，嘗試解答這些困惑。

　　此外，保存劉天素傳抄之淨明秘旨的文本環境中，顯現出雷法特別是張使者法的因素。劉天素本身的行跡也顯示，他從豫章五靈道院回居宜黃紫山長春觀；而宜黃本地的道壇抄本也恰恰出現了召「淨明」神將的內容。這些看似巧合的信息拼接到一起，不論是否完整，首先需要回答的問題是，它可靠嗎？如果可靠，當然又是重大的發現。如果不可靠呢？難道一笑置之？憑藉先前關於南宋淨明法

的研究、閱讀金允中的經驗，以及對當代道教的觀察，我感到有關
內容即便是「臆造」，也是有其源流的。只要排除當代人的偽造，作
為一種歷史文獻，研究其成因，並在宋明道法史上加以定位，是值
得，也應該做的。這不僅是對這一文獻的孤立表述，同時也可以作
為觀察宋明道法生成、變化的動態過程的例證和立足點。「傳統」就
是這樣「再造」的，儘管沒有金允中那麼有影響。

道壇抄本所見淨明院官將，至少從名稱上來說，見於趙宜真系
統的清微法。第三、四章是關於趙宜真、劉淵然系統的文獻考辨。
這兩部分看起來像是一般的道教史論述，其實也是有科儀考慮在其
中。道法文獻開卷即是〈師派〉，道教儀式演行也要先啟師，前傳後
教或需降臨壇場，或需接受、簽押文檢。因此，趙宜真、劉淵然到
底是不是淨明忠孝道法的嗣派就顯得至關重要了。通過對相關史料
的背景、意圖與可靠性的論證，基本上可以認定趙宜真、劉淵然、
邵以正一系傳承的是清微法。當然，趙宜真系統的清微法確實融入
了許多別法的內容，比如混元道法、淨明忠孝道法。但到目前為
止，並沒有可靠的史料能夠證明趙宜真的師承中有淨明忠孝道法的
傳人，並且偶然所見的他對劉玉藥方的引錄方式也反映其外部的立
場。而趙宜真師從張天全，係混元道法嫡傳。僅就「法」的層面而
言，他對混元道法的熟悉程度，或者說趙宜真系統清微法對混元道
法的融攝程度，遠非淨明忠孝道法可比。至於持守天心帙，可以視
為個人修養，而與道法傳承顯然是不同的面向。

明以後的淨明道，可能在道壇層面還存在潛流，但表現於地方
社會，則主要是中秋上昇日的朝仙進香及相關儀式。第五、六、七
章即圍繞「淨明仙醮」及相關儀式，從不同角度，以不同文獻為核心
的討論。雖然我曾前往西山萬壽宮、黃堂隆道宮觀察香會進香，並
且也得到傅國強(已故)、談三沅等道長以及豐城香頭提供的抄本及
口述資料。但迄今為止，並沒有觀察到「淨明仙醮」及相關儀式。因
此，這幾章主要是利用我個人以及李豐楙教授、侯沖教授等師友從

文物市場所收集到的道壇抄本及相關資料，盡量還原其文本環境，並結合多種文獻的比較來予以分析、判斷，梳理出相關科儀的內容、歸屬及其演變之跡。其中，居於中心地位的，當然是與明清時代記錄的淨明宮觀系統有著淵源關係的進賢縣興真古觀分派道壇所遺留下來的抄本。這些抄本不僅來自我的家鄉，也與我的家人有著潛在的關聯，不能不讓人踴躍讚嘆，請問因緣。結合前人的調查與自己的訪談，以及有幸獲得的其他抄本，特別是一份由「淨明萬法宗壇」出給的文憑，大體能夠復原清代以來的淨明宮觀及其分派道壇的相關做法。另外就是來自湖北地區的幾種真君醮科，雖然有些殘缺，不僅可以串聯起長江水路的一眾信仰，也鮮明地展現出地方道教儀式中在地認知與模塊拼接的文本特色。

　　第八章討論的問題時間跨度很大，從唐前一直到當代，看上去似乎只是歷史文獻的考辨，實際上，則源自田野工作中的觀感。今日的西山廟會，如前所述，雖然不再能夠見到「淨明仙醮」，卻由香客自發形成一種拜懺傳統。而他們拜誦的文本《普天福主演玄法懺》，則赫然署名「勇悟真人施岑著」，令人驚訝之餘，也啟發我重新審視南宋時代同樣署名「施岑著」的《西山許真君八十五化錄》。這兩種文獻雖然出自不同時代，不同群體，卻同樣出自鸞壇降筆，同樣在許真君信仰的祖庭玉隆萬壽宮被接受，進而被正典化。當然，《普天福主演玄法懺》的正典化之路，相比《西山許真君八十五化錄》要曲折得多。作為近代以來西山廟會活動中最重要的力量，豐城香會的選擇是其關鍵。如果沒有被豐城香會採用，進而被西山萬壽宮、南昌萬壽宮接受為「淨明道的重要科儀」，《普天福主演玄法懺》也就與其他眾多的許真君經懺一樣，只是一種地方性流行文本。儘管在自己無法提供相應儀式的情形下，接受信眾的選擇，多少顯得無奈；但自稱「淨明弟子」的整理者，卻也對這樣一種源自「三期末劫」的鸞筆經懺加以「淨明化」改造，從而使其「真正」成為淨明科儀。無庸諱言，文獻學者往往容易賦予《道藏》文獻以權威性。這樣的「正

統」立場，促使我深入挖掘《普天福主演玄法懺》的鸞社背景，想要力證其「偽」，進而提出道教接受民間信仰文本的所謂「正典化」觀察。不過，對西山萬壽宮、南昌萬壽宮修訂本《普天福主演玄法懺》及相關曲譜、唱讚的收集，也使我反身回觀收入《道藏》的「正統」的《西山許真君八十五化錄》。兩者最大的區別在於，《西山許真君八十五化錄》已經完成「正典化」，並且早了幾百年。時間賦予了它權威。五十年、一百年後，《普天福主演玄法懺》恐怕也就理所當然的是「正統」的一部分。我想這雖然是一個地方性的個案，卻足以代表當代道教接續斷裂，再造傳統之努力。

第九章討論的《太上靈寶淨明道元正印經》，我在前書中已指出《太上靈寶淨明宗教錄》所收本與影印《道藏》本不同（限於當時條件，明版《道藏》尚不易見到，故結論受到影印本誤導，本書已改正），但該經本身沒有什麼深奧的內容，也就沒有深究的興趣，只是錄出缺佚了事。對清代杭州全真煉度科儀的研讀，讓我重新審視這篇短小經文在近世道教特別是清代江南鸞壇運動中的意義。通過文字修訂與科儀拼接，《太上靈寶淨明道元正印經》的文本作為「聖語」，在全真科儀中重獲生命。這不能不說是一種再造。

文獻向來是我從事研究的首要入徑。構成本書主體的九個專題，也全部建立在對相關文獻整理與研究的基礎之上。書名標舉「文獻研究」，正是要強調道教研究如果想要取得真正的突破，必須拋棄玄虛，腳踏實地，從文獻做起。當下即歷史。現實即傳統。人們往往懷戀舊時光，其實，此刻也已不復存在。面對當代道教，回觀歷史上的道教，我也感到附著在歷史文獻之上的凝固史觀，有必要把它融化在奔走的河流之中。追尋歷史上的傳統，也不妨礙尊重形成中的傳統，把當代情形作為歷史文獻，加以剖析。

註　釋

1　許蔚：《斷裂與建構：淨明道的歷史與文獻》（上海：上海書店出版社，2014），頁 1–2。

2　白玉蟾所説見於〈旌陽許真君傳〉及語錄。靈寶法文獻中的有關用法，參見本書第一章。

3　許蔚校註：《淨明忠孝全書》（北京：中華書局，2018），附錄〈淨明法中治癆療方〉，頁 153。

4　《天皇至道太清玉冊》卷三，《道藏》第 36 冊（文物出版社、上海書店、天津古籍出版社，1988），頁 384。明萬曆刊本無「法」字，見《天皇至道太清玉冊》卷上，中國國家圖書館藏明萬曆三十七年（1609）張進刊本，葉五十 a。

5　〈原陽趙真人傳〉，載許蔚校註：《淨明忠孝全書》，頁 55。

6　《赤松子章曆》卷四，《道藏》第 11 冊，頁 209。

7　許蔚：〈《慈善孝子報恩成道經》的成立年代及相關問題〉，載《敦煌研究》2014 年第 4 期，頁 80–83。

8　許蔚：《斷裂與建構》，頁 202–210。

9　何守證：〈靈寶淨明新修九老神印伏魔秘法序〉，《道藏》第 10 冊，頁 547。

10　許蔚：《斷裂與建構》，頁 61。

11　《天樞院都司須知格》、《天樞院都司須知令》、《天樞院都司須知行遣式》全見於《太上淨明院補奏職局太玄都省須知》，為相應內容的異寫，與《太上淨明院補奏職局太玄都省須知》的對應部分互有異同，大體較後者更佳。另外，《靈寶淨明天樞都司法院須知法文》與天樞院有關，可能也是同時產生的文獻，但不見於《太上淨明院補奏職局太玄都省須知》。

12　此前我根據「太歲己酉三月十五日」云云認為《靈寶淨明院真師密誥》可確定出於建炎三年（1129）三月，但該日期實際上只是同抄件中治瘟療符法的年代，並不能直接認定為《靈寶淨明院真師密誥》的年代。

13　《靈寶淨明院行遣式》，《道藏》第 11 冊，頁 340。

14　《靈寶淨明黃素書釋義秘訣》，《道藏》第 10 冊，頁 521。

15　同前註，頁 522。所謂醮四維神法及〈赤雞〉、〈紫鵝〉等符見於《上清玉府五雷大法》、《雷法議玄篇》等，二者據稱均與汪火師所傳有關。

16 《靈寶淨明天樞都司法院須知法文》，《道藏》第 10 冊，頁 495。白玉蟾〈旌陽許真君傳〉有小字注稱「今淨明法、五雷法之類，皆（諶）姆所授也」，相應內容《西山許真君八十五化錄》作「淨明、五雷法，皆（諶）姆所授也」（我此前將後者標點作「淨明五雷法」，以為淨明法中五雷法，顯然是錯誤的，見許蔚校註：《淨明忠孝全書》，附錄〈白玉蟾所撰旌陽許真君傳等傳〉，頁 160），而此所謂「五雷法」雖然不排除指張道陵所降示之正一五雷法，但既與「淨明法」並稱，似乎應是與淨明法別行之道法。

17 參見本書第一章。

18 《太上靈寶淨明中黃八柱經》涉及內丹修煉，部分語句雖然也見於元代劉玉等人的表述，但與劉玉所說中黃八極即玄關一竅還是不同。

19 《靈寶淨明黃素書釋義秘訣》，頁 521。

20 當然，此種認識須建立在現存文本即翼真壇原本的基礎之上。如果「別本此印」是後世傳抄者添加的次生文本，則表明後世傳抄者或者寫本擁有者與淨明法的隔膜，屬於無法判斷眾本正訛所採取的權宜之策。

21 參見本書第一章。另外，朱權著錄「九老伏魔法」，列為三十九階道法之一（見《天皇至道太清玉冊》卷三，頁 384；《天皇至道太清玉冊》卷上，葉五十 a），不排除指《靈寶淨明新修九老神印伏魔秘法》。

22 參見本書第一章。

23 許宗聖：〈西山隱士玉真劉先生傳〉，載許蔚校註：《淨明忠孝全書》，頁 35。

24 劉玉：〈西山隱士玉真劉先生語錄別集〉，載許蔚校註：《淨明忠孝全書》，頁 116–117。

25 許宗聖：〈西山隱士玉真劉先生傳〉，頁 39。

26 許蔚校註：《淨明忠孝全書》，頁 2；許蔚：〈《淨明忠孝全書》的版本、內容及意涵概說〉，載《香港中文大學道教文化研究中心通訊》2015 年第 37 期，頁 1。

27 Kristofer Schipper and Franciscus Verellen (eds.), *The Taoist Canon: A Historical Companion to the Daozang* (Chicago: University of Chicago Press, 2005), vol. 2, p. 842. 許蔚校註：《淨明忠孝全書》，頁 16。參見本書第二章。

28 劉玉：〈西山隱士玉真劉先生語錄外集〉，載許蔚校註：《淨明忠孝全書》，頁 110。

29 《道法會元》卷十七、三十二，《道藏》第 28 冊，頁 774、863。

30 張善淵述：〈萬法通論〉，載《道法會元》卷六十七，載《道藏》第 29 冊，頁 211。

31 朱思本住持提點玉隆萬壽宮事以及泰定四年 (1327) 摩崖石刻〈天寶觀修造記〉(擬)，參見許蔚：《斷裂與建構》，頁 353–360。有關朱思本的研究，雖然有內藤湖南的〈地理學家朱思本〉早著先鞭，但迄今最為可靠的研究，首推黃長椿：〈朱思本及其《輿地圖》〉(載《江西師院學報》1983 年第 3 期，頁 61–64) 一文，後出包括我自己的研究在內，除偶有新材料外，整體上並未超出黃文的論述。特別要説明的是，2018 年，黃長椿、左行培、許懷林等三位先生不計名利，埋首數十年整理的《江西省大志》出版了，謹此致敬。

32 虞集：〈中黃先生碑銘〉，載許蔚：《淨明忠孝全書》，頁 45。

33 在劉玉所創立之隱真壇有一位熊蒼崖，可能就是熊玄暉。

34 虞集：〈紫山全真長春觀記〉，載許蔚：《斷裂與建構》，頁 574。

35 參見本書第二章。

36 上官良佐：〈丹扃道人事實〉，載許蔚：《淨明忠孝全書》，頁 53。仙子峰在明清之際仍有靈壇，為鄉民祈報之所，見《安福縣志》卷一，中國國家圖書館藏清康熙五十二年刊本，葉十b。參見許蔚：〈《淨明忠孝全書》的刊行與元明之際淨明統緒的構建——以日本內閣文庫藏明景泰三年邵以正序刊本為中心〉，載《古典文獻研究》第 17 輯上卷 (南京：鳳凰出版社，2014)，頁 126–127。

37 上官良佐：〈丹扃道人事實〉，載許蔚：《淨明忠孝全書》，頁 51。

38 參見許蔚：〈淨明道諸師傳記〉，載《南昌道教》2020 年第 1 期，頁 32。

39 劉志玄、謝西蟾編：《全真正宗仙源像傳》，《道藏》第 3 冊，頁 369。

40 上官良佐：〈丹扃道人事實〉，載許蔚：《淨明忠孝全書》，頁 51。

41 許蔚：〈《淨明忠孝全書》的刊行與元明之際淨明統緒的構建〉，頁 127；許蔚校註：《淨明忠孝全書》，頁 13。

42 許蔚：《斷裂與建構》，頁 587。

43 到明萬曆二十七年 (1599) 至三十年 (1602) 間，時任知縣，來自浙江慈谿的何應彪將旌陽道院改名觀音岩，改祀觀音大士，由道觀改變為了佛寺。到清嘉慶二年 (1797)，觀音岩被水沖坍，遂移於上岩，鑿石為龕，建為觀音寺，復名三台岩 (《興國縣志》卷三十四，中國國家圖書館

藏清同治十一年刊本，葉一b–二a）。不過，山頂尚遺存有真武壇，清人認為可能就是元代所建雷壇（《興國縣志》卷五，葉十一a）。

44　許蔚：〈趙宜真從張天全所受道法考〉，載《宗教學研究》即刊（2018年7月21日通過審查）。壽昌觀至少在明清時代是隸屬於洞淵觀的，見《安福縣志》卷一，中國國家圖書館藏清康熙五十二年刊本，葉八十六a。該志原為安福欽村人王志松私人收藏，1956年10月1日獻書北京圖書館。

45　興國縣令陳文彬曾挽留蒲衣方邱生，並在城南為他籌建長春道院。後者為李西來弟子，即金蓬頭派下，應當就是傳授趙宜真丹法的蒲衣馮先生，參見許蔚：〈趙宜真從張天全所受道法考〉。

46　白鶴山不見於安福地方志，可能是指鵠湖山的白鶴峰，後者在縣治北六十里，見《安福縣志》卷一，葉十七b。

47　曹希鳴即趙宜真在大上清宮所授徒，參見許蔚：《斷裂與建構》，頁364。

48　參見本書第三章以及許蔚：〈方方壺叢考〉，《全真道研究》第11輯即刊。

49　參見本書第二章。

50　參見本書第四章。

51　許蔚：〈《淨明忠孝全書》的刊行與元明之際淨明統緒的構建〉，頁130；許蔚校註：《淨明忠孝全書》，頁6。

52　李豐楙總編輯：《道法萬象》（台南：台南市政府文化局，2018），下冊，頁275。

53　如不來室藏吳玄真抄本共計三冊，除《啟師玄範》外，另兩冊為民國八年（1919）《還山燈科》、民國十九年（1930）《五靈燈科》。

54　《永新縣志》卷二，中國國家圖書館藏清乾隆十一年刊本，葉十六a。

55　關於洪武刊本與昊天觀本及所謂「劉淵然刊本」的關係，參見許蔚：〈《淨明忠孝全書》的刊行與元明之際淨明統緒的構建〉，頁131。

56　曾恕：〈淨明忠孝全書序〉，載許蔚校註：《淨明忠孝全書》，頁5。

57　許蔚：〈《淨明忠孝全書》的刊行與元明之際淨明統緒的構建〉，頁130。

58　同前註，頁130；許蔚校註：《淨明忠孝全書》，頁5。

59　許蔚：《斷裂與建構》，頁609。

60　劉淵然早年曾在南昌祈雨，見胡儼：〈長春劉真人傳〉，載許蔚校註：《淨明忠孝全書》，頁61。

61 《原陽子法語》、《靈寶歸空訣》見於《道藏》。前者有劉淵然的署名。後
者有德國巴伐利亞州立圖書館所藏清抄本，內容與《道藏》本基本一
致，但署趙宜真傳、劉淵然註。宜黃詹義階抄本《道法統宗袖裏風雷教
子篇》所收《學道謝世歸空秘法》亦署趙宜真編、劉淵然註，內容與《道
藏》本基本一致，但第一首詩訣下散文解說部分標為「註」，當是以詩訣
為趙宜真所編，散文說明為劉淵然所註。二者迄未見劉淵然刊本或相
關信息，不知是否曾經劉淵然刊行。不過，參照邵以正曾刊行劉淵然
語錄的情況，這兩部書曾經劉淵然刊行的可能性還是很高的。

62 該書劉淵然原刊存世尚有多部，除皕宋樓藏本現在日本外，清宮舊藏
本現存台北故宮。陸心源重刊本，流傳較廣，海內外多有收藏。

63 南京市博物館（岳湧執筆）：〈南京西善橋明代長春真人劉淵然墓〉，載
《文物》2012年第3期，頁23。另外，岳湧亦論證墓前明代堆積層係劉
淵然墳院棲真觀之遺存，見岳湧：〈〈長春劉真人祠堂記〉與棲真觀〉，
載《中國道教》2017年第2期，頁54–58。承岳湧研究員導覽，並介紹墓
葬、器物、骸骨等詳細情況，謹致謝忱。

64 胡濙：〈淨明忠孝全書序〉，載許蔚校註：《淨明忠孝全書》，頁3–4。

65 邵以正：〈淨明忠孝全書後序〉，載許蔚校註：《淨明忠孝全書》，頁
139。

66 參見褚國鋒：〈明代道官胡守法生平事跡考論〉，載《宗教學研究》2019
年第3期，頁46–52。

67 參見本書第四章。儘管如此，邵以正為《淨明忠孝全書》補入趙宜真、
劉淵然二人傳記，造成了深遠影響。除明萬曆楊爾曾刊本《許真君淨明
宗教錄》未收錄二人傳記，很可能是不承認趙宜真、劉淵然以至邵以正
的淨明正宗地位外，其他如明萬曆李氏家刊《李長卿集》本《淨明忠孝經
傳正訛》、清青雲譜刊本《太上靈寶淨明宗教錄》卷六〈淨明宗派〉、清代
各版本《逍遙山萬壽宮志》等標舉淨明一宗的文獻均沿襲邵以正序刊本
的做法與敘述。

68 許蔚：《斷裂與建構》，頁69、392；許蔚：〈《淨明忠孝全書》的刊行與
元明之際淨明統緒的構建〉，頁125；許蔚校註：《淨明忠孝全書》，頁5。

69 有關明代鐵柱宮道士的研究，可參見王崗：〈明代淨明道與江西地方社
會〉，載《華人宗教研究》2017年第10期，頁109。不過，該文認定左克
明、熊常靜、鄧繼禹一派是淨明道士，在其論述語境中有一定的合理

性；但對本書的論述而言，這樣的判斷仍然有待證明。另外，左克明隸鐵柱延真宮頤真堂，亦提點玉隆萬壽宮，參見許蔚：《斷裂與建構》，頁595。

70　參見本書第六章。

71　許蔚：《斷裂與建構》，頁98–101。

72　有關該繪本內容的簡介，參見何振中：〈明彩繪本《煉丹圖》及其淨明丹法〉，載《中國道教》2018年第1期，頁54–57。唯該文對繪本之作者、與宮廷關係及其意義等方面的論述殊乏根據。

73　關於該經的年代與內容，參見許蔚：〈從神仙到聖人——羅念菴的修持經驗、文學表達與身份認同〉，載《新國學》第11卷（成都：四川大學出版社，2015年），頁192。亦見許蔚：《豫章羅念菴、鄧定宇二先生學行輯述》（上海：中西書局，2022），頁14。

74　邵以正號止止道人，「止一」可能是將重文符號誤抄。

75　許蔚：〈從神仙到聖人〉，頁214；許蔚：〈新建文潔鄧定宇先生年譜稿〉，載《國學研究》第35輯（北京：北京大學出版社，2015），頁339–389。許蔚：《豫章羅念菴、鄧定宇二先生學行輯述》，頁2。

76　許蔚：《斷裂與建構》，頁370–380。

77　胡之玫：〈太上靈寶淨明宗教錄序〉，載《太上靈寶淨明宗教錄》，南昌新風樓藏清青雲譜刊本，葉序五a。關於《瀛洲仙籍》的成立年代，參見許蔚：《斷裂與建構》，頁373–374。

78　參見本書第二章。

79　趙道一：《歷世真仙體道通鑑》卷二十六，《道藏》第5冊，頁254。

80　許蔚：《斷裂與建構》，頁392。洪武十七年（1384），熊常靜又編刊了《許旌陽集傳》，同樣在正德十五年由鄧繼禹重刊，現存鄧繼禹〈重刊許旌陽集傳序〉一首，見許蔚：《斷裂與建構》，頁425。

81　目前僅見江西省圖書館藏本，存九冊，缺五、六卷。日本書店文求堂曾著錄過「《逍遙山萬壽宮志》二十卷。宣統。一帙十本。拾五圓」（田中慶太郎編印：《文求堂書目》，東京：文求書店，1939，頁72），應即此本。不過，目前尚未檢獲哪家日本藏書機構藏有此本，或屬私人收藏亦未可知。

82　魏志良：〈重修遙遙山萬壽宮志序〉，載《逍遙山萬壽宮志》卷首，江西省圖書館藏清宣統三年刊本，葉二。

83 李平亮最早提到並利用了該本所見香會資料，見李平亮：〈明清以來西山萬壽宮的發展與「朝仙」習俗〉，載《江西師範大學學報》2009年第42卷第5期，頁101–107。

84 晚清記錄稱「四方之人，不遠數百里，奔走偕來，各立勝會名目，一會至數十人，短衣赤足，俱戴涼帽，其制則深而且狹，似係乾嘉間舊物。眾人各有執事。肩挑背負者，均楮帛之類。前行者，手捧龍頭如代香盤，身繫黃巾袋，上書萬壽進香四字。此人成衣長衫。後此則鑼鼓間作，吹打悠揚，聲以地別。自齋戒起程，以迄旋里，遇村落必吹，過城市亦吹，云以示敬也」（〈萬壽進香〉，《申報》1877年10月5日），與今日所見大體一致。另「有荷校者、有帶鍊者、有負荊綁手者、有散髮披衣者」（〈香會繁盛〉，《申報》1880年9月20日），類似今日台灣建醮、朝香場合的「扮犯」，但今日已完全見不到了。

85 李平亮指出此碑記具有地方政府與東西二社爭奪象徵資源的意義，見李平亮：〈地方神廟與社會文化變遷——南昌西山萬壽宮碑刻研究〉，載鄭振滿主編：《碑銘研究》（北京：社會科學文獻出版社，2014），頁326。另外，此雖為碑記，但因為是為了避免東西二社紛爭，由新建縣出面重新裝臟，相當於是一種公開的意旨。不過，所謂安腹八字云云似不見於現存清代小型許真君雕像中保存的裝臟意旨。目前所見兩尊，其一為法國所藏許仙真君像（編號T0489），意旨為「大清國江西道撫州府臨川縣長樂鄉常保里貳塘保居住，奉神。裝彩神象。江西福主許仙君真座前，酬謝。保吉信士弟子徐本發、本禮、本慶、本寶。佑領合村人等。人人清吉，個個均安，百事遂億。天運光緒壬午八年吉日」（承巫能昌檢出）；其一為7788網出售光緒元年（1875）杜本和重開光許真君像，其意旨名為〈許祖真君腹狀〉，作「大清天下江西南昌府豐城縣宣風鄉白鶴里灘上保各居住，奉神。入腹、開光、鑒容、受像，通靈顯應，永庇生民事。信士杜本金、室人徐氏，男壽元、長元，媳益秀。弟本銀，（男）雅元。信士杜本鑛、杜本暹、杜紹仁、杜本沁、杜本源、杜本榮、杜本貴、徐良勝、杜佳壽、杜佳吉、杜佳珍。右領合會人等，即日發心裝塑祖師江西福主神功妙濟真君金容寶像一尊，命工點光圓成。卜取同治六年七月初一日吉時，開光，通靈顯應。祈保合家而迪吉，庇佑眾戶以均安。凡在光中，全干仙佑。謹意」，均未見到類似安腹八字的內容。

86　宣統刊本《逍遙山萬壽宮志》卷首光緒二十九年冬〈江西重修西山玉隆萬
　　壽宮勸捐啟〉，依次述及乾隆三十四年（1769），玉皇閣、真君、關帝二
　　殿火，道人許來浩等募建；嘉慶二年（1797），再火，道人鄧合溁等募
　　建；咸豐十一年（1861），太平天國軍隊「由安義突入逍遙山，廟宇既
　　焚，神像盡毀」，同治六年（1867）重修；本年正月初六日夜，真君、關
　　帝二殿突遭焚毀，估計重修兩殿約在四萬金，建局募捐，「局中刊有三
　　連票。凡繳捐者，各給票一紙，以為憑據」云云。宣統刊本《逍遙山萬
　　壽宮志》卷首魏志良〈重修逍遙山萬壽宮記〉載其事，稱兩殿遭火後，住
　　持熊理佳奔走叩求，八月下浣在夫人殿集「省垣辦理街捐南、新兩邑紳」
　　議請官府出面勸捐，並「開具紳商名單呈送縣署」，邀集名單內各紳於
　　百花洲沈公祠會商，而裕厚昌、怡生厚、乾大信、德盛大、生惠、元
　　祥六錢號墊銀千兩開局，遂在省城內逍遙別館（係同治初年萬壽宮重修
　　時的附屬建築，位於合同巷，見〈江右採風〉，《申報》1893年3月27
　　日、〈先後集議抵制美約〉，《申報》1905年9月6日。往後江西省商務總
　　會即設於此，見〈各省開辦諮議局歡迎議員之大會〉，《申報》1909年10
　　月17日。而公債會、商捐事務所也往往在此設局）置勸捐總局，多備捐
　　冊，請撫、藩各憲通飭外府州縣廣為勸募。當時多方募捐，亦曾在《申
　　報》1904年5月21日至30日連續刊載〈江西重修西山玉隆萬壽宮勸捐
　　啟〉；而經歷既久，也曾發生「某紳擬在其中提出二成，為中學堂經費」
　　之事（〈南昌客述〉，《申報》1904年9月23日）。此事不知是否施行，但
　　至少已引起不滿。而開辦教育之後，萬壽宮租款項下則每年只撥六百
　　串為江西省教育總會經費，見〈江西教育總會上咨議局書〉，《申報》
　　1909年12月10日。另外，勸捐總局至光緒三十二年（1906）停止，「所
　　有賬簿均歸陶東川收執」，見西山萬壽宮現存光緒三十四年冬收支碑
　　刻。關於此次募款中的紳商與地方利益分析，參見李平亮：《明清南昌
　　西山萬壽宮與地方權力體系的演變（1550–1910）》（廈門大學歷史系碩士
　　論文，2001），頁25–33。
87　1948年的非正式統計列出鄱陽、臨川、進賢、奉新、高安、新建、南
　　昌、豐城、清江、吉安、吉水、新喻、安義、安福、宜春、上高、分
　　宜、餘干等三十餘縣，見〈兵荒馬亂，請許真君保佑，萬壽宮隨喜〉，
　　《中華時報》1948年12月18日。2015年西山廟會現場也可見到來自傳統
　　十縣以外縣市的香會，如宜春、宜豐、上高、武寧、萍鄉、上栗、寧
　　都以及浙江杭州、建德等地。

88 如不來室亦藏有民國三年(1914)刻本《潭溪新老真君會》一種，除香會成員名單外，還收錄各種契約文書。承李平亮教授告知已核正該會簿屬地在萬載某村，將來如能結合地方村落資料深入開掘，相信會取得不錯的成績。有關香會資料的收集、分析既屬專門研究，在此不再展開。

89 民國三年(1914)張勳曾出面為張元旭出面謀求恢復天師位號，呈文抄存於胡適日記；另據《洪憲紀事詩本事簿注》稱張勳每歲遣使龍虎山，亦為張元旭向袁世凱請得「洪天應道真君」封號。以上參見王見川、高萬桑主編：《近代張天師史料彙編》(台北：博揚文化事業有限公司，2013)，頁307–311。

90 〈張勳與江西之關係〉，《新聞報》1919年4月25日。

91 萬壽宮圍牆外合同巷店鋪歷年屢遭火災，萬壽宮內雖備辦水龍一架(〈籌備火政〉，《申報》1880年8月1日)，但光緒六年(1880)仍焚二十餘家(〈南昌大火〉，《申報》1880年11月7日)，時任巡撫下令將其地沒為官地，禁止重建，以防火災延燒，見〈清查公地〉，《申報》1882年10月16日、〈江省雜聞〉，《申報》1883年1月25日、〈違禁造屋〉，《申報》1883年5月19日、〈豫章近事〉，《申報》1894年4月2日。另，大火後，萬壽宮曾建清醮禳火，見〈賽會紀勝〉，《申報》1880年12月17日。光緒三年(1877)南昌大火(〈風火為災〉，《申報》1877年3月12日)後，也曾「徧在各坊廟內建設清醮。凡前此被災處，及附近左右數里內店鋪均按照一月租值攤派，房主六分，房客四分。統計各處派貲不下千數百貫。萬壽宮左近即前發火處店市尤為稠密，攤錢既多，出會亦盛。自本月初六起，至十七止，共建醮十二日。靈壇廣設，百戲具呈。內殿置一寶塔，旁有丹梯，是為諸神上天庭奏事，蓋取仙靈往來之義也。塔凡九層，以綵色紗絹為之，面面空明，恍如億萬千佛齊現莊嚴寶相。聞此一件，已費數百千錢。此外，紙紮各事均精緻無比，幾於人巧極而天工錯焉。十三日，迎神出會，旗鑼導前，轎傘擁後，銜牌明亮，鼓樂悠揚，中間雜以玩器，加以祭品。頂馬數十匹，騎者皆屬幼童，冠冕堂皇，顧盼自得。臺閣八座，盡取新鮮式樣。扮戲者，皆衣裘服，鋒毛簇新。並有妙齡女子，作好裝束，見者尤極艷羨。入後，則首士等肅具衣冠，捧執香爐，道士服法服，各執所事隨行。初出宮門，由棋盤街、合同巷進至甲戌坊、翹步街及西大街，轉歷廣潤門，還至宮口，復由翠花街出塘塍上，轉過筷子巷、陳家橋、豬市、白衣庵、帶子巷等處，遂過高橋，由

六眼井、小教場口、謝家巷出書院街，轉撫州門大街，由繫馬樁、應天寺進楊子巷。至洪恩橋，而霖雨驟至，燭為之滅，香為之銷。職事紛亂，不復能整齊。……雨稍止，乃取道府學前等處還宮。觀者亦散」（〈建醮出會〉，《申報》1877年5月12日）。

92 〈稟陳開辦勸業場情形〉，《申報》1907年9月8日。〈贛撫飭查勸業場辦法〉，《申報》1907年9月28日。〈勸業場開辦〉，《申報》1907年10月17日。另外，南昌萬壽宮曾設所專賣鴉片煙膏土，但限於中英續訂條約，未便禁止一切煙出入境，見〈周監督發給憑單〉，《申報》1912年8月9日。

93 〈香會繁盛〉，《申報》1880年9月20日。參見〈進香紀盛〉，《申報》1881年10月7日、〈進香紀餘〉，《申報》1881年10月9日。

94 〈江右秋鴻〉，《申報》1886年9月10日。該文提到，這一年江西巡撫德曉峰恐人多生事，「飭城門員弁，凡進香者，止許三日入城，過此，概令往西山萬壽宮，不許入城」。

95 〈江西萬壽宮失火記〉，《新聞報》1915年9月15日。次年七月二十一日，萬壽宮外又遭火災，萬壽宮街至四眼井六十家店鋪焚燬，五人喪生，見〈萬壽宮外大火災〉，《申報》1916年7月25日。

96 〈萬壽宮迎神大熱鬧〉，《時報》1921年9月5日。據該文，參與正殿（真君殿）落成迎神像的城內眾仙會有「好古堂」、「松柏會」、「永慶會」以及「章江門外集慶會」等，據民國檔案可知城內還有「許真君香社老玉隆會」（〈為呈報許真君香社老玉隆會房屋被敵寇拆毀奉頒管業執照亦已遺失除登報聲明作廢並逕向南昌市地籍整理辦事處聲請登記外謹檢呈報志一片請鑒核備案由〉，1946年10月2日，南昌市檔案館藏），另外，類似會名也見於西山萬壽宮現存晚清、民國碑刻。

97 〈籌擬興復古蹟〉，《申報》1916年8月7日。

98 〈重建萬壽宮之進行〉，《申報》1919年3月24日。

99 參見本書第八、九章。淨明壇在南昌城內凌雲巷，又稱「淨明善堂」，民國七年（1918）十二月刻有《玉皇本行集經註解》。

100 許蔚：《斷裂與建構》，頁418。參見本書第九章。

101 〈萬壽宮之戰〉，《民國日報》1926年10月20日。〈贛西萬壽宮一帶均已停戰〉，《益世報》（天津）1926年10月31日。參見楊天石：〈蔣介石與北伐時期的江西戰場〉，載《找尋真實的蔣介石：蔣介石日記解讀2》（重慶：重慶出版社，2018），頁44。

102 〈昨遊西山萬壽宮〉，《申報》1933年2月13日。黃聲遠：《壯志千秋：陸軍第五十八軍抗日戰史》（上海：漢文正楷印書局，1948），頁18。

103 水草：〈西山萬壽宮小住記（續）〉，《青島時報》1933年7月20日。作者1930年夏因測繪贛湘公路，住西山萬壽宮文昌閣月餘，稱當時宮中有道士二、三十人，有宮田五十餘畝，雇鄉人耕種（每月給二、三元），並說道士遇真君誕平均每人可得香資二百元，見水草：〈西山萬壽宮小住記〉，《青島時報》1933年7月19日。另外，1935年的遊記中稱該紀念碑為「國民革命軍第三軍陣亡將士紀念塔」，見儲子潤：〈西山萬壽宮（遊記）〉，載《小學生》（上海）1935年第5卷第8期，頁8。

104 蔣勵：〈贛水那邊紅一角──記一位紅軍老同志的憶述〉，載《西山雨》1985年第2期「西山萬壽宮專號」，頁45–46。

105 〈勦共軍事進展〉，《申報》1931年1月28日；〈孔李兩匪又陷高安〉，《申報》1931年2月1日。

106 〈孔匪窺南昌被擊潰〉，《申報》1933年12月30日。

107 〈熊式輝赴西山一帶視察〉，《申報》1934年1月28日。

108 學界通常以此次講話為新生活運動開始。另外，根據熊式輝日記整理的回憶錄記載，2月15日他在家召集設計委員開會，決定新生活運動方案，擬訂四個基本標語；2月17日蔣介石在南昌行營主持設計會，通過新生活運動方案，見熊式輝著、洪朝輝編校：《海桑集：熊式輝回憶錄（1907–1949）》（香港：明鏡出版社，2008）。

109 以上參見游海華、張兆金：〈民眾教育與鄉村改進：民國南昌西山萬壽宮實驗區研究〉，載《江西師範大學學報》2012年第45卷第5期，頁92–97。

110 江西省政府訓令教字第407號〈令發西山萬壽宮地方整理處組織大綱暨經費預算仰知照並協助辦理〉，1934年11月7日，載《江西省政府公報》1934年第35期。該政令亦轉載於《農村合作》1934年第64期。有關機構及職員構成，見〈江西省西山萬壽宮地方整理處職員一覽表〉，載《江西省立民眾教育館設施概況》（南昌：江西省立民眾教育館，1937），頁70–71。

111 蔣介石日記1934年2月18日，原文未見，此據劉文楠：〈借迷信行教化：西山萬壽宮朝香與新生活運動〉，載《近代史研究》2016年第1期，頁93。到訪西山萬壽宮，免不了行香，而正月初五又是迎財神的日

子，蔣介石此行或許與此一般民俗有關（民國時雖一度廢除舊曆新年，但對民俗亦不過於干涉，參見忻平、張坤：〈政俗關係視野下的民國「新年」之爭——以《申報》為中心〉，載《江蘇社會科學》2014年第2期，頁241–249）。次日即2月19日，為星期一，同時也是正月初六。蔣介石選在這一日發起新生活運動，既可能是取一週工作日開始的意思（關於清末民國星期日休息制，參見李長莉：〈清末民初城市的「公共休閒」與「公共時間」〉，載《史學月刊》2007年第1期，頁82–89，湛曉白：〈從禮拜到星期：城市日常休閒、民族主義與現代性〉，載《史林》2017年第2期，頁1–12）；結合前一日行程，則也不排除與送窮、討彩頭的一般民俗有關。實際上，一年前的2月12日（星期日，正月十八日）他也曾臨時起意到訪西山萬壽宮，並停留較長時間，與宮中道人交談，見〈蔣遊萬壽宮垂詢鄉情〉，《京報》1933年2月14日。此事亦見〈昨遊西山萬壽宮〉，《申報》1933年2月13日。許真君誕在正月二十八日。正月十八日似乎與一般民俗以及西山萬壽宮沒什麼關係。不過，當時蔣介石正在南昌設立行營，籌劃針對紅軍的第四次圍剿。而12日當晚，紅軍即先發攻擊，展開反圍剿。儘管蔣介石遊萬壽宮與其軍事、政治行動是否有直接關係，因缺乏明確證據，不便妄加揣測，但時間上確實是緊密相關的。而在新運展開後的5月6日，來贛聽訓的華北將領，也由南昌行營派員陪同，奉命前往西山萬壽宮遊覽，見〈華北聽訓將領遊南昌萬壽宮〉，《京報》1934年5月7日。此舉或許有以淨明忠孝激勵將領之意圖，但也並無確切證據。

112 江西省政府訓令建字第1063號〈用石欄圍護西山萬壽宮古柏令廳撥款〉，1934年3月11日，載《江西省政府公報》1934年第82期。

113 《民國二十四年全國新生活運動》（南昌：新生活運動促進總會，1936），頁394。

114 許蔚：《斷裂與建構》，頁137。除識記外，柏葉本身對於香客而言也具有民俗意義，一謂真君柏樹葉可治病；一謂象徵多子多福。朝香的香會既有以「松柏會」等為名者；就今日所見，朝香婦女均以紅線繫紮柏葉，佩戴頭上。

115 北伐時期蔣介石定都南昌的計劃雖然落空，但後來建立南昌行營使南昌成為事實上的「首都」，除地緣軍、政的原因，是否也有應識的因素在其中，亦不得而知。

116 《浙贛路訊》1947年第5期，亦見《浙贛鐵路月刊》1936年第2卷第8期，
頁125。二者雖相隔十年，但取景相同，所攝為同一棵柏樹，不排除為
同幅照片，唯1936年刊發者較為模糊，此處用1947年刊發者替代。另
外，二者均定名「倒栽柏」，不確。

117 《西山萬壽宮調查檔案一宗》（擬），1981年，如不來室藏。據宮志記
載，倒栽柏應在文昌宮前；但1981年照片，柏樹側後有焚化爐，殿宇
有重檐，似乎是高明殿，則不應名「倒栽柏」。而1981年柏樹形狀與
1936年照片相同，因此，1936年所攝也並非倒栽柏。另據新建縣文物
普查小組編印的《萬壽宮與許真君》稱「宮內有三棵植於晉代的參天古
柏，蒼老蔥蘢。其中，正殿前右側一株，相傳為許遜手植」（頁2），即
係檔案及1936年照片中之古柏，可能以此傳聞而誤認為「倒栽柏」的。

118 以上兩枚照片由西山萬壽宮李倩道長代為拍攝，謹致謝忱。

119 《抗戰三年來的江西省立實驗民眾教育館》（吉安：江西省立實驗民眾教
育館，1940），無頁碼。拆除東嶽廟，事見〈視察西山新生活運動〉（載
《新生活運動促進總會會刊》1935年第15期），參見劉文楠：〈借迷信行
教化〉，頁95。另據新編地方史志稱，「西山管理處」拆毀了宮內東嶽
廟、斗姆殿，填塞了放生池，見南昌市地方志編纂委員會編：《南昌市
志》（北京：方志出版社，1997），第7冊，卷36第2章〈道教〉，頁60。
此種破壞活動似與修葺廟宇、整理古蹟的工作計劃頗不相稱。

120 〈本會指導西山新運工作報告〉，載《新生活運動促進總會會刊》1935年第
28期，頁40–42；《民國二十四年全國新生活運動》，頁392–394。王咨臣
稱西山整理處「將《福主靈籤》，刪去其中的迷信，而改以尋常事物科學
的辭句」（見王咨臣：〈西山萬壽宮史話〉，載《西山雨》1985年第2期「西
山萬壽宮專號」，頁6），不知確否，不排除是對培訓解籤人一事的誤述。

121 《真經寶懺》，載李豐楙主編：《道法海涵》（台北：新文豐出版公司，
2014），第1輯下冊，頁115–116。

122 參見本書第六章。

123 毛禮鎂編著：《江西省高安縣淨明道科儀本彙編》（台北：新文豐出版公
司，2006）。

124 如不來室藏《潭溪新老真君會》反映的清代萬載當地萬壽宮及真君會的
會款，是通過田產、房產等方式獲得的。

125 如前所舉，清代香會即攜帶竹龍（龍頭），抗戰勝利後的香會「都穿了特

製的背搭的衣服，自動身之日起，即須沐浴吃素，為首的代表擎著木龍，打著本縣本鄉的旗幟，敲鑼擊鼓」（〈萬壽宮爭進頭香，都陽豐城幫械鬥〉，《大公報》1948年9月23日），當代香會也是如此。竹龍具有特殊意義，與許遜竹龍故事有關。竹龍樣式也有不同，毛禮鎂記錄了其中一種直筒中空式的竹龍，製作時還有捉蟲入內的工序。此種樣式今日也能見到，此外，也還有其他樣式者，個別新作者則為實心木雕龍。通過觀察竹龍的樣式也可以知道香會的「新」、「老」傳統。此類器物的研究將另行處理。

126 關於頭香，抗戰勝利後的一條記錄稱「西山萬壽宮立下了一個俗規：凡是八月初一日取得進頭香的幸運者，初一日之全部香火收入都歸其獨得。這個獎金的數目相當龐大，那一幫香客若奪得進頭香的資格，則全幫進香的一切旅費開支可由這筆額外的收入抵補外，猶有富餘。因此，每年為了爭頭香，總要發生械鬥。通常爭頭香的械鬥都是以縣為單位」（〈萬壽宮爭進頭香，都陽豐城幫械鬥〉）。所謂一日香火之獎金不知是否確實。類此械鬥則因換袍而引起，參見熊國寶：〈西山萬壽宮廟會盛況古今談〉，載《中國道教》2004年第1期，頁57–58。

127 1948年的籤資為每籤金圓券一角，見〈兵荒馬亂，請許真君保佑，萬壽宮隨喜〉，《中華時報》1948年12月18日。

128 當時南昌市僧道承接喪事，僧人平均每人每日工資一元至二元，道士平均每人每日工資一元至一元三角，見〈南昌市婚喪禮俗概況〉，載《新生活運動促進總會會刊》1934年第1期，頁44。西山萬壽宮地方整理處經費預算，每月四百元，包括人員工資兩百元、辦公事業費兩百元，見江西省政府訓令教字第407號〈令發西山萬壽宮地方整理處組織大綱暨經費預算仰知照並協助辦理〉附〈西山萬壽宮地方整理處預算表〉，載《江西省政府公報》1934年第35期，頁11。

129 以上見曾廣墀：〈西山萬壽宮朝香紀〉，載《江西農訊》1935年第1卷第19期，頁353–359。作者據文中所述，應在豐城的民眾教育館任職，從事農民教育工作。

130 《國訊》1936年第120期，頁279。亦見《浙贛鐵路月刊》1936年第2卷第8期，頁125。二者為同幅照片，唯後者剪切較為歪斜。

131 《西山萬壽宮調查檔案一宗》（擬），1981年，如不來室藏。

132 《西山雨》1985年第2期「西山萬壽宮專號」，封一。

133 〈推行萬壽宮香客新運籌備委員會第一次會議紀錄〉，1936年8月26日，南昌市檔案館藏。

134 〈推行萬壽宮香客新運籌備委員會第二次會議紀錄〉，1936年9月2日，南昌市檔案館藏。

135 〈參加推行萬壽宮香客新運會，本院舉行農事展覽〉，載《江西農訊》1936年第2卷第18期，頁314。

136 〈國慶紀念日本處加開西山萬壽宮遊覽專車〉，載《公路三日刊》1936年第207期，頁5–6。

137 〈奉令嚴禁香客進香茲沒收壽香等件送請查收〉，1937年9月8日，南昌市檔案館藏。

138 江西省立民眾教育館編撰，江西省西山萬壽宮地方整理處發行：《西山萬壽宮志略》（南昌：江西省西山萬壽宮地方整理處，1937），頁18–27。

139 當時也曾將八寶垂訓「忠孝廉謹寬裕容忍」改為更接近八德表述的「忠孝仁慈忍慎勤儉」，並稱為「八德」，見曾一之：〈寫在前面的話〉，載《許真君》（南昌：江西省立實驗民眾教育館，1948）。江西省立實驗民眾教育館係南昌、西山相繼淪陷後，於民國二十九年（1940）七月由江西省立民眾教育館改組而成。據《西山萬壽宮志略》所附〈本館最近出版的大眾讀物〉、《江西省立民眾教育館設施概況》所附〈本館最近的出版物〉，《許真君》至晚在1937年已印行，售價「三分」。另外，民國二十四年（1935）西山香期散發的「商會贈送之《許真君傳》」六千份，倘若即《許真君》，則1935年已印行。

140 〈暨大遷贛，下學期開學〉，《申報》1937年11月21日。

141 盧冀野：《戰火中流亡記》（重慶：獨立出版社，1938），頁63。

142 奚以：〈萬壽宮的魔舞〉，《前線日報》1939年9月14日。關於日軍在西山萬壽宮及其附近地區的部屬，國軍軍史提到「二十八年（1939）三月，敵人侵入南昌後，在西山配置步騎砲混合兵種一部，經常有相當於一聯隊的兵力。後來又完成了靈活周密的交通網，由南昌經西山至大城，直達靖安、奉新，再北進至修河與鄂贛公路、瑞武路銜接，南行直達錦江北岸的石頭崗、高郵市。西山萬壽宮及其附近地方，靠著這交通網，而成了贛西北敵人前方部隊的軍需補給站」，見黃聲遠：《壯志千秋》，頁52。

143 〈敵我爭奪中的西山萬壽宮,淪陷經年上月始克復〉(《東南日報》1940
年5月10日)、〈錦江春季突擊〉(《前方日報》1940年5月13日)、《贛西
北的烽火》(《大眾日報》1940年4月30日)、〈克復西山〉(《掃蕩報(桂
林版)》1940年5月10日至11日)等,收入國軍陸軍新十一師司令部秘
書處編輯:《錦江碧血》(陸軍新十一師司令部秘書處,1940)。〈克復西
山〉一文提到「西山在地圖的位置上,正是錦江與贛江會流三角地帶的
一個重點,因為在山麓有一所廟貌巍峨的萬壽宮,所以現在對於軍事
重點的西山,俗稱曰西山萬壽宮。其實軍事的重要性,不完全在萬壽
宮一個盆地,而是公路附近各個高地,由此去南昌五十華里,到牛行
亦不過六十華里,南有嚴家嶺,西有白仙嶺,拱衛其外圍,若是攻略
或是守衛南昌的話,因其地形上的重要,西山是軍事上必爭之地」(頁
182–183)。國軍軍史也提到「公路暢通後,萬壽宮在贛湘線上扼住了高
安、奉新的咽喉,攻守南昌都必須先能控制它。在過去若干次的南昌
戰役中,西山的爭奪,往往激成會戰的高潮」,見黃聲遠:《壯志千
秋》,頁52。

144 〈中正橋炸成韲粉,萬壽宮日陣斷糧〉,《社會日報》1939年3月29日。

145 南昌市文物普查試點工作小組:〈西山萬壽宮的調查報告〉,1981年12
月1日,歸檔《西山萬壽宮調查檔案一宗》(擬),如不來室藏。關於西
山萬壽宮道人,至少還有全真堂住持羅宗任並未罹難。另外,《南昌市
志》稱「日軍拆毀了夫人殿、文昌宮、魁星閣、尚書樓、集福會館、逍
遙靖廬及後山圍牆,將拆下磚石,修築碉堡,砍伐許多巨樹,將萬壽
宮外的100餘家店鋪住戶一燒而光,並劫走殿內鐵鐘、鐵爐、銅器、瓷
器等文物」(南昌市地方志編纂委員會編:《南昌市志》,第7冊,卷36
第2章〈道教〉,頁60),此應是根據王咨臣所述。據王咨臣〈西山萬壽
宮史話〉稱「西山萬壽宮被日軍盤踞達六年多,宮前一百多所店鋪和住
房為日軍燒光;後山部分的圍牆、正殿西邊的尚書樓、集福會館、紳
董行館、逍遙靖廬、正殿後的夫人殿、正殿東邊的真武殿、文昌宮、
魁星閣、道院被日軍拆毀;宮內的鐵鐘、銅爐和供案上的銅、瓷等珍
貴器皿都被日軍劫走」,「幸好許遜神像遷移到松湖鎮黃堂宮諶母的殿
內」(頁6)。以上說法與李誠心回憶稍有出入,其中,文昌宮據李誠心
所述係1950年前後拆毀。另外,據西山當地老人回憶,「1939年西山鎮
四鄉八保人們在夜深人靜的時候將福主神像偷偷地移送松湖黃堂宮」

（胡先煥：〈耄耋老人見證西山萬壽宮〉，載《南昌道教》2020年第1期，頁49），與王咨臣所述一致。

146 黃聲遠：《壯志千秋》，頁52。

147 曾一之：〈南昌西境的屏障西山萬壽宮，淪陷經年上月收復〉，載《大美周報》1940年5月26日。《錦江碧血》收錄之〈敵我爭奪中的西山萬壽宮，淪陷經年上月始克復〉與此為同一文。

148 薛慧子著，薛迪蔚攝影：《鄂贛實地視察記》（南京：中央電訊社，1940），頁40。

149 〈呈報承租萬壽宮產業房客欠租清冊〉，1937年1月26日，南昌市檔案館藏。

150 焦超攝影：〈湘北戰線〉，載《天下（香港）》1940年第15期。

151 黃聲遠：《壯志千秋》，頁52。

152 山上本社特派員攝影：〈新年の軍旗奉拜式〉，載《大阪每日：寫真特報》1940年1月1日第762號。

153 薛慧子著，薛迪蔚攝影：《鄂贛實地視察記》，頁39。

154 〈為呈報接收移交經過情形檢同原冊暨抄錄節略送請鑒核備案由〉附〈照抄劉炳成原節略〉，1942年6月22日（1942年5月10日），南昌市檔案館藏。實際上，至晚到民國三十年（1941）五月，仍見有吳殿卿經手造冊的賬目，見〈為函送卅年一月份收支清冊查照由〉，1941年2月15日（1941年2月13日），南昌市檔案館藏、〈為函送本年四月份收支清冊一份請查核由〉，1941年5月12日（1941年5月5日），南昌市檔案館藏。

155 〈為呈報開會決議公推保管委員及互推常務暨主任委員姓名清冊並就職日期請鑒核備案由〉，1942年3月19日，南昌市檔案館藏。

156 〈為呈報接收移交經過情形檢同原冊暨抄錄節略送請鑒核備案由〉，1942年6月22日，南昌市檔案館藏。

157 劉雲海不知是否即民國二十九年（1940）十一、十二月收支賬目所見劉濟塵，則每月薪水僅日洋三元，與照料香火的工友同薪，而廚房、看門工友為日洋五元，保管員則為日洋二十八元，助理員為日洋十五元，見〈為函送十一月份收支報告清冊請查照由〉，1940年12月14日，南昌市檔案館藏、〈為函送十二月份收支清冊請查照〉，1941年1月15日，南昌市檔案館藏。另據民國三十年（1941）一月、四月收支清冊，均未見開支劉濟塵薪水。

158 〈為萬壽宮住持劉雲海病故遺額經聘道人韓守松接充俾香燈不致中斷報請鑒核備查由〉，1942年7月28日，南昌市檔案館藏。韓守松擔任青雲譜住持時，曾為城內廟產睡仙古蹟請免房捐，但未獲批准，見〈呈為懇恩免除廟宇房捐由〉，1946年1月2日，南昌市檔案館藏。韓守松住持萬壽宮，民國三十二年 (1943) 八月至十二月共得燈油工津日洋三百元（平均每月日洋六十元），同時期保管員薪水為日洋六十元（平均每月日洋十二元），見〈萬壽宮收支報告書〉，1934年3月13日，南昌市檔案館藏。關於青雲譜與北伐及國共軍隊、領導人的關係，以及韓守松的經歷，參見南昌市地方志編纂委員會編：《南昌市志》，第7冊，卷36第2章〈道教〉，頁61–62。該部分係根據韓守松所撰《道教流派概況》及回憶等材料撰寫而成。

159 〈萬壽宮物件清冊〉附說明，1943年8月16日，南昌市檔案館藏。

160 南昌市地方志編纂委員會編：《南昌市志》，第7冊，卷36第2章〈道教〉，頁63。據家父回憶，文革前，南昌萬壽宮保存尚完好，居住有長鬍子的尼姑（應是指女冠）。

161 〈為定期召開修復江西西山萬壽宮成立大會敬請蒞臨訓導由〉，1946年8月31日，南昌市檔案館藏。〈據呈送簡章名冊圖模請鑒核等情批示知照由〉，1946年11月7日，南昌市檔案館藏。

162 〈為遺失登記收件收據懇請備案准予核發土地所有權證由〉，1947年8月6日，南昌市檔案館藏。另就民國三十七年 (1948) 南昌市道教會（會址設干家前巷三十一號。理事長雷少廷）成立檔案所見，其請求成立之呈文中提到「竊維道教為我國歷久之宗教，肇始於老子，稱盛於漢唐。吾贛自龍虎山張天師、逍遙山許真君宏揚以來，尤較其他各省為興盛。……本市道士眾多，道院林立，自應遵章一致組織」。其檢附《南昌市道教會章程》之〈會務〉提出「關於各廟院宮觀及道家規例之整飭事項」、「凡屬道教廟院宮觀所有名勝古跡，或年久失修、湮沒無存，或管理不善、荒蕪有象；本會查明，得恢復原狀，隨時保護，以重宗教」；〈會員〉提出會員資格為「凡全真派、正乙派在本市各廟院宮觀為道士者」、「凡在本市承值陰陽門眷者」、「信仰道教之居士，經本會會員二人以上之介紹者」，並提出「凡未經加入本會為會員，不得在本市境內充任高功、法員，承接經懺、功德等事項」。那麼，似乎應涵納南昌萬壽宮、西山萬壽宮以及青雲譜道院等宮觀及其道士在內。就其註冊會員來看，共計全員一百四十四人，登記住址除市區街道外也包括眾多村

鎮，但第一屆職員均明確註明為「正一道士」，未見到南昌萬壽宮、西山萬壽宮以及青雲譜道院的全真道士。以上見〈呈報成立經過懇准立案並乞頒發立案證書及圖記由〉，1948年9月27日，南昌市檔案館藏。

163 〈萬壽宮爭進頭香，鄱陽豐城幫械鬥〉，《大公報》1948年9月23日。

164 白荻：〈西山萬壽宮與許真君〉，載《贛風》1948年第10期，頁7。

165 王咨臣：〈西山萬壽宮史話〉，頁6。

166 《南昌市志》載「解放後，西山萬壽宮尚存正殿、關帝殿、三清殿、三官殿、諶姆殿5個大小殿，存有院牆、山門、儀門、戲台等建築」（南昌市地方志編纂委員會編：《南昌市志》，第7冊，卷36第2章〈道教〉，頁60），與李誠心所述一致。

167 王咨臣：〈西山萬壽宮史話〉，頁6。

168 南昌市文物普查試點工作小組：〈西山萬壽宮的調查報告〉。

169 王咨臣：〈西山萬壽宮史話〉，頁6。

170 雪森：〈朱德到西山〉，載《西山雨》1985年第2期「西山萬壽宮專號」，頁44。

171 南昌市文物普查試點工作小組：〈西山萬壽宮的調查報告〉。據西山當地老人回憶，1966年，「以程殿昌、唐英伍、危輝祥為首的造反派等人，開著汽車，車上面架著槍闖入萬壽宮，將福主神像以及名貴的楹聯匾額，珍貴文物，統統用火焚燒」，「同時指令西山磚瓦廠黨支部要組織人拆掉山門和古戲台，古戲台被造反派焚燒掉了」，山門也遭到很大破壞（胡先煥：〈耄耋老人見證西山萬壽宮〉，頁49–50），與李誠心回憶稍有出入。

172 以上根據南昌市文物普查試點工作小組：〈西山萬壽宮的調查報告〉以及同檔案所附〈古建築調查表〉。

173 南昌市地方志編纂委員會編：《南昌市志》，第7冊，卷36第2章〈道教〉，頁60。市志繫於1984年，此據王咨臣所述，繫於1983年（王咨臣：〈西山萬壽宮史話〉，頁6）。

174 《西山雨》1985年第2期「西山萬壽宮專號」，封二。

175 同前註。

176 如不來室藏原檔案「玉（三）清殿」名下誤用關帝殿照片，據〈古建築調查表〉的描述，改用另頁所附失名照片。

177 如不來室藏原檔案「關帝殿」名下用背面遠景照片，據〈古建築調查表〉的描述，改用另頁所附失名照片。

178 如不來室藏原檔案「諶母殿」名下用背面照片，據〈古建築調查表〉的描述，改用另頁所附失名照片。

179 參見本書第五、八章。洪怡沙曾多次調查西山廟會，尤其是跟蹤調查豐城游家村香會的人員構成（如全由漁民組成的「游永生會」）、組織結構（如會簿按班記錄，會長輪流擔任以及由會長保管許真君神像及竹龍）和年節儀式（玉皇誕、真君誕、萬壽進香、春節），參見Isabelle Ang, "The Revival of the Cult of Xu Xun in Jiangxi Province: The Pilgrimage to Xishan, and the Annual Rites in a Clanic Village"，載《道教學刊》2018年第1輯。她描述廟會所見，提到香會在高明殿燒香後，依次朝禮關帝殿、三官殿、諶姆殿、三清殿、夫人殿、玉皇殿、財神殿，之後回到高明殿，由香會的一位老者（後文則説是道士）唸出朝香會眾的名單，並稱都是按照此路線（頁117–118）。就我所觀察及訪問的情況來看，此路線確實是因應各殿分布的最佳環線，但並不是所有香會都按照此路線，既有交叉往復的情況，也未必每個殿都燒香。而所謂唸名單，其實就是進疏文或者進表。另外，關於游家村年節儀式，特別是真君誕和萬壽進香，她雖然提到拜斗、安仙、謝仙等（頁128–130），但對儀式本身的描述並非她的關心，因此，根據她的描述，我們並不清楚這些由道士參與並演行的儀式具體內容如何。她在另一篇討論游家村道士與西山萬壽宮道士的論文中，除增加一節討論游家村道士的師承與認同、道士與村民及香會關係等問題外，只是重複前舉記述，仍然沒有對儀式本身予以描述，見Isabelle Ang, "How the Daoist Master of a Village Helps to Keep Alive a Local Cult: A Case Study in Jiangxi"，載柯若樸、高萬桑、謝世維主編：《道教與地方宗教——典範的重思國際研討會論文集》（台北：漢學研究中心，2020），頁309–321。

180 許蔚：〈辛天君法與混元道法的構造〉，載《道教研究學報》2017年第9期，頁141–159；許蔚：〈莫月鼎使者符法的作用與傳派——以明抄本《九天梵炁雷晶碧潭使者大法》為中心〉，載《道教研究學報》2021年第12、13期，頁101–133。

第一章

作為靈寶法的淨明法：
南宋淨明法的批判與接受兼談
近世道教幽科幾個要素

　　淨明法雖然在許遜信仰的層面及「淨」字符等具體符法方面可以向前追溯至晉唐時代的孝道派，但其成立卻是在南宋建炎二、三年間，在此之前至少在名義上是不存在淨明法的。孝道派的經典如《慈善孝子報恩成道經》雖然有部分保存下來，並得以收入《正統道藏》，但是否被南宋淨明法所接受，就目前的認知而言尚不清楚。[1] 實際上，無論是《慈善孝子報恩成道經》還是作為許遜聖傳的《孝道吳許二真君傳》，本身也都不包含法術內容。至於《赤松子章曆》所提到的《孝道仙王一十八階征山神將籙》[2] 雖然未保存下來，從名字看應是神將名錄，也可能包含圖像。而這一「神將籙」是否為南宋淨明法新出的「淨明院」所吸收而成為淨明法部中神王將吏的組成部分，由於資料的缺乏，也無法論證。

　　拋開這些與晉唐孝道派的脆弱聯繫不論，作為一種新興道法，南宋淨明法的法術與儀式實踐，就《正統道藏》中所保存的文獻而言，主要見於《太上靈寶淨明入道品》、《太上靈寶淨明秘法篇》、《靈寶淨明大法萬道玉章秘訣》、《太上靈寶淨明飛仙度人經法》等，此外，還有一些諸如《靈寶淨明院行遣式》、《太上淨明院補奏職局太玄都省須知》等文檢與職格的彙編，涉及傳度、度亡、驅邪等諸多方面，應該說還是比較豐富的。儘管如此，除個別儀節外，幾乎找不到對比較完整的淨明法立成之儀的描述或轉述。不過，淨明法的儀

式、符法及戒律中的某些內容，由於南宋以降湧現的科儀書特別是
《靈寶無量度人上經大法》、王契真《上清靈寶大法》、金允中《上清靈
寶大法》、《靈寶領教濟度金書》等多種靈寶法文獻的批判、徵引或者
改編，得以融入道教儀式發展的洪流，成為近世道教科儀特別是幽
科的構成要素。

第一節 「淨明經、法」、「靈寶大法」
與《上清靈寶大法》

　　南宋淨明法與「靈寶」或者靈寶法的關係，由於金允中的鼓吹
與批判，成為一個討論淨明法時首先需要面對的問題。從形式上來
看，南宋淨明法文獻，其定名大都前綴「太上靈寶」或者「靈寶」，因
而，在名義上或者分類上似乎可歸類於靈寶。[3]

　　從內容上來看，較早出世的《高上月宮太陰元君孝道仙王靈寶淨
明黃素書》仿照靈寶真文創製了屬於淨明法自己的〈黃素真文〉，作為
淨明內煉功夫「黃素法」的核心；而《太上靈寶淨明秘法篇》、《太上
靈寶淨明洞神上品經》則模仿《度人經》（〈靈書〉上、下篇）創制了屬
於淨明法自己的淨明〈靈書〉上、下篇（品），作為「淨明經、法」的核
心。稍後編訂問世，作為淨明弟子「補充參受」的「靈寶大法」（也稱
作「上清靈寶大法」）[4]的《太上靈寶淨明飛仙度人經法》，則是依《度
人經》演法，明確以〈靈書中篇〉及五方真文為道法基礎。[5]而此點與
先已出世的〈黃素真文〉及淨明〈靈書〉上、下篇（品）顯然存在宗旨上
的差異。

　　為解決這一差異，在今本《太上靈寶淨明飛仙度人經法》[6]開篇即
指出元始天尊說經之時「始有淨明二篇〈靈書〉，明王因之造《法》著
《經》」，[7]強調淨明法自己的淨明〈靈書〉上、下品與《度人經》有相同
的來源，所以《太上靈寶淨明秘法篇》和《太上靈寶淨明洞神上品經》

與《太上靈寶淨明飛仙度人經法》是可以並行的。這一立足於源頭之
上的論述是相當有效的。從金允中《上清靈寶大法》中化用《太上靈
寶淨明飛仙度人經法》的情況來看（詳後），金允中提出的「靈寶乃孝
道明王之教，以孝弟為主」，「孝道明王之教傳付許旌陽，初即靈寶
也」，[8]正是在接受了這一源頭敘述的基礎上所作之闡釋。

　　不過，雖説「初即靈寶」，「淨明秘法」畢竟「與靈寶分派」。[9]在
出法或者說經典編制過程中，為了進一步調和〈靈書中篇〉與〈黃素
真文〉、淨明〈靈書〉上、下篇（品）之間的主從高下，今本《太上靈寶
淨明飛仙度人經法》在《度人經》「赤明開圖」一段下解說稱「此是元
始天尊敘祖炁化生玉字，出書度人之次。謹按恭華梵形落空，四字
出於玉京山，主天元開運、變化之靈。以此考之，則〈靈書中篇〉在
開圖之初，謂之中者，炁之和融而成書。一生二，二生三，則〈靈
書〉上、下二品因之以生。貫三為一，則〈黃素〉八十一字次之。〈靈
書〉二篇應於陰，陰中有陽，日宮孝道明王主之。八十一字應於陽，
陽中有陰，月宮孝道仙王主之。陰陽之後，五行生。五行生而分五
位，於是有赤書五老之文」。[10]〈靈書中篇〉自然成書，進而生淨明〈靈
書〉上、下篇（品），貫三為一，作為陰；〈黃素真文〉則作為陽，遂
有五篇赤書真文。這樣的解釋，將淨明法自己的淨明〈靈書〉上、下
篇（品）與〈黃素真文〉融入赤書真文與〈靈書中篇〉之間，既強調〈靈
書中篇〉、赤書真文出自元始祖炁自然化生的源頭地位，也承認淨明
法的淨明〈靈書〉上、下篇（品）與〈黃素真文〉並非人為造作的次等文
字，而是從〈靈書中篇〉而出，也就是同樣可以追溯到元始祖炁。

　　值得注意的是，金允中化用了此段描述，稱「此乃是元始天尊大
梵祖炁化生玉字，出書度人也。而〈靈書中篇〉在開圖之初。謂之中
者，中和之炁，融而成書，故曰〈中篇〉，孝道明王主之。五炁分而
列五位，於是赤書玉字五篇敷落，故五老上帝主之」。[11]儘管刪去了
淨明〈靈書〉上、下篇（品）與〈黃素真文〉的部分，體現他對與「靈寶
分派」的「淨明秘法」一貫的不認可或者說偏見，但他還是在源頭上

提出孝道明王主〈靈書中篇〉，也即孝道明王之教初即靈寶，而這應是在接受《太上靈寶淨明飛仙度人經法》所訂立的出書次第基礎上，才進一步作出的符合他自己確立「靈寶大法」正宗意圖的調整。

令人困惑的是，金允中既然不認可淨明法或者淨明秘法，又為什麼會接受《太上靈寶淨明飛仙度人經法》這一論述呢？難道只是為了要完成像「東漢正一天師應運挺生，科條薦布，於是齋修之典章、表儀之燦然昭煥，斯為洞神之道、正一之宗。東吳左仙翁玄受靈寶洞玄科品，於是傳上章謁帝之科、元綱飛步之訣。至晉許旌陽行孝道明王之教，遂有驅妖誡毒之法、濟世立功之文，悉皆洞玄之道、靈寶之宗，自古至今不可誣也」[12]或者「若《靈寶大法》自葛仙翁而經典宏敷，至許旌陽而法法大備。雖混元法亦以許君為宗」[13]這樣的靈寶大法演生史述，援許旌陽而自重嗎？

從淨明法文獻的一側來看，《靈寶淨明院行遣式》所收〈奏《度人經法》補帖〉提到「靈寶淨明宗王上帝降洞神堂，昇玉局座，演說《靈寶大法》、《淨明經法》、《黃素法》，流傳下界，濟度天人。今來復見歐陽教師等奉真旨編到《靈寶大法》四卷，乞傳授行持。本壇除已保舉繳奏真師，乞告下天省、關牒靈寶法內天真外，合給帖者。一〈靈寶戒牒〉一道。一《靈寶大法》四卷。一〈道君法印〉一顆。一〈泰玄都省印〉一顆。一〈總監鬼神印〉一顆。一準格，初階，先具所授籙職，補充：參受《上清靈寶大法》，統攝三界，邪魔皈正，管太玄都局事。及請降靈寶神王、靈官、玉女、吏兵等贊助行持」。[14]帖中所說《靈寶大法》從該帖標題可知即《度人經法》，亦即《太上洞玄靈寶淨明飛仙度人經法》，在帖中又被稱作《上清靈寶大法》。[15]同時，帖中開列的〈靈寶戒牒〉據《靈寶淨明院行遣式》所收〈戒牒文〉，內容為〈上清靈寶十戒〉，不僅見於金允中《上清靈寶大法》，還見於王契真《上清靈寶大法》、《靈寶無量度人上經大法》等，[16]似乎應是「上清靈寶大法」或者「靈寶大法」所通行的戒律。

　　此外，關於《度人經法》與「靈寶大法」的關係，《太上洞玄靈寶淨明飛仙度人經法》本身也有説明。原本應「載於序例」，現混入今本《太上洞玄靈寶淨明飛仙度人經法》卷一正文的「區貫七事」中，在前兩條講述元始祖炁化成玉字及萬物之後，第三、四條稱「三明《靈寶大法》，自然生成圖書，總括萬象，為三才機紐，含融於《黃素》之書，要約於《淨明三十五篇》之奧，詳悉於《飛仙度人之寶法》。四明《靈寶大法》，為三洞之祖教，《黃素》則蓄其造化，《淨明》則著其關鍵，《飛仙度人寶法》貫而詳通，發指樞戶者也」。[17] 所謂「靈寶大法」或者《靈寶大法》根據自然生成圖書的描述以及上下文，似乎應指赤書真文與〈靈書中篇〉，或者説是指《度人經》，但上文第一事既然已提到元始化生玉字，此處表達就顯得有些不恰當，似乎還是應該指在〈靈書中篇〉或《度人經》基礎上成立的《靈寶大法》。《黃素》之書即《高上月宮太陰元君孝道仙王靈寶淨明黃素書》。《淨明三十五篇》即《太上靈寶淨明洞神上品經》。它們所包含的〈黃素真文〉及淨明〈靈書〉上、下篇（品）與〈靈書中篇〉、赤書真文的關係如前所述，雖然宗旨不同，但都可以追溯到元始祖炁，所謂「含融」、「要約」、「蓄其造化」、「著其關鍵」都是在這個意義上説的。而《飛仙度人之寶法》或《飛仙度人寶法》即《太上洞玄靈寶淨明飛仙度人經法》，由於是據《度人經》「隨經意，明以為法」，[18] 那麼也就可以被稱為是對《靈寶大法》的「詳悉」、「貫通」。不過，如此看來，似乎表明《太上靈寶淨明飛仙度人經法》並不能等同於《靈寶大法》或者「靈寶大法」，與前舉〈奏《度人經法》補帖〉的表述似乎存在矛盾之處。

　　之所以會出現這樣的情況，有兩方面的原因。其一，是因為《太上靈寶淨明飛仙度人經法》雖然本身也被稱為《靈寶大法》，但本來卻是在某種舊本《靈寶大法》基礎上編訂而成的；其二，則是因為所謂的「區貫七事」也並非《太上靈寶淨明飛仙度人經法》的創造，而是改編自舊本《靈寶大法》。

關於《太上靈寶淨明飛仙度人經法》的問世，〈奏《度人經法》補帖〉雖然首先講述了靈寶淨明宗王上帝說經神話，而這一神話中的《靈寶大法》是與《淨明經法》、《黃素法》並列的，但隨後也提到他們乞傳授行持的《靈寶大法》是由「歐陽教師等奉真旨編到」。也就是說，就出經神話而言，歐陽教師等所編《靈寶大法》是靈寶淨明宗王上帝所說《靈寶大法》的人間化；就經典編撰而言，《靈寶大法》雖是新「編到」的，但卻是有所本的。此點也可以《太上靈寶淨明飛仙度人經法》本身的表達相印證。該書中稱「元始〈中篇〉玉字，出乎大梵之炁。分之而為字，合之而為聲，妙之而為符，約之而為呪。於西漢靈寶之書，則有飛篆散殊之體，皆因經言，所以濟用。吾今《飛仙度人之法》，本於舊載，參於仙房，以增以除，以證靈寶之法，貫通不遺。今略取《靈寶》一二所載，以辯其為同。……凡六者，皆靈寶法與《度人》有異處，求其離合之自然，則一也」。[19] 所謂「本於舊載，參於仙房，以增以除」就是指《太上靈寶淨明飛仙度人經法》在舊有文獻的基礎上編訂而成，而這個舊有文獻應該就是已經存在的「靈寶法」、《靈寶》或者《靈寶大法》（可能就是《靈寶淨明大法萬道玉章秘訣》引據的《靈寶大法》）。[20] 因此，不論《太上靈寶淨明飛仙度人經法》是對《靈寶大法》「貫通不遺」，還是「貫而詳通」，都是對舊已存在的《靈寶大法》的改編，其編訂完成之後也自然可以稱為《靈寶大法》，甚至《上清靈寶大法》。[21]

關於「區貫七事」，除見於《太上靈寶淨明飛仙度人經法》以外，也見於金允中《上清靈寶大法》。金允中接受了《太上靈寶淨明飛仙度人經法》的「區貫七事」，但將有關《黃素》、《淨明》及《飛仙度人經法》的內容全部刪除，改造為新的〈七事區貫品〉。[22] 其中，第三、四條，金允中改為「三明靈寶，自然生成圖書，總括萬象，為三才機紐。四明靈寶，為三洞祖教，出生一切聖人」。[23] 顯然，他察覺到了「靈寶大法」的表達存在不恰當之處。

　　金允中將兩處「靈寶大法」都改為「靈寶」，與他個人的經驗有很大的關係。作為《上清靈寶大法》的「正宗」傳人，金允中很明白「靈寶大法」或者《靈寶大法》儘管包含了〈靈書中篇〉或者《度人經》，但卻是法，不是經，與作為經的《度人經》或者〈靈書中篇〉是有先後主從之分的，具有源頭意義的只能是經，不能是法，因此，他無法接受為「靈寶大法」安排「自然生成圖書」這樣的文字描述。此點也可以為他所說「靈寶之道，正屬洞玄，然而貫三洞之樞機，涵諸經之奧妙。自徐來勒真人付葛仙翁，而經教漸彰。孝道明王授許旌陽，而科法大備」[24] 所證實。而作為《上清靈寶大法》的整理者，在面對作為「靈寶大法」或者「上清靈寶大法」的《太上靈寶淨明飛仙度人經法》的時候，他對「靈寶大法」這個容易與《靈寶大法》或者《上清靈寶大法》混淆的表述也有著天然的聚焦，不能夠接受可能存在的文本失誤或者邏輯問題。當然，他的這一改動，並不完全是針對《太上靈寶飛仙度人經法》的，從第四事的「出生一切聖人」與第七事的「及經中備有萬法」來看，如果不是指向王契真《上清靈寶大法》，也是指向天台系統的「靈寶大法」（參見表 1.1）。

　　按《靈寶淨明大法萬道玉章》卷首在署「太陽玄宮昌明閣掌圖籍小兆」序之後有一大段文字引用「天真皇人《八明訓解》」，但僅述至第二明，之後則另起一段述三十二天罡炁、帝君、卦爻等，再後則是〈修行之法〉。根據序中提到該書為「無上三真說璇綱清炁，採取玄範之圖；注練百關，生成玉字之經；一身三聖，萬道同體之書；神動天隨，念動化移之法；洞觀三界，徹視萬靈之妙」，與該書現存內容大體相合，那麼，引用八明似乎只是為了說明赤書玉字之誕生，因而似乎並非闕失了六明，而是僅僅引用了兩明。從引用的這兩明來看，與「七事」存在明顯的文本關聯，特別是第二明在解說時引用作「復採鍊此炁為寶，餌之登真」，[25] 與《太上靈寶淨明飛仙度人經法》第六事的文字完全一致，可證「七事」確實是從「八明」改編而來。至於完整的「八明」，則見於《靈寶無量度人上經大法》卷一〈八

明開聰品〉，同樣的內容也見於王契真《上清靈寶大法》卷一〈開宗明義門〉，二者文字大體相同，互有錯訛。其中，《靈寶無量度人上經大法》第二條中「至開皇劫，分隸三元，化生諸聖」一段銜接於「莫非玄、元、始三炁也」之後，文脈較為通暢，只是最後提到自然生成圖書「總括萬象之元，陶鑄群品之機，出產仙真之紐」與第三條的主旨一致，而第三條則是「八明」中唯一沒有配以闡釋文字的，因此，王契真《上清靈寶大法》將此段列入第三條並非沒有道理，就此而言，雖然王契真《上清靈寶大法》似乎是作出了合理性調整之後的文本，但仍難斷定此一部分內容究竟應以何者在先，並且，不排除二者所據文字的祖本可能從「皆出於赤書玉字」以下原本即屬於第三條（參見表1.1）。[26] 此外，《靈寶玉鑑》卷一〈道法釋疑門〉也列有「八明」，雖然文字與前二者差異較大，但其中部分條目所表達的意義是相同的，部分文字也應有文本上的關聯。

　　將此八明與七事的文本進行比對，不難發現金允中雖然有意選取了《太上靈寶淨明飛仙度人經法》的「七事」作為他自己所認定的正宗，但他也非常明白原本的靈寶大法應該是「八明」而非「七事」，因此也時時參考天台系統的「八明」，只是對「八明」那些「繁瑣鄙俚」的解說文字基本上盡數放棄，其中也包括講述「大法三品」的第八條。

　　就第三、四兩條而言，在各自的文本語境中，第三條中的「靈寶大法」、第四條中的「大法」自然應是特指王契真《上清靈寶大法》或者《靈寶無量度人上經大法》本身。至於「自然生成圖書」的問題，鑒於《靈寶玉鑑》第三條為「當明《靈寶經法》，皆出於混洞赤文」，[27] 表明第三條如前所論確實應是說明「靈寶大法」與赤書玉文（《度人經》）之關係，可知《太上靈寶淨明飛仙度人經法》的第三事在此確實存在表述上的不恰當之處。而《太上靈寶淨明飛仙度人經法》第三事除淨明的部分外，與金允中《上清靈寶大法》（刪去「大法」）及《靈寶無量度人上經大法》文字完全一致，與王契真《上清靈寶大法》則僅有「樞」與「機」的一字之差，如果不考慮傳抄致誤的問題，「樞」與「機」本屬

可通，在意義上也沒有差別。王契真《上清靈寶大法》和《靈寶無量
度人上經大法》第四條首句的「大法」二字，按照下文出現「因《靈寶
大法》，生化一切聖人也」來看，不論它們所依據的天台靈寶法的源
文獻是否即作「靈寶大法」，從現存兩個文本的完整敘述來看，與《太
上靈寶淨明飛仙度人經法》的「四明《靈寶大法》，為三洞之祖教」仍
屬一致。也就是說，從文本上來看，《太上靈寶淨明飛仙度人經法》
的「七事」可以肯定與王契真《上清靈寶大法》、《靈寶無量度人上經
大法》存在淵源關係。儘管王契真《上清靈寶大法》、《靈寶無量度人
上經大法》的成立年代無疑相對較晚，且均有援引淨明法的部分，
因而不可能根據這些文本關聯就認定其為《太上靈寶淨明飛仙度人
經法》所直接依據的文獻，但《靈寶玉鑑》也提到「《靈寶經法》之卷
首有四譯、八明、七經、八緯，已備諸家之說」，[28] 並且《靈寶淨明大
法萬道玉章》也引述天真皇人《八明訓解》。那麼，認為《上清靈寶大
法》、《靈寶無量度人上經大法》所據以成書的源文獻中的「八事」與
《太上靈寶淨明飛仙度人經法》的「七事」有關，這一推想應該是可以
成立的。換句話說，《太上靈寶淨明飛仙度人經法》第三、四事中所
謂「靈寶大法」云云，是在延用舊有的某種「靈寶大法」或者《上清靈
寶大法》（可能即《靈寶淨明大法萬道玉章》所據《靈寶大法》）的固有
表述的基礎上「以增以除」而成，因而造成本身即是「靈寶大法」或者
「上清靈寶大法」的《太上靈寶淨明飛仙度人經法》在第三、四事中又
被說成是對「靈寶大法」的貫通，這樣的文本失誤。

　　從金允中的一側來說，「齋法出於靈寶，屬洞玄部也。自告齋
始事以至醮謝散壇，則廣成科中無不備具，自不必後世之紛紜。齋
科雖參三洞之眾經，而多出於洞玄之十二部。若奉行齋事，符書咒
訣、關奏文移，古科不載。自唐以後，則總於《靈寶大法》，而法之
本文又主以《度人上品》之一卷，是謂《上清靈寶大法》」。[29]《太上洞
玄靈寶淨明飛仙度人經法》既然是據《度人經》演法，以〈靈書中篇〉、
五篇赤書真文為道法核心，而且也被稱為「靈寶大法」或「上清靈寶

大法」，金允中不可能隨意否認《太上洞玄靈寶淨明飛仙度人經法》是
「靈寶大法」或者「上清靈寶大法」的既有事實。對於傾力整理《上清
靈寶大法》，並且始終以他自己師承的《上清靈寶大法》為正宗的金允
中而言，也就當然不能無視作為「靈寶大法」或者「上清靈寶大法」的
《太上洞玄靈寶淨明飛仙度人經法》。留給他的選擇，要麼是予以接
受，要麼就是像針對天台系統的靈寶法那樣加以批判。

　　鑑於淨明法所主張之「忠孝」觀念的吸引力以及神功妙濟許真君
在當代的影響力，[30] 金允中似乎不願意完全否定淨明法，也不願意過
多地提出批評。實際上，拋開他對淨明法的吸收不論，他對淨明法
的有限批評也是與回護相伴隨的。

　　僅就批評的方面而言，他採取的策略首先是將孝道明王之教與
淨明秘法予以切割，認同以〈靈書中篇〉為核心的「淨明」《度人經法》
即是靈寶大法，同時也有意忽略或者不完全認同以淨明〈靈書〉上、
下篇（品）及〈黃素真文〉為核心的「淨明經、法」或者「淨明院」法。
他提出「齋法出靈寶，故所集來歷則關涉經典甚眾，而行齋符法合在
此書。靈寶古法自奉持戒律。淨明本經服炁存神、收光內鍊，然後
救世拯物、輔正驅邪、建功立德、濟幽度沒。至此，則齋法當行，
是充其所蘊以及天下者也」，[31] 此處所認同的「淨明本經」應是指《太
上靈寶淨明飛仙度人經法》。而他所謂「孝道明王之教傳付許旌陽，
初即靈寶也。後世法書混雜而別為淨明法，亦多非本文也。其餘編
集尚多，互有所長，不容棄置」、「淨明秘法與靈寶分派，終未嘗有
諸詭怪之狀」，[32] 雖然看上去是批評，卻是在對《太上靈寶淨明飛仙度
人經法》與「淨明秘法」予以切割的前提下，也承認淨明秘法並非不
可取。

　　其次，他強調淨明本來就是靈寶，不必另立名目而與靈寶分
別。他提出「靈寶之道，出於無極之先。靈寶大法，起於中古之後。
……晉許旌陽遇諶母傳日中孝道明王之教，而科品始彰。今稱淨明
院非也。靈寶無二道。……許旌陽授銅符鐵券、金丹寶經、孝道明

王之教、靈寶之道」，[33]從而將淨明融入自己的「上清靈寶大法」或者「靈寶法」之中。換句話說，這樣的批評實際上是為他自己在編訂《上清靈寶大法》時吸收淨明法提供合法性的保障。

與此相關，金允中提出「行靈寶經法而欲為異途者、有行淨明法而補別職者，皆非也。並合佩中盟而補本職者也」，[34]認為行淨明法除補本法法職外，應與行靈寶法一樣，受靈寶中盟籙。從目前保存下來的淨明文檢來看，並沒有專門的受籙用文檢，但傳度受法文檢如〈保舉傳法狀式〉、〈報應訖補職狀式〉都提到「求法某籙弟子」，後者還提到所補法職為「太上某籙、忠孝法師、行靈寶淨明經法、充淨明院典籍仙佐」，[35]可知淨明法並沒有自己專門的淨明籙，[36]並且也不規定受淨明法者須佩何種籙。[37]注意到，《太上靈寶淨明入道品》提及淨明法職為「太上靈寶法籙、忠孝弟子、主淨明秘院同管法事」，[38]其中「太上靈寶法籙」與「太上某籙」一樣是籙名，「忠孝弟子」是法職，並且似乎應屬初階，「主淨明秘院同管法事」則是本法法職所帶職事，表明淨明法弟子除補淨明法本法法職外，似乎確實是受靈寶籙。不過，這個「太上靈寶法籙」說得非常含糊，鑒於前舉淨明法文獻中也出現「太上某籙」的提法，是否僅據此就可以認為淨明法弟子須受「靈寶中盟籙」尚難斷定。由此，也難以認定金允中所提出的行淨明法應佩靈寶中盟籙究竟是僅僅出於他的理想設計，還是也符合淨明法自身的規定。

表1.1 八明與七事

《靈寶玉鑑》卷一〈道法釋疑門〉「八明」	王契真《上清靈寶大法》卷一〈開宗明義門〉「八明」	《元始無量度人上經大法》卷一〈八明開聰品〉
一、當明靈寶者，即元始祖炁。 其初溟滓，大梵真炁，自無而有。一切有象、有形皆由是氣而生成。所謂成象成形者，又各有是氣焉。亦儒家所謂一物一太極也。故人受中以生，則亦各有是氣焉。祖之為言先吾父母而生者也。於我身求之，則父母未生之前，此氣在何處？我身內之父母，復是何物？我由而生，所謂無相之我，又在何處？當如此究竟，然後入無出有，與道合真。	一則明元始祖炁，從何先化玉字。 按《靈寶玉字內音經》云：自三炁之先，溟滓之後，其中真精欻化，後生元炁。元炁之內有神，曰元始天王，其炁混凝，與元始同生，流化結芬，非色非相，或舒或張。至延康開劫，一炁分形，而為二炁，虛無自然，而生始炁。二炁交結，凝相太空，彌覆無極。字方一丈，八角垂芒，莫知其理。一炁混凝，包藏玉字。至龍漢開劫，元始天王分隸二炁，混沌開光，炁清高澄成天，炁降積滯成地。二炁分合，中有和炁，名曰玄炁，亦曰大梵之炁。至赤明劫，元始開圖，中有真陽之炁，化為洞陽之火。元始運洞陽之火，冶鍊三炁，混和玉字，而成赤文。因而劫號赤明，文號赤書玉字，是茲理矣。	一則明元始祖炁，從何先化玉字。 按《靈寶玉字內音經》云：自三炁之先，溟滓之後，其中真精欻化，挺生元炁。元炁之內有神，曰元始天王。其炁凝，與元始同生，流化結芳，非色非相，或舒或張。至延康開劫，一炁分形，而為二炁，虛無自然，而生始炁。二炁交結，凝相太空，彌覆無極。字一丈，八角垂芒，莫知其理。二炁混凝，包藏玉字。至龍漢開劫，元始天王分隸二炁，混沌開光，炁清高澄成天，炁降積滓成地。二炁分合，中有和炁，名曰玄炁，亦曰大梵之炁。至赤明劫，元始開圖，中有真陽之炁，化為洞陽之火。元始運洞陽之火，冶鍊三炁，混玉字，而成赤文。因而劫號赤明，文號赤書玉字，是茲理也。
二、當明元始敷落五篇，赤書玉字，八威龍文，經法中一應符篆，皆始於此。學者當究其妙，則其功用如經所云。	二則明生育混沌，陶冶萬範。 自混沌開拆，三炁成文，火鍊為赤書、光明之炁。陽光之精成日，靈光之精成月，餘光布散，分為萬象。三炁之神，分為三清之聖。自此之後，萬範皆出，莫非玄、元、始三炁也。	二則明生育混沌，陶冶萬範。 自混沌開析，三炁成文，火鍊為赤光明之炁。陽光之精成日，靈光之精成月，餘光布散，分為萬象。三炁之神，分為三清之聖。自此之後，萬彙皆出，皆生，莫非玄、元、始三炁也。 ●至開皇劫，分隸三元，化生諸皇劫，五劫周啟，五行全形，化生諸諸仙。應五劫之內，產生玄中之精，之神，皆名上皇，故劫號上皇劫。五中，五行正炁流方布形，**或聚，或散卷，或舒，或張，**或體應雲煙火霧，類星斗金玉，或形分蟲魚龍鳥。皆出書玉字。**分形自然，生成**三洞四輔之龍胎石景，億萬**圖書**，三部千條局天真皇人、太真玉妃，悉書其文，錄籙，以正生成之本，總括萬象之元，群品之機，出產仙真之紐。
三、當明《靈寶經法》皆出於混洞赤文。 混者，二五合凝之未兆也。洞者，無色無淵之謂也。由是而化生諸天，開明三景，五文開廓，普植神靈，變化無窮矣。	三則明《靈寶大法》，自然生成圖書，總括萬象，為三才樞紐。 ●至開皇劫，分隸三元，化生諸聖。至上皇劫，五劫周啟，五行全形，化生諸真、諸仙。應五劫之內，產生玄中之真精，精中之神，皆名上皇，故劫號上皇也。於五劫之內，五行正炁流方布形，或聚或散，或捲或舒，或體應雲煙火霧，或象類星斗金玉，**成形**分蟲魚龍鳥。皆出於赤書玉字。**分形自然，生形成**三洞四輔之文，龍胎石景，億萬**符**書，三部千條**圖局**。命天真皇人、太真玉妃悉書其文，錄為簡籙，以正生化之本，總括萬象之元，陶鑄羣品之機，出產仙真之紐，是茲理矣。	三則明《靈寶大法》，自然生成圖總括萬象，為三才**機**紐。 是茲理也。

《靈寶淨明大法萬道玉章秘訣》「天真皇人八明訓解」	《太上靈寶淨明飛仙度人經法》卷一〈說戒具科目章第八〉「區貫七事」	《上清靈寶大法》卷一〈七事區貫品〉
者，明元始祖炁，何先化成玉字。	一明元始祖炁，從何而生，先化玉字，而後發生造化。	一明元始祖氣，從何先化玉字，而後發生**萬物**。
	二明生育混沌，陶冶萬物。	二明生育混沌，陶冶萬物。
	三明《靈寶大法》，自然生成圖書，總括萬象，為三才**機紐**，含融於《黃素》之書，要約於《淨明三十五篇》之奧，詳悉於《飛仙度人》之寶法。	三明靈寶，自然生成圖書，總括萬象，為三才**機紐**。

《靈寶玉鑑》卷一〈道法釋疑門〉「八明」	王契真《上清靈寶大法》卷一〈開宗明義門〉「八明」	《元始無量度人上經大法》卷一〈八明開聽品〉
四、當明《靈寶經法》乃萬法之宗。	四則明大法，為三洞祖教，出生一切聖人。	四則明大法，為三洞祖教，出生一切聖人。
自五劫開化之後，三洞四輔諸經諸籙，總而三十六部，支而萬八千篇，故自老君流傳於世，靈寶之品獨多。	自五劫開化之後，上清洞玄、玉清洞真、太清洞神，三洞之經，四輔符籙，皆因赤書玉字而化，稟受靈寶之炁而成。昔自元始天尊，命上皇三十九帝、九霄天帝各紀經呪，而成《大洞三十九章》，明五劫開化混洞之體，述和合三炁歸一之法，付玉晨道君。次於諸天，說《三十六部尊經》。後自三皇之代，金闕後聖玄元老君下化。於神農時，下化為郁獸子，說嘗百藥，分五穀，而說《長生經》。伏羲時，下化為田野子，正八方，演陰陽，說《靈寶元陽經》。祝融時，下化為鬱華子，訣修三綱、齊七政，說《靈寶五星混常經》。黃帝時，下化為廣成子，說《靈寶道誠經》。少昊時，下化為隨應子，說《靈寶元藏經》。高辛時，號元陽子，說《靈寶微言經》。帝堯時，號務成子，說《靈寶政事經》。帝舜時，號尹壽子，說《太清經》、《靈寶赤書經》。夏禹時，號真寧子，說《五篇真文經》、《龍蹻經》。周時，號郭叔子，說《靈寶赤精經》、《道德二篇》、《靈寶八威治魔經》。吳時，號太極左仙翁，說《靈寶祭鬼經》、《業報經》。漢世，名赤松子，說《三一經》。至桓帝時，永壽元年，正一、太清、洞神之教，下降人間。武帝時，名河上公，說《道德》篇章。西王母奉元始之命，說《靈寶三十六部尊經》成世書。至晉永和十一年，玉清洞真之教下降人間，方成三洞皆出。因《靈寶大法》，生化一切聖人也。	四則明大法，為三洞祖教，出生一切聖人。自五劫開化之後，玉清洞真、上清洞玄、太清洞神，三洞之經，四輔符籙，皆因赤書玉字而化，稟受靈寶之炁而成。昔自元始天尊，命上皇三十九帝、九霄天帝各紀經祝，而成《大洞三十九章》，明五劫開化源洞之體，述和合三炁歸一之法，付玉宸道君。次於諸天，說《三十六部尊經》。後自三皇之代，金闕後聖玄元老君下化。神農時，為郁獸子，嘗百藥，分五穀，而說生經》。伏羲時，下化為元化子，正方，演陰陽，說《靈寶元陽經》。祝融時，下化為鬱華子，修三綱，齊七政，說《靈寶五星混常經》。黃帝時，下化為廣成子，說《靈寶道戒經》。少皞時，化為隨應子，說《靈寶元藏經》。□時，號元陽子，說《靈寶微言經》。堯時，號務成子，說《靈寶政事經》。帝舜時，號尹壽子，說《太清經》、《靈寶赤書》。夏禹時，號真甯子，說《五篇真文經》、《龍蹻經》。周時，號□子，說《靈寶赤精經》、《道德》二□。秦始皇時，授《鬼林經》並策役鬼神之符。漢世，赤松子，說《三一經》。文帝時，上公，說《道德》篇章。西王母奉之命，說《靈寶三十六部尊經》，帝時下降人間，授帝无上洞真、洞洞神之教。至于桓帝永壽元年，又人間，演正一、太清、洞神之道，三洞。皆因《靈寶大法》，化生一切聖人也。
五、當明人之有生，無極太極。吾其性，二氣五行。吾其體，一點靈明。炯然不昧者，則合性與知覺，謂之心也。學者當常常存其心，養其性。明則為命世之聖賢，幽則為遺世之神仙。濟利幽明，特其餘事耳。	五則明人身，體法元始，造立混沌，而生聖胎法身。父母交精，一點含和。二炁分坼，先生其腎。三炁分肇，而生神府。神府者，心也。四炁合並，華蓋成形。五炁開光，如花五葉，即五內備矣。如三炁至五劫之象也。二炁分判，上生泥丸，而下生玄谷。玄谷，水府也。三炁火煉，上生日月，如同二目。一身光明，如為萬象也。人身正同其理。夫身外分形，須知靈寶祖炁是也。入沙成金，入石成玉。禽生鸞鳳，獸生玄龍，草木生靈芝，五穀含嘉瑞。炁散成和風，炁升如慶雲，炁降為甘露。入水生夜光，在人生聖賢。以此為祖炁，乃至和太一之精，眾靈之首。太寶既有此物。如人之分形，入大浮黎土，丹谷（中央也）成行，九轉分形，五變而成法身，乃元始十遍，枯骨更生是也。	五則明人身，體法元始，造立混沌，自人身生聖胎法身。父母交精，一點含和。二炁分坼，其腎。三炁分肇，而生神府者，心四炁交並，華蓋成形。五炁交光，五葉，即五內備炁。如三炁至五劫也。二炁分判，上生泥丸，而下至水府也。三炁火鍊，上生日月，目。一身光明，為萬象也。人身其理。夫身外分形，須知靈寶靈寶之炁，入沙成金，入石成玉鸞鳳，獸生玄龍，草木生靈芝，五嘉瑞。氣散成和風，炁昇成慶雲為甘露。入水生夜光，在人生以此為祖炁，乃至和太一之精，眾首。如人之生，大浮黎土，丹谷（中央也）成行分形，五變而成法身，乃元始十骨更生是也。

《靈寶淨明大法萬道玉章秘訣》「天真皇人八明訓解」	《太上靈寶淨明飛仙度人經法》卷一〈說戒具科目章第八〉「區貫七事」	《上清靈寶大法》卷一〈七事區貫品〉
	四明《靈寶大法》，為三洞之祖教，《黃素》則蓄其造化，《淨明》則著其關鍵，《飛仙度人寶法》貫而詳通，發指樞戶者也。	四明靈寶，為三洞祖教，出生一切聖人。
	五明人生，體法元始，造立混沌，聖胎法身。	五明人**身**，體法元始，造立混沌，聖胎法身。

《靈寶玉鑑》卷一〈道法釋疑門〉「八明」	王契真《上清靈寶大法》卷一〈開宗明義門〉「八明」	《元始無量度人上經大法》卷一〈八明開聽品〉
六、當明靈寶妙用。 如太極真人曰：常於太極握樞機，動靜神珠照幌帷。就裏分明靈寶現，如懸黍米在浮黎。然後隨所運用，變化無窮矣。	六則明元始祖炁，無形之先，比擬降質成炁，化生萬寶。今世作何體狀？復採此炁，餌之登真正。 所謂靈寶之炁，如萬類亦有之。謂龍虎寶，牛黃鴉丹之屬也。今流精玉光丹亦是也。所謂靈寶之炁，天地者，日月**對炁**，日中之時；身中者，神炁會合之初也。故太乙真人曰：常於太極握樞機，動靜神珠降幌幃。自有靈寶生玄谷，黍珠空歌嘯詠時是也。得此餌之，必登真人之位。故下仙莫能階此髣髴矣。	六則明元始祖炁，无形之先，比擬成炁，化生萬寶。今世作何體狀？鍊此炁，餌之則登真正。 所謂靈寶之炁，如萬類亦有之。謂龍虎寶，牛黃鴉丹之屬也。今流精玉光亦是也。所是靈寶之炁，天地者，日月**之對**，日中之時；身中者，神炁會初。自有靈寶生玄米空歌嘯詠時是也。得此餌之，必人之位。故下仙莫能階此髣髴矣。
七、當明省身悔過，念道思真。毫髮邪念不留於心，視聽言動常如對越。	七則明大法中大洞育物回靈之道，則白日登晨。次誦詠，長生度世，尸解得道。**及**經中備有萬法。 所是《靈寶經》述天中元始天尊說經之旨趣，則常理矣。上有修真內鍊、骨肉同飛之道，中有長生度世、尸解之法，下有昇祖度玄之教。大則保鎮天地，正天宿度，愈災卻魔之格。小則有治療沉痾，回尸起死之功。明則有嘯詠風雷，變化自然之靈。幽則有策役鬼神、徹視十天之文。故曰備有萬法。	七則明大法中大洞育物回靈之道白日登晨。次誦詠《長生度世尸解經》。經中備有萬法。 **是寶經之指迷天中，元始**說經之旨則常理矣。上有修真內鍊、骨肉同道，中有長生度世、尸解之法，下祖度玄之教。大則保鎮天地，正度，愈灾却魔之格。小則有治療沉回尸起死之功。明則有嘯命風雷，自然之靈。幽則有策使萬靈，徹視之文。故曰備有萬法。
八、當明真修實踐，日積陰功。 凡遇日月失昏、星宿錯度、四時失序、陰陽不調、疫毒流行、兵革四興、水旱蟲蝗等，皆當依經旨修禳，以毋負玉宸道君之垂訓。自然優入道域，與道合真，身得神仙，亦分內事。	八則明大法有三品，必成聖真仙道。 如通玄究微，行諸十品上道，功德之備，則白日飛昇。若其餘補修，得一法救一，長生度世，為地界洞天仙人之首。或朝夕朝禮尊敬，奉事供養，必獲尸解之仙，十洲三島散仙之民矣。	八則明大法有三品，必成聖真仙道。 如通玄究微，行諸十品上道，功備，則白日登昇。若其餘**修誦**法一教，長生度世，為地界洞天仙首。或朝夕朝禮尊敬，奉事供養，獲尸解之仙，十洲三島散仙之民矣。

《靈寶淨明大法萬道玉章秘訣》「天真皇人八明訓解」	《太上靈寶淨明飛仙度人經法》卷一〈説戒具科目章第八〉「區貫七事」	《上清靈寶大法》卷一〈七事區貫品〉
者，明元始祖炁，無形之先，何比擬降質成質，化生萬寶。今世作何體狀？採鍊此炁，餌登真。	六明元始祖炁，無形之先，作何比擬降氣成質，是生萬寶。今世作何體狀？**採煉此炁以為寶，餌之登真。**	六明元始祖氣，無形之先，作何比擬降質成氣，化生萬寶。今世作何體狀？復採鍊此氣為**丹**，餌之登真。[39]
訓曰：自三炁之先，溟涬之後，其中真精欻生元炁。元炁之內，有神人曰元始天尊。炁混凝，與神同生，流化結芳，非相非色，卷或舒，不可致詰，不可名象。至延康開，一炁分形而為二炁，名曰虛、無。二炁交，凝相太空，乍存乍亡，彌覆無際。二炁混，掩靄光華，中有文章，八角垂芒，莫辨文。至一劫之後，龍漢元年，開劫顯明，分隷炁，以成玄黃之色。是時，啟判鴻濛，分析屯，清炁澄高，積陽成天；濁炁降凝，積滯也。二炁分形，玉字兆相，字方一丈，八角文，名曰雲篆光明之章。二炁升降，或離或，中化沖和之炁。又曰始青之炁，又曰大梵炁。化真陽之精，而洞陽之火流冶十方。尊運洞陽神火冶鍊天文於太空之際，三炁混，飛霞結質，光瑩萬天，照徹無極，混會自而成赤書。因而劫號赤明之劫，文號赤書玉。因字化生三景，照煥三光矣。玉字以此而生也。 謂今世作何體狀？**復採鍊此炁為寶，餌之登**者，玄訓曰：謂神降為靈，炁聚為寶。蚌吸華而孕珠，犀觀星輝而秀象。形彩照珉以生，皓虹映石產璧玩。蓋靈寶之炁，禽飲生，獸嘯產麟，人服成仙，魚飲化龍。又曰聖靈父元炁。炁來入身，謂之道生。生道合，謂之得道。經云：引炁三十二徧。又曰：精玉光。又曰：炁入玄玄。蓋言此也。		
	七明得此法者，上則白日登昇，次則長生度世，或得尸解之道。 務在觀心無心，乃是真心，觀形無形，乃是真形，心形都無，自入無形，則太定神光，湛然見玉清境，乃白日上昇法也。[40]	七明得**靈寶**之道，上則白日登晨，次則長生度世，或得尸解。 **及經中備有萬法。**

第二節　作為靈寶法的淨明法：
靈寶法對淨明法的引用與化用

　　儘管表面上對淨明法有所批評，金允中《上清靈寶大法》對淨明法實際上常常加以引據及化用。其中，除前舉「區貫七事」之外，最值得注意的是在他設計的靈寶傳度儀式中，不僅列入〈日宮孝道仙王〉、〈月宮孝道明王〉、〈九州都仙太史〉等專狀，[41]而且在傳度付法物中並不包括「法鏡」、「水」及「記功過簿」的情況下，[42]卻突兀地完全照搬了淨明傳度儀中的「十戒」（只是將末句中的「靈寶淨明飛仙度人」改為「靈寶度人」），並稱「上來十戒乃師尊付授，發明古經」；[43]同時，還將淨明補弟子「符券」（〈昇天券〉）改造為〈靈書真券式〉（參見表1.2），並稱之為「靈寶本法」，[44]顯現出將靈寶法淨明化或者說將淨明法直接用作靈寶法的傾向。

　　當然，金允中遵用淨明「十戒」而並不增加「法鏡」等法物，可能與他所依據的文本基本上只是作為「靈寶法」的《太上靈寶淨明飛仙度人經法》有關。該書中即未提及傳度細節及所用法物。如果說金允中並沒有見到《靈寶淨明院行遣式》的話，那麼，他自然不會明白他所採用的「十戒」其實應該是與特定的傳度付法物相配合的。[45]至於〈靈書真券式〉，從券式文字以及書符做法等方面並未說明要運用淨明法的「戴日履斗法」[46]來看，也應是根據《太上靈寶淨明飛仙度人經法》改造而來，不過，就符形本身來看，則似乎還是參考過《太上靈寶淨明入道品》或者該品原本所在的《太上靈寶淨明秘法篇》。[47]

　　對於「淨明秘法」或者「淨明經、法」，如前所述，金允中並不像對《太上靈寶淨明飛仙度人經法》那樣能夠心甘情願地接受下來。與〈靈書真券式〉的改造一樣，他在採用「元綱流演」時，實際上也是在《太上靈寶淨明飛仙度人經法》沒有詳細記載的情況下，不得已才參考《太上靈寶淨明秘法篇》的。就金允中所關〈元綱流演品〉來看，「元綱者，昇神之要路，天階之絕景」至「修靈寶之道於身中，至此而事

表1.2　符券

《太上靈寶淨明入道品》	《太上靈寶淨明飛仙度人經法》卷二	《上清靈寶大法》卷四十二
書符咒曰： 淨明秘典，昇入仙官，忠孝之子，福及其親，九世蒙秩，受命升仙。寶籙行處，無不奉以周旋。急急如律令。	準 淨明秘典，昇入仙宮，忠孝之子，福及其親，九世蒙秩，受命仙升。靈章下處，諸天送迎。今補弟子某充某職。須至給券照會。	三天門下南曹 準格嗣行靈寶大法，僅品洞玄，陞秩仙官，永勤孝忠，九祖蒙福。靈章下處諸天送迎。已補（某人）充（具嗣法弟子新補職銜）為職。須至給券者。
/	依式寫〈中篇〉真文	朱篆〈靈書中篇〉真文
書符之時，戴日履斗，口傳心受，望天門書之	書券內五符及燒券，並戴日履斗，如淨明法，口傳心授，東掐寅、南巳、西申、北亥，券文書畢，以《道君玉印》印之，念淨明〈靈書〉二篇，封券	/

畢矣，不可得而容聲矣」這一段身體敘述，[48]全見於今本《太上靈寶淨明飛仙度人經法》，只是在個別文字上與後者存在一些出入，應可反映金允中所見《太上靈寶淨明飛仙度人經法》的文本面貌。而關於元綱流演或者元綱飛步之法，今本《太上靈寶淨明飛仙度人經法》並沒有說明，只是說「元綱飛步之法，其有細微，出在淨明法中，今具罡圖於後」，並且罡圖也佚失了，即使把卷三〈隱化章第二〉末突兀地出現的那幅罡圖看作是元綱飛步的罡圖，也與金允中所描述的罡圖不同。實際上，如小字注「詳見淨明經、法」所顯示，金允中關於〈元

綱流演圖〉謁三十二天之法的簡介雖然與今本《太上靈寶淨明秘法篇》
所收〈元綱飛步之圖〉並不太一致，但與原本的《太上靈寶淨明秘法
篇》應該說還是相符的（參見表1.3）。[49]而「如法」以下關於步罡之法
的具體描述，雖然是用自己的語言所作總結，有些地方似乎也存在
文本上或者理解上的錯誤，但可與《太上靈寶淨明秘法篇》的相關部
分予以對應，證明「詳見淨明經、法」的小字注應該還是可靠的。

表1.3〈元綱飛步之圖〉

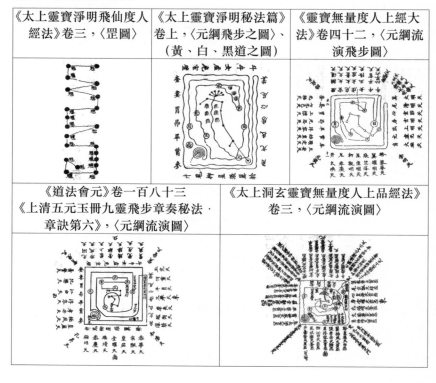

《太上靈寶淨明飛仙度人經法》卷三，〈罡圖〉	《太上靈寶淨明秘法篇》卷上，〈元綱飛步之圖〉、（黃、白、黑道之圖）	《靈寶無量度人上經大法》卷四十二，〈元綱流演飛步圖〉
《道法會元》卷一百八十三〈上清五元玉冊九靈飛步章奏秘法·章訣第六〉，〈元綱流演圖〉		《太上洞玄靈寶無量度人上品經法》卷三，〈元綱流演圖〉

　　不過，問題似乎並沒有那麼簡單。《靈寶無量度人上經大法》卷
四十二〈元綱流演品〉未引用《太上靈寶淨明飛仙度人經法》中的有
關文字，而是採用了《太上靈寶淨明秘法篇》及《太上靈寶淨明洞神
上品經》也就是「淨明秘法」或者「淨明經、法」中的相應內容。就具
體文字而言，該品除新增入〈六十甲子官君符〉外，[50]將《太上靈寶淨
明秘法篇》中包括〈元綱飛步法寶籙〉及書符、服符方法，存己神登
壇入罡與所需咒語以及〈元綱流演飛步圖〉等在內的全部內容完整照
搬。這些內容除了因傳寫與理解所導致的訛誤外，只是做了一些局
部性的增飾和調整，大體上還是保持了原樣的。而將《太上靈寶淨
明秘法篇》、《靈寶無量度人上經大法》及金允中《上清靈寶大法》三
者的有關文字加以比對可知，《靈寶無量度人上經大法》所添加的
「九九八十一」、「共三百三十六步」等解釋性文字以及「左行，右行，
復左」等個別步法上的錯亂大都在金允中《上清靈寶大法》之中有所
反映（參見表1.4）。[51]那麼，似乎可以認為，金允中《上清靈寶大法》
所轉寫的文本並非直接出自《太上靈寶淨明秘法篇》，而是間接取自
《靈寶無量度人上經大法》。鑒於《靈寶無量度人上經大法》沒有註明
這部分內容出自「淨明法」，金允中如果根據的不是《太上靈寶淨明秘
法篇》，卻仍註明出自「淨明經、法」就顯得很奇怪了。或許《靈寶無
量度人上經大法》的文本並非自行改動的結果，而是保持了所據「淨
明經、法」傳抄本的本來面貌，而金允中恰好也見到同樣內容的「淨
明經、法」傳本，只是這個與今本《太上靈寶淨明秘法篇》不同的傳
本後來亡佚了，應當說，這是有可能的，儘管可能性很低。又或許
《靈寶無量度人上經大法》這一部分內容原本是有小字注標明出自「淨
明經、法」的，只是《道藏》本剛好失落了這幾個字，而金允中所見
到的《靈寶無量度人上經大法》則保留了那幾個字的注，因而在轉寫
這一內容之後，金允中只是遵照舊例說明是來自「淨明經、法」。當
然，假如認為《靈寶無量度人上經大法》並不存在文本上的缺陷，同
時也不同意存在一個與《靈寶無量度人上經大法》內容一致的「淨明

經、法」傳本，那麼，只能訴諸金允中對天台系靈寶法的偏見了。也就是說，如果同意《靈寶無量度人上經大法》屬於金允中所批判的天台系統，鑒於金允中似乎不太可能見不到《太上靈寶淨明祕法篇》之類的「淨明經、法」文獻，而元綱飛步之法又確實是出自「淨明經、法」，那麼，金允中不說他是根據《靈寶無量度人上經大法》而說是根據「淨明經、法」也就可以理解了。

值得注意的是《靈寶無量度人上經大法》中步罡之法在第四、五段落中提到「至太陽，朝祖帝上帝」、「至太陰，朝祖師仙皇君」，[52] 與《太上靈寶淨明祕法篇》比較可知，「祖帝」顯然是「祖師」之錯訛，除了表明傳抄失誤外，似乎並沒有什麼討論價值。然而「祖師上帝」、「祖師仙皇君」，實際上是站在淨明法的立場上對太陽、太陰的稱謂，也即指南宋淨明法六真之「祖師孝道明王靈寶淨明天尊太陽上帝、祖師孝道仙王靈寶淨明黃素天尊太陰元君」。而金允中則將這一部分改為「至太陽，謁孝道仙王」、「至太陰，謁孝道明王」，[53] 且不論「太陽孝道仙王」、「太陰孝道明王」與南宋淨明法的差異問題，改稱孝道仙王、孝道明王，而不沿用「祖師上帝」、「祖師仙皇君」是與金允中既認同作為「靈寶法」的「淨明法」(《太上靈寶淨明飛仙度人經法》)，卻又不太願意接受作為「淨明院」的「淨明祕法」或者「淨明經、法」的一貫做法相一致的。

此外，在金允中未予採用，而《靈寶無量度人上經大法》照搬的內容中，《太上靈寶淨明祕法篇》的「念二篇〈靈書〉」，《靈寶無量度人上經大法》改作了「密誦〈靈書〉二徧」。這顯然並不是簡單的傳抄之訛。如前所述，以《太上靈寶淨明洞神上品經》與《太上靈寶淨明祕法篇》為代表的「淨明經、法」創造了淨明法自己的〈靈書〉，即淨明〈靈書〉上、下篇(品)。元罡飛步之法既然屬「淨明經、法」，其所運用的「二篇〈靈書〉」自然也是指「淨明經、法」的淨明〈靈書〉上、下篇(品)。而《靈寶無量度人上經大法》在轉抄時顯然是將淨明法的淨明〈靈書〉理解為《度人經》中的〈靈書中篇〉，遂將「二篇」改為「二

偏」。這與照搬「祖師上帝」、「祖師仙皇君」的情況不同，反映該書編撰者或者整理者對淨明法或者「淨明經、法」並沒有足夠深入的了解。也就是説，即使是照搬了「祖師上帝」、「祖師仙皇君」，卻也不是尊奉淨明法的祖師，而只是隨意地將其納入靈寶法的法術系統而已。此點相比有著將靈寶法「淨明化」的傾向的金允中來説，確實顯得有些考慮欠周。

　　如前所述，由於是據《度人經》演法，《太上靈寶淨明飛仙度人經法》雖然在法術上也能見到運用淨明〈靈書〉上、下篇（品）的地方，但還是以〈靈書中篇〉的運用為主。而《上清靈寶大法》中唯一標明出自「淨明經、法」的元綱流演又不太可能是從《太上靈寶淨明秘法篇》直接轉寫，那麼，金允中對於淨明〈靈書〉上、下篇（品）的認識或許就只是停留在「終未嘗有諸詭怪之狀」這樣的表面印象。也就是説，或許他也如《靈寶無量度人上經大法》的編撰者或者整理者一樣，對淨明〈靈書〉上、下篇（品）的內容並不十分了解。這並非無根的猜測。儘管在其《上清靈寶大法》中並沒有出現甚至也沒有提及淨明〈靈書〉上、下篇（品），看上去似乎無法判斷他的態度或者認識，但天台靈寶法中卻存在與淨明〈靈書〉上、下篇（品）有關的法術內容，從他的相應批評來看，金允中並不知道他所批評的這一天台作法其實淵源自「淨明經、法」中的淨明〈靈書〉。

　　金允中在批評天台法書中的內誦時，提到「又一説，其至玄至妙，弟子傾家資以奉師而後得者，其徒以為世莫得聞，自稱上道者也」，並簡介此上道之法為「想己身為枯木，大火焚蕩，和氣化成真人，收神上田，入太淵宮中，步斗作用，於是誦《元始祖炁洞經》。……所謂《元始洞經》，傳出他郡者，止於《度人經》中取一段而為之；天台祕而自行者，乃如釋氏梵語咒，四十八句，計一百七十六字。……古法默誦，皆全誦本經。其中包羅甚眾，澄神鍊炁，可交真靈也。今若獨取經中一段，以備默誦，亦不必易名稱《洞經》也。迨至捨本經正文，而撰出梵音胡證，則妄之甚也。按《度人經》肇於

表1.4 元綱飛步法

《太上靈寶淨明秘法篇》卷上	《太上靈寶淨明洞神上品經》卷下〈三五飛步篇〉
	〈佩服寶籙篇〉
[服籙訣、咒]	
[三元三會等日閉目存身外身上壇，咒]	〈妙有寶圖篇〉、〈天地戶咒篇〉
[入第三重壇，遇仙人賜飲]	
放訣下壇，念二篇〈靈書〉。	
1. 騰空如到天上，飛入北斗之中，三台之星蓋頂而行。乃自魁星步而至魒，迴身入斗，六步而出，作三台之形。	1. 三台六步，出自斗口。
2. 乃出斗口，左環七七步，犯火。	2. 七七之數，左環成火。是謂正真。
3. 又東行，自魁魒中過，凡九九步，至太陽，朝祖師上帝。	3. 東行九九，以成太陽。
	4. 八八西行，是謂太陰。
4. 復乃右行，自北斗入西斗，八八步，至太陰，朝祖師仙皇君。	5. 右旋復左，左復右行，凡及七反左行向東，以歷十方。十方之星二十八宿。每宿丁罡，一十有二。
5. 右旋而出。出即右行，復左，凡七反，如環。此无色界也。定眼，見无色界中諸仙來迎。於是周歷十方，謁三十二天帝、二十八宿。見一宿，即丁罡十二以迴，**生于斗宿**。	6. 自箕旋斗，旋斗入箕，直望大魒。▨旋南向，四十九步，是謂交鋒，重▨火星。
6. 即借箕宿之綱以行。直還，望北斗大魒之次，乃交鋒之山，右旋，南向，四十九步而過，重入火星宮。	7. 經於太陰，六六之步，成於水宿。
7. 經於太陰，六六之後，而謁水星。	8. 由水東行，**至於太陽之側。左行▨木，六十四步**。再迴而行，是為无▨公子，犯水。
8. 由水東行，**計六十四步，再迴而行，犯水。**	9. 借罡復出月傍，以為金星。白元▨神。
9. 借綱，復出宮。經於太陰之旁，八十一步，以成金星。	10. 細行，而至中，達于斗口。三十▨步，以成于土。
10. 細行，達于斗口，三十五步，而入土辰。	11. 由土總炁，借金之罡，還于水宿，▨于木辰。
11. 由土返行，再入金星、水、木之宿。	12. 凡望于北，八步八景，以朝天關。
12. 而後，直望北方，金闕巍峨，即三清上帝之所在也。乃八步而進，長跪，再拜。	

《靈寶無量度人上經大法》卷四十二	《上清靈寶大法》卷四
〔秘籙訣、咒〕	
〔三元三會等日閉目存身外身上壇，咒〕	
〔入第三重壇，遇仙人賜飲〕	
〔訣下壇，密誦〈靈書〉二徧。	
騰空如到天上，飛入北斗之中，三台之星蓋頂而行。乃自魁星步而之魑星，回身入斗，六步而出，作三台之形。	1. 升神上境，入北斗之中，三台（六星）蓋頂而行，步斗一座。次六步，應三台而出。
乃出斗口，左環**七七四十九步**，犯火星。	2. 左環**四十九步**，犯火星。
又東行，自魁魑中過，凡**九九八十一步**，至太陽，朝祖帝上帝。	3. 又東行，**入十一步，至太陽，謁孝道仙王。**
復乃右行，自**北入西**，凡八八六十四步，至太陰，朝祖師仙皇君。	4. 復右行，六十四步，自**北入西**，至太陰，謁**孝道明王。**
右旋而出。出即**左行，右行，復左**，凡七返，如環。此即无色界也。定眼，見无色界中諸仙來迎。於是周歷十方，謁三十二天帝、二十八宿。見一宿，即丁罡十二以回，**共三百三十六步，至于斗宿。**	5. 左旋而出，**左行，復右行**，凡七返，如環。此無色界。**定想**，見無色界諸仙真來往。於是周歷十方，謁三十二帝、二十八宿。每宿丁罡十二步以回，**共三百三十六步，至斗宿。**
即借箕**星**之罡以行。直還，望北斗天魑之次，**及交峰之山**，右旋，南向，四十九步而過，重入火星宮。	6. 即借箕星之罡以行。直環，望北斗大魑之次，**及交風之山**，右旋，南嚮，四十九步，重入**火星**。
經於太陰，六六三十六步之後，而謁水星。	7. 經於太陰，三十六步，謁水星。
由水星東行，**至於太陽之側，六十四步，而成木星。** 再回而行，**犯水星。**	8. 由水東行，**至于太陽之側，右行，六十四步，成木。東向，謁木星。** 再回而行。
借罡，復出**太陽**之傍，八十一步，而成金星。	9. 借**水**星罡，復出太陰之傍，八十一步，成金。西向，謁金星。
○細行，達於斗口，三十五步，而入土辰。	10. **東行**，達于斗口，三十五步，**而入中，謁土星。**
．由土返行，再入金星、水、木之宿。	11. 反行，再入金、水、木之宿。
．而後，直望北方，金闕巍峨，即大羅三清之所在也。乃八步而進，長跪，再拜，密祝之。	12. 直望北方玉京金闕，乃八步而進，再拜，長跪。

《太上靈寶淨明秘法篇》卷上	《太上靈寶淨明洞神上品經》卷下〈三五飛步篇〉
呪曰： 地行賤（臣某甲）幸因宿世，得遇聖師傳度祕訣，使朝天闕。凝神入靜，九炁澄明，身外之身，得飛天闉。（臣）無任瞻天仰聖。 頓首，再拜。	
又呪曰： 幸膺玄貺，遂遇聖師。午夜飛神，一心謁帝。伏為凡骨堅頑，理難超舉。精心孝悌，以冀蒙恩。果遂精求，得承宸眷。庶使道心堅固，神思清明，役使諸神，咸遵旨喻。伏願天恩，允（臣）所奏。	
又頓首，再拜而出門外。乃見本形。就頂門，呪曰： 蚍蟬蚍蟬，脫殼離塵。吾今朝真，上謁青雲。欲使神人，閉債封形。舉爾以去，秘訣靈靈。	
忽自頂門而入。則方乃是步罡了也。	
若小可行持，則不過三五步足矣。欲專意求飛舉之法，則莫大於此。	

《靈寶無量度人上經大法》卷四十二	《上清靈寶大法》卷四
曰： 行賤（臣某）幸因宿慶，得遇聖師傳度秘，使朝天闕。凝神入靖，九炁澄清，身之身，得飛天闇。臣無任瞻天望聖，激屏營之至。稽首，頓首，再拜。	具法位（臣）姓（某）。（臣）幸因宿慶，獲際真風。入靖凝神，恭朝天闕，身外之身，冒抵玉京。（臣）無任瞻天望聖，惶懼屏營之至。再拜。
祝曰： （臣）幸膺玄眖，遂遇聖師。午夜飛神，一謁帝。伏念（臣）凡骨性頑，理難超舉。心孝弟，以冀蒙恩。果遂請求，獲承宸。庶令道心堅固，神清炁明，役使萬，咸遵旨諭。伏願天恩，允（臣）奏意，賜如言。	重啟云： （臣）凡骨性頑，理難超舉。幸因師授，使遂飛神。不避誅夷，敢披丹悃（入事意）。（臣）無任祈恩俟命之至。謹言。
頓首，再拜而出。乃見本形。就本身頂呪之。 曰： 蟬蛇蟬，脫殼離塵。吾今朝真，上謁青。欲使神人，閉債封形。舉步以去，秘靈靈。	再拜，退復元路，神入頂門。咒曰： 蛇蟬蛇蟬，脫殼離塵。吾今朝真，上謁青雲。欲使神人，閉債封形。舉步以去，祕訣靈靈。急急如律令。
自頂門而入。乃是步罡了也。 小可行持，則不過三五足矣。如欲專意飛舉之法，則莫大於此。	

古初，天真皇人書其文以為正音，四譯而用世書，亦在漢武帝時。及明帝夢金人，而釋氏之典方入中國，於是始有梵語。今以釋氏胡音稱為《度人經》中祖炁之文，雖三尺童子，亦將失笑矣」。[54]他郡所傳《元始祖炁洞經》不過是取《度人經》中一段，作為應經而演法的一種方式並沒有什麼不可以。因此，金允中也只是說不必另加以《洞經》之名。而天台靈寶法所傳《元始祖炁洞經》據金允中所描述的，則是類似梵語的咒語，在他看來與《度人經》無關，是毫無根據的編造，因而他便極盡諷刺。不過，他並沒有收錄該經的具體內容，我們並不知道他批評的對象到底是什麼樣子。

　　值得慶幸的是，該經並沒有像許多天台作法一樣因為金允中的批評而消亡。《靈寶領教濟度金書》中收錄了一篇《元始祖炁洞經》，並且明確註稱「所謂內誦《祖炁洞經》，天台每以此為是，今不可不曉，姑存之」。[55]該篇經文共計四十一句，一百七十字，與金允中所說稍有出入，應是傳寫造成的差異。這些經文初看起來，確實像金允中所說，類似梵語，如果不清楚其來源，確實容易得出胡編亂造的印象。然而，稍加比對即可發現，該篇經文實際上是從淨明〈靈書〉上篇（品）改編而來。除個別同音同形字訛外，該篇經文只是將淨明〈靈書〉上篇（品）刪去了「雲風居那」以下部分，並將篇首「怛他蘇伽」至「訶」等數十字移在後，當然，在語段切割上，該篇經文與《太上靈寶淨明祕法篇》多有不同。從具體文字上來看，其文本更接近《太上靈寶淨明洞神上品經》（參見表1.5），後者並沒有對語段進行切割。而根據《太上靈寶淨明洞神上品經》對〈靈書〉的說明，可知淨明〈靈書〉上、下篇（品）原本確實是用於念誦的（「念之消災，百鬼所畏」）。[56]可以想見，念誦〈靈書〉上、下篇（品）的作法流傳到了天台，為天台靈寶法所吸收了。不過，不論《元始祖炁洞經》與淨明〈靈書〉上篇（品）之間的文本差異以及語段切割的不同究竟是在文本流傳的哪一個階段發生的，或者根本就是天台靈寶法的自行改造，其文本現狀都表明天台靈寶法的傳承者似乎並不知道或者並不理會這

表1.5〈靈書上篇〉與《元始祖炁洞經》

《太上靈寶淨明洞神上品經》卷上〈靈書上篇〉	《太上靈寶淨明秘法篇》卷下〈靈書上篇〉	《靈寶領教濟度金書》卷二百八十五《元始祖炁洞經》
① 怛他蘇伽俱知瑟尼勃地鞞弊娑合囉婆迦喃盧雞波那羯唎陀彌底提離瑟勃被悉多毗地奴抄訶②帝野挲盤遮三慕般剌悉泥毗俱茶輪西那曳都翳曇揚岐羅哦囉比計吒陀你利般唎耶侔菀囕懺囉都嚧虛遮瞻婆那它麼稅稅多罔迦毗剌那槃遮摩地扇遮波剎那嘔補稚視多挲虎拿嚧雍波瑟悉地騰崩伽梵阿弊跋夜茶余闍夜檐訖埵彌泮吒弊乂演吉合曳乾曳乾質閉嚒藥乂烏什伐羅輪藍質多地栗剌吒瑟質夜那夜波沙提甕莎尼鈝那俱只他嚧呼嗚唵句底那羅刀底剌那③雲風居那合蘇嚕那曇迦青那彌嚧合耶青莫嚧牯伴居訶耶悉怛賴耆彌唎婆訶	①恒他蘇伽。俱知。瑟泥勃地。鞞弊。娑合囉。婆迦。喃盧。雞波那。羯唎。陀彌底提。離瑟。勃被。悉多。毗地奴抄。訶②帝。野挲遮挈。三慕。般剌。悉泥毗俱。茶輪西那。曳都翳曇。揚岐囉。比地吒陁。你唎盤唎。耶侔。菀囕懺囉。都嚧。虛遮瞻婆那。它麼。麼稅多。罔迦陁。剌那。挈遮摩。地扇遮波利那。嘔補稚視多。挲虎拿。嚧雍波。瑟悉地。騰崩伽。梵阿弊。跋夜茶。余闍。夜檐。訖埵彌泮吒。弊乂演吉。合曳舍曳。乾質閉。嚒藥乂。烏什伐囉。輪藍。質多。地栗剌吒。瑟質夜那夜那夜波。舍提。甕莎。尼鈝那。俱只他。嚧呼嗚。刀唵底那羅刀底剌那③雲風居那舍蘇嚕那曇迦青那。彌嚧合耶。青莫。嚧牯伴。居訶耶。悉怛。賴耆。彌唎。婆訶。	②帝也那盤吒。三目般剌悉尼皮。俱車輪西那。係都翳曇。揚岐羅拔羅。彼計勃陀尼。利般利羅。獰途藍。懺羅都盧。那陀麼。稅多罔伽毗。剌那般吒。麼地扇吒。屈補雉視多。舉虎吽嚧羅。波悉瑟底。騰崩。伽梵阿弊拔野。茶余茶野。擔吉多。孕迷咩吒蔽。乂引吉合係乾質。蔽離藥乂。烏什伐羅。地栗剌吒。瑟只夜那。波舍尼。甕沙泥鈝。嚧呼嗚。唵勿底。底利那。①但陀蘇伽。俱知瑟尼。勃地支鞞。娑合羅婆伽。喃嚧雞娑羅揭利。拖眉抵提。離悉勃茶。瑟多皁。也奴。娑訶。
223字	66句，223字	41句，170字

篇經文其實應是淨明〈靈書〉上篇（品）。而金允中如果了解淨明〈靈書〉上、下篇（品）的內容，或者說他願意接受淨明〈靈書〉上、下品（篇）從而認真地閱讀和記憶的話，面對天台靈寶法這篇不過是稍作調整之後添加了一個新的名稱的「淨明〈靈書〉上篇（品）」，應當就會如批評「他郡所傳者」那樣平和許多，不會如此大洩其憤了。

出自「淨明經、法」而不為金允中所採用，但見於天台系靈寶法文獻的還有淨明〈度脫六親符〉。只是在「淨明經、法」中，〈度脫六親符〉有兩道，一為平日所用，一為身死日用，並且作用時須「存身為孝道明王」。[57] 而這些在靈寶法文獻中則發生了變化。其中，〈度脫六親符〉平日所用符在《靈寶無量度人上經大法》與《靈寶領教濟度金書》（以及周思得編《上清靈寶濟度大成金書》）中被改為〈度脫九祖靈符〉或者〈追遠符〉，而且沒有說明書寫作用方法。之所以會有這樣的變化，應與淨明〈度脫六親符〉可以刻板印刷，不必臨時作用書寫有關。[58] 印刷形態的〈度脫六親符〉，在行淨明法者那裏當然還須作用存神，但流傳到行靈寶法者手中則只是現成的符，後者可能既不知道該符的作用方法，也不知道本來都是度六親，甚至未必知道該符出自淨明法。實際上，《靈寶無量度人上經大法》與《靈寶領教濟度金書》（以及《上清靈寶濟度大成金書》）均未標明兩符的來源，並且不僅改變了兩符的符形，還改變了兩符的具體用途（參見表 1.6），甚至各自為兩符配置了新的咒語。[59] 這也再次表明，儘管淨明法在南宋有不小的聲勢，但靈寶法整理者對淨明法雖然作為一種「常法」會加以整合卻對其法術內容往往並不十分了解，甚至如金允中更有意識地迴避某些法術傳統和作用細節。

表 1.6〈度脫六親符〉

《太上靈寶淨明秘法篇》卷上〈度脫六親符〉		《靈寶無量度人上經大法》卷五十三		《靈寶領教濟度金書》卷二百七十一		《上清靈寶濟度大成金書》卷二十九	
本命日用	身死日用	為民度脫九祖靈符	為民度脫六親情眷真符	追遠符	度六親符	度九祖符	度六親符

第三節　作為淨明法的靈寶法：
靈寶法中不見於現存淨明法文獻的淨明法

　　與金允中對《太上靈寶淨明飛仙度人經法》的個人喜好不同，天台靈寶法的傳承者和整理者似乎對「淨明經、法」更有興趣，儘管有時候他們對自己所援用的淨明法並不十分了解。實際上，除了因不了解或者誤解而改動乃至改造以外，在他們所援引的淨明法中，還有一部分比如〈靈寶淨明解十傷符〉這樣的內容並不見於現存南宋淨明法文獻，很可能也與他們的不了解有關。當然，首先需要承認這一現象可能只是文獻闕佚造成的，畢竟現存南宋淨明法文獻本身也存在各種文獻學上的問題。但同時，也不排除他們所見到的淨明法傳本中添加了一些原本並非淨明法的內容（或者是某種法術傳本中收錄了被稱作淨明法而未必是淨明法的內容）。由於本身對淨明法的了解有限，他們對所見之本也自然不會有細緻的甄別、取捨，但凡有所引據自然都是一律目為淨明法。

　　對於今日的研究者而言，在面對這樣的文獻現實時，似乎出現困局，既無法根據現存文獻來核證其屬淨明法的正當性，也不能夠武斷地就認定其為隨意地附會或者無意地沿襲。[60]考慮到金允中化用《太上靈寶淨明飛仙度人經法》的部分，在不了解該書內容或者說不了解淨明法的讀者看來，當然是作為靈寶法來看待。而反過來，靈寶法所引據的並不見於南宋淨明法文獻的「淨明法」部分，雖然已經融入靈寶法的法術與儀式實踐之中，畢竟明確說明出自淨明法，對無論是靈寶法的整理者自己還是他們所期待的讀者而言，自然是當作淨明法來看待。那麼，將這部分無法獲得現存淨明法文獻支持的內容看作是被靈寶法所接受的淨明法，應該是可以成立的。

　　據王契真《上清靈寶大法》所載，〈靈寶淨明解十傷符〉「出淨明法中，自有二章梵音書、符篆，茲不再述」。[61]所謂「二章梵音書、符篆」很可能是指〈靈書〉上、下篇。不過，很可惜，該書並沒有錄出相關文本，因此也無法藉此論證該符法確實出自淨明法，或者由淨明法中衍生而來。而與〈靈寶淨明解十傷符〉符形基本上完全相同的十符也見於《靈寶領教濟度金書》，但只是稱作〈解十冤結符〉或〈解十冤符〉，沒有出現「靈寶淨明」字樣，也沒有註明出處。[62]不過，《靈寶領教濟度金書》所收《玄都大獻玉山淨供儀》提到「宣〈淨明解冤十符〉十道」，[63]表明還是將〈解十冤結符〉或〈解十冤符〉標記為「淨明」的。此外，《靈寶無量度人上經大法》雖然沒有單獨收錄〈靈寶淨明解十傷符〉或者〈解十冤結符〉，但其〈齊同慈愛品〉中卻收錄了數十種與解釋冤結相關的追、度、解符。儘管摻雜了來自其他法術的相關符法（「紫書法」），但也註明這些符的出處包括了「淨明法」。[64]經與前舉〈靈寶淨明解十傷符〉比較，可知其中的〈解三世冤債真符〉、〈解邪妖拘執冤結真符〉、〈解獄死真符〉、〈度塚訟死魂真符〉可能來自所謂的「淨明法」（參見表1.7），而其他符形比較接近的如〈度水溺死魂真符〉、〈度中藥毒身亡魂真符〉則可能來自「紫書法」（詳後）。

　　與《靈寶無量度人上經大法》所收符法形態近似的還有《靈寶玉鑑》。二者均未收〈死胎符〉或者〈產死符〉，而是分開母存子亡、母亡子存等情況收錄了數種符（詳後）。《靈寶玉鑑》所收〈度殺傷死魂符〉符形與《靈寶無量度人上經大法》所收一致，而與〈靈寶淨明解十傷符〉的〈解殺傷符〉完全不同，反而是二者所收〈召亡魂解釋咒詛和釋上昇符〉或〈和釋咒詛上昇符〉除去符形中增加的「釋對」二字外，與〈靈寶淨明解十傷符〉的〈解殺傷符〉一致。此外，《靈寶玉鑑》所收〈救療軍陣死亡之眾符〉與該書所收〈救療藥死符〉大體相同，顯然存在錯誤，並且就符形而言，該符實際上應是〈靈寶淨明解十傷符〉的〈解殺傷符〉（參見表1.7）。這樣的文本混亂當然可以認為只是輾轉傳抄所致，但從符法來源來看，似乎應與《靈寶無量度人上經大法》所依據的法本不僅只有「淨明法」，還包括「紫書法」有關。就此而言，很難說，究竟是殘缺的《靈寶無量度人上經大法》或者混亂的《靈寶玉鑑》的相關部分在先，還是比較「整潔」的王契真《上清靈寶大法》及《靈寶領教濟度金書》在先。但至少王契真《上清靈寶大法》似乎不太可能是根據《靈寶無量度人上經大法》而轉錄〈靈寶淨明解十傷符〉的。也就是說，王契真《上清靈寶大法》說淨明法中有〈靈寶淨明解十傷符〉，在一定程度上可以得到《靈寶無量度人上經大法》印證，從而可以認為並非完全屬於孤證，也就是說不排除確實是從淨明法的某個傳本中選錄的。

　　而所謂「紫書法」似乎應指《靈寶領教濟度金書》所記載的「靈寶大法紫英靈書攝召法」。儘管後者只是收錄了追魂壇、幡以及神虎、玉女等符，並未收錄相關的亡魂符（所收〈治勞療斷尸瘵真符〉是用於解除的），但是除七道玉女符涉及所掌管的亡魂傷亡類型外，「追魂壇」部分也提到「追攝到一切孤魂、橫死、傷亡等魂」。[65] 從《靈寶無量度人上經大法》所收諸符來看，〈解自縊死魂真符〉、〈度水溺死魂真符〉、〈度復連蠱瘵亡魂真符〉、〈度中藥毒身亡魂真符〉、〈追冤結不解符〉、〈解仇讎執對幽魂符〉、〈追累劫相纏幽魂符〉、〈追奴婢橫

夭惡死符〉、〈追漂沉大海魂魄符〉、〈追被繫諸獄未解脫魂符〉、〈追末學道淺未成亡魂符〉、〈追僧道師尼魂符〉、〈追諸產亡死魂符〉（〈追母喪子存符〉、〈追母存子喪符〉、〈追子母俱亡符〉、〈追未產子母俱亡符〉）、〈追犯王法死亡魂符〉（符闕）、〈追諸被廟食攝喪橫亡幽魂符〉、〈追諸被虎狼蛇虺毒蟲所害亡魂符〉、〈追因水火喪身亡魂符〉、〈追諸為官在仕路身亡之魂符〉、〈追諸軍鬥亡之魂符〉、〈追諸凍餓流離散家亡魂符〉、〈追盜賊被害身亡幽魂符〉等，在名目上與《靈寶領教濟度金書》所收〈靈寶召二十四類傷亡符〉基本一致，符形也基本相同。這些符既不見於〈靈寶淨明解十傷符〉，則應該原屬於「紫書法」，相應地，也就可以推測所謂〈靈寶召二十四類傷亡符〉可能原本就是「靈寶大法紫英靈書攝召法」中的攝召亡魂符，只是《靈寶領教濟度金書》作為追攝用符另行分類收錄了。[66] 從〈靈寶召二十四類傷亡符〉一方面雖有〈度傷殺死魂真符〉但闕符，〈追咒詛身死傷亡符〉與〈召亡魂解釋咒詛和釋上昇符〉在名義與符形上均不相同，以及同時設置有〈追橫死傷亡符〉與〈追廟攝橫死傷亡符〉而僅存〈追攝橫死傷亡符〉（與〈追諸被廟食攝喪橫亡幽魂符〉符形基本一致）；另一方面出現〈追冤對而死傷亡符〉與〈追冤仇執對傷亡符〉以及〈追火焚蕩傷亡符〉、〈追水溺傷亡符〉與〈追水火漂蕩傷亡符〉的重複設置（〈追懷孕俱亡符〉與〈追未產母子俱亡符〉似乎也存在重複的問題，但也不排除原本即存在分別設置的合理性）來看，即便出自「紫書法」，也可以肯定並非「紫書法」原貌。實際上，就〈追水溺傷亡符〉、〈追伏連古瘥死亡符〉、〈追中毒藥死傷亡符〉與〈靈寶淨明解十傷符〉中相應符形的近似關係來看，還很可能受到了〈靈寶淨明解十傷符〉的影響。

　　需要指出的是，《靈寶無量度人上經大法》及《靈寶玉鑑》將「紫書法」與「淨明法」的諸符混編在一起，給人造成的印象是，這似乎表明所謂的〈靈寶淨明解十傷符〉與〈靈寶召二十四類傷亡符〉應該是同一類型符法的不同發展形態。[67] 不過，儘管如前所述，〈靈寶淨明解十傷符〉與〈靈寶召二十四類傷亡符〉存在相互影響的可能，並且〈靈寶召二十四類傷亡符〉的符咒中有時候也確實出現「解釋」、「罷

對」之類的表達，但是〈靈寶召二十四類傷亡符〉（以及〈九天普度院攝召三十六類傷亡〉）都很明確是運用於攝召儀節，而〈靈寶淨明解十傷符〉則是運用於完成攝召亡魂以後所進行的救治或者解釋儀節，因而不應視為同一類符法。換句話説，《靈寶無量度人上經大法》及《靈寶玉鑑》的整理者大概並不太明白他們所引據的「淨明法」與「紫書法」雖然都是用於幽科，並且都涉及傷亡的種類，但其實是不應或者説不能簡單地作為一種符法混編在一起的。實際上，《上清靈寶濟度大成金書》等明清時代的科儀書及科儀抄本，基本上都沒有延續《靈寶無量度人上經大法》及《靈寶玉鑑》的混編作法，而是單獨運用〈十傷符〉、〈解十傷符〉或者〈玉陽淨明解十傷符〉、〈靈寶淨明解十傷符〉等等，並且其符形也基本上均與王契真《上清靈寶大法》、《靈寶領教濟度金書》所收保持一致。

除〈靈寶淨明解十傷符〉外，註明出自「淨明法」或者明確標明「淨明」而不見於現存南宋淨明法文獻的，還有「辨制十魔」之法中的部分內容。按《靈寶無量度人上經大法》闢有〈十魔境化品〉，收錄十魔及制御方法，相同的內容也見於王契真《上清靈寶大法》的〈制魔伏神門〉，並且二者文字也基本相同，有一些細微但重要的差異，表明王契真《上清靈寶大法》或許並不是從《靈寶無量度人上經大法》直接襲取，而可能另外存在一共同的來源文本。

在這制十魔之法中，制鬼魔、陽魔、病魔、境魔之法等四種與淨明有關。其中，制鬼魔、病魔兩法都提到誦淨明〈靈書〉，並且還須分別運用〈淨明法主印〉與〈淨明延生符〉，從此內容來看，雖然沒有註明「出淨明法」，但應與淨明法有關。就此兩法而言，《靈寶無量度人上經大法》與王契真《上清靈寶大法》的主要文字差異在於前者為「誦淨明〈靈書〉二徧」，後者為「誦淨明〈靈書〉二篇」；以及前者為「淨明延生二符」，後者為「淨明延生一符」。[68] 如前所述，《靈寶無量度人上經大法》的整理者似乎並不明白「淨明〈靈書〉二篇」是指淨明〈靈書〉上、下二篇（品），因而將「篇」改作「徧」，以為是將單獨一篇淨明〈靈書〉念誦兩遍。而王契真《上清靈寶大法》作「篇」則不誤。

表1.7〈靈寶淨明解十傷符〉

王契真《上清靈寶大法》卷四十三	解殺傷符	解自縊符	解溺水符	解中藥符	解死胎符	解伏連符	解塚訟符	解獄死符	解邪妖拘執符	解冤債符
《靈寶領教濟度金書》卷二百六十七	解殺傷冤符	解縊死冤符	解溺死冤符	解藥死冤符	解產死冤符	解復連冤符	解塚訟冤符	解獄死冤符	解妖邪冤符	解三世冤符
《靈寶無量度人上經大法》卷五十三							度塚訟死魂冤真符	解獄死真符	解邪妖拘執冤結真符	解三世冤債真符

	殺傷	自縊	溺水	藥死	胎死	伏連	塚訟	牢獄	邪妖	冤債
《靈寶玉鑑》卷三十五	救療軍陣死亡之眾符			救療藥死符		救療伏連符	救療塚訟符	救療牢獄杻械死亡符		
《上清靈寶濟度大成金書》卷三十	靈寶解殺傷符命	靈寶解自縊傷符命	靈寶解溺水傷符命	靈寶解中藥傷符命	靈寶解死胎傷符命	靈寶解伏連傷符命	靈寶解塚訟傷符命	靈寶解獄死傷符命	靈寶解邪妖傷符命	靈寶解冤債傷符命
《青玄濟煉鐵罐施食全集》	靈寶淨明解釋一切殺傷符命	靈寶淨明解釋自縊死符命	靈寶淨明解釋溺死符命	靈寶淨明解釋藥死符命	靈寶淨明解釋胎傷符命	靈寶淨明解釋復連符命	靈寶淨明解釋塚訟死符命	靈寶淨明解釋獄死符命	靈寶淨明解釋邪妖符命	靈寶淨明解釋冤債符命

《蓬壺法食減句集註》[69]	傷殺符命	自縊符命	溺水符命	中藥符命	死胎符命	伏連符命	塚訟符命	獄死符命	妖邪符命	冤債符命
	（符）	（符）	（符）	（符）	（符）	（符）	（符）	（符）	（符）	（符）

〈淨明延生符〉按照記述方式來看，如果只有一符則沒有必要標明，似乎應是以《靈寶無量度人上經大法》的「二符」為正確，而王契真《上清靈寶大法》的「一符」則應是傳寫之錯訛。從現存南宋淨明法文獻來看，《靈寶淨明院諸師密誥》中抄存的治顛邪瘟瘴時所用符中有「保長生」字樣（參見表1.8），[70]雖然與「疾病」、「延生」有關，但並沒有說是〈淨明延生符〉，並且只有一符。《太上靈寶淨明秘法篇》中見有〈救治百病符〉，[71]雖與「疾病」有關且有兩符，但也不名為〈淨明延生符〉。《靈寶淨明新修九老神印伏魔秘法》中見有每日服煉所用〈上元解穢黃庭真符〉及〈上元延生守一真符〉各一符，[72]從延生之名及伏魔之功能來看，似乎應以這二符為所謂的「淨明延生二符」。

與此類似，從制境魔法的「誦淨明寶經一過，佩〈上清九老伏魔印〉」來看，[73]無論「淨明寶經」是否指「淨明經、法」中的「經」即《太上靈寶淨明洞神上品經》，〈上清九老伏魔印〉應當可以認定就是《靈寶淨明新修九老神印伏魔秘法》所見〈伏魔神印〉（印文為「上清九老帝君廻尸起死治病伏魔糾察三界鬼神皈正法事」）。[74]

表1.8　治病符與延生符

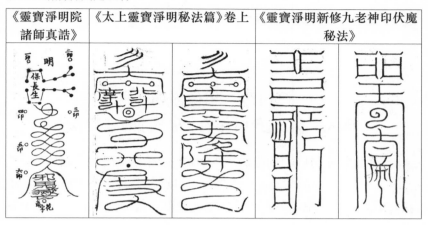

《靈寶淨明院諸師真誥》	《太上靈寶淨明秘法篇》卷上		《靈寶淨明新修九老神印伏魔秘法》	

　　制陽魔之法比較特殊，其方法中並沒有如上述三種那樣提到淨明法的經、印、符等項，《靈寶無量度人上經大法》也沒有註明「出淨明法」，但王契真《上清靈寶大法》卻在該段文字的最後用小字注標明「在淨明法中」。[75]從該法的幾個內容來看，「八景冥合炁入玄玄」八字不見於《靈寶無量度人上經大法》，但見於王契真《上清靈寶大法》本卷；[76]「旋斗歷箕罡訣」見於二書另卷；[77]「五方制魔玉文」見於《靈寶無量度人上經大法》本卷及王契真《上清靈寶大法》另卷（「五天大魔制邪玉文」）；[78]「五方制魔咒」不見於二書，但二書本卷均收錄有「五方消魔王咒」，[79]鑒於其他幾種魔的制御方法中並未運用「五方消魔王咒」，所謂「五方制魔咒」應當就是「五方消魔王咒」。既然王契真《上清靈寶大法》已經收錄了相應的符、咒、訣，那麼，所謂「在淨明法中」的小字注似乎就顯得無所著落了。那麼，在承認某種淨明法傳本中確實記錄有相關制魔之法的可能性之外，或許只能理解為王契真《上清靈寶大法》的整理者認為制陽魔法應該是淨明法。實際上，即便是上述三種制魔法，雖然使用了淨明法的經、印、符等，但在現存南宋淨明法文獻中卻也見不到運用相應內容的制魔法術，那麼在不否認存在淨明法本身相關文獻亡佚可能的前提下，認為它們是借

用淨明法的部分內容而獲得「淨明法」之名義，實際應為重新組合創造的靈寶法，或許更為合理一些。

第四節　想像淨明：
草人、昇天券與作為「常式」的靈寶法

淨明法是強調「孝」的道法，在儀式、法術層面體現為超拔自己及弟子的先祖父母，除前述存、亡日所用〈度脫六親符〉外，還有專門的「拔亡」儀。這一「拔亡」儀，現存文獻中沒有留下完整有關立成之儀的敘述，但往往有零星的記載提到燒草人、符券等關鍵性的儀節。

《太上靈寶淨明飛仙度人經法》卷一〈說戒具科目章第八〉在引《度人經》「億曾萬祖、幽魂苦爽，皆即受度，上昇朱宮」一段後，所作解說為「師曰：此是道君授經於靈寶淨明天尊之時，具說此經有薦拔祖考、超出幽夜之功用。於說戒之後，云：此乃為弟子燒草人、券，追資億劫種親」，「續云：吾今授汝秘法，為汝奉依明科，薦拔先亡億劫眷屬……乃為弟子存念，燒草人」，其下小字注稱「事見本章具載」。從本章來看，在淨明〈十戒〉及〈區貫七事〉之後確實有一段文字提到「法師依法宣讀歷關諸天、元始符命等文，次存思，燒草人、符券」，但並沒有具載相關細節，而是另有小字注稱「事見〈拔亡傳度章〉」。[80] 然而今本《太上靈寶淨明飛仙度人經法》之中並不存在〈拔亡傳度章〉。

不過，專門記錄淨明傳度事項的《太上靈寶淨明入道品》尚見有與草人相關的記載：「凡得淨明法者，遇人傳付之時，即表奏之後，於表奏內保明弟子九代加昇仙職，便補為四字仙佐。其夜，書符九道，結草人九箇，望天門燒。則此草人化為九直符，執符以往，不論地獄六道，即此符到處，便得解釋。以此符文於天樞院請領文字，便是仙官。如有仙職者，後昇階次」。[81] 此處的草人既然涉及解釋地獄，或許可以看作與「拔亡」有關，雖然也不能肯定就是《太上

靈寶淨明飛仙度人經法》提到的薦拔先亡時所燒草人，但應有密切的關係。僅從這一表述來看，雖然並不知道這些草人如何結作，是否有特別的作用程序，但可以知道草人數量是九個，需要配合符九道，並且既然提到「地獄六道」，不排除是對應九幽地獄，而焚燒時所朝向的方位則是壇場的「天門」（西北）方向，鑒於是以文書請領文字，似乎是為了象徵亡魂可以執符文昇入天門而為仙佐。這九個草人經焚燒化為「直符」，功能上似乎接近於靈寶法中作為傳遞的葵龍驛吏，後者即是用葵草結作而成的符使，並且是用於入地獄「救拔亡魂」的。

《靈寶無量度人上經大法》記載「夫取救亡魂之法，全藉預告遷拔朱章、救苦符史。法式，預於致齋前一月，或半月，或七日，擇吉地建壇，以葵縛葵龍驛吏二人，各左手持劍，右手持旛，旛上書玉皇赦罪天尊，背負《青玄救苦真籙》。其金龍驛吏，同黃籙院功曹符吏，逕詣三官天牢、五斗天一北獄及酆都重牢幽檻、鐵圍无間地獄等處，救拔亡魂，前來齋壇。其葵龍驛吏，同地道功曹符吏，逕詣五嶽、九幽、水府、雷霆、瘟司、神廟、社令牢狴等處，救拔亡魂，前來壇所。其符命併隨拔度朱章並赦文一處發之。先令幽陰赦罪，放逐前來。寄城隍司，伺候攝召受度」。[82] 幾乎同樣的內容也見於王契真《上清靈寶大法》。該書所收〈四驛章〉雖然提到蛟龍驛、金龍驛、風火驛、金馬驛四驛，但後二者只是「依式書符召之」，而前二者則須用葵草結作而成，即「用新淨葵縛之，以象真形。驛吏各左手仗劍，右手持幡，幡上書玉皇赦罪天尊，背負〈青玄救苦真符〉，如書筒之狀。龍身、龍口、神吏之身，並依式安符，存用祝讚。所謂蛟龍吏屬陰，若遣役，當地道功曹，可往五嶽、九幽、水府、雷司、瘟司、城隍、社令牢檻等處，救拔亡魂。其金龍吏屬陽，若遣役，當同黃籙院功曹符吏，可往三官天牢、五斗天一北獄及羅酆重牢幽檻、鐵圍無間地獄等處，救拔亡魂。蓋陰陽當從其類也」。[83] 此處的「蛟龍驛」應是「葵龍驛」之訛（另卷即稱為「葵龍驛」[84]），但由於《靈寶無量度人上經大法》的描述中用葵草結作的金龍驛吏與葵龍驛

吏各一人又被稱作「茭龍驛吏二人」，在語義上容易混淆，因此，也不排除此處的「蛟龍驛」很可能是有意對應「金龍驛」的臨時改換，以期在名義上相區別（另卷維持舊稱則可以認為是未盡改）。實際上，《無上玄元三天玉堂大法》雖然批評靈寶法，卻也保留了〈救苦符〉與茭龍、金龍的配屬，並提供了〈變茭龍符〉、〈變金龍符〉的作用方法。其中〈變茭龍符〉應「懸茭龍口中」，其咒語也提到「結茭為龍」；〈變金龍符〉則「如前納龍口中」，也就是跟〈變茭龍符〉的安放方法一樣，但其咒語卻是說「結象成龍」，而沒有說「結茭」。[85] 由此看來，路時中時代流行的靈寶法中，金龍似乎並不是用茭草結作而成，那麼，也就不存在將金龍也稱作「茭龍」的問題。無論如何，南宋時代靈寶法中用茭草結作的某龍驛吏實際上包括某龍和神吏（王契真《上清靈寶大法》在介紹「祝龍」方法時描述為童子，且只是執幡而不仗劍，並且龍與童子又合稱作「龍童」[86]）兩個部件，而其作用方法則主要是針對某龍（祝龍、變某茭符），因此神吏（或童子）雖然也是某龍驛吏的構成部件，但似乎只是次要的部件。[87] 在這個意義上，淨明法中的「草人」特別是《太上靈寶淨明入道品》中所提到的九個草人雖然是作為「直符」，但無須駕龍，似乎並不能與茭龍驛吏等同。另外，從「祝龍」等作用方法來看，茭龍驛吏似乎只是由法師存變，並不需要焚燒，這與淨明法中依靠焚燒來化變也存在顯著的差異。

值得注意的是，靈寶法的拔亡儀式中還需要用到一種人形，也是用草結作的，稱為「茭人」或「芻人」。

《靈寶無量度人上經大法》記載陰尸變煉方法為「以茭草為人形，狀以亡者所化而衣之。將丹書〈化形符〉十二道分布五臟六腑，及丹書〈大梵隱語〉天篆貼於腹上，又丹書〈昇天大券〉絳袋盛之，帶頭上，更以丹篆〈靈寶五符〉安布亡者五臟，混成三部八景二十四真。先建壇，行道，致齋，設醮。啟奏虛皇上帝，關行九壘泉曲寒庭去訖，追攝亡魂，方可行用。至夜分，法官具威儀，置茭人安大門外東北鬼門上。法官於地戶上，化身為九華真人，步罡，立罡斗尾，望天門，呼召真炁。令一童執召靈旛，立於天門上。法官攝召一

炁，化成一臟，即令道眾舉金闕化身天尊，令童子以旛旋招真炁下布茭人身中。十二炁畢，即於人門上，法官存化茭人為人形。道眾同法官念〈隱語〉，旋繞茭人，以楊柳灑法水三帀了。道眾舉〈步虛引〉，抬茭人於壇下。法官依次第煉度，行十二混元儀。此法，作九幽黃籙，只度三名亡魂可用，若度多不可用也」。[88]此法亦見王契真《上清靈寶大法》，稱作「太陰混元化形陰鍊法」，所述與此稍有文字上的差異，〈昇天大券〉非「帶頭上」而是「帶於領上」（「領」可能是「頭」之訛寫），所用幡非「召靈旛」而是「召魂幡」（應該都是指召魂幡）。[89]

　　這一化形陰煉所用茭人由於是「追攝亡魂」後方可行用，本身應附著攝到之亡魂。王契真《上清靈寶大法》在介紹建八門召魂壇時提到使用蒭人的方法，即金允中所謂「蒭身昇度法」，應與此種以茭草結作草人變化身體的做法有演變關係。據金允中所述，「先以淨草隨男女形狀作一生前身軀，著生前衣服，腹中安〈大梵隱語〉，頭上戴〈昇天大券〉。以秤架一具，蒭身安秤鉤上，懸空不着地。先令秤平，置之門外居（召？）魂壇中。仍以小兒持白繒召魂幡，法師歌〈斗章〉，召魂來赴。蒭身忽然墜下秤鉤，重於常時，其魂幡亦墜、竿稍重，乃知亡魂已至。即取〈臺光章〉、所煎香湯，以楊柳枝灑盡。次請道眾諷〈大梵隱語〉，引亡魂赴浴。訖，詣三寶前，聽受符、戒並齋供事」。[90]王契真所述稍有不同，但也提供一些金允中不甚關心的細節，包括召魂壇的設置、仙藥湯與〈鐵跡臺寶光章〉的配合、蒭人離地「三五寸許」、「以白繒七尺二寸，造召魂幡，男一首，女亦一首，各長三尺六寸。以竹竿長八尺四寸，繫幡於竿頭。男幡立於壇左，女幡立右。男幡書鐵跡臺字，女幡書寶光章字」以及召魂時「以幡蒙蒭身」等。[91]當然，拋開這些具體的器物準備和操作規定，很明顯，除了沒有生化五臟的儀節，以及增出安秤鉤一事外，基本的作用方法與「太陰混元化形陰鍊法」是一致的。值得注意的是，《靈寶領教濟度金書》在介紹〈蒭身符敕咒〉時，以小字注的形式概述了蒭身的製作與使用方法，提到將蒭身掛在秤鉤上，並說「伺召魂至，以旛掛蒭身，令魂入體。若魂入其蒭身，必重墜地。然後引去沐浴朝

真，蒭身又輕矣」。這顯然說的就是「蒭身昇度法」。而〈蒭身符敕咒〉不僅提到「太上符命，神化蒭身。亡魂攝附，通接陽情」，還明確提到「四肢百體，五臟化生。攝降亡魂，來返家庭」，[92]表明「蒭身昇度法」所用蒭人原本應該是像「太陰混元化形陰鍊法」那樣有一個化生五臟的作用程序的，只是後來將其簡化為敕咒，並且很可能最後連敕咒也不再保留了。

問題是，無論是「太陰混元化形陰鍊法」還是「蒭身昇度法」，茭人或者蒭人是否要焚燒，文獻中並沒有明確的記載。不過，茭人或蒭人本身需要頭戴〈昇天券〉。而這一〈昇天券〉則是明確要焚燒的。《靈寶無量度人上經大法》介紹茭人所戴〈昇天券〉時說「《三皇內文》有〈昇天版券〉。於得道之日，飛昇之時，天尊遣真侍賜券，使骨肉同飛，過度天門。下世不許借行。此文乃三天合同，玉清寶券，上帝靈命，玉皇真文，給賜生身。學士朝元謁真，拔度死魂，煉魄南天，使无拘天門使。青紙一方，摺成四面，用丹砂書券文，背書告命三行，一行年月日時，一行法師銜位，共作五行。以絳羅作囊盛之，結以青絲。學士必當掛於心前。亡者給付，焚化與天門吏曲度者，頓放蒭身」。[93]這裏明確說給付亡者的〈昇天券〉需要焚化，以便天門吏放行。而所謂「蒭身」即是茭人，但「頓放蒭身」則不易理解。好在這段解說也見於王契真《上清靈寶大法》，其末句作「若學士心映，當掛心前。如度亡，給化與天門吏曲度者，須於蒭身」。[94]可見，「頓放」似乎應是「須於」之訛寫。而「須於蒭身」則應與「掛心前」或「掛於心前」是對應的，應該就是以絳囊盛符繫縛在蒭身之上，也即茭人或蒭人作用方法中提到的將〈昇天券〉帶頭上或戴頭上。如此看來，如果是要焚化〈昇天券〉，而〈昇天券〉又是繫縛在作為亡魂附著之身的蒭人身上，那麼，也就需要連同蒭身一起焚化。那麼，頂戴〈昇天券〉的蒭人或茭人似乎就可以與淨明法的「燒草人、符券」相對應了。

實際上，淨明法所說「燒草人、符券」的符券似乎正是〈昇天券〉。《太上靈寶淨明飛仙度人經法》在列舉三十二天上帝魔王內諱之後說「今為弟子自身及先代億劫種親給付〈昇天券〉，必自東方八

天訖，默念至欣慶受度，封券畢，再拜，以〈道君玉印〉印之」，又說「凡補弟子及為弟子追薦祖先，並給券文。男為左券，女為右券，佩帶。以黃絹朱書之。各高九寸，長三尺二寸。每月用兩本，書〈昇天符合同〉於上。男留左，女留右。其一本燒，隨家藏天樞門下照應。其一本與之佩帶。追度，則一本燒付亡人，一本送天樞為合契。書券之法，於天門上坐，面對巽方，掐上清訣，存身為道君，默祝事因畢，念魔王歌章，依式寫〈中篇〉真文」，「念歌章畢，吸炁三十二口，存太黃皇曾天帝自東北方攝四方天帝皆至，部領玉童玉女、直符吏眾，手執丹筆，候看書券，同為保明弟子九祖六親，拔出地戶，以成大仙。如式染丹書券」，其券式見前舉傳度用券式，亦即《太上靈寶淨明入道品》所載九草人所執之符券（表1.2），並註明「追度亦同此式」，「如追度，即云：追度弟子先靈，付天樞院受職者」。[95] 從券式及書券、封券做法來看，似乎具有鮮明的淨明特色。實際上，除書符須按戴日履斗法、符位須書填淨明院符以及封券須念淨明〈靈書〉二篇外，這一〈昇天券〉的主要內容則是一式兩份（左、右）的〈靈書中篇〉及真文。

這種分為左、右兩份合同的〈昇天券〉是靈寶法的特色。對此，《無上玄元三天玉堂大法》中專門附錄了〈亡魂持券說〉予以批判，稱「靈寶法中，左、右大券令魂儀以入三天門。此說非也。夫無象無為，以空寂自然為本。若持券可入天門，則未免牽於有相拘執，拘執則不通妙矣。故教主特去契券，而給〈長生籙〉云」。[96]〈長生籙〉即〈太上長生度命金籙〉（預修則為〈無上預修長生金籙〉），也是分為兩半合同，一半留在奏上，另一半給付亡魂，「送魂時，同符命面天門、度橋，焚之烈火中」。[97] 儘管〈長生籙〉與淨明法的符券內容不合，但就面天門、焚燒等來看，與淨明法焚燒符券的做法接近。

至於〈亡魂持券說〉所批評的左、右大券，其內容雖然沒有載明，但可知路時中時代的靈寶法盛行給付亡人左、右大券以入天門的做法。如果認為《靈寶無量度人上經大法》所記錄的〈靈寶昇天左、右券〉及王契真《上清靈寶大法》所收錄的〈靈寶昇天左、右合同真券〉

就是此處所批評的靈寶法所用左、右大券的話，那麼，其主要內容
就是書寫〈靈書中篇〉及真文（也包括《三皇內文》等）。就此內容及分
左、右二券的形式來看，似乎可以認為淨明法所用〈昇天券〉或者〈昇
天符合同〉不過是披上淨明法外衣的〈靈寶昇天左、右券〉的翻版。

　　不過，〈靈寶昇天左、右券〉的券式是圍成團書寫，並且不是戴
在蒭人頭上的，而是「以青紙封套，繫蒭腳上，或置生天輦中。如專
度一人，則以青囊盛，置蒭身之左右佩之，執付天門合同也」，[98]與蒭
身昇度法中〈昇天券〉的用法似乎存在差異。注意到蒭人頭上所戴〈昇
天券〉，《靈寶無量度人上經大法》稱作〈保舉昇天合同大券〉，王契真
《上清靈寶大法》稱作〈玉清合同昇天大券〉，內容上則只是〈昇天版
券〉，形式上也不分為左、右券，儘管功能、意義上似乎頗有重複之
嫌，應是與〈靈寶昇天左、右券〉配合使用的。也就是說，儘管淨明
法所用符券（淨明〈昇天券〉）應該可以認為是延用了〈靈寶昇天左、
右券〉的主要文字內容（〈靈書中篇〉及真文）以及分為左、右券的形
式，但是否即配於蒭身左、右，或者是如〈玉清合同昇天大券〉那樣
繫於蒭身頭頂，則難以認定。無論如何，通過上述文獻所記錄的〈玉
清合同昇天大券〉、〈靈寶昇天左、右券〉及其作用、使用方法，結合
淨明法中對有關符券的描述，或許可以想像淨明法即是將附加了淨
明法要素（淨明化）的〈靈寶昇天左、右券〉，戴於草人頭上（或者佩
在草人左右），作為亡魂執券入天門的方式，一同焚燒的吧。

第五節　本章結語

　　南宋淨明法文獻，就《正統道藏》所保存的情況而言，主要產生
於建炎二、三年間，也有一部分產生於紹興元年或之後。[99]從這些文
獻的定名形式多標以「靈寶」，並且《太上靈寶淨明洞神上品經》、《太
上靈寶淨明祕法篇》及《太上靈寶淨明飛仙度人經法》又分別參照靈

寶真文、〈靈書中篇〉及《度人經》而敷衍成文來看，淨明法與「靈寶」
或者靈寶法的關係應當説是非常密切的。其中，《太上靈寶淨明飛仙
度人經法》不僅本身即被稱為「靈寶大法」或「上清靈寶大法」，並且
有意識地將淨明法所推崇的祖師日宮孝道明王靈寶淨明天尊拔高到
受元始傳經的高度，在「道」的源頭意義上明確將淨明法定位為靈寶
法。可以説，認為淨明法即靈寶法，或者淨明法即靈寶法的一種，
就南宋初淨明法創立之時的認知而言也是可以成立的。此點後來也
為金允中所接受，其所編撰的作為「靈寶正宗」的《上清靈寶大法》實
際上就具有濃烈的淨明色彩。儘管他本人如同王契真及《靈寶無量度
人上經大法》等書的編撰者一樣，對淨明法的「法」了解往往不夠深
入甚至完全不理解，但他有意吸收《太上靈寶淨明飛仙度人經法》特
別是「七事」、符券和「十戒」等內容，並鼓吹「孝道明王之教初即靈
寶」，可以説是在「道」的意義上反過來對靈寶法實施了淨明化。與
金允中對淨明法的吸收與改造形成鮮明對比的是，王契真《上清靈寶
大法》、《靈寶無量度人上經大法》、《靈寶領教濟度金書》等天台系靈
寶法文獻對淨明法的「法」更有興趣。儘管有關文獻往往表現出變異
或者錯誤，反映選編者對淨明法的有限認知和生硬挪借，淨明法在
靈寶法中的存在與靈寶法在淨明法中的存在一樣，表明其在南宋時
代的法術流通場域中成為了一種常式。儘管南宋初成立的淨明法在
元代劉玉創立淨明忠孝道的時代似乎早已不再存在，但這些被常式
化了的淨明法（或者被看作是淨明法）的法術或儀式內容，伴隨著南
宋時代得到總結的各種靈寶法的傳續，而成為近世道教科儀中的構
成要素，流傳至今。同時，由於本身具有靈寶法的定位，儘管在現
存文獻中並沒有記載淨明法立成之儀，但作為其母體的靈寶法的共
同文本，則可以為恢復或者想像淨明法的某些儀節提供支持和可能。

註　釋

1　關於《慈善孝子報恩成道經》的現存文本及其成立年代，參見許蔚：
〈《慈善孝子報恩成道經》的成立年代及相關問題〉，頁79–84。

2　《赤松子章曆》卷四，頁209。

3　儘管將南宋淨明法與元代淨明道混為一談，張澤洪也注意到《道藏》所
收淨明經典多冠以「靈寶」的事實，並且舉證《太上靈寶淨明飛仙度人經
法》，認為融攝了靈寶派思想，見〈淨明道與靈寶派──兼論與正一道
法術的關係〉，載《道韻》第9輯（台北：中華大道出版社，2001），頁
109。

4　《靈寶淨明院行遣式》，頁340。

5　此點除了從內容上可以看出外，《太上靈寶淨明飛仙度人經法》也有明
確表述，據《太上靈寶淨明飛仙度人經法釋例》所載〈自然玉字章〉稱「大
梵之炁，本乎無形，而能生有形……爰我道君，遭遇運數，元始敷
教，道有攸歸。故靈寶大洞之文於是出焉，而陶鑄群黎也。……故《太
上靈寶淨明飛仙度人經法》者，元始說之，道君述之，雖有其經，尚祕
其法，日、月二宮天子因之，以法述經意，因經明法理。自非救濟時
事，運極數移，莫有昭示時也。吾今屬以洞神宰括，憫棄芻蕘，眷細
微之無知，皆大梵之赤子，是以冒昧明真，失口發隱，作《飛仙度人經
法》，原舊意也。故因經敘法，尊師旨也。以經為呪，本師令也。因法
述事，廣師志也」（頁599）。

6　關於今本《太上靈寶淨明飛仙度人經法》非原本，參見許蔚：《斷裂與建
構》，頁450–454。不過，關於其改動的年代，似乎難以根據出現許
遜、張道陵已有元代封號而定為元貞元年或之後，因為不能排除封號
有可能只是傳抄過程中的加筆。另外，今本《太上靈寶淨明飛仙度人經
法目錄》中，在卷三〈靈圖章〉的小字注提到了《玉皇本行經》，根據謝聰
輝的研究，《玉皇經》在南宋嘉定十一（1218）至十四年（1221）間降世並
形成定本，似乎可以認為今本《太上靈寶淨明飛仙度人經法》的改定年
代應不早於嘉定十四年。見謝聰輝：《新天帝之命：玉皇、梓潼與飛鸞》
（台北：台灣商務印書館，2013），頁169。

7　《太上靈寶淨明飛仙度人經法》卷一〈真應章第二〉，《道藏》第10冊，頁
554。

8 　金允中：《上清靈寶大法》卷六、十，《道藏》第 31 冊，頁 380、402。

9 　同前註，卷四十三，頁 646。

10 《太上靈寶淨明飛仙度人經法》卷三〈靈圖章第三〉，頁 573。

11 　金允中：《上清靈寶大法》卷十八，頁 443。

12 　同前註，卷二十五，頁 499。

13 　同前註，卷四十三，頁 646。

14 《靈寶淨明院行遣式》，頁 340。

15 　參見許蔚：《斷裂與建構》，頁 59。

16 　金允中：《上清靈寶大法》卷一〈本法戒律品〉，頁 356；王契真：《上清靈寶大法》卷八〈齋戒禁忌門〉，《道藏》第 30 冊，頁 718；《靈寶無量度人上經大法》卷二〈齋戒節度品〉、卷八〈神光大定品〉之〈威神妙戒章〉，《道藏》第 3 冊，頁 617、665。參見許蔚：《斷裂與建構》，頁 459–460。

17 《太上靈寶淨明飛仙度人經法》卷一〈說戒具科目章第八〉，頁 560。

18 　同前註，卷三〈靈圖章第三〉，頁 573。

19 　同前註，卷五〈自然章第八〉，頁 598。

20 《靈寶淨明大法萬道玉章秘訣》，《道藏》第 10 冊，頁 533。

21 　王亞認為此處「靈寶大法」是對《黃素》等三書的總稱，並據此在《黃素書》序中的「靈寶大法」下增加冒號，認為該序中的日、月二宮天尊「為說靈寶大法、黃素法、淨明法、度人法各一也」應是說靈寶大法其下包括黃素法等三者（〈南宋淨明道的法、職、籙與洞神部籙階的徹底符號化〉，載《弘道》2016 年第 2 期，頁 96–97）。這一看法不能成立。拋開添加「冒號」的闡釋方法不談，其對《黃素書》序的解讀顯然忽視了引文所處的文本語境，並且未考慮文獻本身的成立問題。至於此處的「靈寶大法」，按照上下文，不論是作為源頭意義的「靈寶之道」理解，還是作為《太上靈寶淨明飛仙度人經法》賴以成立的前文本或者「舊載」來理解，都不可能理解為是對《黃素》等書的總稱。

22 　參見許蔚：《斷裂與建構》，頁 452。但「除三、四二條外，亦見於金允中之書」的表述並不準確。

23 　金允中：《上清靈寶大法》卷一，頁 356。

24 　同前註，卷四十二，頁 634。

25 　以上見《靈寶淨明大法萬道玉章秘訣》，頁 527。

26 　以上見《靈寶無量度人上經大法》卷一，頁 614、王契真：《上清靈寶大

法》卷一，頁652。勞格文曾就文本上的關聯，提出兩部《上清靈寶大法》都是在《靈寶無量度人上經大法》或者其源文獻基礎上成立的，但同時也說無論這種猜測能否成立，《靈寶無量度人上經大法》與王契真《上清靈寶大法》都屬於金允中所批判的天台傳統，見Schipper and Verellen (eds.), *The Taoist Canon*, vol. 2, pp. 1022, 1029。陳文龍通過對王契真《上清靈寶大法》與《靈寶無量度人上經大法》的文本比較，則認為《靈寶無量度人上經大法》的相應部分應是來自王契真《上清靈寶大法》，參見陳文龍：《王契真《上清靈寶大法》研究》(中國社會科學院博士論文，2011)，頁41。他的列表中錄出了「八明」，並且還列入了《靈寶玉鑑》(頁42)。

27　《靈寶玉鑑》卷一，《道藏》第10冊，頁139。

28　同前註，頁139。

29　金允中：《上清靈寶大法》卷十六，頁428。

30　金允中曾提出「靈寶乃孝道明王之教，以孝弟為主，忠直孝敬，自可動天地、感鬼神」、「惟孝惟忠，遵守禮法，是科教之本也」，見《上清靈寶大法》卷六，頁380。此外，在〈許真君狀〉下，金允中有說明文字提到「宋政和年間，上尊號曰神功妙濟真君。既奉玉冊，又係徽宗上表稱臣」，見金允中：《上清靈寶大法》卷三十，頁544。

31　金允中：《上清靈寶大法》卷十六，頁428。

32　同前註，卷十、四十三，頁402、646。

33　同前註，卷十，頁399。

34　同前註，頁401。

35　《靈寶淨明院行遣式》，頁341。

36　注意到《靈寶淨明院行遣式》所收〈補弟子帖式〉開具的「一淨明法籙中帝君神王、一淨明法部中八萬四千靈官主將、一淨明法部中八萬四千節員甲馬、一淨明法部中功曹直符受事判官」出現了「淨明法籙」的表述。王亞據此認為「南宋淨明道當有自己的籙」(〈南宋淨明道的法、職、籙與洞神部籙階的徹底符號化〉，頁100)。這一看法顯然是錯誤的。實際上，「淨明法籙」的表述並不可靠，不僅在現存所有淨明文獻中屬於孤例，同時在〈補弟子帖式〉中也不符合上下文。〈補弟子帖式〉上文提到「準律關報淨明法部中帝君神王等」，同樣是「帝君神王」就說是「淨明法部中」，與下文開具項目中的官將、甲馬、功曹的表述一致，「淨明法籙」很明顯應是「淨明法部」之訛寫。

37　《靈寶淨明院行遣式》所收〈本壇逐月發旁券諸院神將下項〉中開列淨明
　　院、天樞院、驅邪院等院神將以及嶽兵和「天寶靈書法部」神將，最後
　　提到「三五大都功籙」中神將（頁341）。淨明院神將屬淨明法，天樞院
　　也見於淨明法的職格，可能與淨明法有關。驅邪院神將屬天心法。而
　　嶽兵則並不具有特別的法派性質。「天寶靈書法部」不知是指何法派。
　　「三五大都功籙」則是正一宗壇所出正一籙。從金允中的意見來看，齋
　　後散壇「改正一銜，易正一服」（卷三十九，頁609。今本王契真《上清
　　靈寶大法》襲此），則參受正一籙似乎是必須的。此外，張超然據蔣叔
　　輿《無上黃籙大齋立成儀》指出「已受靈寶中盟秘籙，卻未備受都功、盟
　　威二籙者，由於無法出官，因此不可行齋」，見〈援法入道：南宋靈寶
　　傳度科儀研究〉，載謝世維主編：《經典道教與地方宗教》（台北：政大
　　出版社，2014），頁142。

38　《太上靈寶淨明入道品》，《道藏》第10冊，頁523。

39　蕭應叟及其弟子林元鼎曾引此段，除「丹」作「寶」，「氣」寫作「炁」外，
　　蕭應叟並稱此段為「《靈寶大法》明《度人經》中七事大略區貫」（見《元
　　始無量度人上經內義》卷一，《道藏》第2冊，頁335），表明蕭應叟應是
　　從《太上靈寶淨明飛仙度人經法》引錄的，並且他也像後來的金允中一
　　樣，直接將《太上靈寶淨明飛仙度人經法》看作《靈寶大法》。當然，也
　　可能他和金允中所見到的《太上靈寶淨明飛仙度人經法》就直接題作《靈
　　寶大法》，他們只是接受了既有的文獻事實。

40　郭岡鳳曾引此段，文字大體相同，見東海青元真人注、清河老人頌、
　　淨明道子郭岡鳳參校並頌：《元始無量度人上品妙經注》卷上，《道藏》
　　第2冊，頁260。按此為大定之法，不當入七事。諸本靈寶「十戒」列入
　　第十戒，而《靈寶無量度人上經大法》所闕〈神光大定品〉除詳細記載大
　　定之法，也列入「十戒」，表明「十戒」與「大定之法」確實有密切關係。
　　不過，「十戒」雖然見於《靈寶淨明院行遣式》，但《太上靈寶淨明飛仙度
　　人經法》並沒有收錄靈寶「十戒」，列出的是淨明「十戒」。鑒於《靈寶玉
　　鑑》所列「七經」提到「大定之法」，似乎表明《太上靈寶淨明飛仙度人經
　　法》這一部分的文字可能是將舊本「靈寶大法」中「七經」的部分內容混
　　入了「七事」。金允中可能意識到了這一問題，因而在〈七事區貫品〉中
　　未錄此段。

41　王契真《上清靈寶大法》卷二十八開列了〈九州都仙太史高明大使神功妙
　　濟真君〉、〈九天道師諶母元君〉、〈吳、黃十一位列仙真君〉等申狀（頁

916）。關於「日宮孝道仙王」、「月宮孝道明王」之失誤及其影響，參見許蔚：〈明代道法傳承諸側面——明內府抄本《玉清宗教祈雪文檢》識小〉，《宗教學研究》2021年第4期，頁68。

42 諸法物見《靈寶淨明院行遣式》所收〈補弟子帖式〉及〈傳度付法物〉，頁339、340。

43 《上清靈寶大法》卷四十三，頁643–644。參見許蔚：《斷裂與建構》，頁452。注意到今本王契真《上清靈寶大法》傳度科儀部分也採用淨明「十戒」，並且除前後有頌外，有關解說及前後相關文字也大體與金允中相同，很可能是依照金允中的做法修訂而成，見王契真：《上清靈寶大法》卷三十，頁929–930。關於今本王契真《上清靈寶大法》存在依照金允中本修訂的問題，參見丸山宏：《道教儀禮文書の歷史的研究》（東京：汲古書院，2004），頁480–487。

44 《上清靈寶大法》卷四十二，頁638。

45 金允中雖然有可能見到《靈寶淨明院行遣式》而不予參考，但在《太上靈寶淨明飛仙度人經法》並沒有對傳度細節予以詳細說明的情況下，這種可能性似乎還是較小的。

46 該法見《靈寶淨明院行遣式》，頁341。

47 關於《太上靈寶淨明入道品》與《太上靈寶淨明秘法篇》的關係，參見許蔚：《斷裂與建構》，頁58。

48 《上清靈寶大法》卷四，頁367–368。

49 後者圖中未列出三十二天，但從完全按原樣照搬了《太上靈寶淨明秘法篇》這部分內容的《靈寶無量度人上經大法》卷四十二〈元綱流演品〉來看，原本《太上靈寶淨明秘法篇》以及原本《太上靈寶淨明飛仙度人經法》所收的〈元綱飛步之圖〉應該與《靈寶無量度人上經大法》所見〈元綱流演飛步圖〉一樣（參見表1.3），也是列出三十二天，而與金允中的描述一致的。

50 據《靈寶淨明大法萬道玉章秘訣》所收〈修用假令法式〉介紹，「步三十二天元綱西龜轉輪九色局，步至九萬里，到赤明和陽天，令踏局，令天想炁入口吞丹例。謂如《內解道德經》內甲子屬某府。又看《靈寶大法》，隱語所開圖文屬何甲子，隱語屬是何天，又屬何卦，元綱屬何宿……」（頁533），儘管並沒有提到六十甲子官君，〈六十甲子官君符〉的增入或許仍有一定的依據。

51　《靈寶無量度人上經大法》卷四十二，頁851。

52　同前註，頁851。

53　金允中：《上清靈寶大法》卷四，頁369。

54　同前註，卷七，頁385。

55　《靈寶領教濟度金書》卷二百八十五，《道藏》第8冊，頁513。

56　《太上靈寶淨明洞神上品經》卷上〈天道秘書篇〉，《道藏》第24冊，頁605。

57　《太上靈寶淨明洞神上品經》卷下，頁610；《太上靈寶淨明秘法篇》卷上，《道藏》第10冊，頁539。

58　《靈寶淨明院教師周真公起請畫一》，《道藏》第10冊，頁498。

59　《靈寶無量度人上經大法》卷五十三，頁909–910；《靈寶領教濟度金書》卷一百七十七，《道藏》第7冊，頁766。另外，《靈寶玉鑑》卷二十七收錄〈玉清靈寶普度萬靈咒〉一首，小字注稱作「金闕上帝授許旌陽超度玄祖咒」（頁333），不知與淨明法有無關係。

60　鮑菊隱在介紹醒感戲時提及了王契真《上清靈寶大法》所收〈靈寶淨明解十傷符〉，並指出儘管這些符被說成是出自淨明法，但它們與許遜（淨明法）有關的證據還有待發現，見Judith Magee Boltz, "Exploring the Daoist Canon for Ritual Counterparts to Xinggan Xi (醒感戲)"，載連曉鳴主編：《天台山暨浙江區域道教國際學術研討會論文集》（杭州：浙江古籍出版社，2008），頁467。

61　王契真：《上清靈寶大法》卷四十二，《道藏》第31冊，頁96。

62　《靈寶領教濟度金書》卷二百六十七、二百七十九，《道藏》第8冊，頁326、459。周思得編《上清靈寶濟度大成金書》稱作「十傷符」，見該書卷三十，哈佛大學藏明宣德七年刊本，葉六十一a。

63　《靈寶領教濟度金書》卷六十一，《道藏》第7冊，頁311。

64　《靈寶無量度人上經大法》卷五十三，頁918。

65　《靈寶領教濟度金書》卷二百六十，《道藏》第8冊，頁246。孤魂與橫死、傷亡雖然常常並舉，有時也會混淆，但卻是不同的。橫死、傷亡雖然可以看作是成為孤魂的原因之一，但攝召序列中的孤魂卻是按照社會身份來界定的。有關孤魂成立的討論，參見許蔚：〈孤魂考——道教與中土佛教幽科中一種類型化幽靈的生成〉，載《中華文史論叢》2018年第4期，頁271–308，亦收入許蔚：《道教文學、文獻與儀式：許蔚自選集》（新北：博揚文化事業有限公司，2021），頁217–250。

66 《靈寶領教濟度金書》卷二百六十六，《道藏》第8冊，頁314–317。

67 鮑菊隱即受到這種混編方式的影響，將〈靈寶召二十四類傷亡符〉、〈九天普度院攝召三十六類傷亡〉與〈靈寶淨明解十傷符〉當作同一類符法處理，見 "Exploring the Daoist Canon for Ritual Counterparts to Xinggan Xi (醒感戲)," p. 470.

68 《靈寶無量度人上經大法》卷四十五，頁862；王契真：《上清靈寶大法》卷十三，頁775。

69 清咸豐六年唐文煥抄本，見www.homeinmists.cn第548號文檔。

70 《靈寶淨明院諸師密誥》，《道藏》第10冊，頁525。

71 《太上靈寶淨明秘法篇》卷上，頁540。

72 《靈寶淨明新修九老神印伏魔秘法》，《道藏》第10冊，頁549。

73 《靈寶無量度人上經大法》卷四十五，頁863；王契真：《上清靈寶大法》卷十三，頁775。

74 《靈寶淨明新修九老神印伏魔秘法》，頁548。

75 王契真：《上清靈寶大法》卷十三，頁775。

76 同前註，頁778。

77 《靈寶無量度人上經大法》卷三十九，頁832；王契真：《上清靈寶大法》卷三十九，《道藏》第31冊，頁43。

78 《靈寶無量度人上經大法》卷四十五，頁866–868；王契真：《上清靈寶大法》卷十四，頁787–789。

79 《靈寶無量度人上經大法》卷四十五，頁865；王契真：《上清靈寶大法》卷十三，頁778。

80 《太上靈寶淨明飛仙度人經法》卷一〈說戒具科目章〉，頁558、560。

81 《太上靈寶淨明入道品》，頁524。九祖仙職須奏請判下，例見真師判下周方文九祖六親仙職，見《靈寶淨明院真師密誥》，《道藏》第10冊，頁525。

82 《靈寶無量度人上經大法》卷五十六，頁936。

83 王契真：《上清靈寶大法》卷四十，頁49。

84 同前註，卷五十五，頁208。金允中的有關描述非常簡單，只是說「或取新菱縛龍吏，納其符於草人身中，使負簡文」，見金允中：《上清靈寶大法》卷三十二，頁560。

85 《無上玄元三天玉堂大法》卷十五，《道藏》第4冊，頁46。

86　王契真：《上清靈寶大法》卷五十五，頁214。

87　當然，靈寶法中也並沒有那麼忽略神吏或者童子，《靈寶領教濟度金書》不僅收有〈荽龍驛吏符〉、〈金龍驛吏符〉各一道並咒，還有〈荽龍童子符〉、〈金龍童子符〉各二道(塞於左、右耳)並咒，見該書卷二百七十六，頁432。

88　《靈寶無量度人上經大法》卷六十二，頁962。《靈寶領教濟度金書》卷二百六十在介紹紫英靈書法時，提到劉混康《靈寶大法》用〈靈書中篇〉為左右〈昇天券〉，並評述說「又以荽為亡人之身，衣以生時服色，安於壇席，聽受功德。此亦是一法門。此靈書召攝到亡魂，不拘多少，皆見其形影。荽為人身，不必用也」(《道藏》第8冊，頁253)。雖然沒有提到變煉五臟等事，這一荽草結作的人身，需要著生時服色，並且應與〈昇天券〉配合使用，似乎應與陰尸變煉方法中的荽人有關。而如果以荽草結作人身確實是劉混康所傳，那麼，似乎可以認為至少在北宋末已有此種做法。

89　王契真：《上清靈寶大法》卷五十一，頁169。

90　《上清靈寶大法》卷三十六，頁579。關於召魂與墜幡，參見許蔚：〈《先天斛食濟煉幽科》中的禪宗公案兼談近世道教科儀編撰問題〉，載《宗教學研究》2019年第1期，頁60–67，亦收入許蔚：《道教文學、文獻與儀式：許蔚自選集》，頁251–268。

91　王契真：《上清靈寶大法》卷三十五，頁10。亦見《靈寶玉鑑》卷十，頁213。

92　《靈寶領教濟度金書》卷二百七十七，《道藏》第8冊，頁442。

93　《靈寶無量度人上經大法》卷六十二，頁965。

94　王契真：《上清靈寶大法》卷四十七，頁135。

95　《太上靈寶淨明飛仙度人經法》卷二〈立券章第八〉、〈製券章第九〉，頁566。

96　《無上玄元三天玉堂大法》卷十八，頁63。

97　同前註，頁62。預修籙式見《無上玄元三天玉堂大法》卷二十，頁68。

98　王契真：《上清靈寶大法》卷四十八，頁139。

99　許蔚：《斷裂與建構》，頁39–66。

元代淨明忠孝道法的傳度秘旨及其流出版本： 兼談金蓬頭丹法文獻問題 以及淨明忠孝道法的傳衍與在地化

　　元代劉玉、黃元吉在西山從事降經，其中，「道」的部分，所謂高文大論，全部收錄於《淨明忠孝全書》，為《道藏》所存幾乎唯一的元代淨明忠孝道法文獻。而「法」的部分，諸如《一陽煉度法》、《淨明告斗法》等法術、科儀方面的文獻雖然不在收入《淨明忠孝全書》之例，但劉玉語錄中既透露一陽煉度所用水、火二符的書寫方法以及告斗應設淨明二曜九炁之燈，[1]二者又為朱權所著錄，[2]表明確是淨明忠孝道法所施行與流傳的「可名、可傳之大者」。[3]可惜迄今未見到與二者有關之傳本，難以知道確切的做法。同樣，儘管徐慧曾為弟子保奏《神霄總攝諸雷書》，[4]從名稱來看應屬神霄雷法；但劉玉所傳「先天五雷法」[5]由於缺乏傳本，是否也屬神霄雷法則難以確定。

　　當然，淨明忠孝道法的法術或儀式做法在傳世文獻中也並非全無影跡可尋。趙宜真保存的「度師玉真先生傳」〈淨明法中治瘵療方〉，雖然師授不太明確，卻可以相信應出自淨明忠孝道法。[6]與此類似，《養生秘錄》中保存有〈中黃內旨〉一首，雖是談論內丹升降的文字，卻應為傳度時所授內煉秘旨，鑒於「傳度既畢，即時焚之，勿令汎之」[7]的表述，應是某位弟子所流出。以往的研究根據文中出現的「玉真先生」以及所論中黃等文字與《淨明忠孝全書》中的表述接近，認為該秘旨極有可能出自元代淨明忠孝道法。[8]這一看法儘管應當不誤，卻始終不似治瘵療法那樣有切實的文字證明。所幸在晚近

道壇抄本中發現了相關內容，不僅佐證該首秘旨確屬劉玉淨明忠孝道法，也提供《養生秘錄》本所缺失的內容，可為深入認識該首秘旨的意義及流出補充具體的語境。

第一節　抄本《玄機》概況
暨有關淨明秘旨所處之文本環境

　　抄本《玄機》原件未能見到，所屬地域及道壇亦不明確，僅據如不來室購藏影印件，原為線裝三冊，每冊封面題「玄機卷一／二／三」，原署「某某某記」四字抹去，另署「潘蕃衍」，原款署旁亦見有鈐記，應與內葉所見相同，但就影印件僅知為「□□三□（印？）」，其餘三字均無法識別；第三冊末署「此天秘旨　　文書，非吾法中之士，不可與觀。祖師云：達者墮風刀之拷（考）。是所至囑、至囑。道之極矣。時在民國二十七年（1938）戊寅歲三月立日，尋顯名記」。該抄本書跡醜惡、潦草，漏衍也很多，前後不同內容往往又接續抄寫而不另起分行，很多時候也無標題以作區別。以下按照三冊抄寫順序依次簡介所抄寫之內容，無標題者予以擬題，內容相關者則歸於同題之下。

　　第一冊依次為名詞解釋（〈靈寶大法司五字〉、〈道士二字〉、〈和尚二字〉、〈四恩〉、〈四州〉、〈六根〉、〈三途〉、〈六道〉、〈四生〉）、問答（〈問道士何處〉、〈問道人二字〉、〈問龍從火裏出，何也〉、〈問虎向水中生，何也〉、〈問三花聚頂〉、〈問五炁朝元〉、〈出收也〉、〈問三才，何也〉、〈問玄機竅妙〉、〈問先天一炁，何也〉、〈問太極，何也〉、〈問靈寶二字〉、〈問三十六部尊經〉、〈問上帝坐殿〉、〈五子歸庚〉）、〈靈寶發申奏〉（〈加持存念秘訣〉、〈開科書咒水〉、〈默念變身〉、〈翻身後步罡〉、〈召天／地／水／陽界／城隍土地咒〉、〈法師論出身中事體〉、〈召結雷局咒〉、〈遣發訣〉、〈召將訣〉、〈啟師作用〉、

早午晚三朝、〈五方衛靈秘旨咒訣〉、發爐、復爐)、〈法師拜章〉(下
註同拜章科)、〈合幽醮〉(即連拜章用於幽醮)、〈甘露水秘訣〉、〈召
神虎秘訣〉、〈現形召亡秘訣〉、〈王元帥咒〉、〈敕令咒〉、〈又訣語〉、
〈九宮八卦罡〉、(〈喝煞章〉、〈彭玄璽家開天門咒〉)、宣關、禮師、
衛靈、〈正一要秘訣〉、〈真武變身施食用〉、〈諸各帝諱〉、〈三師召雷
水火合同〉、〈諸天催雷正令〉、〈祖丹元君便宜律令‧祈晴令〉、〈四
時常用帝諱〉、罡(〈順步斗罡〉、〈五雷罡〉、〈陽斗罡〉、〈八卦罡〉、
〈九紫罡(陽道)〉、〈又九紫罡(陰道)〉、〈七星罡〉)、又三朝及發爐
復爐等,末葉抄破獄、甘露符咒。

第二冊接上卷,依次為存三昧真火焚身、九鳳破穢、變神(手
訣、變神咒等)、發爐復爐等、召張使者(存思、咒、訣、罡等)、
〈進表詞章內向存神之法〉、〈又存奏外法〉、雲路圖,末葉抄文王八
卦之圖。

第三冊接上卷,依次為〈存奏罡〉及默朝、〈飛身謁帝〉、〈濟煉秘
訣〉、〈書錄煉度符命〉、〈外煉秘法〉(〈水池濯煉升降法訣〉、〈請甘
露法訣〉、〈度亡設(攝)召秘訣〉、〈召神虎法訣〉、〈五帝全形訣〉、
〈津祭變無礙盤筵法訣〉、〈昇度孤魂訣〉)、〈制三屍神〉、〈制七魄
神〉、〈說八方雷神〉、〈召將結雷局咒訣〉、〈遣將發雷訣〉、〈二十八
宿獸形〉、〈二十八宿姓名〉、〈五帝姓名〉、〈道法內用玄機秘旨〉(〈玄
牝歌〉、〈水火既濟歌〉、〈玄牝一竅之說〉、〈祖炁之說〉、〈三五指南
歌〉、〈三花聚鼎歌〉、〈五炁朝元歌〉、〈一規之中〉、〈淨明道法說〉、
〈無上淨明八極秘旨〉、〈傳教道派〉、〈丹道宗源〉、〈蔣青霞金丹後
序〉、〈瓊真人精語〉)。

第一冊在開始部分抄入百科性質的知識條目後,[9]隨即抄入可以
通用的發奏內容,接下即抄寫幽科的運用,而其變神召將則展現清
微色彩。第二冊抄入使者法的幾種咒、罡內容,但並非使者法的專
門傳本,而是應用於申發呈遞,所附雲路也常見於湘、贛地區的科
儀抄本。第三冊承前冊,繼續抄入煉度的內容,結束後抄入的制三

魂七魄等個人修煉內容以及一些通用的知識多少尚有儀式運用的因素，再次接抄的〈道法內用玄機秘旨〉則完全是個人修煉內容，而該部分標題似乎呼應了三冊封面所題「玄機」二字。總體而言，雖然有一些內容相對集中，但還是比較隨意地裒抄在一起，並沒有明顯的目的和規劃。

另就抄寫者方面來看，〈水池濯煉升降法訣〉抄至「存水煉官君童女吏兵引上亡孤」下文卻為「赴火沼冶煉業垢，形體如故」，中間應漏抄引魂赴水池及存變火沼部分，雖然可能是無心之失，但如果是為實際行科所備的抄本，自然很容易得到糾正，似乎表明抄寫者不太理解抄寫之內容，也不使用該抄本。類似的情況也出現在淨明部分以及最後的〈蔣青霞金丹後序〉。〈無上淨明八極秘旨〉後另有標題〈吾嘗謂歌〉，實際仍屬秘旨，應是抄寫時誤以為是另一篇的標題。蔣序後另有標題〈先師玄牝歌〉，實際仍屬蔣序，同樣也應是抄寫時誤以為是另一篇的標題。而將這兩部分相合，實際也並不完全，僅至「又為女子所發天癸月經、病人瘧疾應時而下，確然不差」而止。這些都表明抄寫者只是機械地抄錄，遇到某歌之類的字眼便以為是標題，並不理解所抄寫之內容。

〈淨明道法說〉、〈無上淨明八極秘旨〉、〈傳教道派〉等有關淨明秘旨的部分屬〈道法內用玄機秘旨〉題下所收錄。該題下諸篇內容相對而言較為相關。

第一篇〈玄牝歌〉包括〈玄牝形象〉、秘字及歌兩首，其中第一首「世人不識真玄牝，不在心肝脾肺腎。認得當初受炁初，莫不天機都漏盡」脫胎自〈純陽呂真人玄牝歌〉末四句。[10]

第二篇〈水火既濟歌〉包括坎離圖像及歌兩首，其中第二首「拆開紅蓮未採心，兩腎中間一點明。離宮真火母之血，坎宮真水父之精」，實際上仍是講玄牝，其「兩腎中間一點明」同樣見於〈純陽呂真人玄牝歌〉。[11]而接下即〈玄牝一竅之說〉解說玄牝一竅位置、形象、上下丹田等；後段論及先後天之炁，並引用「祖師紫陽」之說；末後

談到行持此炁，煉將、書符萬無一失，並説「清微用雷，至玄至妙也」。

　　第三篇〈祖炁之説〉即接著介紹父母真炁初生左腎，是為祖炁，以次生五臟六腑，與五行庚子相配，次第運行行持黑中取精、赤中取髓以及五行顛倒之法，末後結以歌詩三首，其中「震龍出離鄉，兑虎鉛生自坎居方。二物總因兒產母，五行全要入宮中」、「赤龍赤虎各西東，四象交加戊己宮，伏垢自茲能運用，金母（丹）誰道不成功」出自《悟真篇》，[12]「五行顛倒術，龍從火裏出。不（五）行一不順，虎向水土（中）生」出自〈太白真人破迷歌〉，[13]而均有不同程度的訛誤脱衍。

　　第四篇〈三五指南歌〉包括歌詩一首、煉精化炁取坎填離圖、註解兩段。其中，歌詩「三五一都三個字，右（古）今明者實然稀。東三南二同成五，北一西方四共知。戊己掘來生數五，三家相見結嬰兒」出自《悟真篇》而有訛誤，並缺末聯。[14]註解第一段除中間和最後添改數句外，大體出自大德三年（1299）李道純所作〈三五一指南圖局説〉。[15]註解第二段可分為三個部分，依次見於《中和集》所收〈問答語錄〉。第一部分「三元五行」至「則成聖胎矣」，出自〈潔庵瓊蟾子程安道問三教一貫之道〉中李道純答三五一；[16]第二部分「木與火同源」至「此乃為（謂）之三花聚頂」，出自〈趙定庵問答〉中李道純答趙定庵問異名；[17]第三部分「身不動，精固，水朝元」至「此乃為（謂）之五炁也」，出自〈金丹問答〉中李道純答五氣朝元。[18]

　　第五篇〈三花聚鼎歌〉包括圖像及歌二首，其中第一首「精養靈根氣養神，此中三（真真）外更無真。神仙不肯分明説，誤了閻浮多少人」脱胎於傳呂洞賓丹詩。[19]

　　第六篇〈五炁朝元歌〉包括五炁朝元圖、雷法圖及歌三首。五炁朝元圖係以五臟配四季、干支及呼吸法。雷法圖係兩幅墨填人形，類似通常所見的雷法將帥真形，並有文字說明「意到處是法，我去的是將」。

第七篇〈一規之中〉包括圖像及歌二首。第一首「視之不可見其形，及至呼之則有應。莫道此聲無答應，若還無答有何聲」，脱胎自張伯端〈性地頌〉。[20] 第二首「真人潛深淵，精滾滾而運轉，氕默默而徘徊。浮游守規中，神混混而往來，心誠誠而不動」，係從《周易參同契》「真人潛深淵，浮游守規中」一句演化而來。

第十一篇〈丹道宗源〉包括圖像及歌一首。歌作「些兒靈怪些兒法，無限神仙口不開。非是金丹客，誰參造化機。有人能會此，名曰上天梯」。

第十二篇〈蔣青霞金丹後序〉如前所述，所抄並不完整，文字則見於〈碧虛子親傳直指〉、《諸真內丹集要》卷下〈青霞真人內用秘文〉，亦見於《養生秘錄》，即〈青霞翁丹經直指〉。

第十三篇〈瓊真人精語〉講述丹道修持，提到住念、住氕、住神、住形等，也提到〈修丹口訣〉及陳泥丸上品丹法云云。

由上可知，有關淨明秘旨的部分，本身是作為丹道修煉的一部分與其他諸説抄錄在一起的。前抄諸篇主要圍繞玄牝、祖氕及行持方面，在「一規之中」後接下便抄入〈淨明道法説〉、〈無上淨明八極秘旨〉等，介紹中黃八極即玄關一竅、即先天一氕云云，可見在抄撰時遵從一定的內容聯繫和次第安排。之後的數篇似乎是為結束此部分內容所作安排，特別是最後一部分似乎應是正式內容抄完後的補充抄寫。

第二節　抄本所見有關淨明秘旨內容及其可靠性問題

抄本所見〈淨明道法説〉、〈無上淨明八極秘旨〉、〈傳教道派〉與淨明有關。

　　〈淨明道法說〉見於《淨明忠孝全書》，除文字有訛脫外，僅末署
「淨明法士、天法天師、洞真先生故 (胡) 拔俗還 (述)」與《淨明忠孝
全書》署「胡拔俗述」稍有不同。所謂「淨明法士、天法天師」應有訛
誤，《淨明忠孝全書》所收傳記僅稱天師胡慧超為「淨明法師」，據後
抄〈傳教道派〉則應為「淨明法師、大法天師」。

　　〈無上淨明八極秘旨〉除標題、款署外，包括三部分內容。

　　開頭處，其標題數字係緊接「胡拔俗述」書寫，然後空格、鈐
印，再抄寫「法師玉真劉先生字頤真」，似乎是抄寫者一氣抄下來，
認為「無上淨明八極秘旨」並非標題，而上屬〈淨明道法說〉了。

　　劉玉款署下空一格，自「淨明中黃大道，口傳心授，不立文字」
至「受道之後，勤而行之」為第一部分內容，見於《養生秘錄》，即〈中
黃內旨〉。二者文字互有差異。抄本此部分除抄寫中出現訛衍錯漏
外，也保存部分有價值的異文以及〈中黃內旨〉訛脫的內容。其中，
如「淨明中黃大道」，「淨明」二字〈中黃內旨〉作「無極」。據〈淨明法
說〉「無極者，淨明之謂也」，[21]可知「無極」就是「淨明」。另如「大中
至正之道，千聖不傳之秘」，可與劉玉所說「淨明大教，大中至正之
學也」[22]相印證，較〈中黃內旨〉的「所謂至聖之道，秘之秘之」更能體
現淨明忠孝道法的意旨。類似的情況，還有「玉真先生」明確為劉玉
真，「洞真先生」明確為胡洞真等，無不明確標示出該秘旨屬於元代
淨明忠孝道法。

　　值得注意的是，在引錄洞真先生言之前，〈中黃內旨〉有「三茅真
君云：精養於氣，氣會於神，精神不散，是曰修真。子不離母，母
不離子，子母持守，長生不死」，完全不見於抄本。與「天地之間，
其猶橐籥乎」及「臍、腎之上三寸六分」等應屬抄寫訛脫不同，此段
三茅真君言本身與上下文似乎並無關係，不排除是《養生秘錄》收錄
〈中黃內旨〉時所竄入，也就是說抄本所反映的祖本很可能也是沒有
這段文字的。實際上，《養生秘錄》在〈中黃內旨〉這一標題之下，還
錄有一大段以「玉谿真人云」引起的文字。[23]就其內容而言，明顯不屬

於〈中黃內旨〉，倒是與該書卷首收錄的《玉溪子丹房語錄》等有關。如果不是刊入《道藏》時失落了該段文字的標題，或者僅僅只是接續抄寫在〈中黃內旨〉之後而未予標題的話，就應當是誤置於〈中黃內旨〉題下的。此外，又如「中言其位，黃言其色」，[24]〈中黃內旨〉作「中言其色」，脫「言其位黃」四字，也表明抄本所反映的祖本此句是無誤的。根據以上文本差異，可以確信抄本中的這一秘旨內容並非根據現代學術研究意見，利用《道藏》所存〈中黃內旨〉增添偽造而成。

第二部分內容，包括自述文字一段、題為「中黃內旨」的丹詩一首及丹圖五種。其中，自述文字為「志玄幼親道去，累參師友，然而根器有利鈍，識見有淺深，不可推一之律，在有鼻孔者自薦取。志玄是以三世宿緣，觧（解？）中黃先生之門，授以《淨明忠孝之書》、〈中央（黃）八極之秘〉，參之諸法，此謂上乘。故經云：無文不立，無文不成，無文不度，無文不生，不可離此，然後如是。有体，必有用處。道如何是用？一燈不滅千燈，萬法源茫一法生。時教門高士、澄虛湛寂洞照法、賜紫、嗣教淨明選士、明真法師劉天素頓首，九拜，熏香，即（謹）書」。

中黃先生即黃元吉。《淨明忠孝之書》即劉玉所編，為《淨明忠孝全書》最初的名字。[25]劉天素本為全真道士，「志玄」可能是他的法名。他曾與謝西蟾編《全真正宗仙源像傳》，在諸真詔書後有泰定元年識語，說他「頃年」隨侍孫德彧於京師大長春宮，並署「賜紫、教門高士、澄虛湛寂洞照法師」，[26]結銜與抄本所見一致。另據虞集〈紫山全真長春觀記〉，劉天素在住持紫山長春觀之前，「聞許旌陽淨明之旨於西山劉玉真先生，與金說（脫）契，居豫章五靈道院」，[27]確實是淨明忠孝道法的傳人。抄本結銜中所謂「嗣教淨明選士、明真法師」與他曾入淨明之門一致。不過，與虞集所述不同，他自稱從黃元吉受道，而非從劉玉受學。實際上，劉玉早在至大元年（1308）二月就已去世了。[28]而黃元吉至治三年（1323）遊京師，泰定元年由三十九代天師張嗣成保舉，制授「淨明崇德弘道法師、教門高士、玉隆萬壽宮焚修提

表2.1 〈無上淨明八極秘旨〉與〈中黃內旨〉文本對照

〈無上淨明八極秘旨〉	《養生秘錄》所收〈中黃內旨〉
法師玉真劉先生字頤真：淨明中黃大道，口傳心授，不立文字。吾今兹(慈)憫初根之士一時聞知，不能記憶，故設為此善巧行方便，今(令)被(彼)而(入)耳注心，眼觀神領。傳度既畢，登時焚之。	玉真先生云：無極中黃大道，本是口傳心授，不立文字。吾今慈憫初生之士一時聞之，不能記憶，故設為此善巧方便，令彼入耳注心，眼觀神領。傳度既畢，即時焚之，勿令汎之。
夫天有九宮，地有九州，人有九竅。天有中黃，為太陽；地有中黃，為太陰；天(人)有中黃，丹局(局)，俱為之中黃八極。中言其位，黃言其色。故為之中黃八極者，是八方，等底處又只中宮，即黃廷(庭)，即玄牝，即先天一炁，即玄關一竅，即止善之所，即黃炁之道，即允執厥中。在五行，謂之土；在五臟，謂之脾；在五常，謂之性(信)。若三氣、五神、火候、呼吸，盡在是矣。行住坐臥，背(皆)守一，不可須臾離也。不廢人事，但當正心處物，常應常靜，吾祖師所謂「多言數究(窮)，不如守中」。又言「三十輻共一轂」。輻者，脇肋。轂者，中局(局)也。吸，則腎炁上昇，遇土則止。呵，則心火下降，遇土則息。此即謂水火既濟成煉大丹。若能守一，則法無不靈。吾嘗謂歌「道法靈，須有守中局(局)」。夫中者，理，上不(下)得四隅，不乖不偏之謂也。天處地八萬四千里，人之心腎即一身天地，相處八寸四分。以中指節紋為則，臍上起，鳩尾骨住，即八寸四分。今言臍者，蓋與腎相對故也。心之下除三寸六分，中間所除一寸二分為黃庭，守一之所。大中至正之道，千聖不傳之秘。	內旨曰：夫天有九宮，地有九州，人有九竅。天有中黃，為太陽；地有中黃，為太陰；人有中黃，為丹局，俱名為中黃八極。中言其色。故謂中黃八極者，是八方總會，要處又只是中宮，即黃庭，即玄牝，即先天一氣，即玄關一竅，即至善之所，即黃極之道，即允執厥中。在五行，謂之土；在五臟，謂之脾；在五常，謂之信。藥物、三氣、五神、火候、呼吸，盡在是矣。行住坐臥，皆當注念，不可須臾離也。不廢人事，但當正心處物，常應常靜，吾祖師所謂「多言數窮，不如守中」。又言「三十輻共一轂」。輻者，脇肋。轂者，中局也。又言「天地之間，其猶橐籥乎」，乃呼吸之謂也。呼，則腎氣昇，得土則止。吸，則心液降，逢土則息。即此謂水火鍛煉而成大丹。若能存守，則法無不靈。吾常謂「若要道法靈，須是守中局」。中者，理，得上下四隅，不偏不倚之謂也。天地相去八萬四千里，人之心腎即一身之天地，相去八寸四分。以中指節文為則，自臍上至鳩尾骨尖，只有八寸四分。今云臍者，蓋與腎對也。故心之下去三寸六分，臍、腎之上三寸六分。惟中間一寸二分為黃庭，主我身命。所謂至聖之道，秘之秘之。
法師洞中(真)胡先生：謹守謹守，莫言莫言，自然自然，玄之又玄。聞道之士，皆十生慶乖，宿有善緣，或資談唉(笑)，漏泄於人，即有不測之禍、蔓延之災。受道之後，勤而行之。	三茅真君云：精養於氣，氣會於神，精神不散，是曰修真。子不離母，母不離子，子母持守，長生不死。洞真先生云：謹守謹守，莫言莫言，自然自然，玄之又玄。聞道之士，皆千生幸慶，宿有仙緣，或資談笑，漏泄於人，有不測之禍、蔓延之災。受授之後，勤而行之。

點」，泰定二年解化於京師。[29] 在時間、地點上來看，劉天素似乎不太可能與劉玉有直接的師授關係，倒是與黃元吉確有交集。而黃元吉京師之行，攜有《淨明忠孝之書》，劉天素應當就是在此時從他受傳《淨明忠孝之書》、〈中黃八極之秘〉的。而虞集所謂聞道於劉玉真應該只是概略而言，其細節上的出入，恰恰說明此段自述並非按照現代學術研究意見所提示的史料拼合偽作而成。由上可知，此段自述儘管出自年代頗為晚近的民國抄本，但可以認定確係元人文字。

劉天素自稱從黃元吉受傳的〈中黃八極之秘〉，應當就是前述第一部分劉玉所述秘旨，也即〈無上淨明八極秘旨〉。許宗聖提到劉玉「有〈玉真語錄〉、〈淨明秘旨〉，凡一百三十七品」。[30] 〈淨明秘旨〉過去並不知道是何書，[31] 現在看來，很可能就是〈中黃八極之秘〉，即〈無上淨明八極秘旨〉，也就是《養生秘錄》所收〈中黃內旨〉。至於《淨明忠孝之書》，其內容則很明確僅有許遜、胡慧超、郭璞等三位仙真所降五篇高文大論。[32] 抄本雖然沒有完整收錄這五篇，但仍抄錄了胡慧超所降〈淨明道法說〉。其他幾篇則可能是在流傳過程中失落了，也可能是傳寫過程中有所選擇而被刪去。無論如何，在〈無上淨明八極秘旨〉前抄錄〈淨明道法說〉，與劉天素自述是相應的，一定程度上應當保持了劉天素抄寫時的內容次第。

接下抄寫的以「中黃內旨」為名的丹詩為「一竅生三關，三關本一關。散之生萬象，將歸入毫端。受炁生身處（初），玄珠一顆圓。不在東西位，中宮是炁元」。丹詩所述與前述秘旨並無不同，詩中所謂「中宮」當然也就是指「中黃」，但除此之外，卻沒有採用前述秘旨中帶有淨明忠孝道法印記的特有表達，因而，是否屬於秘旨所原有內容，難以決斷。不過，丹詩題名「中黃內旨」，與《養生秘錄》所收秘旨之標題相同。不論《養生秘錄》是保持了該秘旨的原有標題，還是屬流出之後的誤題，此種巧合都表明該秘旨原來很可能確實含有以「中黃內旨」為題的某些內容。而此後的五種丹圖，或許就應歸於「中黃內旨」題下。前三種係對中黃八極論述的圖像化展示，並且採

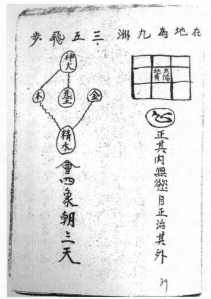
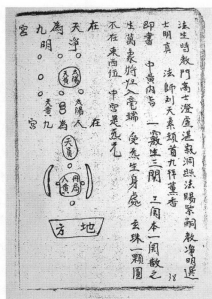

圖 2.1　劉天素款署及丹圖。

用「淨明」、「在天為九宮」、「天黃太陽」、「在人為九宮（竅）」、「人
黃丹局（局）」、「在地為九洲（州）」、「地黃太陽（陰）」等特有表達；
第四種「正其內」、「無慾自正」、「治其外」見於前抄〈淨明道法説〉，
即淨明忠孝道法所主張的「正一斬邪」之法；第五種「會四象，朝三
天」同樣見於〈淨明道法説〉，即淨明忠孝道法所主張的「三五飛步」
之術。[33] 應當説，不論這幾種丹圖是否屬於秘旨原有內容，其所表達
的意義都與秘旨是一致的。

　　第三部分為雷法歌訣及秘字。首先是「兩目對兩腎，看取寸分
端。忽然一聲響，精炁透泥丸。仍復丹田養，如蜜更清涼。若人會
此書，迤邐入仙鄉」，見於《道法會元》所收署薩守堅述的〈內天罡訣
法〉。[34] 其次「鴛鴦繡出從中看，不把金針度與人」，應脱胎自使者法
〈內運詩括〉的末聯，見於署汪集靈傳授的《雷霆六乙天喜使者祈禱大
法》。[35] 接下的詡、⊗、䶵、䲰等四個秘字，除⊗外，也見於使者法

傳本，為代表祖炁的兩個秘字。[36]此後的「任是黑炁翻大海，行船只在把稍人」為道壇雷法抄本所常見，也見於《先天雷晶隱書》所收〈諸師口號〉，[37]後者是糅合使者法與斗姆法的混合文本。「元神只捧一封信，一道毫光照太虛。逕達玉皇金闕處，玄恩星火下天來」一首則脫胎自張虛靖〈神可通天〉，[38]趙宜真、劉淵然也曾用以解說飛神奏章。[39]最後的「西華真人留妙訣，南衡魏氏教修行。我師上相親分付，萬兩黃金莫亂傳」則是自述道法源流。南衡魏氏比較明確，是指魏華存，是清微法的祖師之一。鑒於〈道法內用玄機秘旨〉第二篇也提到「清微用雷」，那麼，西華真人可能是指西華諶姆，而上相則可能是指許遜，也就是呈現了一個清微法祖師譜系。[40]這個譜系雖然糅合了南宋淨明法的仙真，而南宋淨明法、元代淨明忠孝道法也都據稱傳有雷法，但整體而言，此部分雷法內容似乎並不屬於劉天素所抄寫淨明秘旨的原有內容。當然，並不排除是劉天素以下的某位淨明忠孝道法傳人所揉入的在地認知（詳後）。

〈傳教道派〉為師派名單，依次為「無上淨明靈寶天尊。無上淨明始祖元始天尊。無上淨明道德天尊。無上淨明祖師太陽上帝。淨明祖師太陰星君。淨明經師、洪崔（崖）山伯、隱真先生張氳。淨明道師、九州都仙太史、高明大使、玉真教主許遜。淨明法師、大法天師、洞真先生胡拔俗。淨明八佰師玉真劉王（玉）先生，頤真。淨明忠孝弘教主士黃元吉，中黃。淨明巽士、忠孝明法師劉志玄，天素。淨明仙官巢雲羅真人，諱元中。淨明忠孝仙卿黃嗣吉」。名單列至劉天素以下羅元中、黃嗣吉二人。劉玉、黃元吉既有傳記保存於《淨明忠孝全書》，當然是前此研究所熟知的人物。他們之後重要的弟子也大抵列名書中。而劉天素並不像陳天和、徐慧那樣是淨明忠孝道法傳承中的重要人物，既未列名《淨明忠孝全書》，在此前研究中本屬偶然提及，而他之後的二人更不見經傳，似乎沒有偽造的必要。結合前述內容而言，這個名單應該是可靠的。

　　就名單本身而言，列入三清，並冠以「無上淨明」，雖不見於《淨明忠孝全書》，卻是可以理解的「道教化」做法。太陽上帝、太陰星君即《淨明忠孝全書》中提到的祖師日、月二帝君。張氳、許遜、胡慧超被尊為淨明忠孝道法的經師、道師、法師，同樣見於《淨明忠孝全書》。不過，名單中並未列入淨明忠孝道法所尊奉的監度師郭璞。而《淨明忠孝全書》中雖未見到劉玉有「淨明八佰師」之稱，但許宗聖確實提到胡慧超告訴劉玉，他將成為八百弟子之師。[41]黃元吉被稱作「淨明忠孝弘教主士」，也不見於《淨明忠孝全書》。所謂「主士」，不知何意。「弘教」則可能與黃元吉所受「淨明崇德弘道」之賜號有關。劉天素結銜作「淨明巽士、忠孝明法師」，根據黃元吉的情況以及前抄自述，似乎應是「淨明忠孝選士、明真法師」。「選士」可能是應選之士的意思，表明是應八百地仙之選。那麼，黃元吉的所謂「主士」，可能是次於八佰之師的劉玉，而為八百選士之主。至於「明真法師」的「明真」，既不見於劉天素所受賜號，則可能類似「玉真」、「隱真」、「洞真」，是淨明忠孝道法中為弟子所定法名。

　　清初編《正一天壇玉格》收錄〈淨明忠孝品格〉，規定淨明初真職為「太上淨明靈寶忠孝○真弟子」，參用六十四真法名，此外又有「太上淨明忠孝學仙童子」、「太上淨明靈寶符藥典者」、「太上淨明靈寶符水典者」等，並說六十四字中「除玉、洞、隱三字不許用外，入童子、典者，共通六十四數。仙真之選，皆以計階，玄靈之任，不可苟得。品有高下，職任有要重，各有攸司，戒其紊亂。登此選者，必先受籙，以領仙品，猶世之階官也。次即受法補職，尤世之分職也。非宿有芳馨之骨，難遇此選。有得遇者，能立功，無過，加以修煉，必為真人，或身經太陰，亦無淪沒之苦矣」。[42]此品格本身成立的年代不明，其所規定的初真職既不見於南宋淨明法文獻，又與《淨明忠孝全書》所見陳天和、徐慧所署「淨明法子」不同，並且也與抄本名單及劉天素自述所呈現的做法不同，很有可能是明清之際的淨明運動特別是青雲譜朱道朗等人的續派有關。不過，此品格強

調「玉、洞、隱三字不許用」，三字既見於抄本名單所列張氳、胡慧超、劉玉三人，實際上也是劉玉次第建立的壇靖所用名，[43]似乎還是殘有一點元代淨明忠孝道法的影跡。因此，不排除「明真」確實是元代淨明忠孝道法所採用法名的可能。

至於羅元中、黃嗣吉，目前未檢得事跡，如果抄本沒有遺漏，則二人即是劉天素以下兩代，可能是元明之際的人物。羅元中的「淨明仙官」銜，依照黃嗣吉「淨明忠孝仙卿」來看，似乎應為「淨明忠孝仙官」。而這兩個職銜也不見於清初的〈淨明忠孝品格〉，如果確係元代或者明初淨明忠孝道法所用，也說明〈淨明忠孝品格〉確屬晚出新構。

當然，也必須指出的是，無論是劉玉、黃元吉，還是劉天素、羅元中、黃嗣吉，儘管其有關結銜似乎沒有偽造的必要，很可能保持了元代行用的原貌，由於並不見《淨明忠孝全書》以及其他元明時代的有關文獻，甚至也不為清初的《正一天壇玉格》所採納，不排除出自劉天素以下傳派的構擬與追加，因而也就難以發生普遍性或者持久性的影響，從而被同時代的淨明忠孝道法傳派以及以後的淨明運動所記錄。

第三節　劉天素與金蓬頭脫契而改宗淨明史事測兼談金蓬頭丹法文獻問題

如前所舉，虞集元統乙亥（1335）春所作〈紫山全真長春觀記〉提到劉天素聞淨明之旨於劉玉，遂與金蓬頭脫契。此前的研究據此認為劉天素改師劉玉。[44]此點據前舉劉天素自述及師派名單，可知大體不誤，但實際上應是師事黃元吉，其時則可能在至治三年至泰定二年間。

根據劉天素所提供的資料，皇慶初（1312），撫州宜黃邑人鄒廷佐在縣治西紫山建觀，請金蓬頭、王道行居之。過了一年多，金蓬頭前往龍虎山先天觀後石崖隱居，而王道行也離開了。劉天素說

金蓬頭住龍虎山近二十年後，前往武夷山。其時，據張宇初所述，則在元統癸酉（1333）。[45]那麼，金蓬頭離開宜黃似乎應在皇慶二年（1313）或者延祐元年（1314）。張宇初說金蓬頭離開紫山長春觀時，命其徒劉志玄（即劉天素）主觀事，[46]應屬誤會。該道觀至延祐元年纔由三十八代天師張與材命名為長春道院。其時，金蓬頭或許已經離開。而他離開之後，繼主觀者為劉道源、谷源佷。到谷源佷去世後，鄒氏纔從豫章五靈道院禮請劉天素來此住持。[47]其時，可能就在劉天素托人請虞集作記的元統乙亥春，或者之前的一兩年間，也就是約在金蓬頭離開二十年後。

在這二十年間，劉天素顯然並不都隨侍在金蓬頭身邊，除曾在京師大長春宮侍奉孫德彧（可能在此時獲得賜號）外，在從黃元吉受淨明忠孝道法之後，更與金蓬頭脫離師弟關係，住於豫章五靈道院，其時據《金蓮正宗仙源像傳》卷首泰定三年（1326）陽至日劉天素自序署「廬山清溪道士」來看，似乎不早於泰定三年夏，可能在三十九代天師作序的泰定四年（1327）春或者次年即天曆元年（1328）及以後。[48]

但是，在他最終答應來紫山長春觀住持後，雖然並不諱言與金蓬頭脫契之事，卻仍是以金蓬頭弟子身份為標榜，並且也不以淨明嗣派自居，而是以全真派下自居。所以張宇初〈金野菴傳〉，以及《歷世真仙體道通鑑續編》所收明人增補的〈金蓬頭〉，都還是將他列入金蓬頭弟子之列。當然，劉天素向虞集提供的這種說法，只是一種公開的表態，不排除是因應紫山長春觀本身的淵源及歸屬而做出的妥協，或許並不影響他傳承淨明忠孝道法的法脈，如〈傳教道派〉顯示的那樣。儘管目前無法認定劉天素以下羅、黃二位究竟是出自豫章五靈道院法脈，還是紫山長春觀法脈。

令人疑惑的是，鄉儒劉玉從事降真能夠吸引玉隆萬壽宮道士黃元吉加入，可以認為是仙真降臨有著莫大的吸引力，可是，何以在降真之事淡去數十年後，還能令劉天素與當時著名的丹師金蓬頭脫

契而改宗淨明呢？劉天素與黃元吉如何交往，如何願意入淨明忠孝之門，而接受傳度，限於史料不得而知。僅就劉天素自述來看，儘管他説自己資質駑鈍，但也曾累參老師，並且確實曾是著名丹師金蓬頭的弟子，應當説即便他説的是實話，對修煉確未能有切實體會，至少對丹道修煉的知識也應是比較熟悉的。他認為淨明忠孝道法「參之諸法，此謂上乘」。那麼，或許丹法上的體認是打動他與金蓬頭脱契的原因所在。

就〈無上淨明八極秘旨〉來看，強調修煉關鍵在於中宮黃庭，並且明確指示其位置。此點當然是眾多丹説所共同關心的核心問題。對於金蓬頭弟子劉天素來説，這如果是「上乘」之法，是否表明他並未從金蓬頭獲得秘訣，或者覺得金蓬頭所授並非「上乘」呢？就丹師的師弟傳習來説，長期跟隨的弟子確實未必能夠得傳口訣，更何況劉天素還長期在外，並不隨侍在側。當然，也可能如他自己所説，他對所受丹訣未能體會。無論是哪種情況，金蓬頭所傳丹法究竟為何種樣貌，對於考慮劉天素改宗問題都是至關重要的。

很可惜，《道藏》內似未能見到金蓬頭丹法相關著述。[49]不過，《道藏》外，據《中國古籍善本書目》著錄，則有署《金蓬頭口授金丹秘旨》一種，見收明抄本《真仙上乘》。[50]該抄本見藏北京中國國家圖書館，現存五冊，原書諸冊封面均貼題籤，並簡略列有各冊所收書名，但均未編列序號。《中國古籍善本書目》按冊著錄子目，但其著錄順序則不知根據何在，實際上也不正確。

據《中國古籍善本書目》著錄順序的第三冊卷首所抄寫〈內丹書目〉，依次為「《道德經》、《黃庭經內外景》、《內觀經》、《玉函秘書十種》、《超凡入聖九還七返金液還丹秘訣》、《玉清金笥青華秘文》、《金蓬頭口授金丹秘旨》、《太上玄元心印鏡》、《煙蘿子體殼歌》、《紫團真人丹經》、《金丹上乘龍虎交並返還口訣》、《朱陵洞天青霞蔣真人秘訣》」。

而該冊所抄則有《太上老君説常清靜經》、《上清黃庭內景經》、《太上黃庭外景經》、《太上玉函玄秘群書》、[51]《太上玄秘玉華靈書》(題下注「修識上經」)、《太上老君內觀經》、《太上洞玄靈寶定觀經》、《玉函玄秘太上隱書》(題下注「修識下經」)、《石室玉函秘藏太上玄鏡》(題下注「修養經」)、《石室玉函秘藏上清玄格》(題下注「修補上經」)。

《中國古籍善本書目》著錄的第四冊，抄寫內容依次為《太上玉函玄秘三清真錄》(題下注「修真中經」)、《太上玉函玄秘中黃秘訣》(題下注「修真下經」)、《石室玉函玄秘西山群仙會真篇》(題下注「修煉上經」)、《石室玉函秘藏西山真人通玄記》(題下注「修煉下經」)、《超凡入聖九還七返金液還丹秘訣》、《超凡入聖九還七返金液還丹秘訣論》、[52]《金丹秘訣》、《玉清金筍青華秘文》(上)。

《中國古籍善本書目》著錄的第二冊，抄寫內容依次為《玉清金筍青華秘文》(中、下)、《金蓬頭口授金丹秘旨》、《太上元玄心印鏡》。

《中國古籍善本書目》著錄的第五冊，抄寫內容依次為《煙籮子體殼歌》、《紫團真人丹經》、《玄武贊》、《金丹上乘龍虎交並返還口訣》、《朱陵洞天青霞蔣真人金丹口訣》、[53]《海蟾門人為遇率然居士於朱陵洞天傳河南真人金丹下手訣》。

由上可知，這四冊內容雖然與〈內丹書目〉有些細節上的差異以及個別經典的出入，但基本上可知應是按照該目依次抄寫或者裝池的。另外，《中國古籍善本書目》著錄的第一冊，[54]所抄寫內容不見於〈內丹書目〉，不知原本應列為首冊還是末冊。

至於抄寫時間，《中國古籍善本書目》著錄的第四冊，在《石室玉函秘藏西山真人通玄記》末，尾題前，有識語「永樂庚子(1420)七月朔日，余高伯祖倥侗公于金陵旅舍偶遇白雲道人，以倥侗公神清氣爽，似有山間林下之風，因授此書十冊二十五篇。相傳其師月鼎翁之秘訣也。得此，可以長生，幸勿輕示與人。萬曆五年九月望日重錄之於養心齋。文川居士誌」。這一時間較《太上洞玄靈寶定觀經》

後識語「萬曆五年十月」晚了十數日，表明文川居士重抄該書時並不一定按照原來的順序，而且裝池時也可能發生一些意外，導致內容次第與〈內丹書目〉之間存在差異。不過，文川居士所據抄寫的底本原為十冊二十五篇，重抄後裝為五冊，所收篇數大體相同，應該說，即便有一些篇目上的改換與錯置，其內容應大體保持了其高伯祖永樂十八年所得白雲道人本的樣貌。

關於抄本內容的改變與錯置，除前述各冊的一些細節外，《紫團真人丹經》的文本問題，因與《金蓬頭口授金丹秘旨》的文本問題存在關聯性，需要先行說明。《紫團真人丹經》即《道藏》所收《紫團丹經》，內容也一致，包括《紫團真人丹經》、《偃月玄金篇》兩書。抄本此部分錯亂較多。《紫團真人丹經》的〈金丹秘訣〉一段，抄本在「西蜀蘆庵子郁守二（一）煉養秘方」後竄入「真汞，其已性」以至「道不遠矣」，實際上應屬《偃月玄金篇》中〈神室煉養金丹第一〉文字；而該段之後，抄本即接抄原屬《偃月玄金篇》的〈採紅雪煉陽丹第二〉，但抄至「曰赤水，曰絳氣」又竄入「上古神仙已尊根本，敬受而寶之」以至「紫團真人令傳二十八代」，實即〈金丹秘訣〉的後半部分文字。抄本接抄〈古仙秘方〉以至終卷，尾題「偃月玄金篇序」，但接下卻插入一個整葉的圖像，即〈仙師鑄劍圖〉、〈無弦琴圖〉等。兩圖不見於《道藏》本，但同樣的〈仙師鑄劍圖〉、〈無弦琴圖〉，又見於之後的〈金丹上乘龍虎交並返還口訣〉，並有相應的口訣及說明，可知應屬誤抄誤置。而《偃月玄金篇》在序後依次抄寫〈神室煉養金丹第一〉、〈採取陰陽真丹第三〉等至終篇，未再抄寫〈採紅雪煉陽丹第二〉，尾題則作「紫團真人丹經終」。

《金蓬頭口授金丹秘旨》題下抄錄的內容可以分為三個部分。第一部分，即該題下的首三段，包括「凡修丹，先入丹室靜坐」云云、〈第一還精〉、〈第二〉「或於靜室中」云云，講述內丹修煉。第二部分，則為〈先天首經大藥〉、〈刀圭〉、〈金液還丹〉、〈真乙酉〉、〈玉液還丹〉、〈火候〉等數段遞次相關的文字，係以女性為鼎器的房中採取

之術。第三部分為〈訣曰〉、〈大洞金章〉兩節，就字面上看，似與內丹修煉有關，但也不排除屬於房中採取。姑且不論這三部分是否存在文本問題，僅就金蓬頭傳記所見隱修事跡來看，似乎既無師承，也無條件修習採取之術，也就是說，其口授丹訣中出現此種內容似乎可能性不大。

當然，相關內容畢竟是抄寫在《金蓬頭口授金丹秘旨》題下的，直接否定未免武斷。就文本上來看，第一部分〈第二〉後原本應仍有文字，但接續抄寫的卻是第二部分，無論從語義的連貫還是文章的結構上來看，確實顯得很突兀。而第二部分涉及諸多指稱性器官及器具的專有名詞，如鶴翔劍、飛靈劍、玉柱管、無弦琴等，大體上也都見於前舉《金丹上乘龍虎交並返還口訣》。儘管行文頗為直敘，與《金丹上乘龍虎交並返還口訣》引用眾多丹詩，虛與委蛇的風格顯然不同，無法直接認定其與後者屬同篇，但至少應可認為是與後者關聯性非常強的文獻。也就是說，第二部分的房中採取之術，極可能是誤置於《金蓬頭口授金丹秘旨》題下的。

與此相關，第一部分第三段〈第二〉似乎也存在文本上的錯亂。依照內容，〈第二〉可分為①「或於靜室中，行住坐臥之間，覺頂門太虛中有一點靈光如明星之狀，常常不離我身，舉頭便見，意動即有。張紫陽云：真精既返黃庭內，一顆明珠永不離。正謂此也。最要認得明，點得熟。及至眼光落地，四大分離之時，一靈性真性恍恍朗朗。只此一點，是我真性，何曾朽滅？此是末後一着。下功之日，了卻前項數事，自然虛空生白。炁聚於中宮，結成混沌丹頭，兩腎如湯煎膀胱，似火熱，此丹熟之驗也。無名子曰：精炁神，一身之大本也」與②「然乃後天至陰之物。不得先天真一陽丹，點製自己陰汞，安能凝結以成變化？卻取坎三中一點真一純陽之丹，點自己離三中陰汞。《悟真篇》云：取將坎位中心寶，點化離宮腹內陰。從此變成乾健體，潛藏躍飛總由心。離，外火內水。坎，外水內陽。取外陽以點內陰，即成純陽，號曰火丹。而結此北海之中，以

法取陰汞，立作純陽之體。所以一得永得，聚而不散，指日成功，此名天仙之道也」。

①很明確是講身中修煉之事，所謂「汞聚於中宮，結成混沌丹頭」，也與第一部分第一段、第二段〈第一還精〉的論述相合，即便不屬《金蓬頭口授金丹秘旨》，也應是相近的表述。②則突然一轉，說「然乃後天至陰之物」，看上去是說前此身中修煉都無用，明顯與①存在語義斷裂與邏輯衝突。而所謂「後天至陰之物」需要「先天真一陽丹」，看上去似乎更接近採取之術的理論。實際上，第二部分的第一篇〈先天首經大藥〉，即談就鼎器（十四歲少女）採取天癸纔生時先天真一之汞。可見，②應與第二部分屬於同一書的內容。也就是說，從文本關係上來看，第一部分第三段的②與第二部分，應當都不屬於《金蓬頭口授金丹秘旨》。

第一部分第二段〈第一還精〉為「靜坐丹室，耳畔如萬壑松濤。此是汎音、海潮音，乃真空妙理也。又於靜室中，以意起周天火候，如雲霧之狀，從下至夾脊，上泥丸，如風動蟻行。每於閑暇之時，搬運之法，閉息，行火候如前法。每一息分為三，漱液，嚥下。用河車轉運，自尾閭由夾脊過玉枕，上泥丸，降華池，下重樓，入於黃庭之中。如此日行數次，黃庭自然充滿，津氣散於四肢，不致元陽之汞走失。此是還精補腦之說」，主要簡述靜坐搬運，是比較常見的做法，而其關於搬運的描述也見於第一段。

第一段為「凡修丹，先入丹室，靜坐，須明。知黃庭即中宮也，乃安身立命之所。則神汞有所收藏，魂魄不致散亂。此為神元之囊，灝汞之門。實元汞之所由生，真息之所由起。在人身之止，中虛開一穴，心之稍下，臍之靠上也。既明此竅，須要致虛之極，守靜之篤，專氣致柔，含光默默，寂然內守。含光默默者，眼不可太開，又不可太閉，微微開之，又謂之垂簾。閉戶者，口閉也。二六時中，跏趺靜坐，澄心絕慮，莫起一念。天門常開，地戶常閉。天門開者，以鼻常開也。地戶閉者，以口常閉也。以囊籥起粗氣，乃

自然之氣也。微微以鼻努此氣，自下而上，以河車運真精，用二腎雙攬轆轤也。卻運此炁自尾閭、夾脊，過玉枕，上泥丸，落華池，下重樓，入黃庭。調息綿綿密密，勿令一息間斷。息息要歸中宮，務要丹鼎常溫，使結胎如故也。此謂之起巽風，運坤火也。鼻進元炁，曰臣火。去妄心，謂之君火。膀胱二弦炁，以意升至泥丸，陽極陰生，水降土交，曰民火也。如此用功，使聖胎凝結於黃庭，令真精自上於泥丸。然後心腎交媾，綿綿若存，如雞抱子，如龍養珠。漸採漸煉，漸凝漸結，丹田火發，遍體沖和，此其驗也」。相對第二段〈第一還精〉、第三段①的概略論述而言，此段不僅較為詳細地介紹了靜坐時的一系列技巧，並且也指示中宮竅處、火候等關鍵，更為符合「金丹秘旨」的主題。

儘管沒有其他史料可以佐證《金蓬頭口授金丹秘旨》的可靠性，但該秘旨確實是目前能夠見到的，唯一歸諸金蓬頭名下的丹法論述。通過以上對有關文本的清理與分析，可知這一論述與〈無上淨明八極秘旨〉（〈中黃內旨〉）其實大體上屬於同一類的敘述。至於二者之間的差異，由於淨明秘旨沒有提供具體技術的論述，其實難以比對。就二者共同關注的中宮黃庭或玄關一竅來看，在其位置的具體描述方面倒確有不同。《金蓬頭口授金丹秘旨》所謂「在人身之止，中虛開一穴，心之稍下，臍之靠上也」，相較〈中黃內旨〉（〈無上淨明八極秘旨〉）「天地相去八萬四千里，人之心腎即一身之天地，相去八寸四分。以中指節文為則，自臍上至鳩尾骨尖，只有八寸四分。今云臍者，蓋與腎對也。故心之下去三寸六分，臍、腎之上三寸六分。惟中間一寸二分為黃庭」，雖然位置應該大體相同，但確實也顯得概括而不明確，對初學者來說可能仍屬不易把握。劉天素不排除即是因此指示而方有所得，進而與金蓬頭脫契的。當然，這一猜想仍是建立在《金蓬頭口授金丹秘旨》確屬金蓬頭丹法的基礎之上的。

第四節　道法「臆造」與淨明忠孝道法的在地化

抄本《玄機》所見〈無上淨明八極秘旨〉第三部分係雷法歌訣及秘字，這樣的文字似乎與第一、二部分講述玄關一竅的〈無上淨明八極秘旨〉沒有什麼關係。儘管如此，似乎也不能輕易就認為，有關雷法內容只是偶然出現，與淨明忠孝道法毫無關係的文字。

劉玉曾就雷神服色答問，認為雷霆出自先天渾然之道，批評後天法家多只認得天將（粲然之氣）而不知雷起處。[55]他所說「先天五雷法」究竟是如〈淨明道法說〉以及抄本《玄機》所見〈無上淨明八極秘旨〉所顯示的「正一斬邪三五飛步」只是正心誠意那樣的「先天之道」，還是也有如諸雷法中將帥作用那樣的「後天之法」，難以確證。就元代的傳承而言，黃元吉以下，徐慧不僅自己佩奉師仙將吏，[56]也為弟子上官良佐保奏《神霄總攝雷書》。儘管此種雷法的運用是否來自劉玉、黃元吉，不得而知；但至少可以認為吉安永和清都觀徐慧派下的淨明忠孝道法弟子應是傳習這種做法的。

上官良佐在拜入徐慧門下之前，曾在至正七年（1347）暫駐南昌，拜謁西蟾、雲隱。[57]雲隱應即玉隆萬壽宮清逸堂雲隱道人陳天和，係黃元吉嫡派。西蟾則應即與劉天素共同編撰《金蓮正宗全真像傳》的謝西蟾。[58]劉天素本身有多重身份，既是曾隨侍孫德彧、編撰過全真傳記的全真弟子，又曾是派屬不明的丹師金蓬頭的弟子，還拜入黃元吉門下，成為「嗣教淨明選士」。〈無上淨明八極秘旨〉第三部分抄入雷法內容，倘若並非傳抄時竄入，而是從劉天素時代的抄本承襲而來，或許可以認為他如同徐慧、上官良佐那樣也佩行雷法。應當說，這種可能性確實存在，但與竄入的判斷一樣都只是無法證實的猜測。僅就抄本《玄機》所呈現的文本現狀而言，即便劉天素本人或其嫡承派下並不傳承雷法，在後續的傳衍過程中也已經融入了雷法這種流行法術元素。

　　抄本《玄機》所屬地域不明。劉天素成為嗣教淨明弟子後，曾住豫章五靈道院，之後又回到宜黃紫山長春觀，擔任住持，如無意外，可能就與前任住持一樣終於該觀。〈傳教道派〉中的羅元中、黃嗣吉不清楚是何人，即便是直接師從劉天素，也不知是在豫章五靈道院還是紫山長春觀的弟子。當然，即便羅、黃確是劉天素在五靈道院所收弟子，也不是不可以來紫山長春觀。無論如何，劉天素住持紫山長春觀，相信會對宜黃地方法脈產生一定的影響。

　　而出自宜黃當地的晚近道法抄本中，的確出現了有關「淨明」的內容。如不來室購藏清光緒抄本複印件《晨夕混煉召全將變神秘旨》中收錄有〈召淨明〉一節，係用於召合淨明官將。該抄本封面題《靈寶召將混煉科》、署「玉山詹氏雲階記」，扉頁題《靈寶齋醮混煉依缽》、署「詹茶花讀」、「怡真壇詹義階肄業」，首題《晨夕混煉召全將變神秘旨》，內葉有「詹茶薷肄業」，尾署「光緒五年 (1879) 歲在己卯孟夏月中浣一日終。玉山鼎發抄集《晨夕混煉召全將科文》終，恐有差錯，愚恭望高明先生改政，免得後代照此遺之。宜邑石馬橋，派鼎發，號義階，法派玉山詹氏。此書照依文宏太祖老本抄騰，以為萬代行用之兆也」，隔葉又署「詹茶薷記讀」。由上可知，該抄本係詹義階根據文宏太祖老本重抄，其最後的持有者可能是詹茶花。所謂「怡真壇」不見於六十甲子壇靖，但「鼎發」應是三山滴血字派的「鼎」字輩，就此看來，該抄本及其底本似乎是出自宜黃石馬橋的一個詹姓道壇。不過，除該抄本外，同人或相關抄本所見還有七種，顯示較為複雜的情境。

表2.2 詹姓道壇抄本款署情況

抄本名	封面款署	內葉款署	其他
《壇教／三壇瑜珈奏星科文》		《壇教》部分「詹義階號」、「詹肇葵記用，廣行香火，以應十方」，隔葉又有「民國庚申年(1920)捌月廿八詹庸詩、凌(?)合記」、「民國乙丑(1925)鼎發」等。	
		《三壇瑜珈奏星科文》見有「義階拙筆」、「行兵弟子詹肇葵」等。尾署「皇上同治甲戌十三年(1874)六月上浣肆日立。行兵弟子詹義階法名肇葵。香火廣行」，隔葉又署「軍榮記、六月十四日立」。	
《道法統宗袖裏風雷教子篇》	「弟子詹軍榮輯」	署「詹義階號」並鈐「玉山義階記」，尾署「清光緒辛己七年(1881年)七月之下浣，在茹溪祠內，照依南豐下甘甘蓬芳老師家老書抄寫，十四日。學者不可輕瀉。萬代流傳。詹義階千仞」。[59]	
《瑜伽啟請及造州、獄科文》	「詹義階鈔錄」	尾署「詹氏義階鈔錄。光緒九年(1883)癸未歲季秋月下浣廿三吉旦，法門光顯之兆」。	「宜黃縣主城隍尊神」
《命案章程》	「玉山軍榮珍藏」、「光緒三年(1877)」[60]	扉署「光緒念三年丁酉(1897)麥□」、「玉山詹氏雲階□修」並鈐「詹鼎發記」，內葉亦鈐「玉山義階記」、「詹鼎發記」。	

抄本名	封面款署	內葉款署	其他
《瑜伽上座科》、《瑜伽下座科》	「弟子詹軍榮讀」	扉署「玉山詹氏訓紹抄錄」。前冊尾署「道氣長存。民國甲寅三年(1914)十月中浣吉立。此書照依春遠伯祖老本抄騰，倘有錯落，望高名先生改政。詹氏訓紹抄，以應十方之兆」。	
		次冊尾署「香火廣行。訓紹記(此三字朱筆)。民國己未八年(1919)六月初一日看見此書新舊六載未能圓承，不幸棄世，年方卅二。愚父(此字朱筆)云階拙筆抄完，或有差錯，望高明大才先生改政」。	
《追吉發奏一宗‧道教》	「報應雷壇。石馬藕溪弟子啟華鈔錄」	「紫府報應壇，弟子詹啟華鈔輯。民國十七年(1928)秋月日吉立。啟華拙筆」。有鉛筆抄寫對聯「鰲水分支宗麗水，佳山派衍法眉山」並署「詹氏云聯」。	「江西省省主城隍尊神、撫州府撫主城隍尊神、宜黃縣縣主城隍尊神」
《靈寶追吉知爐全本》	「石馬橋，詹氏炳生肄業」	尾署「民國乙亥二十四年(1935)李(？)月拾九日立。此書照依石馬橋玉山氏春遠伯祖老本抄騰。或有差錯，希望高友師人改政，免得後來之論矣。弟子詹炳生，號軍榮，道號啟華，鈔籙應用，年卅」。	
《殷郊秘旨源流實蹟》	「弟子詹軍榮輯」	尾署「龍飛同治九年歲君庚午(1870)季春月中浣穀旦，後續弟子黎曉鳳集錄」。	書根署「《殷郊》全部，京兆氏曉鳳集錄」

　　以上諸抄本中，《命案章程》為辦理案件之公文格式、審訊須知等，較為特殊，表明詹義階或許曾經擔任訟師或者熟悉訟師業務。其他諸本，按照抄本自己的用語，則大體可分為「壇教」法本與「道教」法本兩類。而《三壇瑜珈奏星科文》是目前所見詹義階抄本中最早的一種，其自稱「行兵弟子」，是瑜珈／瑜伽法教的說法，「肇葵」可能也是受瑜珈／瑜伽法教時的法名。[61]《瑜伽下座科》是由詹雲階在民國八年最終補抄完成的，詹雲階似乎就是詹義階，那麼，這可能就是所見詹義階抄本中最晚的一種。該抄本最後的持有者詹軍榮，根據朱筆添改，可知應是詹義階（詹雲階）之子；而其最初的抄寫者即三十二歲夭折的詹訓紹，可能也是詹義階（詹雲階）之子。詹軍榮是否因為詹訓紹去世，才開始學法，不得而知。但詹氏抄本最後大多歸詹軍榮所持有。他自己則分別在民國十七年、二十四年抄寫了《追吉發奏一宗·道教》、《靈寶追吉知爐全本》兩冊，並且已經有了自己獨立的壇名，表明詹義階可能在民國八年至民國十七年間去世了。而其「紫府報應壇」也同樣不見於六十甲子壇靖，雖有道號「啟華」，但不知是否因為沒有奏職，並沒有像詹義階一樣具有派名。此外，他還持有一冊《殷郊秘旨源流實蹟》，就法術而言自然非常重要，但既然並非詹氏抄本，則不排除是來自後繼無人的熟人道壇或法壇。整體而言，儘管目前所能見到的抄本有限，大體可以知道宜黃石馬橋詹氏是一個長期傳承瑜伽法教並且又學習行用道教科法的世家，其傳承的法本除來自玉山詹氏的先輩如文宏太祖、春遠伯祖等外，也有部分來自其他道壇或法壇，如臨近的南豐縣下甘的甘蓬芳等。

　　鑒於與其本身的法術傳統似乎並沒有太大的關係，〈召淨明〉在這樣一個世家傳承的抄本中出現，應當說只是被無意識地保存下來，單純就其文本的可靠性而言，應該是沒有問題的。至於文宏太祖老本可以追溯到什麼時代，很可惜款署中並沒有說明。而就地域而言，其抄本中出現淨明內容，雖不排除與紫山長春觀的傳派有關，但也無從證實。

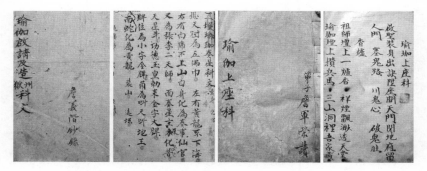

圖 2.2　孔夫子舊書網售出詹氏抄本所見「瑜伽」、「瑜珈」寫法。

　　〈召淨明〉所列淨明官將包括「淨明院中黃八極天仙官將吏兵、副將大力天丁大將、流金火鈴、四門天王、八大天丁」。「淨明院」本為南宋淨明法所設置，其官將包括淨明法部中帝君神王、八萬四千靈官主將、八萬四千節員甲馬、功曹直符受事判官等。[62]此處之「淨明院」顯然並非南宋淨明法的淨明院，只是沿用了這一名稱而已。至於此「淨明院」中諸位神將，既不見於南宋淨明法文獻，也不見於元代淨明忠孝道法文獻。其中，四門天王、八大天丁不知來歷。大力天丁、流金火鈴則見於許遜傳記，係奉命為許遜拔宅的將吏，被化用為「淨明院」中神將還是有一定邏輯可循的。「中黃八極天仙官將吏兵」似乎與元代淨明忠孝道法的「中黃八極」一說有關。如前所述，「中黃八極」係指內丹修煉的玄關一竅。此處憑此一內丹修煉之名詞即演化出「天仙官將吏兵」，似乎匪夷所思。[63]

　　其召咒包括兩部分，其一為「圓羅混沌，包枯十方。光焰八極，位鎮中黃。霹靂一聲，火龍行。九宮洞開，九竅齊張。九州齊聞，仙道明章。存神三境，飛奏封章。陰靈廣度，泉曲生光。誅翦群魔，邪精滅亡。音聞霞邇，法嗣迷昌。忠全孝盡，普降福祥。持符執節，召集天皇。三界侍衛，總朝帝鄉。上天命令，百怪伏降。敢有不順，攝赴魁罡。一如元降律令，敕；祖師九州都仙教主神功妙濟許真君法旨，關召。淨明院中黃八極仙官將吏兵，聞令關召，火速到壇，有事差遣，疾」。所謂「圓羅混沌」云云似乎是指先天一炁。

「光焰八極，位鎮中黃。霹靂一聲，火龍行。九宮洞開，九竅齊張。九州齊聞，仙道明章」似乎還是與內丹修煉有關，並且九宮、九竅、九州也可對應〈無上淨明八極秘旨〉（〈中黃內旨〉）的表述。此後「存神三境」以至「攝赴魁罡」則是一般性的表達，除「忠全孝盡」看上去似乎顯示淨明色彩外，也顯示此「淨明院」官將幾乎可以運用於各種情況。

此咒後，即由「師出金光，書㊀於空中，在圈內顯現」，接次咒「金闕帝令，頒降玄真。親機烜赫，天地皆驚。玉符金字，默劃分明。一咒斗黑，二咒合昏。三咒風起，四咒雲興。五咒雷動，六咒雨行。七咒電掣，霹靂發聲。金符纔到，曷敢不臨。違符逆令，上有憲形。急急如道祖雷令、法旨，催召。淨明院中黃八極天仙官將吏兵聞令關召，火速至壇，疾」。以手書疾，坎方，「存諸將在壇」，以「小斗罩之」。書諱、疾等都是常見的做法。而諱字及咒語本身與所謂「淨明院」官將則並無關係。咒語提到「金闕帝令」、「親機烜赫」等，表明與玉帝親機有關，實際上，除最後召「淨明院」官將外，即脫胎自〈玉帝親機咒〉。後者見於《雷機玄秘》，係配合〈玉帝親機符〉使用，但《法海遺珠》所收該咒中間部分僅作「一咒斗黑，再咒日暝。七咒電掣，霹靂發聲」，遺漏較多。[64] 此處並未採用〈玉帝親機符〉。至於諱字，則係化用使者法的㊀，即張帥諱字。[65] 這倒是與〈無上淨明八極秘旨〉末抄寫的出自使者法的祖炁秘字形成呼應。

由上可知，〈召淨明〉中所羅列的「淨明院」官將雖然有些傳說或者名詞上的依據，其成立本身似乎缺乏合理性；而相應的召咒雖然能夠部分配合官將的關召而編制，但真正使用的秘諱及咒語卻是拼接自其他法術的做法。當然，這樣的做法，並非僅僅貼上「臆造」的標籤就可予以輕易的否定。從保存〈召淨明〉的文本環境來看，至少此種「臆造」並非如《淨明真戒籙》那樣屬於現代產品，[66] 而是有一定傳承的歷史遺存。至於這種遺存，究竟是與當地的紫山長春觀有關，還是另有別的來源，則難以確定。

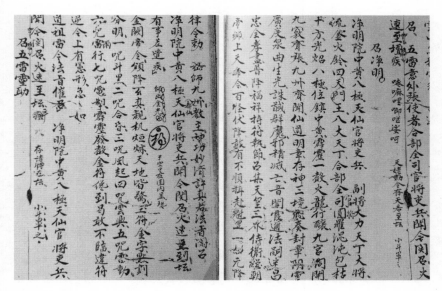

圖 2.3　〈召淨明〉。

　　值得注意的是，抄本在〈召淨明〉之後接抄的是〈召五雷靈助〉。
〈召五雷靈助〉中官將分為五雷院、靈助院兩組，其中，五雷院開列
「三元唐葛周三將軍、白帝趙天君、黑帝苟畢二天丁、青帝辛天君、
主將炎帝鄧天君、黃帝馬靈官、五雷意外、張溫關石地祇四將」，靈
助院開列「九州都巡趙大元帥、九州社令社稷大神、九土皇君、風伯
雨師仙眾、三真受事仙官、酆都主將楊元帥」。而〈召淨明〉之前，自
卷首依次抄寫的是三淨咒、金光咒、九鳳破穢、步罡並變身為法主
（即真武）、召苟畢、召功曹、〈召總制〉（即趙天君）、〈召鄧元帥〉、
〈召辛天君〉、〈召張天君〉、〈召張使者〉（五雷意外張使者），所召官
將與〈召五雷靈助〉中五雷院大體上相合。儘管〈召淨明〉與〈召五雷
靈助〉看上去可能只是偶然地抄寫在一起，但似乎也不能排除原本存
在一定的安排。

　　而「淨明」與「五雷靈助」的組合是存在於趙宜真系統的清微法
文獻中的。《道法會元》卷四十一《清微言功文檢》所收進呈玉帝的

〈奏〉、上諸師的〈瓊書〉以及給官將的〈崇明金元章〉等文檢中均列出
了「淨明、五雷、靈助三院官君」。[67]鑒於抄本中變身真武的做法具有
鮮明的清微法特徵，而〈召五雷靈助〉也確實是分別開列五雷院、靈
助院，其與〈召淨明〉合在一起，形式上似乎正是趙宜真系統的「三
院」官將。不過，《道法會元》中並未列出淨明、五雷、靈助三院官
將的具體構成，因而也難以證實〈召淨明〉中的有關內容就一定與趙
宜真系統的清微法存在淵源關係。

　　不同於他與淨明忠孝道法之間缺乏直接聯繫的情況，趙宜真反
而是明確從張天全受傳混元道法的，而《清微言功文檢》所收文檢也
逐一開列混元官將，似乎表明趙宜真系統的清微法雖然受到地方法
術傳統影響吸收了三院名目，但經過整編的《道法會元》文本所呈現
的似乎是實際法術中可能並沒有相應的召合內容。[68]不過，在趙宜真
活躍的吉安地區確實有永和鎮的清都觀傳承淨明忠孝道法，而與劉
淵然關係密切的洪武刊本《淨明忠孝全書》也收錄了上官良佐所作徐
慧傳記。[69]徐慧所傳淨明忠孝道法是否因應神霄雷法而有所變化，進
而形成「淨明院」官將的創意，難以認定，但在吉安當地至少應當存
在著「淨明院」法術元素。也就是說，不僅趙宜真有條件，在當地行
法的趙宜真派下弟子也完全有可能熟悉當地流傳的相應做法。如同
趙宜真編醫方時收錄〈淨明法中治瘴瘵方〉，實際抄寫的法本不排除
確實存在相關內容的可能。而由吉安至宜黃，既無直接的水路，也
還隔著兩個縣，似乎存在交通上的困難，但法術的傳播未必就是想
像中的點對點直接傳習，偶然性或者不確定性因素非常之多。

　　以上猜測無論能否成立，〈召淨明〉的拼接也好，「臆造」也罷，
雖然不確定究竟來源於宜黃紫山長春觀還是可遠溯吉安永和清都觀，
可以肯定應是有一定的法脈流傳因素存在其中，並與當地的法術傳統
相融合，最終得以被抄寫保存於地方道壇或法壇的法本之中的。

第五節　本章結語

　　民國二十八年抄本《玄機》在第三冊所抄〈道法內用玄機秘旨〉中，無意中保存了〈淨明道法說〉、〈無上淨明八極秘旨〉、〈傳教道派〉三種與元代淨明忠孝道法相關的重要資料。其中，〈淨明道法說〉見於《淨明忠孝全書》。〈無上淨明八極秘旨〉的秘旨部分，見於《養生秘錄》，即〈中黃內旨〉。與《道藏》所收相比，除傳抄產生的差異外，這兩部分也保存了一些較為原始的面貌，具有較高的校勘價值。此外，〈無上淨明八極秘旨〉中還抄錄有不見於《道藏》本的丹圖等內容。更為重要的是，其中保存的劉天素自述，可以確信係元人文字，為我們揭開這位全真道士劉天素拜入黃元吉門下，成為淨明選士之謎提供了可靠的證據。而〈傳教道派〉也顯示嗣教淨明選士劉天素派下至少傳承了兩代。

　　劉天素一方面毫不諱言自己曾與金蓬頭脫契，而改入淨明，居於豫章五靈道院的事實；另一方面在受邀來到金蓬頭曾經居住過的宜黃紫山長春觀擔任住持時，又以金蓬頭為標榜，並且對長春觀實施全真化。他對於自己身份的此種搖擺，令人對其棄金蓬頭而入淨明的原由感到疑惑。他在自述中對淨明秘旨大加讚美，認為是上乘，也令人猜想他是否對金蓬頭丹法不滿。可惜的是，儘管金蓬頭是元晚期活躍的著名丹師，但《道藏》內並未保存與他有關的著作。現存唯一明確署名金蓬頭的丹法文獻《金蓬頭口授金丹秘旨》，見於明抄本《真仙上乘》。就其論述與〈無上淨明八極秘旨〉比較可知，兩種秘旨所關心的玄關一竅確實存在一些差異。如果《金蓬頭口授金丹秘旨》確實為金蓬頭所傳，不排除劉天素確實是因為丹法上的問題而改宗。

　　〈無上淨明八極秘旨〉最末抄有與使者法有關的雷法內容，儘管可能並非原本所有的內容，但在劉天素活動的宜黃，卻也發現了與淨明有關的雷法抄本。儘管該抄本中〈召淨明〉所反映的官將設置與

召合咒語、諱字顯現出拼接或者「臆造」的特徵，但「淨明、五雷、靈助」三院的組合形式卻與趙宜真系統的清微法相合。作為一種在地化的認知與應用，此種「臆造」的淨明官將召合無論是來自劉天素派下的傳承還是徐慧派下的創意，都使我們重新審視以往研究的進路， 棄一成不變的固態認知或者想像性批判，以動態的視角來觀察歷史上發生過的宗教活動。

註　釋

1　劉玉：〈西山隱士玉真劉先生語錄外集〉，頁110–111。

2　《天皇至道太清玉冊》卷三，頁384；朱權：《天皇至道太清玉冊》卷上，中國國家圖書館藏明萬曆三十七年張進刊本，葉五十一b。

3　劉玉：〈西山隱士玉真劉先生語錄別集〉，頁119。

4　上官良佐：〈丹扃道人事實〉，載許蔚：《淨明忠孝全書》頁53。

5　劉玉：〈西山隱士玉真劉先生語錄別集〉，頁119。

6　許蔚校註：《淨明忠孝全書》，頁17–18。

7　〈中黃內旨〉，載許蔚校註：《淨明忠孝全書》，頁151。

8　Schipper and Verellen (eds.), *The Taoist Canon*, vol. 2, p. 842. 許蔚校註：《淨明忠孝全書》，頁16。

9　丸山宏介紹台灣南部道壇流傳著百科性質的「雜記」，涉及《道教秘旨》、《道藏秘要》以及同內容失名抄本三種，其內容包括各項名詞解釋、問答及咒訣等，尤其是保存了元代三十六代天師參與佛道論爭的資料以及《天壇玉格》內容，見丸山宏：〈台南道教と『道藏祕要』〉，載《道教儀禮文書の歷史的研究》，頁493–552。謝聰輝在丸山宏的基礎上，增加數種收集自台南及福建泉州地區的同類抄本，分析其抄寫源流與次第，並提取其中的佛道論爭等資料，揭示其意義及討論其編抄目的，見謝聰輝：〈閩台《道教源流》的版本、淵源與價值研究〉，載《追尋道法：從台灣到福建道壇調查與研究》（台北：新文豐出版公司，2018），頁333–395。值得注意的是，謝聰輝舉證的福建南安抄本名為《玄教道機》，又作《道機》、《正乙玄妙道機》等，應是「道（教玄）機」或「正乙道妙玄機」的隱語式表達，也就是說，儘管內容與本書討論的抄本《玄機》所見不同，但名字卻比較接近。

10　《諸真內丹集要》卷上，《道藏》第32冊，頁429。

11　同前註，頁429。

12　翁葆光注，陳達靈傳，戴起宗疏：《紫陽真人悟真篇註疏》卷四、卷六，《道藏》第2冊，頁934、948。

13　同前註，卷二，頁920。

14　同前註，卷三，頁930。

15　李道純：《清庵先生中和集》前集卷中，日本國立公文書館藏元大德十年翠峰丹房刊本，葉九。

16 同前註，前集卷下，葉五 b。

17 同前註，葉十五 b。

18 同前註，葉十九。

19 呂洞賓：《純陽真人渾成集》卷下，《道藏》第 23 冊，頁 696。

20 《紫陽真人悟真篇拾遺》，《道藏》第 2 冊，頁 1030。

21 〈淨明靈寶忠孝全書〉，載許蔚校註：《淨明忠孝全書》，頁 79。

22 劉玉：〈西山隱士玉真劉先生語錄內集〉，載許蔚校註：《淨明忠孝全書》，頁 86。

23 《養生秘錄》，《道藏》第 10 冊，頁 718。

24 「中言其位，黃言其色」亦見於《太上靈寶淨明中黃八柱經》。

25 許蔚校註：《淨明忠孝全書》，頁 3。

26 劉志玄、謝西蟾編：《全真正宗仙源像傳》，《道藏》第 3 冊，頁 369。

27 許蔚：《斷裂與建構》，頁 574。

28 許宗聖：〈西山隱士玉真劉先生傳〉，頁 41。

29 虞集：〈中黃先生碑銘〉，載許蔚校註：《淨明忠孝全書》，頁 45。

30 許宗聖：〈西山隱士玉真劉先生傳〉，頁 41。

31 許蔚：《斷裂與建構》，頁 42–43。

32 許蔚校註：《淨明忠孝全書》，頁 3。

33 〈淨明靈寶忠孝全書〉，載許蔚校註：《淨明忠孝全書》，頁 78。

34 《道法會元》卷六十七，《道藏》第 29 冊，頁 215。

35 同前註，卷九十一，頁 382。

36 許蔚：〈莫月鼎使者符法的作用與傳派〉，頁 122。

37 《道法會元》卷八十四，《道藏》第 29 冊，頁 344。

38 張虛靖：《明真破妄章頌》，《道藏》第 19 冊，頁 849。

39 參見本書第三章。許蔚：〈《明真破妄章頌》提要〉，載黎志添主編：《道藏輯要‧提要》（香港：香港中文大學出版社，2021），頁 1206。

40 《清微仙譜》，《道藏》第 3 冊，頁 329。

41 許宗聖：〈西山隱士玉真劉先生傳〉，頁 36。

42 張應京校集，張洪任編正，施道淵參閱：《正一天壇玉格》卷上，北京大學圖書館藏清順治十五年序刊本，葉十五 b－十六 a。

43 許宗聖：〈西山隱士玉真劉先生傳〉，頁 41。

44 鄭素春：〈元代全真道長春宗派的南傳：以金志陽法脈為主的研究〉，

載《丹道研究》創刊號（台北：丹道文化出版事業有限公司，2006），頁159；鄭素春：〈金元全真道中原地區以外的傳教活動〉，載《成大歷史學報》2010年第39號，頁79-80；許蔚：《斷裂與建構》，頁359。

45　張宇初：〈金野菴傳〉，《峴泉集》卷四，《道藏》第33冊，頁231。

46　同前註，頁231。

47　許蔚：《斷裂與建構》，頁574。

48　《金蓮正宗全真像傳》序，頁365。

49　黃公望傳《紙舟先生全真直指》、《抱一子三峰老人丹訣》、《抱一函三秘訣》，署「金月岩編」，高萬桑認為即金蓬頭，但並未提出任何依據，見Schipper and Verellen (eds.), *The Taoist Canon*, vol. 2, p. 1186。

50　中國古籍善本書目編輯委員會編：《中國古籍善本書目》子部卷二十〈道家類〉（上海：上海古籍出版社，1996），頁1037。

51　《太上玉函玄秘群書》題下僅為施肩吾序，後列有《十書目錄》，依次包括《玉華靈書》、《太上隱書》、《太上玄鏡》、《上清玄格》、《九天洞玄錄》、《九仙秘訣》、《三清真錄》、《中黃秘訣》、《西山會真記》、《群仙通玄秘記》，其中，《九天洞玄錄》、《九仙秘訣》、《三清真錄》等三種抄本各冊均未見。而該冊所抄《太上老君內觀經》、《太上洞玄靈寶定觀經》，據〈內丹書目〉則原本似應置於《太上玉函玄秘群書》之前，而《太上洞玄靈寶定觀經》後有識語「時萬曆五年（1577）十月哉（戴？）生明文川居士重錄于養心齋。是月花甲一週也」，抄寫時間在《中國古籍善本書目》著錄的第四冊相關識語所示之後，似乎存在裝池錯誤。

52　該書末有一段文字曰「右列華佗真人五禽圖」云云（無圖）及〈進士李元綱進狀〉、〈調伏四柱圖〉，之後便依次抄錄〈默朝上帝法〉、〈調息法〉、〈制屍魄法〉、〈沐浴法〉、〈守庚申法〉、〈六時行持法〉、〈張虛靖轉三關秘訣〉、〈劉海蟾親受坎離秘訣〉，並接抄淳典（熙）丙午（1186）李元剛〈後跋〉述編刊《命宗紀約》及〈交合龍虎圖〉事，而尾題則為「錄《命宗紀》畢」，那麼，儘管〈交合龍虎圖〉並未繪入，以上諸篇或許即屬於《命宗紀》或者《命宗紀約》，似應單獨列入子目。

53　《朱陵洞天青霞蔣真人金丹口訣》即《碧虛子親傳直指》，除漏衍及添加小標題外，僅抄至「遂謂神仙渺茫，惜哉」。

54　該冊所抄第一種《漁莊錄》二卷，係外丹煉金銀法，前有元祐六年（1091）范存仁序，述范仲淹從漁莊翁受法始末，終卷後接繪丹圖兩組，尾題「范文正公金丹語錄終」，所謂語錄即《漁莊錄》。

55 劉玉：〈西山隱士玉真劉先生語錄外集〉，頁 102。

56 上官良佐：〈丹扃道人事實〉，載許蔚校註：《淨明忠孝全書》，頁 52。

57 同前註，頁 53。

58 謝西蟾應即謝珪，建昌人，至正間 (1341–1371) 授建寧路榷茶提舉，見《南康府志》卷六，上海書店景印明正德十年刻本 (上海：上海書店，1964)，葉四十二 b。

59 關於該抄本，參見曹凌：〈元明間地方道法融合之一例——以兩種清代民間道教抄本為中心〉，《世界宗教文化》2022 年第 3 期，頁 134–140。

60 詹軍榮民國二十四年自稱三十歲，與此款署不合，不知何者存在誤題。

61 謝聰輝認為「瑜伽法教」是不正確的，應稱「瑜珈法教」，見〈閩中瑜珈法教官將的來源與特質考論〉，載《輔仁宗教研究》2020 年第 40 期，頁 73–74。不過，據該壇抄本所見，既有寫作「瑜珈」者，也有寫作「瑜伽」者。

62 參見本書第一章。

63 雖覺無關，但徐慧去世時，令其弟子蕭尚賢代謝「師仙將吏」，與此「天仙官將吏兵」在字面上還是有些近似。

64 《法海遺珠》卷十一，《道藏》第 26 冊，頁 788。

65 許蔚：〈莫月鼎使者符法的作用與傳派〉，頁 113。

66 許蔚：〈石碇大湖格宗教團組的財神文化營造〉，載《正一道教研究》第 7 輯即刊。

67 《道法會元》卷四十一，《道藏》第 29 冊，頁 24、26。

68 許蔚：〈趙宜真從張天全所受道法考〉。

69 許蔚校註：《淨明忠孝全書》，頁 6–7。

第三章

自我認同與他者認同：
趙宜真、劉淵然嗣派淨明問題再探討

　　趙宜真、劉淵然被尊為淨明嗣師，是明清時代有關淨明道歷史敘述的傳統說法。然而，趙宜真被尊為清微宗師，也具有豐富的文獻依據。晚近的全真教史述甚至也將趙宜真視為全真宗師。那麼，有關淨明道的舊有史述是否存在可靠性層面的問題？如果認為淨明史述可靠，那麼是否就可以僅僅延續該派自身的舊有敘述，而不考慮清微、全真等其他法派或道派的相關史述？如果認為淨明史述不可靠，那麼，如何判定其他道派的史述可靠？而如果不考慮相關史述的有效性問題，將有關敘述盡數接受下來，那麼，認為趙宜真兼傳諸派，又是否可以成立？進一步，無論趙宜真究竟宗屬何派，在對其法派身份予以確認或辨析之後，是否意味著劉淵然的法派問題自然就得到解決，而無需討論了呢？或者，反過來說，劉淵然的法派身份能否構成趙宜真法派身份得以確認的依據呢？同樣，如果邵以正的法派身份或者法派意識得以確認，是否意味著趙宜真、劉淵然的法派身份也不成問題了呢？

　　從相關的現代研究來看，秋月觀暎並未對有關史述予以懷疑，而是沿襲《逍遙山萬壽宮志》等史料的舊有敘述，認定趙宜真、劉淵然二人為淨明嗣師。[1]施舟人則專力揭示趙宜真與清微之關係，並認為全真之說毫無價值，反對將趙宜真視為全真宗師，而對趙宜真與淨明之關係則未置一詞。[2]任繼愈、卿希泰各自主編的道教史則混

用各種史述，在敘述淨明道相關史事時，提出兼傳諸派之説。[3]在此
基礎上，郭武對趙宜真、劉淵然、邵以正碑傳資料略作梳理，並分
析《原陽子法語》中的淨明因素，試圖力證趙宜真、劉淵然屬淨明法
嗣。[4]而我此前雖對相關記載持懷疑態度，但通過追溯趙宜真、劉淵
然傳記的史源，認為趙宜真、劉淵然嗣淨明之説應源自邵以正刊本
《淨明忠孝全書》，結合劉淵然、邵以正二人相繼刊行《淨明忠孝全
書》所體現出的淨明嗣派立場，最終認為以趙宜真、劉淵然為淨明
嗣師應屬可信。[5]而在見到邵以正刊本，有關史源的推測得以證實的
前提下，我進一步認為，雖然同時代數種文獻之間的敘述差異難以
解釋，但正是邵以正自身所持的法派建構意圖，確立並強化了趙宜
真、劉淵然嗣派淨明之説，並且造成廣泛的影響，成為後世淨明史
述的通説。[6]

　　總體而言，以上研究或偏論淨明或清微，或兼顧諸派傳承，雖
各有不同的視角與論述，對傳統史述也間或有所質疑，但基本上還
是維持了淨明道的舊有敘述。然而，就此種研究現狀而言，顯然
並不意味著淨明道傳統史述已被證明可靠，特別是在邵以正意圖得
以確認的情況下，前舉諸問題再次浮現，不僅相關史述需要重加考
慮，以往單向度的論證思路也需要予以調整。

第一節　道法與丹法：趙宜真宗派問題的再探討

　　要探討趙宜真的宗派問題，首先需要從眾多輾轉相承的文獻中
清理出有哪些可以利用的資料。

　　就傳記資料而言，目前所見，除張宇初〈趙原陽傳〉、邵以正刊
本《淨明忠孝全書》所增〈原陽趙真人傳〉、王直〈紫霄觀碑〉等較為早
期的資料以外，還有明萬曆刊《李長卿集》本《淨明忠孝經傳正訛》、
清青雲譜刊《太上靈寶淨明宗教錄》卷六〈淨明宗派〉、三種清刊《逍

遙山萬壽宮志》[7]等。其中，後二者襲自李鼎所述，李鼎所據則應為邵以正刊本系統的文獻。[8]而張宇初所撰則遠在邵以正增刊《淨明忠孝全書》之前；〈紫霄觀碑〉雖在邵以正增刊《淨明忠孝全書》之後（不早於景泰七年〔1456〕，不晚於天順元年〔1457〕八月），且承邵以正之意而作，但王直所述卻與〈原陽趙真人傳〉有所差異。那麼，實際上可以使用的傳記資料，只有〈趙原陽傳〉、〈原陽趙真人傳〉以及〈紫霄觀碑〉三種。

就趙宜真個人撰述而言，除《原陽子法語》中的有關敘述以外，還有《道法會元》中的部分文字曾提及有關師承。另外，《仙傳外科秘方》等書中的部分文字[9]對探討其法派問題也具有一定參考意義。

另就法派敘述而言，目前所見，清微派的史述最早見於《歷世真仙體道通鑑續編》卷五〈黃雷淵〉，此外，《道法會元》中部分將趙宜真列入祖師行列的文書也是可以參考的較早期法派敘述資料。[10]淨明道的史述則以邵以正刊本《淨明忠孝全書》的胡濙〈淨明忠孝全書序〉、邵以正〈淨明忠孝全書後序〉為最早，其後除《許真君淨明宗教錄》以外，均襲邵以正之說。[11]而《長春道教源流》的記述在此一問題上儘管沒有任何的參考價值，但全真之說也需要重加思考或者批判。

既然如此，首先就需要改變預先選取某一法派敘述的立場，再從個人撰述等資料中尋找支持的思路。其問題在於該法派的史述往往具有後代追認的意味，因而有時與該人自身敘述不符。也就是說，處理以上早期資料的方式，最客觀的方式當然是全部鋪開，自然呈現；不過，如果存在可以依據的個人陳述，則無疑最為重要。那麼，在處理相關資料時，自然就應該區別他自己所說的是什麼樣子，後輩或別人所述的又是什麼樣子，也就是要將自我認同與他者認同的材料區別對待，進而再行合同或者去偽。

以下先將三種傳記資料列出，看看不同的他者對趙宜真師承的敘述有什麼不同，再以之與趙宜真自述師承相印證，看看這些他者認同是否符合趙宜真的自我認同，最後再來判定哪一種宗派敘述是可取的。

初師郡之有道者，曰曾塵外，嗣諸法要，間有缺文，必考述盡詳。復師吉之泰宇觀張天全，別號鐵玄。張師龍虎山金野庵，得金液內外丹訣。後復師南昌李玄一。玄一薦之師蒲衣馮先生。馮亦師野庵云。……凡道門旨奧，皆綴輯成書。或為詩歌以自警。猶以醫濟人。……有詩詞若干篇，已行世。凡奧密言論，則見諸法要云（〈趙原陽傳〉）。[12]

從郡之塵外曾真人受清微諸階雷奧、淨明忠孝道法，間有闕文，悉加訂正，參考盡詳。復師廣濟張真人，得長春丘真人北派之傳；師玄一李真人，得玉蟾白真人南派之學，深契玄妙，遂會南北而一之。尤好濟人，至於醫藥靡不研究，所著方論為多。……弟子益眾，長春真人劉淵然尤入室焉……兵燹之餘，經籙散佚，真人於凡道門旨奧綴輯成書；或為歌詩，以發其趣，有《原陽法語》行於世，深有功玄教。時清微、淨明之法久湮不行，今復大顯於世者，實真人振起之力也。由是淨明學者宗之，尊為嗣師云（〈原陽趙真人傳〉）。[13]

往從郡之有道者曾塵外學，得清微靈寶諸階雷奧，補其遺闕，發其旨趣。清微久不行，至是大顯。復深慕神仙出世之說，徧禮諸師，從張廣濟得長春丘真人北派之傳，又師南昌李玄一得玉蟾白真人南派之學，博極其妙，而會於一，駸駸乎大成之器（〈紫霄觀碑〉）。[14]

在分析以上三種傳記資料以前，除了不預設立場以外，還需要將其道法師承與丹法師承區別開來。實際上，三種傳記本身的敘述也是將嗣道法與得丹訣分別敘述的，這當然本有時間上的先後，但顯然也是兩個不同層面的傳承關係。[15]

那麼，首先就道法師承予以分析。趙宜真道法受自曾塵外，三傳無異辭，但有關道法的具體內容則各自不同。〈趙原陽傳〉記趙宜真從曾塵外「嗣諸法要」，〈原陽趙真人傳〉則作「受清微諸階雷奧、

淨明忠孝道法」,〈紫霄觀碑〉則作「得清微靈寶諸階雷奧」。〈紫霄觀碑〉的資料來源為邵以正上給皇帝(似應為代宗)的「傳道始末」,本應與〈原陽趙真人傳〉(未署撰人,或即邵以正所作)一致,但卻僅述「清微」,不及「淨明」。要解釋二者之間的差異,就需要知道〈趙原陽傳〉所謂「嗣諸法要」究竟表明所嗣為何法。不過,首先需要說明的是,〈趙原陽傳〉中的「嗣諸法要」,過去都以為是繼承了各派道法要義,這也成為趙宜真兼傳諸派的依據;但是根據下文「凡奧密言論,則見諸法要云」,則「法要」(或「諸法要」)應為書名。那麼,如果知道《法要》(或《諸法要》)一書的內容,即可知道趙宜真所受為何法。

　　從趙宜真個人撰述來看,除《仙傳外科秘方》、《急救仙方》為醫書外,[16]《原陽子法語》為詩歌丹訣,《靈寶歸空訣》論末後一著,《玄天上帝報父母恩重經》為短制,唯有《道法會元》中的有關部分堪稱《法要》(或《諸法要》)之名。而《道法會元》全書可能成於邵以正之手,[17]其中,前五十五卷為清微法,而卷五、卷七、卷八、卷十四、卷十七見有趙宜真序跋文字,卷十五、二十三、三十二見有以趙宜真列入祖師的儀式文書,那麼,或許可以認為《道法會元》前五十五卷是以趙宜真所傳《法要》(或《諸法要》)為基礎編訂而成。據《道法會元》卷五跋稱「清微正宗……五師祖真息熊真人昔受道於雷淵黃真人,在蜀諸門人立石題名之後,其文雖備,而訣多口傳。宜真猥以菲材,叨承正派,暇日討論道法體用之旨,輒將師傳〈四派歸一宗譜〉、〈道樞元降秘文〉列於篇首。其符章經道、簡策語令,取其切於用者,各以類聚。其諸階雷奧,止取三元、神捷、神烈、天雷、嶽、酆諸將之法,見於贊化,顯於當時者,各存其要。其煉度登齋章法,止以玉宸為主。而行持進止之訣,撮其機要,逐一條陳,仍記諸仙宗旨,參序其間,編校成帙。甚至行移事節,各立限期,分三十品,著定檢文,以便發遣。……吾黨正宗法子……嗣派原陽子趙宜真書」,[18]不僅自我認同為清微嗣派,並且具述編輯體例,與三傳所謂訂正補缺、發揮旨趣相合,可見以《法要》(或《諸法要》)一書內容為清微法的推測是可以成立的。

也就是說，以上三傳的作者實際上均認同一點，即趙宜真從曾塵外所受為清微法。而這與趙宜真的自我認同是一致。另就法派敘述來看，《歷世真仙體道通鑑續編》卷五〈黃雷淵〉、《道法會元》中的表狀文書均明確將曾塵外 (貴寬)、趙宜真列為黃雷淵正傳法嗣。三者合同，並無差別，可見無論是從他者認同的角度，還是自我認同的角度，趙宜真都只能是「清微嗣派」。

問題在於邵以正刊本《淨明忠孝全書》新增的〈原陽趙真人傳〉不僅認同趙宜真受清微法，同時還有趙宜真從曾塵外受「淨明忠孝道法」以及「淨明學者宗之，尊為嗣師」的記述。雖然〈原陽趙真人傳〉是否為邵以正所作難以確定，但顯然是為邵以正所承認的。根據胡濙〈淨明忠孝全書序〉、邵以正〈淨明忠孝全書後序〉所述可知，邵以正是有意將趙宜真、劉淵然塑造為淨明嗣師，從而將自己列為淨明嗣派正宗的。[19] 而根據邵以正所作文字撰寫的〈紫霄觀碑〉卻又放棄了這一說法，則不知是邵以正靈光一現，還是有其他什麼原因。

注意到〈原陽趙真人傳〉中趙宜真的賜號為八字「悟道開化廣德弘教」，與《道藏》本《靈寶歸空訣》自署六字「崇文廣道純德」、清抄本《歸空法》及詹義階抄本《道法統宗袖裏風雷教子篇》所抄《學道謝世歸空秘法》均作「崇文廣道純德」不同，而〈紫霄觀碑〉所記也是六字「崇文廣道純德」，顯然大有問題。又邵以正〈淨明忠孝全書序〉自署「景泰三年歲次壬申中秋日，嗣派弟子守玄沖靖高士、兼道錄司左正一東吳邵以正齋沐頓首謹書」，賜號尚為四字「守玄沖靖」，而〈紫霄觀碑〉稱邵以正為「守玄沖靖秉誠專確志道衍教妙悟靜虛弘濟真人」，則已是十八字的恩榮。此十八字號封於景泰七年，而景泰八年正月英宗即復辟，改元天順，于謙等人棄市，代宗廢為郕王，二月郕王薨，邵以正辭老，[20] 八月改賜號為「悟玄養素凝神沖默闡微振法通妙真人」，[21] 未襲前封，並減至十四字，顯然具有懲戒性或者警示性的意味。那麼，似乎可以認為趙宜真的八字賜號也是代宗時所封，如同邵以正的賜號一樣，在英宗復辟之後就不再保留。如果此種推測

可以成立，那麼邵以正建構趙、劉、邵一系的淨明統緒，或許與代宗政權有關，而英宗復辟之後，也就失去其意義，甚至構成政治上的罪狀。實際上，邵以正的一系列立祠崇祖活動正是集中在景泰七年與天順元年之間，其中，龍泉觀建祠立碑在景泰七年三月（〈龍泉觀長春真人祠記〉），白雲觀長春殿重建並繪像始於景泰七年，立碑則不早於天順元年（〈重建白雲觀長春殿碑（略）〉）。而〈紫霄觀碑〉是否撰於復辟之後，則尚難確定。如果是，那麼王直所據邵以正文字或許即是因英宗的復辟而不再提及「淨明」的吧，不過，邵以正仍是十八字封號則難以解釋了。如果不是，那麼，又或許可以認為是反映了陷於政爭漩渦的邵以正的個人政治預感吧？無論如何，邵以正一度努力建構自身的淨明正統身份，並且顯然也影響了淨明道的歷史敘述，但這只是邵以正的認同，就趙宜真的宗派身份而言，則只是一種道統上的追附，與趙宜真的自我認同並不符合。

另外，趙宜真注意收集醫方，遺有多種方書，也提到與宋、元淨明道有關之醫方。《仙傳外科秘方》卷十一附錄〈力到行方便文〉的第二條為「濟人疾病，大是方便。若能精虔合許真君如意丹施人，可濟萬病，治疫尤速。次則諸般可施之藥皆好。又能印施良方亦佳」，[22] 其中提到的許真君如意丹在南宋道、俗中已有流傳，趙宜真推崇其治疫藥效，當然值得注意，但在〈力到行方便文〉此段話的文本語境中只是強調施藥的功德，並沒有明確的法派性的表述。同樣，《原陽子法語》卷下〈日記題辭〉所提到的功過格，由於南宋以來功過格的風行，也難以作為論證其法派身份的充分證據。相較而言，劉淵然對許真君如意丹以及天心帙的描述則更特殊一些，確實有可能反映其宗派意識（詳後）。不過，趙宜真所編《上清紫庭追癆仙方》中收錄有〈淨明法中治癆療方〉，並說是「度師玉真先生傳」，「此方，行是法者用之，尤為妙也」[23] 則值得重視。此條記錄明確指出該方是「淨明法」，而且是元代劉玉淨明忠孝道法所傳「淨明法」中醫方，與南宋已流傳的許真君如意丹在意義上完全不同，表明趙宜真確實了解元

代淨明忠孝道法。但從他的敘述方式來看，所謂「度師玉真先生」，
無論從三師體制還是時代來看，都不可能是趙宜真的直接表達，而
應是轉引自某位行淨明忠孝道法者，[24]而所謂「行是法者」顯然是一種
外部的描述，並不自認為行淨明忠孝道法者。

下面再就丹法師承予以分析。三傳中，就敘述方式可以看出，
〈紫霄觀碑〉與〈原陽趙真人傳〉基本一致，表明王直所據邵以正文
字的這一部分敘述與〈原陽趙真人傳〉一致，也就是説邵以正認為趙
宜真丹法兼得南、北二派之傳。而〈趙原陽傳〉並未提到趙宜真兼傳
南、北二派之丹法。在該傳中，張宇初列舉了張天全、李玄一、馮
蒲衣等三位丹師，並説張天全、馮蒲衣均為金野庵弟子，傳金液內
外丹訣。儘管未説明李玄一的丹法淵源，但張宇初顯然是認為趙宜
真丹法只有一個源頭，就是金野庵。而張宇初〈金野庵傳〉説他是「全
真李月溪弟子」，並説「月溪，白紫清徒也」，[25]由此看來，此處「全真」
似乎只是泛指，非指「全真派」，而金野庵丹法則應屬白玉蟾南宗丹
法。[26]也就是説，即使將金野庵的師承納入，在張宇初的敘述中，趙
宜真丹法也只能屬於一宗，而非兼傳南、北二宗。那麼，作為趙宜
真的嫡傳法孫，邵以正的説法是否可靠呢？就前述道法記述來看，
邵以正的有關敘述未必客觀，甚至未必是事實。不過，由於同為他
者，儘管張宇初之説早出，但也不能因此就足以推翻邵以正之説。
要檢驗二説的有效性或真實性，就需要以趙宜真自身的敘述作為衡
量的標準。茲將趙宜真《原陽子法語》中有關丹法的自身記述具列如
下：

> 壽昌仙伯鐵玄翁，曾於聖井師金公。歸向青華開泰宇，食我法
> 乳蘇疲癃。繼後從游李夫子，聞有蒲衣馮外史。亦師金祖紹仙
> 宗，駐鶴龍沙明至理。翩然躚躚往問之，萬法歸一一何歸。外
> 史於時方燕坐，雷霆迅厲虛空破。詰我問從甚處來，清風揯透
> 迷雲開。廓然溥見家家月，了照本來無所説（〈紀學〉）。[27]

吾祖蓬頭垫庵老，武夷峯頭事幽討。時於聖井引新潮，麗澤涵
濡弘至道。金門羽客方壺公，曾從吾祖坐春風（〈真道歸一偈奉
答金門羽客致盧貞白惟一真人方壺賛教方尊師〉）。[28]

伏蒙方壺賛教真人賜以手書，舉似玄迪秘語，乃大還外丹之説
也。宜真亦嘗師太清道士李先生，得之已三十年，鮮有談及
者，茲又得以披誦。……有感而序，於以識警策之意，釋信向
之疑。

我昔南昌遇至人，曾聞丹訣能通真……會當入室調火符，功成
駕鶴從方壺（〈還丹金液歌並敘〉）。[29]

滕王高閣仲秋間，重拜仙翁受大還（〈記疇昔李尊師授玄一之
道〉）。[30]

　　就以上自述可以知道，趙宜真曾師從張鐵玄（即張天全）、李夫
子（即李玄一）及馮蒲衣三位丹師，而張天全、馮蒲衣，據其所述均
曾師金野庵，因而他又認金野庵為自己的祖師。至於李玄一，趙宜
真也沒有提到其師承，但説李是「太清道士」，並説李曾傳他「大還外
丹訣」，而且曾邀請他一同煉丹（《原陽子法語》卷上見有〈奉和李尊
師期往龍門紫玄觀制神藥不至見寄〉一首），可見李玄一很可能是從
事金液烹煉的外丹師。另外，他又提到李玄一所授外丹訣與方方壺
向他出示的秘語一致，方方壺為金野庵弟子，則李玄一所傳丹訣似
乎也可看作是金野庵一系，由此也可理解〈趙原陽傳〉中李玄一薦之
馮蒲衣的記述，蓋二者丹法可能本屬同源。無論如何，趙宜真在尊
重自己的三位老師之外，僅認同金野庵是自己的祖師，並沒有再進
一步追溯到白玉蟾或者丘長春。

　　由此看來，張宇初的敘述是與趙宜真的自我認同一致的；而邵以
正的敘述則與趙宜真的自我認同不相符合。此外，邵以正所説的「張

廣濟」似乎應是「張天全」，據張宇初所說，則是金野庵弟子，而李玄
一也可能是金野庵一系的丹師，因此所謂「張廣濟傳丘長春北派」、
「李玄一傳白玉蟾南派」很可能只是一種文字上的修飾，目的並不是
要記錄趙宜真的丹法源流，而是將趙宜真塑造為會通南北二宗的一代
大師。[31] 同樣，《長春道教源流》對趙宜真發展全真之學的記述，也不
過是一種比附，並沒有切實的根據，與趙宜真的自我認同不符。[32]

第二節　劉淵然嗣派淨明問題的再探討

現存可見的劉淵然早期傳記資料，除《明史》本傳以外，尚有邵
以正刊本《淨明忠孝全書》所收胡儼〈長春劉真人傳〉、陳璉〈長春劉
真人祠記〉、陳循〈龍泉觀長春真人祠記〉、王直〈長春劉真人祠堂
記〉、楊榮〈長春劉真人傳 (略)〉、喻道純〈奏護西山道院〉以及2010
年南京出土的劉淵然墓誌等。[33] 其中，本傳過簡，楊榮所作僅存節
略，陳璉所作較簡略，[34] 喻道純僅舉在朝事，而劉淵然墓誌腐蝕過
甚，幾不可讀，那麼，可資利用的也就僅有胡儼、陳循、王直等所
撰三種。就時代而言，三者中以胡儼所作最早，陳循所作在景泰七
年，但明確說是根據胡儼所作；而王直雖未說根據何種資料，但碑
記既然是受邵以正之請而作，應是根據邵以正提供的資料，就其所
述史事來看，雖已有逸出胡儼所述之內容，但就敘述方式及詞句表
達來看，至少也應該包括胡儼所作傳記在內。因此，三者不僅是少
數幾篇可以利用的傳記資料，而且是可以直接予以相互參證的關聯
文獻。現將三傳相關文字具列如下，以見三者之異同：

> 長春劉真人者，字淵然，號體玄子。其先徐之蕭縣人，元至治
> 間，祖伯成贛州路總管，因家焉。真人，總管次子元壽之子
> 也。初生，祖母謝夫人夢紫衣道者入室，既覺，家人報弟二房
> 王氏生子矣。生踰月，得驚疾，醫不治。總管醮於玄妙觀，即

醮壇許黃冠師陳方外為徒。年十六，遂為道士，受符法於胡、張二師。後遇趙原陽於吳有壬書舍，大奇之，謂吳曰：「此子形全神清，有道緣，非尋常」。於是得親炙趙公，授以諸階秘奧。刻志進修，寒暑不懈。每與同輩處，語及修行，輒舉忠孝為之主本。原陽聞之，歎曰：「此真良器也」。攜之歸金精山，復授以《玉清宗教》、《社令烈雷》、《玉宸》、《黃籙》、《玉籙》、<u>《太極》、《淨明》</u>等書。呼召風雷、劾治鬼物、濟拔幽爽，無不響應。<u>然於忠孝道法尤大彰顯，至今淨明學者尊為嗣師</u>。又三年，原陽乃告以金火返還大丹之訣。棲神煉氣，玄悟超卓。嘗游龍虎山，過南昌，值歲旱，官屬請禱，大雨傾注，民獲有秋。由是聲聞益彰（〈長春劉真人傳〉）。[35]

按前太子賓客國子祭酒致仕胡公若思所為長春之傳稱：其先徐之蕭縣人。祖諱伯成，為贛州路總管，子孫因家贛州。長春將生，其祖母謝夢紫衣道者入次子王氏婦室。既覺，家人報婦生子。生逾月，得驚疾，總管懼，禱于路玄妙觀，因以許黃冠師陳方外為徒。年十六遂為道士，號體玄子，受符法於胡、張二師，復師事趙原陽。原陽奇其形全神清，非尋常比，授以玄妙，俾務進修。既而探其志存忠孝，喜曰：「真良器也！」攜之歸金精山，復授《玉清宗教》、《社令烈雷》、《玉宸》、《黃籙》、<u>《太極》</u>等書，呼召風雷，役治鬼物，濟拔幽顯，立有應驗。既而又受金火返還大丹之訣，棲神煉氣，玄悟超然（〈龍泉觀長春真人祠記〉）。[36]

長春劉氏，字淵然，號體玄子，其先徐州蕭縣人，祖伯成仕元為贛州路總管，因家贛州。次子元壽生真人。將生之夕，祖母謝夫人夢紫衣道者入元壽室，既覺，而真人生。總管以夢祥祈佑於玄妙觀，因許道士陳方外，俾為徒。年十六，遂入道受符法。元陽趙真人見之喜曰：「此子形全神清，真良器也。吾法嗣無過此」。留之座下，授以諸階玄秘，攜歸金精山，復授以《玉

清宗教》、《社令烈雷》、《玉宸》、《黃籙》、《玉籙》等書，及金火
返還大丹之訣，棲神鍊炁、呼召風雷、驅役鬼神、濟拔幽顯，
動有靈驗。嘗游龍虎山，過南昌，值歲旱，為禱雨，立應，聲
聞益彰（〈長春劉真人祠堂記〉）。[37]

就材料來源以及以上引文的整體敘述而言，三者所述大體上是
一致的；惟在涉及淨明道的記述時，後二者與胡儼所述存在較為明
顯的差異。〈長春劉真人傳〉提到的「《太極淨明》」或「《太極》、《淨
明》」在〈龍泉觀長春真人祠記〉僅作《太極》，而在〈長春劉真人祠堂
記〉則完全未提及；〈長春劉真人傳〉所謂「然於忠孝道法尤大彰顯，
至今淨明學者尊為嗣師」，在後二者中也完全未見轉引或類似的表
達。[38]如果預先站在淨明道的立場，認為既然最早的〈長春劉真人傳〉
載有淨明道相關信息，那麼「劉淵然宗屬淨明」的傳統史述也就得
到了有力的證明。但是這種思路顯然迴避了三種傳記資料之間的差
異，而這些差異正是我們討論劉淵然法派問題時所必須予以合理解
釋的問題。也就是説，作為孤例，〈長春劉真人傳〉中有關淨明道敘
述的可靠性必須予以檢討。

就劉淵然從趙宜真所受「《玉清宗教》、《社令烈雷》、《玉宸》、
《黃籙》、《玉籙》」等而言，《玉清宗教》可能是指雷法，也可能即《清
微宗教》（始氣玉清，天號清微），據前舉《道法會元》卷五趙宜真跋
可能是指〈四派歸一宗譜〉一類的文獻；[39]《社令烈雷》為雷法，趙宜真
稱所編「（清微）諸階雷奧，止取三元、神捷、神烈、天雷、嶽瀆諸
將之法」，而《上清神烈飛捷五雷大法》所附文檢中，檄招社令雷神
之統領即為「玉清社令烈雷轟天霹靂程元帥」，[40]可見應屬清微雷法；
《玉宸》、《黃籙》、《玉籙》則是清微系統的煉度法，趙宜真跋所謂「其
煉度登齋章法，止以玉宸為主」，亦見存於《道法會元》，均與清微有
關。惟「《太極淨明》」或「《太極》、《淨明》」與淨明有關，但不見趙
宜真提及，也與趙宜真的道法師承及宗派認同不相符合。

姑且不論「《太極淨明》」是實錄還是虛擬，至少均可以理解是淨

明道的文獻；然而「太極」則很難説是何內容。[41] 既然陳循是依據胡
儼所述改寫，那麼，這便很可能是從「太極淨明」刪改而來。也就是
説，根據〈龍泉觀長春真人祠記〉轉引時尚保留「《太極》」一名的情
況，可以推測陳循見到的〈長春劉真人傳〉若非已經刪改，則很可能
尚是記載有「《太極淨明》」的文本，只是在撰寫碑記時，可能由於
某種顧慮而刪存為「《太極》」。而到了王直，情況則大有不同，若他
所見到的〈長春劉真人傳〉等有關資料並非已經完全刪除相關敘述的
文本，則也很可能是他在撰寫碑記時受到邵以正政治處境與宗派思
想變化的影響，有意識地予以迴避。以上並非妄加蠡測，因為不同
時間、不同地點的兩個人，根據同一資料，即使存在臨文簡省的情
況，也不可能剛好都省去同樣的內容；能達到如此巧合，除了所據
資料本身已經同一人預先處理之外，也只能是在撰寫過程中接受了
同一人的干預。當然，也有可能陳循所轉引的〈長春劉真人傳〉並不
來自邵以正，而是其他渠道流傳的胡儼原本。也就是説，可能是邵
以正在將該傳增補入《淨明忠孝全書》時，在「《太極》」的基礎上增
改為「《太極淨明》」或「《太極》、《淨明》」。而王直如果也不是通過
邵以正見到該傳，也是從其他渠道見到胡儼原本，則「《太極》」的失
載可能只是偶然。

　　另就「然於忠孝道法尤大彰顯，至今淨明學者尊為嗣師」而言，
〈長春劉真人傳〉在敘述道法、丹法的師承傳授時突然插入一句淨明
云云，顯然極為突兀。即便不考慮文脈斷裂的因素，結合〈原陽趙真
人傳〉中「時清微、淨明之法久湮不行，今復大顯於世者，實真人振
起之力也。由是淨明學者宗之，尊為嗣師云」的表達方式來看，完全
符合邵以正通過將二傳增補入《淨明忠孝全書》從而建構淨明正統的
意圖，顯然是一種標準化的敘述，完全有可能是在編入《淨明忠孝全
書》時所作的統一處理。而陳循、王直均未有類似表達，如果不是邵
以正臨時授意，則表明二者所見很可能是已經刪改的文本，或者表
明二者所見胡儼原本並無相關記述。

如此看來，鑒於現存諸如明贛州府學刊本《胡祭酒頤庵集》、清康熙二十六年序刊本《頤庵集》、文淵閣四庫抄本《頤庵文選》等版本的胡儼文集中均未收錄〈長春劉真人傳〉，而根據〈長春劉真人傳〉轉寫的〈龍泉觀長春真人祠記〉以及應當參考了〈長春劉真人傳〉的〈長春劉真人祠堂記〉又未見相關記載，則不能不令人懷疑此一〈長春劉真人傳〉在收入邵以正刊本《淨明忠孝全書》時，為配合邵以正建構淨明正宗的意圖，可能被予以添改；而這一經過添改的文本，在時勢發生改變之後，可能又發生了刪改，被予以去意圖化了。如果此種推測不誤，那麼，〈長春劉真人傳〉有關劉淵然傳淨明法的記述以及被尊為「淨明嗣師」的表達僅可看作是邵以正個人宗派意識的依據，而難以作為劉淵然派屬淨明的依據。當然，即便此種推測還有討論的餘地，甚至不能成立，〈長春劉真人傳〉的可靠性也要大打折扣，因而也難以作為足以憑信的依據來證明劉淵然宗屬淨明。

姑且不論胡儼〈長春劉真人傳〉原文是否存在有關淨明的記述，既然邵以正將趙宜真列為淨明嗣派並不符合趙宜真的自我認同，那麼，他將劉淵然列為淨明嗣派，又是否符合劉淵然的自我認同呢？

既然邵以正刊行《淨明忠孝全書》具有明確的建構淨明統緒的意圖，那麼就首先看看劉淵然與《淨明忠孝全書》的關係。據台灣李顯光先生藏清嘉慶雲南刊本《淨明忠孝全書》附錄〈許真君七寶如意丹後敘〉所述，「仍將劉真人諱淵然原刻《許祖淨明忠孝全書》一卷見板無存，仍付之梓，克廣真君道德，並《七寶如意丹》亦付篇末」。[42] 這一劉淵然原刊本如果真實存在，當然至關重要，可能反映劉淵然的淨明宗派意識。[43] 據郭武所述，李顯光先生所購《淨明忠孝全書》為線裝二冊，[44] 則除了附錄丹方一冊外，應當還有一冊為《淨明忠孝全書》正文。為了解這另外的一冊內容及相關信息，我曾幾經聯絡，而輾轉得到李顯光先生的最終答覆，則是該書只有附錄丹方一冊，別無他本。[45] 那麼，在原書無存的情況下，〈後敘〉中的一句記載，是否可以構成劉淵然認同淨明的證據呢？

　　問題在於，無論是否可作為劉淵然法派意識的證據，首先需要認同這一記載的真實性，如果不加討論，則等於預先判定原書確實為劉淵然所刊，也就是等於預先判定根據該記載可以認定劉淵然認同淨明，而這種預設思維正是我們需要揚棄的。儘管原書無存，但畢竟存在某本據稱是劉淵然所刊的《淨明忠孝全書》。不論是在雲南所刊，還是攜入雲南，如果劉淵然刊本確實存在，那麼，作為劉淵然在雲南收入門下的嫡傳、從事增補重刊《淨明忠孝全書》之事的嗣派，邵以正應該是能夠見到該刊本，並予利用的。[46]然而，邵以正刊本《淨明忠孝全書》所保留的舊序，除見於道藏本的元人諸序以外，唯有洪武三十一年曾恕序，但卻只是提到由南昌宗華彭真觀煉師魏希然的弟子胡孔聞校正，西山徐古愚刊行，所據底本則是南昌常清觀周定觀攜來之吉安禾川（永新）昊天觀古本，完全沒有提及劉淵然。[47]而胡濙《淨明忠孝全書序》、邵以正《淨明忠孝全書後序》也都沒有提到劉淵然曾刊行《淨明忠孝全書》。[48]那麼，如果曾恕所序本並非劉淵然刊本的話，[49]則所謂劉淵然刊本便很可能只是雲南當地流傳的某本《淨明忠孝全書》的訛傳。[50]也就是說，清人所據底本究竟是否劉淵然所刊，由於原書不存，而其他相關資料又無記載，無法予以印證，那麼，在論證劉淵然法派意識時也只能僅作參考，而無法作為切實可靠的依據。

　　　下面再看看劉淵然語錄中，是否有可資利用的個人記述。現存可見的劉淵然個人撰述極少，除醫書外，唯有語錄一卷。劉淵然語錄為邵以正所編，常見者為明胡文煥所刻《新刻長春劉真人語錄》一卷，[51]但所據底本有殘缺，僅收語錄三十則，且多有錯訛與刪改。上海圖書館藏清順治十八年（1661）彭定求抄本《沖虛至道長春劉真人語錄》一卷，前有正統九年（1444）四十五代天師張懋丞〈劉真人語錄序〉，後有正統八年（1443）邵以正序，收語錄五十四則，不僅數量較胡刻多出幾乎一倍，每則語錄內容亦較胡刻更為完整。胡刻所收三十則，內容大體談心性，或為勸道箴言，且多有殘斷；彭定求抄

本中的其他二十四則，內容主要涉及飛符、煉度、施食、齋醮等道法行持，也有一些個人修道經歷以及勸道箴言。而彭定求抄本諸則語錄所涉道法大體與趙宜真所傳清微諸法有關，並且，部分談道法的語錄如第二十五則「或問飛神奏章之妙」本於趙宜真《玉宸登齋內旨》序（《道法會元》卷十四）、第三十三則「或問煉度鬼神」本於趙宜真《玉宸經法錬度內旨》序（《道法會元》卷十七），顯現出謹守師說的意識與態度。如果考慮到趙宜真無論從自我認同還是他者認同都是屬於清微嗣派，那麼，劉淵然此種意識與態度似乎表明他也應該是認同清微嗣派的。[52]另外，德國巴伐利亞州立圖書館藏明宣德六年（1431）鮑玄昇泥金寫本《太玄女青三元品誠拔罪妙經》前有劉淵然序，鈐有「金門羽客」、「體玄子」及法印共計五枚。其中，所用法印三枚，目前雖然在《道藏》中未找出完全對應的法印（第一枚與神霄雷印較為接近），但就篆形看似乎應屬清微法印，而與《道藏》所見南宋淨明法印不同（見圖3.1）。[53]宣德六年已是劉淵然最後的歲月，次年（1432）八月八日他就去世了，而他這時候使用的如果可以確定是清微法印，似可據此認為他的自我認同確為清微。[54]

劉淵然所用法印

《太上靈寶淨明法印式》

《太上淨明院補奏職局太玄都省須知》

靈風律令印（《道法會元》卷五七《上清玉樞五雷真文》）

圖3.1 劉淵然所佩法印與《道藏》內所見相關法印對照。

　　問題是，劉淵然的這些語錄並不全是與清微有關的內容，除了心性論與丹道修煉有關，也有一部分涉及淨明的內容，具列如下：

或問：入道之要，如何進修？真人曰：學道者先當務忠孝，以報君親之恩。蓋忠孝乃大道之本。故先儒之論君子務本，本立而道生。吾教亦然。如不本之忠孝而能成道，吾未聞也。洞真胡君曰：「修仙要不在參禪問道，入山煉形；貴在忠孝立本，方寸淨明。四美俱備，神漸通靈，不用修煉，自成（然）道成」。夫仙經萬卷，忠孝為先。天上人間，那有不忠不孝的神仙也。（第二則）

或問：一子學道，九祖生天。此語信否？真人曰：昔都仙真君，行滿功成，名高玉籍，慶延宗祖，福及一門，仙眷四十二口白日上昇。歷代成仙者，祖宗皆列仙品，豈非九祖生天之明驗乎？學道者當取以為法。或出家而不能積功累行，於道無成，名玷玄宗，殃及九祖。簪裳之士可不精進乎？（第三十四則）

真人曰：欲修仙道，先修人道。人道立，而仙道成。不修人道而成仙道者，未之有也。《淨明經》曰：「父母之身，天尊之身。能事父母，天尊降臨。欲拜星宿，兄友弟恭」。故孝弟之至，通於神明，光於四海，無所不通。修道者若能孝弟，不待祈福於天，自然學道得道，求仙得仙。苟不孝弟，雖朝夕朗誦不輟，亦徒然耳。（第三十五則）

真人曰：施藥治病，其功至博。若旌陽祖師如意丹，無病不治，尤為良劑。學人誠能依法請降，依法修合，以濟疾病，可以全活人心。然其所以取效，非藥味所能盡，蓋神力之助也……。（第四十五則）

真人曰：近世有習爐火之術者，皆被一個財字迷了本心……古人
點化，無非養道濟貧。昔道師真君以神丹點化石金，濟貧民以輸
稅糧。今之學者，非為利濟，惟希富足……。（第四十六則）

真人曰：吾自幼學道，荷先師原陽真人授以日記一帙，令每日
凡有舉念動心、出言下筆、接人應事，皆書於帙。其不可書
者，即不可為。既已為之，必當書之。所謂人心即天心，欺心
即欺天。故以天心標其帙。警曰：「天心本與我心同，我若欺心
昧化工。拈起筆時須猛省，神明暗室不相容」。又書玉真祖師
三十字戒，云：「懲忿窒欲，明理不昧心，有纖毫失度，即招黑
暗之愆，要頃邪言，必犯禁空之醜」。吾遵守奉持，不敢頃刻遺
忘，則一生受用不盡。法子當體而行之。（第五十四則）[55]

其中，第二則所說「洞真胡君曰：修仙要不在參禪問道，入山煉
形；貴在忠孝立本，方寸淨明。四美俱俗，神漸通靈，不用修煉，
自成（然）道成」，所謂「洞真胡君」即胡慧超，引文則見於《淨明忠孝
全書》所收胡慧超降與劉玉之〈淨明大道說〉；第三十五則所說「《淨
明經》曰：父母之身，天尊之身。能事父母，天尊降臨。欲拜星宿，
兄友弟恭」，引文見於南宋建炎二、三年間所出《太上靈寶淨明洞神
上品經》；[56]第五十四則所說「玉真祖師三十字戒，云：懲忿窒欲，
明理不昧心，有纖毫失度，即招黑暗之愆，要頃邪言，必犯禁空之
醜」，所謂「玉真祖師」即劉玉，三十字戒引文見於《淨明忠孝全書》
所收〈西山隱士玉真劉先生語錄內集〉。又如第三十四則所謂「都仙
真君」、第四十五則所謂「旌陽祖師」、第四十六則所謂「道師真君」
均為許遜。可見，劉淵然對淨明道書及許遜故事均極熟悉。只是，
許遜不僅是淨明道的祖師，同時也被清微法以及其他一些雷法派別
尊為祖師之一，其故事在宋元明均極為流行，劉淵然完全有理由熟
悉許遜故事；而作為一代宗師，劉淵然涉獵淨明道書也完全可以理
解，因此，以上語錄似乎並不足以成為劉淵然認同淨明的充分依據。

　　注意到第四十六則稱許遜為「道師真君」，與「都仙真君」、「旌陽祖師」不同，是很特殊的表達。所謂「道師真君」，據《淨明忠孝全書》所收〈淨明道師旌陽許真君傳〉載「凡參學淨明弟子，皆尊之曰道師君」，則是元代劉玉淨明忠孝道法所出的新說，即與張氳、胡慧超、郭璞等仙真一同構成元代淨明忠孝道法特定的道師、經師、法師、監度師。那麼，劉淵然稱許遜為「道師真君」，如果不是認同淨明忠孝道法的傳統，自以為「參學淨明弟子」的話，就很難解釋了。

　　而第四十五則所說「旌陽祖師如意丹」，作為一種藥方，劉淵然提及似乎也很正常，何況趙宜真已勸人「精虔合許真君如意丹施人」；[57] 但是劉淵然強調「依法請降，依法修合」，並說其療效並非純粹藥力，而是有「神力之助」，則並不是一般的言論。許真君如意丹流傳很廣，醫者間多傳方而約其法，道門則不僅傳方亦承續其法。其法除諸味藥皆有神將、符以外，還供奉許遜、丁義、吳猛、西靈地主等神真，[58] 合藥時除關奏該當神將外，還需存想許真君，書符誦奏，服用時須念許遜聖號、焚「許祖淨字符」入湯並頌服藥咒。儘管許遜也被清微等法派奉為祖師之一，但丁義、吳猛以及逍遙山的「西靈地主」的情況卻有不同，三者均是孝道或淨明道的神真聖師。此外，「許祖淨字符」即所謂天書淨 (靖) 字，則是孝道或淨明道特有的篆字。[59] 那麼，要「依法請降，依法修合」，所謂的「法」即淨明忠孝道法，如果不是表明劉淵然奉行淨明忠孝道法，至少表明劉淵然不僅對淨明經典有所涉獵，並且也了解淨明忠孝道法。

　　如此看來，第五十四則談天心帙的問題也就不能等閒視之了。

　　首先需要說明的是，劉淵然關於天心帙的敘述，除劉玉三十字戒以外，亦見於《原陽子法語》卷下〈日記題辭〉。而王直〈紫霄觀碑〉、〈長春劉真人祠堂記〉亦有劉淵然從趙宜真受天心帙的記載。問題在於，天心帙作為一種功過格，是否可以認定就是來源於淨明道呢？實際上，雖然功過格可能最早出自南宋淨明法，並且南宋淨明法弟子傳度受職也必有「淨明記功過簿」，[60] 但劉玉淨明忠孝道法是否

持守功過簿目前看來並無任何記載，更何況功過格自宋元以來已為儒道釋三教人士所廣泛接受，並非某法派所秘傳。此外，據趙宜真所說，其「日記」為李玄一所授，[61] 李玄一據前所述本是金蓬頭一系的丹師，除了地域上可能與西山法門有關以外，似與淨明忠孝道法無涉。也就是說，就功過格的形式而言，並非南宋淨明法所獨專；而就暗室不欺云云這樣的功過思想而言，也是為一般大眾所接受的普遍道德，並沒有什麼足以判斷法派歸屬的特別意義。那麼，就趙宜真〈日記題辭〉以及劉淵然語錄沿襲師說的部分而言，實在缺乏足以判定與淨明有關的充分依據。

當然，除了師說以外，值得注意的是，劉淵然又提到了「玉真祖師三十字戒」。如前所述，可以認為，這可能只不過是反映了劉淵然熟悉淨明道書而已。但是，他稱劉玉為「玉真祖師」，而不是「玉真」、「劉玉真」或者「劉真人」、「劉玉真人」，如果不是以「參學淨明弟子」身份出發，多少顯得有些過於尊尚。而作為他終身持守的戒律，居然來自元代淨明忠孝道法創教宗師的語錄，如果不是站在淨明忠孝道法的立場，也多少令人感到奇怪。換句話說，一個原本淵源不明，可能只是用來約束心天的一般意義上的功過格，附加上劉玉的三十字戒，遂轉變成了具有元代劉玉淨明忠孝道法屬性的特殊功過格。

由此看來，儘管從師承來看，劉淵然所受道法應該是趙宜真所傳清微法，並且這也符合道教長春派自身的歷史敘述；但在涉獵淨明忠孝道法時，可能對淨明忠孝道法逐漸有所認同，特別是在約束身心的道德修養和忠孝節義的行為操守方面，傾心於淨明，因而遂有意識地傳佈淨明之學。而邵以正將其稱為「淨明嗣師」，顯然是一種標榜正統的行為，多少與其祖孫三代所傳主要為清微法的事實不符，但在一定程度上，也可以說並未違背劉淵然認同淨明的個人意識。

第三節　本章結語

從道法傳承來看，趙宜真從曾貴寬所受為清微法；從自我認同來看，趙宜真自承為清微正宗；從他者認同來看，趙宜真有關傳記資料中的有效敘述，以及較可信的宗派敘述均將趙宜真視為清微嗣派。無論是從道法傳承、自我認同還是他者認同來看，邵以正將他尊為「淨明嗣師」顯然都是不符合事實的。

劉淵然從趙宜真所受為清微法，但個人似乎又涉獵淨明忠孝道法；從自我認同來看，他未明言自己是嗣派清微，還是嗣派淨明（如果確定所用法印為清微法印，則可以認為是認同清微），但顯然對淨明忠孝道法抱有親近之心；從他者認同來看，長春派的法派敘述將他作為清微嫡傳祖師，邵以正曾一度將他尊為「淨明嗣師」，雖不知何故又予放棄，但已被明清以來淨明道的法派敘述所接受。因此，從個人認同及他者認同來看，邵以正將他尊為「淨明嗣師」在一定程度上是符合事實的。至於邵以正通過增補重刊《淨明忠孝全書》將趙、劉確定為淨明正統的行為，無論從主觀意圖還是客觀效果來看，都已將自己列為淨明嗣派正統，而明萬曆以降風行的「淨明運動」中出現的宗派敘述也確實存在將邵以正列為淨明嫡傳師祖之一的情況。[62]

總之，在趙宜真的法派身份與法派意識確定為清微的情況下，並不意味著劉淵然的法派身份與法派意識就一定是清微，更不意味著邵以正的法派身份與法派意識也一定是清微。反過來也一樣，在邵以正明確站在淨明正宗立場的情況下，並不意味著劉淵然就一定認同為淨明正宗，更不意味著趙宜真也認同淨明。也就是說，儘管道門最重師承，而弟子也未必不謹守師說，但個人法派意識卻並不一定一成不變，可能受到個人情感、興趣以及人際交往、社會環境、政治走向等各方面因素的影響而發生或大或小的變化，畢竟，他們是實實在在生活過的人，而不僅僅是傳承譜系中的幾個名字而已。

註　釋

1　秋月觀暎：《中國近世道教の形成：淨明道の基礎的研究》（東京：創文社，1978），頁155–164。

2　Kristofer M. Schipper, "Master Chao I-chen 趙宜真 (?–1382) and the Ch'ing-wei 清微 School of Taoism," 載秋月觀暎主編：《道教と宗教文化》（東京：平河出版社，1987），頁716–734。

3　任繼愈主編：《中國道教史》（上海：上海人民出版社，1990），頁639–641；卿希泰主編：《中國道教史》第三卷（成都：四川人民出版社，1996），頁443、459。

4　郭武：〈趙宜真、劉淵然與明清淨明道〉，載《世界宗教研究》2011年第1期。此外，他對趙、劉、邵兼傳全真與淨明之說也予以了發展，見郭武：〈明清淨明道與全真道關係略論——以人物交往及師承關係為中心〉，載《全真道研究》第1輯（濟南：齊魯書社，2011），頁144–153。

5　許蔚：《斷裂與建構》，頁361–370。

6　許蔚：〈《淨明忠孝全書》的刊行與元明之際淨明統緒的構建〉，頁124–135。

7　現存乾隆刊本、嘉慶重刊乾隆本、光緒刊本等三種，見許蔚：《斷裂與建構》，頁415–417。宣統刊本《萬壽宮通志》沿襲光緒刊本的部分未再列入。

8　許蔚：《斷裂與建構》，頁147。之所以稱「邵以正刊本系統的文獻」，是因為邵以正刊本《淨明忠孝全書》後來還有嘉靖間（1522–1566）鄧繼禹重刊本，而李鼎所撰雖追溯自〈原陽趙真人傳〉，但直接依據的究為何本，是否可能只是輾轉得到相關資料，則並沒有直接的證據予以證明。

9　許蔚：〈《如意丹方》與淨明道醫藥傳統的生成〉，載《道教研究學報》2011年第3期，頁58；許蔚：《斷裂與建構》，頁262。

10　施舟人指出這些文書表明，其時趙宜真應早已去世，而將其神化的清微派繼承者若非劉淵然即是邵以正，見"Master Chao I-chen 趙宜真 (?–1382) and the Ch'ing-wei 清微 School of Taoism"，頁719。

11　許蔚：《斷裂與建構》，頁149；許蔚：〈《淨明忠孝全書》的刊行與元明之際淨明統緒的構建〉，頁134。

12　張宇初：《峴泉集》卷四，頁232。

13　〈原陽趙真人傳〉，載許蔚校註：《淨明忠孝全書》，頁 55–59。

14　許蔚校註：《斷裂與建構》，頁 615。

15　此處分別道法和丹法，首先是尊重文獻的本來敘述方式，其次是將道
　　法、丹法分別開來討論，較易於釐清線索。實際上，如本文討論的，
　　在趙宜真的例子裏，他個人也並不將道法師承與丹法傳授混同，而是
　　分別敘述的。在討論法派身份問題時，道法傳承當然是首要的標準。
　　但丹法傳承也是個人學術的一部分，並且傳丹法時也未必不附帶傳授
　　道法，所以也是需要重視的參考項，分開討論也是對此一參考項的重
　　視。

16　關於《急救仙方》著作歸屬，見許蔚：〈《如意丹方》與淨明道醫藥傳統
　　的生成〉，頁 78–79；許蔚：《斷裂與建構》，頁 401–403。

17　施舟人最初認為劉淵然或邵以正是《道法會元》中前五十五卷清微部分
　　的編輯者，並可能是全書的編輯者。詳參 "Master Chao I-chen 趙宜真
　　(?–1382) and the Ch'ing-wei 清微 School of Taoism"，頁 719，後與袁冰凌
　　合撰提要認為邵以正最有可能是整部《道法會元》的編輯者，見 Schipper
　　and Verellen (eds.), *The Taoist Canon*, vol. 2, p. 1106。

18　《道法會元》卷五，《道藏》第 28 冊，頁 707–708。

19　許蔚：〈《淨明忠孝全書》的刊行與元明之際淨明統緒的構建〉，頁
　　133。

20　邵以正辭老應與英宗復辟有關，時間僅知為二月，具體日期不詳，很
　　可能在郕王 (代宗) 薨之後。

21　許蔚：《斷裂與建構》，頁 367–368。

22　《仙傳外科秘方》卷十一附錄〈力到行方便文〉，《道藏》，第 26 冊，頁
　　717。

23　《急救仙方》卷十一〈上清紫庭追癆仙方品〉，《道藏》，第 26 冊，頁
　　659。關於《上清紫庭追癆仙方》為趙宜真所編，參見許蔚：〈《如意丹
　　方》與淨明道醫藥傳統的生成〉，頁 78；許蔚：《斷裂與建構》，頁 402。

24　許蔚校註：《淨明忠孝全書》，頁 17。

25　張宇初：《峴泉集》卷四，頁 231。

26　《歷世真仙體道通鑒續編》卷五〈金蓬頭〉卻說「師全真道士李月溪。月
　　溪乃真常李真人之徒。真常又長春丘真人之高弟也」，則主張金野庵丹
　　法出自丘長春。鑒於〈金蓬頭〉係在〈金野菴傳〉基礎上改寫而成，此一

記述是否可靠值得懷疑。不過，金蓬頭與全真確有關係，參見鄭素春：〈元代全真道長春宗派的南傳：以金志陽法脈為主的研究〉、〈金元全真道中原地區以外的傳教活動〉以及高振宏：〈張宇初〈金野菴傳〉、〈趙原陽傳〉中的傳道譜系與聖傳書寫研究〉，載正修科技大學通識教育中心編：《2015宗教生命關懷國際學術研討會成果報告》（高雄：正修科技大學通識教育中心，2015），頁137–158。

27 趙宜真撰，劉淵然編：《原陽子法語》卷上，《道藏》第24冊，頁84。

28 同前註，頁83。

29 同前註，頁83。

30 同前註，頁85。

31 邵以正在〈重修白雲觀長春殿碑（略）〉中說「念真人與先師劉真人偶同長春之號，而學祖趙真人又受北派金丹之傳於真人，而以正實嗣派之雲孫也」（《日下舊聞考》），如果是原文，應可看作是一種應景的文學表達，目的是為在龍門祖庭白雲觀繪像立碑，將趙、劉塑造為全真宗師的行為提供合理的依據。

32 儘管預先站在清微的立場上來處理或迴避諸種材料與敘述，存在很大的問題，施舟人在探討趙宜真與清微派關係時，指出全真教史述的無意義，其依據就在於趙宜真的自身敘述只是祖述金蓬頭，見"Master Chao I-chen 趙宜真 (?–1382) and the Ch'ing-wei 清微 School of Taoism"，頁726。

33 另外，較晚的還有萬曆刊《李長卿集》本《淨明忠孝經傳正訛》、清青雲譜刊《太上靈寶淨明宗教錄》卷六〈淨明宗派〉、三種清刊《逍遙山萬壽宮志》中的劉淵然傳記，與趙宜真傳記來源一致，如前所述，均為出自邵以正刊本系統的文獻。

34 陳璉：《琴軒集》卷十五，景印康熙六十年萬卷堂刊本（上海：上海古籍出版社，2011），頁756–760。該記所述被旨入京的時間作「洪武壬申」，與《明太祖實錄》以及胡儼〈長春劉真人傳〉、陳循〈龍泉觀長春真人祠記〉、王直〈長春劉真人祠堂記〉作「洪武癸酉」不合，顯然與「道錄司左玄義胡文圭，與其嗣法徒弟黃一中等」所提供的資料完整度及準確度有關。不過，《金陵玄觀志》保存的喻道純〈奏〉所述與該記相同，鑒於該記應位於朝天宮的祖師堂（參見岳湧：〈〈長春劉真人祠堂記〉與棲真觀〉，頁55），喻道純〈奏〉可能是根據該記。另外，該記完全沒有提

到邵以正，與由邵以正授意所作〈龍泉觀長春真人祠記〉、王直〈長春劉真人祠堂記〉形成鮮明的對比。

35 邵以正序刊本《淨明忠孝全書》，葉三十二。

36 許蔚：《斷裂與建構》，頁611。

37 同前註，頁613。

38 除〈長春劉真人傳〉以外，有關記述與表達僅見於明萬曆以降的淨明道文獻，其中，「太極淨明」在李鼎《淨明忠孝經傳正訛》尚作「太極淨明」，《太上靈寶淨明宗教錄》以降改作「無極淨明」。

39 目前所見唯一表明「玉清宗教」者為明內府抄本《玉清宗教祈雪文檢》，但僅有數葉而已，參見許蔚：〈明代道法傳承諸側面〉，頁67。但此處所謂《玉清宗教》究為何書，似尚無法確證。

40 《道法會元》卷四十八〈神捷五雷祈禱檢式〉，《道藏》第29冊，頁81。

41 如果是實錄，由於《玉宸》、《黃籙》、《玉籙》是煉度法，則《太極》可能是指《太極祭煉內法》、《太極葛仙翁施食法》或者《太極玉陽神煉大法》。此外，《藏外道書》亦收錄一種明刻本《太極仙翁神煉玄科》，其奏啟所列包括祖元君與清微、靈寶、道德、正一四派師真，並出現陶仲文以及結銜「清微明真使」的師真。

42 清嘉慶雲南刊本《淨明忠孝全書》附錄〈許真君七寶如意丹後敘〉，葉三十四a。

43 許蔚：《斷裂與建構》，頁83。

44 郭武：《《淨明忠孝全書》研究——以宋、元社會為背景的考察》(北京：中國社會科學出版社，2005)，頁32。

45 2015年1月4日，謝聰輝教授與我的私人通信。

46 《淨明忠孝全書》明代刊本尚有山西山陰王府刊本、明嘉靖鄧繼禹重刊邵以正本，其中，山陰王府本不知刊於何時，但與所謂劉淵然刊本的情況不同，即便先於邵以正刊行，邵以正也未必能夠見到。關於山陰王府本可能刊於嘉靖年間的推測，參見許蔚：〈《淨明忠孝全書》的版本、內容及意涵概說〉，頁2；許蔚：《淨明忠孝全書》，頁7-8。

47 曾恕：〈淨明忠孝全書序〉，載許蔚校註：《淨明忠孝全書》，頁4。

48 〈長春劉真人傳〉也沒有提到刊刻《淨明忠孝全書》之事，但不足為憑，因為傳中只提到劉淵然曾編刊醫書，而沒有提到編刊道書如《原陽子法語》、《太上感應篇集注》等事。

49 昊天觀古本可能來自劉淵然，而邵以正保留的明代舊序只有曾恕序，表明洪武刊本即所謂劉淵然刊本，見許蔚：〈《淨明忠孝全書》的刊行與元明之際淨明統緒的構建〉，頁130。

50 明代雲南曾有自稱淨明弟子的道門人士從事經典刊行活動，如萬曆四十五年(1617)雲南刻本《高上玉皇本行集經》署「嗣淨明忠孝後學弟子」張長源，見許蔚：《斷裂與建構》，頁407。另外，該本在清代光緒間曾重刊，經折裝，上中下三卷全，所署「嗣淨明忠孝弟子張長源頓首謹識並校梓」大體保持萬曆刻本的樣貌，但改動較大。又光緒重刊所附《玉皇宥罪錫福寶懺》一卷，與萬曆刻本不同。當然，萬曆刻本所附為《朝天百拜謝罪寶懺》，比較反常，很可能是後來補配。

51 此為胡文煥刻《格致叢書》本，另胡文煥刻《元宗博覽》本題《長春劉真人語錄》，內容與《格致叢書》本一致，惟較《格致叢書》本又有錯訛。

52 實際上，據稱傳自劉淵然的雲南保山長春派，其科儀《靈寶混煉玄科》即將劉淵然續於清微諸祖之後，呈現為黃、熊、彭、曾、趙、劉的清微統緒，參見蕭霽虹、萬上行：〈雲南保山道教「長春靈寶派」科儀研究——以三日道場為例〉，載上海市道教協會、華東師範大學等主編：《正一道教研究國際學術會議論文彙編(下)》(上海：上海市道教協會、華東師範大學，2013)，頁245。當然，晚清民國流傳的淨明道科儀本也將趙宜真、劉淵然列為傳派師真，為劉、黃、徐、趙、劉的統緒，這是明清以來的傳統認知，參見毛禮鎂編著：《江西省高安縣淨明道科儀本彙編》。關於有意見提出歷史上和現實中的道教是多神並存、多派相容的宗教，存在一師多徒和一徒多師現象，我完全同意，但這與此處討論的問題是不同層面的問題，實際上此處亦不否認轉益多師與兼習眾法，但這不能成為取消法派認同問題性的理由。關於該意見進而認為就個人法派意識與身份認同得出的學術性「結論」與現實「現象」相去甚遠的問題，我並不同意以近世或今日道門的認同來抵消學術探討，應當注意歷史真實始終是學者關心的首要問題，但對道門特別是行法之士並不十分重要，行法時所招師真的真實性是道教神學意義上的真實，卻未必是歷史真實。也就是説，無論在歷史上趙宜真、劉淵然究竟是否淨明嗣派，甚至是否毫無關係，均不妨礙清末民國以來的所謂淨明科儀仍將二人作為師真招請。類此論述亦可參見許蔚：〈《淨明忠孝全書》的版本、內容及意涵概説〉，頁4-5。

53　儘管將以上三枚法印與南宋淨明法的法印相比較並不穩妥，但元代淨
　　明忠孝道法所用法印為何種樣式，目前沒有任何可資參考的證據。

54　曾有意見指出神霄、清微雷法在明代為許多道派廣為採用，據此數枚
　　法印不足以證明劉淵然認同清微。對此意見我首先表示感謝，對於身
　　兼數法的複雜性我確實考慮不周。關於法印在道法傳承中的有效性問
　　題，通過道教傳度授籙制度的研究可以知道，法籙相配合，某法受某
　　籙用某印。就南宋淨明道而言，有其獨立的一套職階、神將、文檢和
　　法印，其他各法也大體如此。某人當然可以兼習眾法並受眾籙，如金
　　允中等人所批評的貪籙（即僅行某法或功行不足，而貪求受佩多種法
　　籙，以自炫耀）就是這種情況，但是行某法則具某職用某印，這一點也
　　很清楚。元代劉玉情況不明，徐慧是兼行神霄雷法的，不過他雖為弟
　　子保奏神霄法，自我認同仍是淨明，其弟子也未將其視為神霄法嗣。
　　明初各派受籙行法的情況也是如此，參見朱權：《天皇至道太清玉
　　冊》。清代出現所謂淨明品格，此點就更為明確。而如果是在某一儀式
　　場合用清微印，在另一儀式場合用淨明印，則僅説明該儀式所行為清
　　微法或淨明法，當然不具有明確的身份判定上的意義。不過，我想再
　　次提請注意這三枚法印的使用時間是劉淵然最後的日子，場合也並不
　　是任意的行法場合，而是押於抄經序文之後，具有明確的身份屬性。
　　另外，還需要説明的是，以上三枚法印，目前尚未識別出相應篆字，
　　根據篆形所作推測，本身只是提供一種假設。而將來無論是最終確認
　　該法印確實為清微法印，還是淨明法印，均可以作為劉淵然自身法派
　　認同的證據。至於昆明龍泉觀所藏清代嘉慶年間碑刻所見「劉淵然書」
　　道符，該意見指出台灣淨明道教會會長認同為淨明道符。對此意見，
　　我並不同意。姑且不論該清代「追泐」是否如其所言確係根據劉淵然所
　　書上碑，該道符本身據所附刻咒語應為玄帝符，就我目前的認識而
　　言，應屬清微系統。而除了某位現代人的追認以外（實際上，根據我
　　2018年7月3日在石碇五路財神廟的調查以及後期資料收集結果，台灣
　　淨明道教會的所謂「淨明道」並不是淨明法派或者淨明道，只是採用「認
　　祖歸宗」的方式崇奉許真君（感天大帝）而已，其會長也並不具有淨明法
　　派或者淨明道的傳承背景，因此，儘管其傳度法會得到台灣「中華道教
　　總會」理事長張檉道長的支持並且獲得前中國道教協會會長任法融道長
　　題寫「淨明宗壇」等匾額，其會長的言論與任何一位教外的現代人一

樣，僅屬於個人意見，並不具有代表教內意見的有效性，參見許蔚：
〈石碇大湖格宗教團組的財神文化營造〉)，如果能夠找到什麼可靠的證
據來認定該符為淨明道符，當然對於論證劉淵然與淨明道關係具有重
要參考價值，但在這樣的行法場合，正如該意見所懷疑的，也不具有
明確的身份屬性。實際上，同樣的符也被清末廣東全真道士作為鎮山
靈符刻於太和洞，並且該符型上部還附加了鸞壇呂祖標記，因而，志
賀市子就認為應是「用扶乩寫出來的」，代表了「呂祖扶乩信仰」的呂祖
符（志賀市子：《香港道教與扶乩信仰》〔香港：香港中文大學出版社，
2013〕，頁194–195）。可見，根據該符刊刻的地點以及嘉慶三年追泐題
款來認定其為劉淵然所書，進而更認為具有淨明道屬性，是極不可靠
的。關於該意見提出的所謂清代全真派採用淨明科儀而並不認同淨明
的問題，不知何所指。我猜想可能是指全真幽科中採用〈淨明十解符〉
的內容。如果是這樣的話，則只是在自己的儀式文本中襲用前代資源
而已，與法派認同問題毫無關係。如果是指有全真派道士直接演行淨
明科儀的話，那麼，恰恰可以為我的論述提供佐證，即熟悉或者兼習
某法，但本人並不認同為該法法派，我們就不能根據旁人或者後人的
追述來認定該人為該法法派。

55　上海圖書館藏清彭定求抄本《沖虛至道長春劉真人語錄》。該書校點
　　本，參見本書附錄一。

56　許蔚：《斷裂與建構》，頁59。

57　《仙傳外科秘方》卷十一附錄〈力到行方便文〉，頁717。

58　清嘉慶雲南刊本《淨明忠孝全書》尚供奉張氳、胡慧超、郭璞、劉玉、
　　黃元吉、徐慧等淨明宗師，《太上靈寶淨明宗教錄》未列，參見許蔚：
　　〈《如意丹方》與淨明道醫藥傳統的生成〉，頁61–66；許蔚：《斷裂與建
　　構》，頁265–270。

59　許蔚：《斷裂與建構》，頁203。

60　同前註，頁459。

61　《原陽子法語》卷上，頁87。

62　許蔚：〈《淨明忠孝全書》的刊行與元明之際淨明統緒的構建〉，頁
　　134。

第四章

趙宜真傳記書寫中的捨棄資料

　　趙宜真是由元入明的高道，在元明道教史上具有承上啟下的關鍵作用。他在元末已具有較大的影響，趙道一《歷世真仙體道通鑒續編》卷五〈黃雷淵〉即已將他的名字列入傳派譜系，稱「如上授受者，皆一代宗匠，道德沖融，內外光霽焉」。[1] 儘管他在洪武十五年初就去世了，但自該年始，其弟子曹希鳴、劉淵然先後入京，主道錄司事。其後，劉淵然及其弟子邵以正、道孫喻道純長期領天下道教事。此種情況至少一直持續到成化（1465–1487）間。[2] 而正統九年，邵以正攜弟子喻道純奉詔校勘《道藏》，從公的方面來看，在道教史或者《道藏》編纂史上具有重要意義；[3] 從私的方面來看，對於趙宜真相關資料的保存以及趙宜真地位的確立也發揮非常重要的作用。今就《道藏》所見趙宜真著述，凡有《原陽子法語》、《靈寶歸空訣》、《仙傳外科秘方》、《急救仙方》等四種。此外，《玄天上帝說報父母恩重經》以及卷帙浩繁的《道法會元》也與趙宜真有關。後者不僅保留趙宜真的編纂痕跡，並且將趙宜真列入清微師派，從而在趙宜真自己所作序跋以外，又以師派、科儀、文檢等形式全方位地將其清微嗣派地位加以鞏固。

　　趙宜真的傳記資料現存多種，除輾轉因襲的地方志傳文本外，較早期的依次有張宇初〈趙原陽傳〉、[4] 明景泰三年邵以正序刊本《淨明忠孝全書》所收〈原陽趙真人傳〉以及王直〈紫霄觀碑〉等三種。張宇

初雖然嗣為四十三代天師，但《明太宗實錄》特別提到他曾從劉淵然學道，[5]因而或許也可以看作是趙宜真派下。其所作〈趙原陽傳〉具體年代不詳，但可以確信是諸傳中最早者，從形式上看傳末仍有〈贊〉（但非韻語），而內容上除提到曹希鳴、劉淵然「尤入室」，也提到「門人哀德淵請以棺斂」，似乎是狀、傳、碑系統的喪祭文字，或許是根據趙宜真諸弟子輩（可能是哀德淵）提供的行狀等資料而作。[6]〈原陽趙真人傳〉未署作者，可能是邵以正自撰，也可能另有作者，時代則不晚於景泰三年八月。該傳不再提及曹希鳴等人，只說「長春真人劉淵然尤入室焉」，突出劉淵然的嗣派地位。此外，該傳與〈趙原陽傳〉以及之後的〈紫霄觀碑〉最大的差異在於，提出趙宜真從曾塵外受「淨明忠孝道法」，主張趙宜真是「淨明嗣師」。而此一內容，通過對《淨明忠孝全書》的研究，可以確定是出自邵以正的有意增添。[7]王直本身是江西泰和人，對當地道教人物比較熟悉。[8]他與邵以正關係密切，受其所托作〈紫霄觀碑〉（江西）及〈長春劉真人祠堂記〉（南京），有關傳記資料均來自邵以正。紫霄觀，據乾隆《贛州府志》卷三十七所載，為「明景泰五年甲戌，邑道士邵以正建」，[9]如不誤，則〈紫霄觀碑〉不能早於是年。又由於邵以正封號在景泰、天順之際有很大的變動，可知〈紫霄觀碑〉的撰寫應不早於景泰七年，不晚於天順元年二月。〈紫霄觀碑〉中特別提到趙宜真與劉淵然之間《天心帙》的授受，有關敘述也出現在〈長春劉真人祠堂記〉中，並且說劉淵然又以《天心帙》授邵以正，可知是有意強調邵以正的嗣派法統，為邵以正在景泰、天順間一系列修祠、立碑、刻書活動的一環，反映其強烈的正統性述求。[10]不過，〈原陽趙真人傳〉、〈紫霄觀碑〉雖然有明顯的宗派建構意圖，但對基本事實的描述幾乎都沒有逸出〈趙原陽傳〉之外。

值得注意的是，在《歷世真仙體道通鑒》版本調查工作中，我發現北京中國國家圖書館所藏明抄本及台北「國圖」所藏明李贄刊本中新增入了〈張天全〉、[11]〈趙元（原）陽〉二傳。其中，〈趙元陽〉的增補年代不詳，目前看來，僅見於上述明抄本及明李贄刊本。稍作比對可知明李贄刊本並非明抄本所據之底本，而其本身所據以翻刻的底本則應與

明抄本所據為同一系統。明抄本曾藏錢曾家，抄寫年代不詳，其所據底本，根據保留的助緣者名單包括洪武、永樂間活躍於南京朝天宮及海鹽、杭州等地的道士，可以確認是一種明代早期（可能在永樂年間）刊刻於江南地區（可能在南京）的三十六卷外六卷本。[12]那麼，〈趙元陽〉是否就可以認為是明早期（可能在永樂年間）刊刻時所增補的呢？

就目前所知，《歷世真仙體道通鑒》尚有北京中國國家圖書館藏所謂元刊殘本一種及明早期刊殘本一種。所謂元刊本如果可以確證是元刊，則不可能包含〈趙元陽〉，如果並非元刊，其殘存的內容很可惜只保留有卷三十六的部分內容，也無法知道是否包含〈趙元陽〉。明早期刊殘本所殘存的幾卷中則並未包含卷三十六，同樣也無法得知是否包含〈趙元陽〉。注意到，楊士奇曾從他的同鄉道錄司掌書道士蕭鳳梧那裏得到一種三十六卷本《歷世真仙體道通鑒》。該本板存朝天宮，與前述明早期刊本刻於南京的推測相合，且含有〈趙元陽〉，內容上也一致，表明有可能就是明抄本所據的明早期刊本。特別是這也同時表明〈趙元陽〉的增補年代應遠在正統九年楊士奇去世以前，不排除即在明早期（可能在永樂年間）刊行時增入。[13]也就是說，儘管沒有版本實物證據，但〈趙元陽〉的增補年代可以肯定是遠在〈原陽趙真人傳〉、〈紫霄觀碑〉之前。另外，將〈趙元陽〉與上述三種傳記資料稍作比較，不難發現是以張宇初〈趙原陽傳〉為基礎改寫而成，其成立及增補自然也不能早於〈趙原陽傳〉。

而〈趙元陽〉與上述三種傳記尤其是後二者存在複雜的文本關聯。就資料選擇與書寫差異而言，其沿襲與改寫既有行文上的考量，同時也反映不同時期、不同作者或者授意者的不同意圖或者處境。此外，值得特別注意的是，〈趙元陽〉對趙宜真去世托夢的細節描述不見於上述三種傳記資料。這一描述是否可靠當然是需要考慮的問題。如果本身只是不可靠的傳聞，上述三種傳記資料自然不當加以利用；如果是出自趙宜真弟子的真實體驗，也就是說來源可靠，那麼，上述三種傳記資料特別是後二者何以捨棄不用則又是需要深入探索的問題。

第一節　資料來源與改筆分析：
〈趙元陽〉與〈趙原陽傳〉等三種傳記資料的比較

以下將〈趙元陽〉等四種列表比對，以便分析。

表4.1　四種趙宜真傳記文本對照

〈趙元陽〉	〈趙原陽傳〉	〈原陽趙真人傳〉	〈紫霄觀碑〉
趙元陽，名宜真，吉之安福人也。其先家浚儀，宋燕王德昭十三世孫。其父仕元，為安福令，因家焉。	趙原陽，名宜真，吉之安福人也。其先家浚儀，宋燕王德昭十三世孫某仕元，為安福令，因家焉。	悟道開化廣德弘教原陽真人，姓趙氏，諱宜真，號原陽子。其先家浚儀，宋燕王德昭十三世孫、父某仕元，為安福令，因家焉。	紫霄觀在贛雩都紫陽山，崇文廣道純德元陽趙真人之仙蛻在焉。真人，宋燕王德昭之後，世家浚儀。大父仕元，為安成令，因家安成。
自幼穎敏，好讀書，博通經史百家言，習進士業。例試入京，以病不能赴。久不愈，夢神人曰：「汝吾家人，何望世貴？」	原陽幼穎敏，知讀書，即善習誦，博通經史百家言，長習進士業。未幾，試于京，以病不果赴。久不愈，夜夢神人曰：「汝吾道人，何望世貴？」	真人幼穎敏，博通經史，習進士業。將赴省試，行次通州，疾大作，夢神人語之曰：「女吾家人，何望世貴？」詰旦，疾遂愈。	真人生有異質，博通諸經，欲取進士，未果行而神人警之以夢，遂絕意榮進。
父遂命從道。初師郡之有道者曾塵外，**受清微、靈寶諸階雷奧**，其間文有缺謬，必考述訂正。	父遂命從道。已而篤嗜恬淡，學益進。初師郡之有道者曰曾塵外，嗣諸法要。間有缺文，必考述盡詳。	歸請於父，從郡之塵外曾真人受清微諸階雷奧、淨明忠孝道法，間有闕文，悉加訂正，參考盡詳。	請於父，願入道。往從郡之有道者曾塵外學，得**清微、靈寶諸階雷奧**，補其遺闕，發其旨趣。清微久不行，至是大顯。
又**深慕神仙出世之學**，復師郡之青華山張天全，其學本龍虎山金蓬頭，得金液內外丹訣，實本長春丘真人之道。又師李玄一先生，其學本乎玉蟾白真人南派之學。蓋大道神仙之說，自重陽王真君傳之丹陽馬祖、七真人，道行乎中原；海蟾劉真君傳之紫陽張祖，道行乎南藩。師會南北之學而一之。蒲衣馮尊師，莫不相與講學，探究緒餘。	復師吉之泰宇觀張天全，別號鐵玄。張師龍虎山金野菴，得金液內外丹訣。後復師南昌李玄一。玄一薦之師蒲衣馮先生。馮亦師野菴云。	復師廣濟張真人，得長春丘真人北派之傳；師玄一李真人，得玉蟾白真人南派之學，深契玄妙，遂會南北而一之。尤好濟人，至於醫藥靡不研究，所著方論為多。	復**深慕神仙出世之說**，徧禮諸師，從張廣濟得長春丘真人北派之傳，又師南昌李玄一得玉蟾白真人南派之學，博極其妙，而會之於一，駸駸乎大成之器。

〈趙元陽〉	〈趙原陽傳〉	〈原陽趙真人傳〉	〈紫霄觀碑〉
嘗遊郡之白鶴山永興觀，乃西晉匡仙故跡，遂結茆以居。間以道法致雷雨、度精爽，屢有異感。聞者越千里走從之。	嘗遊白鶴山永興觀，乃西晉匡仙故跡，遂居焉。間以所授致雷雨、度精爽，皆有異感。聞者越千里走從之。	嘗遊白鶴山，訪晉匡仙遺址，結茆居之。所授致雷雨，度精爽，屢有異感。從之者不遠千里，雲集座下。	嘗遊郡之白鶴山永興觀，居晉匡仙遺址，以其法澤枯槁、濟幽冥，願學之士遠近雲集。
洪武初，挾弟子西遊湘、蜀、武當諸山，還歷龍虎，訪漢天師遺跡。時四十二代天師沖虛公深嘉禮之，欲留不可。上清宮之學者多師焉。上至贛之雩都紫陽觀，以山水勝而止，屏世慮，絕塵囂，靖默而居，恬憺自處。正一天心雷奧、全真還丹之旨，多所發揮，皆綴拾成書。或為詩歌以自適，尤好濟人方藥。當代名公鉅卿莫不尊禮。其端行雅操，偉度仙風，飄飄在人世而不可羈也。	會壬辰兵興，挾弟子西遊吳蜀。暨還，遊武當，謁龍虎，訪漢天師遺跡。時天師沖虛公深嘉禮之，欲留不可。宮之學者多師焉。還至贛之雩都紫陽觀，因居焉。凡道門旨奧，皆綴輯成書。或為詩歌以自警，猶以醫濟人。且絕交處，寡言笑，聞者願禮不獲。其高行偉操，為時所推慕。從遊者益眾。	壬辰兵興，挾弟子遊湘、蜀，歷武當，謁龍虎，訪漢天師遺迹，沖虛天師深加禮敬，上清學者多師焉。還至贛之雩都紫陽觀，因居之。弟子益眾，長春真人劉淵然尤入室焉。嘗語群弟子曰：「誠者，天之道。克誠，則天地可動，鬼神可感。天人相孚在一誠耳」。群弟子佩服教言，相傳以為訓。	遂率羣弟子往遊青城、峨眉、武當、龍虎諸山，訪仙真素履而仰其高風，翩然有凌厲九霄、超越八極之意。沖虛天師深禮之，上清學者亦請學焉。既還雩都，樂紫陽山水之勝，遂居之。真人道行益高，而誘接不倦。時沖虛至道玄妙無為光範衍教莊靜普濟長春劉真人淵然究究玄學，篤信力行，真人一見以法嗣屬之，授以《天心帙》而語之曰：「此吾受之於師者也。人心即天心，欺心即欺天。故以《天心》標帙，凡日之所為皆書帙中，不可書者則不可為也」。又嘗示之書曰：「道法之要不外乎此心，而道即心也、神也，我之主宰一身，開張萬法莫由之」。蓋使先明諸心，後乃盡以其道付焉。復語羣弟子曰：「誠者，天之道。克誠，則天地可動，鬼神可感。天心相孚在一誠耳」。其存諸中，行諸外，顯微無間，如此而濟世利物悉有明效，奇驗不可殫紀。

〈趙元陽〉	〈趙原陽傳〉	〈原陽趙真人傳〉	〈紫霄觀碑〉
以洪武壬戌年正月朔旦，謝眾曰：「吾將返吾真。自今鑰靜關以畢吾事，慎毋干焉」。迨五月三日夏至，啟關，漱浴，更衣，趺坐，呼弟子於前，適縣導詔使至，樂鳴，即書偈，曰：「遁世和光了幻緣，緣消幻滅獨超然。清風遍界無遮障，赫日當空照大千」。書畢，擲筆於地，雷電交飛，風雨晦冥，師乃翛然而逝。	歲壬戌正月朔旦，謝眾曰：「吾將逝矣。自今日始，鑰靜關，慎無有干」。迨五月三日夏至，啟關，祝弟子善自立，漱浴，更衣，趺坐。適縣導詔至，樂鳴，即書偈，擲筆而化。雷電驟作，白晝晦冥。	洪武壬戌正月朔旦，忽語道眾曰：「吾將返吾真矣」，乃鑰關謝事。五月三日夏至，啟關，漱浴，更衣，端拱趺坐，適縣導詔奏樂，即書偈，擲筆而化。電光隨筆閃爍，雷雨驟至，白晝晦冥。官庶瞻禮者踵接於道。	洪武壬戌元日，忽語眾曰：「吾將返吾真矣」，遂鑰關謝事。夏至啟關，沐浴更衣而坐，索筆書偈訖，投筆於地，雷電風雨大作，而真人化玄矣。
明日，縣官士庶駭躍，觀拜者雲集。門人輩請以棺殮，肢體屈伸，顏色如生。殮已，汗出周身。越二旬，葬觀後山之陽。歲久，塚土如新，草木不生，禽獸不至。越百日之餘，示夢於其徒。其徒遽問：「與師相別有三個月耶？」曰：「不止，一百令五日也。」復問：「師見居何處？」曰：「見在洞天修煉，甚自清靜。初去時，於曠野中有一小童曰：野猿驚客夢，紅日解東生。瞥然過了，並無魔障。此童子乃岳府小將也。」其徒覺而熟記其語，以日考之，實一百令五日矣。	明日，官庶瞻敬者群至，門人哀德淵輩請以棺殮，肢體若生。既畢，汗出周浹。越三日，瘞觀後之鳳岡。久之，草淨，鳥不巢。	越三日始斂，肢體如生，汗出周浹，瘞於觀東之鳳岡。塚土潔然，禽鳥無敢集者。	三日始斂，肢體如生，瘞於觀東之鳳岡，禽鳥莫敢集其上，若有神呵護之者。長春劉真人欲建祠塚旁，有志未遂，亦化去。

〈趙元陽〉	〈趙原陽傳〉	〈原陽趙真人傳〉	〈紫霄觀碑〉
明年五月三日，其徒劉淵然設祀贛之玄妙觀。方行奠禮，白晝雷電雲雨，如其化時。師之學問、道行造詣極至，聞於四方，垂於後世。今則形雖云解，神則越千萬世猶如見存也。		茸年，長春祀於贛之玄妙觀。甫奠，雷電如始化時。	
嗣其法者甚眾，其纘承道脈者惟劉淵然而已。所為詩詞歌論若干篇，已行於世。凡發揮道家論議，則見諸法要云。	其徒則曹希鳴、劉若淵，猶入室焉。有詩詞若干篇，已行世。凡奧密言論，則見諸法要云。	真人素性恬澹，慎游處，寡言笑，名公鉅卿願禮不獲，其高行偉操為時所推慕如此。兵燹之餘，經籙散佚，真人於凡道門旨奧綴輯成書；或為歌詩，以發其趣，有《原陽法語》行於世，深有功玄教。時清微、淨明之法久湮不行，今復大顯於世者，實真人振起之力也。由是淨明學者宗之，尊為嗣師云。	

　　〈趙元陽〉介紹趙宜真家世為「其先家浚儀，宋燕王德昭十三世孫。其父仕元，為安福令，因家焉」，〈趙原陽傳〉作「其先家浚儀，宋燕王德昭十三世孫某仕元，為安福令，因家焉」，顯然是從〈趙原陽傳〉而來，但改「某」為「其父」，改變了〈趙原陽傳〉的原意。〈趙原陽傳〉並沒有說家安福之人是趙宜真之父，並且是以該人為宋燕王十三世孫。〈趙元陽〉的改動，則是以家安福之人為趙宜真之父，並且使得「宋燕王德昭十三世孫」一句語義不明，似乎是以趙宜真為十三世孫。而〈原陽趙真人傳〉作「其先家浚儀，宋燕王德昭十三世孫、父某仕元，為安福令，因家焉」，很明顯是選擇了〈趙原陽傳〉的文本，即認同家安福之人為十三世孫的說法，但又增添一「父」字，則應該是受到〈趙元陽〉改動文本之影響，將十三世孫認同為趙宜真

之父。有意思的是，王直在寫作時面對文本差異頗有疑惑，對無論
是〈趙原陽傳〉原有文本還是〈趙元陽〉的改動文本都不信任，因而按
照自己的理解重新作了改寫。〈紫霄觀碑〉此部分作「真人，宋燕王
德昭之後，世家浚儀。大父仕元，為安成令，因家安成」。他以趙
宜真為宋燕王之後，是完全正確同時也是非常聰明的處理，避免了
究竟誰是十三世孫的問題。而他以家安成（即安福）之人為趙宜真之
大父，同樣也是非常聰明的模糊化處理，雖然這一改寫未必有什麼
根據，但顯然是對「其父」、「父」的不信任，以及在面對「其父」之說
的情況下對僅僅作「某」的不甘心。不過，地方史志書寫一方面並沒
有利用最早的〈趙原陽傳〉，另一方面也沒有汲取王直的改寫經驗。
明嘉靖《贛州府志》所載趙宜真傳作「趙原陽，名宜真，安福人。其
先家浚儀，宋武功郡王昭德十三世孫。父為安福令，因家焉」，[14]
雖刪「其」字，但基本上仍屬完全延用〈趙元陽〉的改動文本。清乾隆
《安福縣志》所載趙宜真傳作「趙原陽，名宜真，宋武功王昭德十三
世孫。其父仕元，為安福令，因家焉」，[15]同樣也是延用該改動文本，
但刪去「其先家浚儀」，清除了文本的內在矛盾，從而使語義更為明
確，同時也將趙宜真為十三世孫的誤解固定了下來。

　　〈趙元陽〉記述趙宜真從曾塵外「受清微、靈寶諸階雷奧」，而〈趙
原陽傳〉只是說「嗣諸法要」，顯然不是根據〈趙原陽傳〉。〈原陽趙真
人傳〉作「受清微諸階雷奧、淨明忠孝道法」，其中「淨明忠孝道法」
為有意增添，刪去後則為「受清微諸階雷奧」，與〈趙元陽〉相較尚少
「靈寶」一項。一方面，可能是在邵以正看來，「靈寶」不應與「雷奧」
混為一談。另一方面，注意到金允中認為孝道明王之教（淨明）初即
靈寶，雖然是針對南宋淨明法而言，但《道法會元》清微神系所吸收
的「孝道仙王」、「孝道明王」並非出自南宋淨明法文本而與金允中《上
清靈寶大法》的現存文本一致，也就是說，在趙宜真、劉淵然傳法中
應當是選擇認同金允中淨明即靈寶之說的。[16]在此種意義上，〈原陽
趙真人傳〉的「淨明忠孝道法」雖然出自邵以正個人的建構意圖，對

原文無疑是明顯的改動，但或許並沒有太多地取消原文「靈寶」的意義。而〈紫霄觀碑〉作「得清微、靈寶諸階雷奧」，除「受」作「得」外，與〈趙元陽〉完全一致。〈紫霄觀碑〉出自邵以正授意，其所據資料包括邵以正上呈皇帝的「傳道始末」，其中不出現「淨明忠孝道法」，與〈原陽趙真人傳〉形成明顯差異，令人費解。

　　此前我曾猜測這或許與英宗復辟有關，也可能反映邵以正個人意圖的變化。[17] 現在看來，〈紫霄觀碑〉的寫作在資料上，除了「傳道始末」外，可能還參考了〈趙元陽〉這樣的文本，那麼，出現這樣的差異也就可以認為是資料選取導致的差異。不過，王直為什麼放棄了「淨明忠孝道法」的表述，而選取了這個差異文本仍然無解。當然，也可能邵以正提供的「傳道始末」中的相應表述就與〈趙元陽〉相同，那麼，問題似乎又回到了邵以正本人。鑒於趙宜真、劉淵然、邵以正傳法中確實有淨明因素，邵以正、喻道純傳法中似乎也涉及淨明，邵以正以趙宜真、劉淵然尊為淨明嗣師，並自居淨明嗣派亦非全無根據的幻想。但他專意塑造趙宜真、劉淵然淨明嗣派的身份，顯然繞開或者說暫時忽視了《道法會元》所確立或者說固定下來的趙宜真清微嗣派身份，而《道法會元》可能最終編成於劉淵然或者他本人之手，並且就收在他曾參與主持點、校的《正統道藏》之中（很可能就是在他主導下收入的）。值得注意的是，景泰三年（1452）五月曾有廢太子朱見深（英宗之子），另立朱見濟為太子之事，引起非議與爭端。而邵以正以淨明「嗣派弟子」身份增補重刊《淨明忠孝全書》恰好就在這一年秋，不排除是一種政治表態。不幸的是，次年太子朱見濟卒，隨後其母皇后杭氏又卒，代宗亦病，到景泰八年（1457）正月病中的代宗便遭遇奪門之變，被廢為郕王，二月即去世，英宗命諡曰戾。而邵以正重建白雲觀長春殿的時間為「經始於景泰七年、落成於次年」，次年就是景泰八年，正月即有奪門之變。他在〈重建白雲觀長春殿碑（略）〉中說「念真人與先師劉真人偶同長春之號，而學祖趙真人又受北派金丹之傳於真人，而以正實嗣派之雲孫也」，赫

然以全真嗣派自居。[18]而他所説「學祖趙真人又受北派金丹之傳於真人」明顯不符合事實，[19]即使在可能出自他之手的〈原陽趙真人傳〉中也不過是沿用〈趙元陽〉的舊文，提出從張天全受北派丘真人丹法而已。考慮到白雲觀與內府宦官的密切關係，邵以正改以全真嗣派自居並且過於攀附丘處機的舉動，或許與籠絡宦官勢力有關。[20]而英宗復辟後，除將于謙等一干外廷官員斬殺、配軍以外，也對內廷宦官大加誅戮。天順元年二月邵以正辭老，未許，以左正一閑住，八月雖以天師張元吉「保其戒行真誠」復陞真人（改封），仍不安，到天順三年（1459）正月英宗命慶賀不得與筵宴，「只送宴饌與之」，天順六年（1462）八月邵以正去世，也只是「遣官致祭」而已。[21]英宗雖未予處刑，但此種不理不睬、打入冷宮的處理似乎表明邵以正深深介入了事變。而王直本人也是景泰、天順之際政治變局的親歷者與參與者，復辟後雖未遭棄市，但很快也辭老，得以還鄉。[22]他受邵以正所托作〈紫霄觀碑〉不晚於天順元年（1457）八月，其中不再提及淨明或許也有時局的考量。

另外，據景泰七年（1456）所立胡濙撰〈敕賜妙清觀碑〉載，正統十年（1445）正月，司設監太監陳日新將自宅所建真武堂，捨與邵以正所建五華觀為下院；景泰二年（1451）二月二十三日，內官監太監阮仁得奏請敕額「妙清觀」；景泰三年四月十七日，內官監太監陳謹奉旨修蓋，五月十八日興工，景泰六年（1455）十一月十五日落成，其三清殿左右為清微、正一二殿及長春、顯化二堂。[23]這一記載不僅表明邵以正與奉道宦官關係十分密切，並且陳謹所建清微殿、長春堂似乎也表明當時人應是認同邵以正為劉淵然派下清微法統，與同一時期邵以正暫時性地自居為淨明嗣派，以及景泰七、八年間邵以正在白雲觀的活動形成鮮明對比。

〈趙元陽〉介紹趙宜真從張天全、李玄一等人受丹法時，按照白玉蟾（南）、丘處機（北）之學的模式敘述，稱張天全「得長春丘真人之道」，李玄一「得玉蟾白真人南派之學」，並進一步說「蓋大道神仙

之說，自重陽王真君傳之丹陽馬祖、七真真人，道行乎中原；海蟾
劉真君傳之紫陽張祖，道行乎南藩。師會南北之學而一之」，提出趙
宜真是會通南北之人。此點與〈趙原陽傳〉完全不同。〈趙原陽傳〉雖
未提及李玄一的丹法源流，但據趙宜真〈還丹金液歌並敘〉等詩自述
可知李玄一應是從事外丹燒煉的太清道士。[24]李玄一向趙宜真推薦馮
蒲衣，雖然未必表明二人在內丹流派上同源或接近，至少表明李玄
一應是認可馮蒲衣所傳丹學的。而張天全、馮蒲衣的丹學，按照〈趙
原陽傳〉的敘述則均出一源即金蓬頭，此點也符合趙宜真〈紀學〉關
於其丹法源流的自述。[25]也就是說，將趙宜真丹學源流分為南、北，
既不符合事實，也不符合趙宜真祖述金蓬頭的自我認同。並且〈趙元
陽〉為了塑造南北合一，將張天全、李玄一配以南北之餘，不得不將
馮尊師剔除在趙宜真所師從的丹師之外，改為「莫不相與講學，探究
緒餘」的同道。儘管犧牲了事實，但這樣的會通模式對於塑造趙宜真
宗師形象而言當然是有利的，也符合元明之際的會通時尚，具有當
代學術的一般性印記。

　　〈原陽趙真人傳〉、〈紫霄觀碑〉雖然沒有保留中原、南藩的源流
敘述，但均沿襲此種會通模式，文字上均作「玉蟾白真人南派之學」、
「長春丘真人北派之傳」，並且均未保留「蒲衣馮尊師」，暗示資料上
的同源，而除後者增添「北派」二字外，則與〈趙元陽〉幾乎完全一致。
另外，值得特別注意的是，僅就此局部文本而言，〈原陽趙真人傳〉、
〈紫霄觀碑〉也出現了選擇書寫上的細微差異。如對南北會通的斷語，
〈原陽趙真人傳〉作「會南北而一之」，除刪去「之學」二字外，與〈趙
元陽〉幾乎一致，而〈紫霄觀碑〉則僅作「會於一」，只是沿用其意，而
未用其文。與此形成鮮明對比的是，〈趙元陽〉在進入丹學敘述之前，
有一句引起語即「又深慕神仙出世之學」，〈原陽趙真人傳〉全未採用，
而是延續〈趙原陽傳〉的敘述方式，〈紫霄觀碑〉則作「復深慕神仙出世
之說」，與〈趙元陽〉幾乎完全一致。以上除表明不同的剪裁策略外，
也表明〈原陽趙真人傳〉、〈紫霄觀碑〉是有意選取了南北會通的文本。

此前我曾認為〈原陽趙真人傳〉、〈紫霄觀碑〉中的有關敘述只是一種文字上的修飾，目的是要將趙宜真塑造為會通南北的大師。[26]尹翠琪根據張廣保有關明初全真派的研究，提出邵以正本身具有合南北的意識，並進一步指出《道藏》扉畫突出丘處機與白玉蟾也與邵以正有關，其將趙宜真塑造為會通南北的大師可能是明初道門中人的普遍認識。[27]從〈趙元陽〉的敘述來看，確有可能反映明初的一種認知。此一認知是否為道門通識尚難斷定，至少張宇初所作〈趙原陽傳〉並未如此看。而楊士奇猜測〈趙元陽〉的增入與劉淵然有關，以為「其殆淵然之不泯其師者乎」，[28]如果符合事實，則無疑反映劉淵然的意圖。不過，〈趙元陽〉強調「嗣其法者甚眾，其纘承道脈者惟劉淵然而已」，雖然可以認為是事實，但如認為是劉淵然之意，只說自己纘承道脈似乎過於自尊，似與劉淵然行事風格不甚相符，畢竟曾從劉淵然學道的張宇初還是將曹希鳴與劉淵然並提的。[29]換句話說，〈趙元陽〉的增補更有可能與具有尊師傾向的朝天宮劉淵然弟子輩有關，[30]比較〈原陽趙真人傳〉可知。無論如何，在《歷世真仙體道通鑑》刊行後，趙宜真會通南北之說勢必產生一定的影響。而從上述文本差異來看，邵以正以及在其授意下寫作碑文的王直顯然並非簡單地承襲舊有文本的固有表達，應當還是按照自身的邏輯來進行選擇與剪裁。

　　另外，〈趙元陽〉的「正一天心雷奧、全真還丹之旨，多所發揮，皆綴拾成書。或為詩歌以自適，尤好濟人方藥」，是從〈趙原陽傳〉「凡道門旨奧，皆綴輯成書。或為詩歌以自警，猶以醫濟人」敷衍而來。〈原陽趙真人傳〉儘管將有關內容拆分為「尤好濟人……」和「真人於凡道門旨奧，綴輯成書；或為歌詩，以發其趣」兩處敘述，但也可以看出是從〈趙原陽傳〉改寫而來。然而「正一天心雷奧、全真還丹之旨」並不見於〈趙原陽傳〉，〈原陽趙真人傳〉也未予採用。[31]其中，「全真還丹之旨」與前文「合南北而一之」的敘述重複，出於行文考慮，〈原陽趙真人傳〉也不當採用，故可不論。「正一天心雷奧」既然不見於前文，則不存在行文上刪繁去重的問題。

　　趙宜真所傳為清微法，他也自居為清微嗣派，此點非常明確。劉淵然本身沒有宗派身份方面的明確論述，他所傳道法中雖然也有淨明因素，但也以清微為主。[32]他在雲南所收弟子主要為蔣日和與邵以正。蔣日和以下即所謂「長春正派」，所傳為清微法。[33]邵以正是劉淵然親許的嗣派，他的弟子則多從他受清微法。據楊一清〈重建大茅峰聖祐觀記〉載，湯如愚「又受通妙邵真人清微秘法」，[34]即從邵以正受傳清微法。另據周洪謨所述，邵以正的嗣法弟子喻道純從他受「清微諸階符法」，也是清微法。當然，除「清微諸階符法」之外，〈普濟喻真人志（略）〉還說他從邵以正受「淨明、觀斗、禳星、煉度、玉清、混元、五雲、金籙、火符之秘」。[35]此一敘述比較含混。其中，淨明不知具體所指，從〈紫霄觀碑〉等來看或許是指《天心帙》；觀斗、禳星、煉度都是具體的某種科儀；玉清可能是指劉淵然傳記中所見《玉清宗教》，可能是神霄系的祈禱雨雪法術；[36]混元可能是指混元道法，趙宜真曾從張天全學習混元道法，《道法會元》中也收錄了混元道法的幾個傳本；[37]五雲、火符不知具體所指；金籙則是大型醮儀。而這一系列的各種法術、科儀也都沒有提到天心法。

　　另據〈長春殿增塑七真仙範記碑〉所述，李得晟在白雲觀長春殿繪「十八大師像及五真人像」，其中五真人包括趙宜真、劉淵然、邵以正、普毅杜真人及其本人。此外在李得晟參與編刊的《太上老君八十一化圖》中也繪刻有趙宜真、劉淵然、邵以正、喻道純、弘道宋仙卿、普毅杜真人、邵元節及李得晟。據曲爽、張煒的研究，弘道宋仙卿、普毅杜真人應是宋志衡、杜永祺，後者因見於〈長春殿增塑七真仙範記碑〉，應為李得晟之師；而邵元節則是李得晟弟子，且是由李得晟保舉入京的，見於《明世宗實錄》及《明史》。[38]此外，他們還根據天津天后宮道士回憶的字派及《諸真宗派總譜》，恢復出趙宜真以下的清微字派為「宜淵以道志，永得振常存」，也與趙宜真至李得晟等七人的名字相合，且明世宗給邵元節及其弟子的封號中均有「清微」二字，[39]表明趙宜真至李得晟一系確實以清微傳派。此點，鑒

於北平圖書館(現歸台北故宮)舊藏明內府寫本《御製金籙大齋章表》
中見有嘉靖皇帝本人為邵元節奏籙補職的〈表式〉，其中稱邵元節為
「度師嗣清微正宗妙濟真人邵」，所補籙職為「上清三洞經籙三天上宰
清微靈寶掌範真人太極制魔使知雷霆泰玄都省諸司行便宜事」；[40]而中
國社會科學院歷史研究所圖書館藏明代彩繪《寶善卷》保存的邵元節
嘉靖十五年(1536)所作〈寶善卷道教序〉結銜亦作「誥授清微妙濟守
靜修真凝玄演範志默秉誠護國闡教致一真人」，[41]則更屬明確無疑。

　　不過，如前所述，可能是出於政治上的原因，邵以正對自己的
宗派身份表現出搖擺的態度，時而以淨明嗣派自居，時而以全真嗣
派自居，但很可惜在他留存下來的有限文字中，我們並沒有發現他
自居清微嗣派的表達。儘管如此，我們也找不到證據表明他曾以天
心法的傳人自居，而他所傳道法即使按照喻道純傳記所羅列的，也
沒有天心法。那麼，〈原陽趙真人傳〉、〈紫霄觀碑〉不取「正一天心
雷奧」似乎可以理解為邵以正並不傳承天心法或者並不認同天心法
有關。

第二節　從《靈寶歸空訣》看趙宜真傳記書寫中死後 托夢之事的被捨棄

　　〈趙元陽〉與〈趙原陽傳〉等三種傳記資料相比，在內容上最突出
的差別是錄出臨終時所書偈，並有一段趙宜真身後托夢的描述。其
中，臨終偈，〈趙原陽〉等三種傳記資料都曾提及，但未錄出具體內
容。該偈又名〈坐化偈〉，亦見於劉淵然所編《原陽子法語》卷末，[42]表
明並非〈趙元陽〉所造，而是有可靠來源的。〈趙原陽傳〉點到為止，
應是出於行文簡練的處理。〈原陽趙真人傳〉、〈紫霄觀碑〉既參照〈趙
元陽〉而又不錄出〈坐化偈〉，一方面可能是因為同時也以〈趙原陽傳〉
為基準，雖然參考〈趙元陽〉等資料而稍有一些細節上的增益改寫，

但還是延續了〈趙原陽傳〉的簡潔敘述；另一方面或許是因為在邵以正主持點、校的《道藏》中已收錄了乃師所編《原陽子法語》，而《原陽子法語》又已收錄該偈，沒必要再在傳記中體現。與二者形成對比的是，明嘉靖《贛州府志》所收趙宜真傳，從行文用語可知是以〈趙元陽〉刪改而成，篇幅雖然很短，卻保留了〈坐化偈〉。[43]

趙宜真托夢之事，〈趙原陽傳〉等三種傳記資料均未提及。該事講述趙宜真化去一百多天後，托夢其徒，說已離去一百零五天，現在洞天修煉云云。其中，最重要的是說他剛去世時，魂神行於曠野，只是遇到一名小童(解釋說是東嶽府中小將)對他說「野猿驚客夢，紅日解東生」，並未遇到魔障。

死後托夢，靈寶法中多有提及。《靈寶領教濟度大成金書》在論述召魂幡時，批評以幡之輕重為亡魂來附之徵驗的作法，主張「入夢接陽眷通語，此為正法」，[44]同時也提供〈入夢通接陽眷符〉、〈入夢通接陽眷符敕咒〉作為實現亡魂入夢的技術保障。此外，署王契真《上清靈寶大法》雖然仍然延續亡魂附幡的作法，但在所用文檢中也植入「令入夢陽人」之類的表述。而《靈寶無量度人上經大法》卷五十三〈齊同慈愛品〉也提到「欲求其應現於陽眷，通傳語話，或入夢中現形，以此方為妙理」。[45]當然，有關論述都是涉及攝召儀節或者召魂法術的場合。而在針對道士命終所行科儀中，據《靈寶領教濟度大成金書》記錄的〈師友命過行道誦經道場節目〉可知，也是包含攝召儀節的。[46]就此種科儀角度來看，趙宜真死後托夢弟子，無疑可看作是攝召有驗。不過，有關趙宜真去世之後的禮儀處置，〈趙原陽傳〉只是說次日弟子以棺斂，越三日，葬紫陽觀後之鳳岡；〈趙元陽〉則說次日棺斂，「越二旬，葬觀後山之陽」，耽擱時間似乎太久，可能是「越二日」之誤；〈原陽趙真人傳〉、〈紫霄觀碑〉改作三日始斂，也不合常理，則是省略細節後的籠統敘述。總之，諸種傳記資料只是對一般「俗禮」的敘述，都沒有提到趙宜真的弟子們是否為他舉行了煉度科儀或者羽化昇真科儀。[47]

至於人死之後所遭遇之魔障，趙宜真本人是有論述的。《道藏》中收有《靈寶歸空訣》，署「崇文廣道純德法師教門高士原陽子趙宜真編述」，德國巴伐利亞州立圖書館藏清抄本《全真太教傳修仙辨惑直指口訣妙奧》附抄的《歸空法》，署「祖師崇文廣道純德法師教門（高士）真人浚儀原陽子趙宜真編述、宗師沖虛至道玄妙無為光範衍教莊靜溥濟長春真人領天下道教事劉淵然註」（內容同《道藏》本，並沒有所謂劉淵然註），據後序乃趙宜真據俗間所傳達磨舊本改編為詩括並附註而成。該訣主要內容為介紹臨終徵候以及亡過後所遇等項。按趙宜真的說法，以為「胎圓神化英雄漢，脫體自由無忌憚。學人精進了無生，行時點檢休撩亂」，並說「上士丹成道備，來去自由，我命在我，不在天矣。中士而下，雖能進道，當歸空之際，必先覺察，不至昏迷」，[48] 也就是說《靈寶歸空訣》相當於為一般的修道之士（中士而下）面對臨終大事提供的一種指導手冊。[49] 其中，除臨終不亂的指導意見外，他還提到死後遇何種境象是何因果，說「諸般人物境象來，引歸業道受輪回。堅持心印休貪著，斧劈毋懼毋嫌猜」，而這諸般人物境象也就是〈趙元陽〉中所說的魔障。對此，他進一步解釋說：

> 臨命終時，眼化為無名鬼，耳化為阿誰鬼，鼻化為死樹鬼，舌化為快軍鬼，身化為思惟鬼，心化為雌雄鬼。一切鬼神盡從心起，即非外來，先須識破。逢諸色佛、菩薩、師、儒等，或隊仗迎引，皆是天魔外道境。逢冤家眷屬，或黃赤白路，亦是業道魔境。逢燈光處，是內魔眷屬。逢曠野處是人間胎卵。逢親戚姊妹，是入輪回胎，無胎入野。逢篝輦輦、黑白車，是牛馬等胎。逢殿宇，是豬羊胎。逢黃衣白服，是貓犬胎。逢黃幡豹尾，是走獸胎。逢象是狐胎。逢吹簫處，是蚯蚓、蟬類胎。逢鼓樂處，是鳥雀蟲螳胎。逢花街柳巷，是蛇胎。逢市井闤闠、人物往來之地，或黑白青紫，並是畜生道。逢酒肉飲食之類，是餓鬼道。聞妙香是天人胎。逢父母眷屬處，是六慾天發做里

社廟神。逢金甲神人教請，是人天大福血食神。如前諸色神人境物，並是自家神識誘引外魔，即非正道，不得亂捨去來，不怕不嫌，不取不愛，若差一念，便落他胎。氣斷之際，或如斧劈，也莫驚恐。正昏默時，不得逃竄，務要牢捉心印，如如不動，良久自定。[50]

〈趙元陽〉提到趙宜真托夢說自己死後在曠野中遇到一童子。他解釋這個童子是嶽府小將，並強調「瞥然過了，並無魔障」，也就是不將曠野中遇童子看作魔障。而在以上開列的諸種魔障中雖然提到「逢曠野處」（按照行文似乎應是在曠野逢冤家眷屬），確實沒有提到曠野遇童子的情況。不過，如果以「一切鬼神盡從心起，即非外來，先須識破。逢諸色佛、菩薩、師、儒等，或隊仗迎引，皆是天魔外道境」的表述來看，即便不考慮隊仗迎引的細節，以曠野中遇童子非魔障似乎還是有些許牽強之嫌。實際上，關於遭遇何種境象才不是魔障，趙宜真也曾明確提出：「只見雷火電光路，日光毫光千丈度。將身猛去不動心，即證人天歸淨土」，並解釋說「唯此四境可行，必歸善道」。曠野中遇童子顯然並不是雷火、電光、日光、毫光等四境。當然，小童所說「野猿驚客夢，紅日解東生」，表明只是同他作禮，打個招呼，並非迎候或者導引，也就是趙宜真的魂識想要如何即如何，去留自便，並不受嶽府的勾管或者限制。而所謂「紅日解東生」雖然出自小童之口，與趙宜真〈坐化偈〉所說「遁世和光了幻緣，緣消幻滅獨超然。清風遍界無遮障，赫日當空照大千」以及他在《靈寶歸空訣》後序所說「生死無常本不干，只因貪著致多端。歸空有法原非法，日向東西一樣團」[51]尚有一定的相通性。在這個層面上，或許也可以認為曠野遇童子並非魔障，但畢竟已經過數次轉義。

如前所述，從〈趙原陽傳〉可知，為趙宜真處理身後事的應是哀德淵。哀德淵本身是比較重視感應的。趙宜真所編〈拜章尅應詩括〉的主體內容即哀德淵根據趙宜真底稿改作之絕句二十首、長句二篇，涉及齋壇行事的諸多方面，內容繁雜瑣碎，都是各種徵效，比

如灰黑、火烈、婦人過、老人至之類。儘管趙宜真在序中引仙師說「通真須出陽神，何也？蓋成道之士，胎圓神化，體變純陽，三界圓通，無往不可。故能親朝上帝，論事回天。下學之士，體未洞真，不過修詞立誠，以將其來意為之請禱耳。至於吉凶朕兆，則在乎誠意感通」，但還是「引先達所取吉凶之兆，出於自然、應乎人物、接於見聞之可驗者，撮其大綱，序為格例，以備遺忘」。[52] 應當說，在道法或者說具體的作法方面，哀德淵重視感應的想法與趙宜真還是一致。如果說趙宜真死後托夢確實出自其弟子的體驗，這個弟子便很可能就是哀德淵。當然，即便另有其人，哀德淵也應當是能夠接受這一靈感事件，並且似乎也更願意強調「瞥然過了，並無魔障」，因而大約不會對童子之事有所疑問。不過，劉淵然是否也能接受，更重要的是邵以正是否能夠接受則是個問題。儘管劉淵然提到過自己主持金籙齋時倒用印信，夢獲冥罪，但他並沒有提到趙宜真身後之事，其《語錄》中涉及拜章、齋醮等事時也全都是強調誠意，而完全沒有提到感應。[53] 關於身後事，從劉淵然在去世前約半年辭老，沐浴更衣，趺坐而逝來看，應是按照趙宜真所傳歸空之法來預先計算和應對，也就是說他對《靈寶歸空訣》應當是非常熟悉的，那麼，即便劉淵然能夠接受托夢之事，他是否能夠接受童子非魔障則難以確定。至於邵以正，他本人沒有留下語錄，而他編刊《淨明忠孝全書》時所收〈原陽趙真人傳〉並沒有採錄托夢之事，似乎可以看作是不能認同該事。

　　當然，〈原陽趙真人傳〉的處理方式未必與該事的真實性或者可接受性有關，而可能與傳記書寫中的形象塑造有關。注意到，儘管《靈寶歸空訣》介紹了臨終各種應對以及所遇境象，但趙宜真終究還是強調要不隨境轉，主張「直須勇猛賽關張，不動干戈已伏降。四海清平歸有道，聽命無生大法王」，並解釋說「自性法身本無生滅，迎之不見其首，隨之不見其後，輝今耀古，卓然獨存，唯其汩於根塵，引入諸趣，迷惑本來。若能奮勇猛火，智慧力，勘破根塵，則情慾頓消，法身自見，從他四大敗壞，於我了不相干，此所謂無生

大法王也」。[54]他自己臨終時泰然處置，先數月即閉關靜坐，啟關後沐浴、趺坐、書偈而化，與《靈寶歸空訣》介紹的臨終處置方式相合。而其化時雷電交加，周年時其弟子劉淵然為設奠，復以雷電報應，似乎已經是卓然獨存，去來自便。由此看來，在趙宜真傳記中記錄他死後托夢，特別是還描述中陰所遇，雖然蘊含有趙宜真已是胎圓神化的「成道之士」或者「上士」，不會像「中士以下」的一般修道者那樣遭遇魔障，但也顯得過於執著，並且有一定之格，不利於其窮神知化、圓通自如的真人形象之塑造。考慮到胡儼〈長春劉真人傳〉、陳循〈龍泉觀長春真人祠記〉、王直〈長春劉真人祠堂記〉等傳記述劉淵然臨終行事，都是沐浴更衣，對弟子說「人以氣聚而生，氣散而死。生死之理，一而已。吾將逝矣」，引手作一圈，呵呵一聲，趺坐而化，[55]並沒有進一步提到托夢甚至中陰境象，從而塑造出劉淵然不牽掛、不執著、通達灑落的真人形象，那麼，即便邵以正能夠接受趙宜真托夢特別是遇童子之事，他或者相關作者在處理趙宜真傳記時，自然也不會選擇將這種頗有執著的敘述保留下來。

第三節　本章結語

　　在〈趙元陽〉未發現之前，有關趙宜真傳記資料據我們所知主要是〈趙原陽傳〉、〈原陽趙真人傳〉以及〈紫霄觀碑〉三種，並且篇幅並不很大。其中，以張宇初所作〈趙原陽傳〉為最早，其資料來源應出自趙宜真弟子輩（可能是哀德淵）提供的行狀類資料。經比對，〈趙元陽〉應是以〈趙原陽傳〉為基礎增補而成。而〈原陽趙真人傳〉、〈紫霄觀碑〉都帶有〈趙原陽傳〉的影跡，以往認為二者是在〈趙原陽傳〉基礎上添改而成，經與〈趙元陽〉比對，應可確定多從〈趙元陽〉改寫。

　　〈趙元陽〉篇幅較長，文字上相比〈趙原陽傳〉有許多改動和增衍。比如以趙宜真丹學合南北二派的說法，是〈趙原陽傳〉所無，而

出現在〈原陽趙真人傳〉、〈紫霄觀碑〉之中。在之前的研究中，我們曾認為這種說法是出自邵以正推尊乃祖趙宜真的需要。現在看來，雖然仍然與塑造趙宜真高道形象有關，但並不是始自邵以正的想法。此類的細節多不見於〈趙原陽傳〉，或為〈原陽趙真人傳〉、〈紫霄觀碑〉所接受，或為二者所不取，背後有許多複雜的因緣，涉及政局變動、道法源流、丹法傳授等各個方面。除此之外，〈趙元陽〉對於趙宜真臨終及死後的描述，與〈趙原陽傳〉等有較大的不同。其中，臨終所書偈見於《原陽子法語》，可以證明是可靠的。托夢之事，目前沒有找到直接相關的記載能夠證明其來源可靠，但從趙宜真所撰《靈寶歸空訣》來看，儘管曠野遇童子是否魔障存在解釋上的困境，但也表明托夢之事特別是曠野遇童子之事並非無影之事，很可能還是源自其弟子的體驗，不排除出自行狀或者其弟子所傳出的口述資料。從趙宜真、劉淵然的臨終行事來看，他們都是按照《靈寶歸空訣》中的歸空之法來預先安排自己的臨終大事，臨終所述偈或者談話都顯現脫體無礙的真人心態，那麼在傳記書寫的層面，不取托夢之事特別是曠野遇童子之事才能夠突出此種灑脫的心態，從而塑造完美的真人形象。而此種不執不繫，泰然面對的臨終處置方式，以及與此相關的蓋棺定論，在明代思想界也有很大的範式效應。[56]

註　釋

1　趙道一：《歷世真仙體道通鑑續編》卷五，景印《道藏》本（揚州：江蘇廣陵古籍刻印社，1997），頁 2060。

2　曹希鳴名大鏞，洪武十五年設道錄司，應選為右演法，以正一闕員，掌司事，並提點朝天宮，洪武三十年（1397）卒，在司十五年，見〈故道錄司演法朝天宮提點曹公墓誌〉及《重修龍虎山志》等。劉淵然洪武二十六年（1393）被旨入京，賜號高道，館於朝天宮，太祖崩，領建金籙，擢右正一，永樂三年（1405）遷左正一，見《明太祖實錄》、〈奏護西山道院〉等。參見許蔚：《斷裂與建構》，頁 364。

3　馮千山：〈邵以正生平、《道藏》及其他〉，載《宗教學研究》1992 年第 1、2 期，頁 46–52。

4　張宇初：《峴泉集》卷四，頁 232。

5　《明太宗實錄》卷一百二載「（永樂八年三月）辛卯，嗣教真人張宇初卒，事聞，皇太子遣官賜祭。宇初，洪武間襲父職，賜號正一嗣教道合無為闡祖光範真人。建文中，居鄉恣肆，數有言其過者，罷去之。上即位，召復之。宇初為人聰敏，涉知儒書，喜為詩，政（攻？）畫。其道法蓋受之劉淵然。後與淵然忤，互為訐訾，人以是少之」（台北：中研院歷史語言研究所，1963，頁 1332）。

6　該傳至少應在張宇初永樂八年（1410）去世以前完成，而由於提到曹希鳴、劉淵然，似乎應在劉淵然永樂年間（不早於永樂四年）遭貶謫、曹希鳴洪武三十年去世以前完成，不排除在趙宜真去世後不久完成。另外，《道法會元》卷十四《玉宸登齋內旨》所附〈拜章尅應詩括〉，據趙宜真序，其中絕句二十首、長句二篇為「五雲道友袁德淵」所作。此袁德淵當即趙宜真門人袁德淵（德淵應是法名。按劉淵然，名若淵，應與袁德淵同為淵字輩）。另王崗教授來信認為《道藏》刻版常將「袁」刻作「哀」，「哀德淵」或許是「袁德淵」，並認為可能就是趙宜真在《玉宸經法煉度內旨》序中提到的「廬陵西林元極子袁大方」。不過，明崇禎刻本及四庫抄本《峴泉集》「哀」俱寫作「衷」，而「哀」、「衷」二字在贛南姓氏中係同姓異寫，因此，我仍取「哀」字不改。

7　參見許蔚：〈《淨明忠孝全書》的刊行與元明之際淨明統緒的構建〉，頁 134 及本書第三章。

8　王直：〈送道士王貞白序〉，參見許蔚：《斷裂與建構》，頁608。

9　乾隆《贛州府志》卷三十七，中國國家圖書館藏乾隆四十七年刊本，葉二十a。

10　參見本書第三章。與此形成鮮明對比的是，陳璉〈長春劉真人祠堂記〉完全沒有提到邵以正，見陳璉：《琴軒集》卷十五，頁756–760。目力所及，龔巨平〈南京明代鍾山告天文發覆〉最早提到陳璉所作該記，見《南京曉莊學院學報》2014年第3期，頁80。龔文介紹洪武三十五年、永樂四年劉淵然醮告石刻。洪武三十五年醮事，應即〈長春劉真人傳〉中提到的「太宗文皇帝纘承大統……建金籙大齋七晝夕」，見許蔚校註：《淨明忠孝全書》，頁63。永樂四年醮事，應即劉淵然自述倒用印信導致冥譴的「丙戌年主修金籙齋醮」，見本書附錄一《沖虛至道長春劉真人語錄》。

11　許蔚：〈趙宜真從張天全所受道法考〉。

12　關於明抄本、明李贄刊本《歷世真仙體道通鑒》版本問題的討論，參見許蔚：〈趙宜真從張天全所受道法考〉。亦可參見羅爭鳴：〈趙道一《歷世真仙體道通鑒》的編撰、刊刻與流傳論考〉，載《宗教學研究》2018年第3期，頁36–44。

13　楊士奇：《東里續集》卷二十三，載《景印文淵閣四庫全書》第1238冊（台北：台灣商務印書館，1988），頁684–685。

14　嘉靖《贛州府志》卷十二，《天一閣藏明代方志選刊》景印明嘉靖刊本（上海：上海古籍書店，1962），葉六b。

15　乾隆《安福縣志》卷十四，中國國家圖書館藏清乾隆四十七年刊本，葉二十六b。

16　參見許蔚：〈明代道法傳承諸側面〉，頁68。當然，「清微靈寶」也可以是連稱，晚近的科儀抄本大多就寫作「清微靈寶ㄥㄥ」。張雪松教授建議將「清微靈寶諸階雷奧」理解為書名，應當說這一理解與本書第三章關於「諸法要」或「法要」為書名的猜測是類似的，可備一說。

17　參見本書第三章。

18　于敏中等編纂：《日下舊聞考》卷九十四（北京：北京古籍出版社，1985），頁1582。邵以正所編刊的《沖虛至道長春劉真人語錄》（前有正統九年十一月四十五代天師張懋丞序，後有正統八年秋邵以正序，可能刊行於正統十年）中儘管多引用南宗典籍，但也確實有一則專門討論

「全真」，表明劉淵然、邵以正傳法之中可能確有全真的因素。當然，語錄中除南宗、全真以外，還包括清微、淨明等內容。

19　由於是節略，此處的「於真人」似乎不排除是「於張真人」的改寫，但據李得晟〈長春殿增塑七真仙範記碑（略）〉所說「原陽趙真人受北派金丹之傳者，及門受業也」（《日下舊聞考》卷九十四，頁1582），則原文應即指丘處機。另外，王崗認為，邵以正並不是要將自身師承認同為全真傳統，而是將趙宜真、劉淵然視為丘處機以下一個獨立的傳承，見Richard G. Wang, "Liu Yuanran and Daoist Lineages in the Ming"，載《道教研究學報》2015年第7期，頁294。

20　白雲觀的殿堂修建多由宦官捐助、發起，參見正統九年胡濙〈白雲觀重修記〉，載陳垣編，陳智超、曾慶瑛校補：《道家金石略》（北京：文物出版社，1988），頁1256。《道家金石略》據柳風堂拓片錄文，未錄碑陰名錄。需要指出的是白雲觀當然有其全真的傳統，但明代特別是明前期，白雲觀作為丘處機的香火所在，是否為全真派的道觀，或者只是保有煉養傳統的一般道觀，尚難認定。張方通過王屋山、山西呂梁鳳山道院等地發現的明代石刻資料的考索，以及對天理圖書館藏《玄風慶會圖》年代及題名的重新考察（白雲觀道士題名全見於〈重修白雲觀記〉，可以確證即便是使用了元代舊板，也是明代補刻印行的），提出白雲觀雖為正一道士所管轄，但全真道士及其傳承也很興盛，力證至晚在宣德間（1426–1435）隆陽宮一系全真道士已進入白雲觀並傳承龍門字派，見張方：《明代全真道的衰而復興——以華北地區為中心的考察》（北京：中國社會科學出版社，2018），頁107–122。那麼，邵以正重建長春殿並立碑的活動，除了本身的考量以外，也不能排除與全真道士在白雲觀的興起有關。

21　此前，景泰五年（1454）八月萬壽節賜宴，命邵以正班次「列於祭酒下之下」，遂為定制。以上據《明英宗實錄》。

22　值得注意的是，丘處機是曾經遠赴雪山覲見成吉思汗之人，而本朝不久前也曾通使瓦剌，王直就是主張通使之人。

23　碑見中國國家圖書館藏拓，節錄文見趙超：〈從北京的廟宇碑刻看明代太監興修廟宇的活動〉，載呂敏、陸康主編：《香火新緣：明清至民國時期中國城市的寺廟與市民》（北京：中信出版社，2018），頁262。

24　趙宜真、劉淵然雖然沒有外丹著述，且《原陽子法語》中也只有與李玄

一有關幾首詩提到燒煉外丹，但外丹之學在趙宜真、劉淵然傳法之中確有其地位。胡儼〈長春劉真人傳〉稱劉淵然「嘗示先公丹一器，曰：此原陽師所遺，已七轉矣，必得有力量、大福德人方能了此事。然非名山不可。今不知所在」，應非傳聞修飾之辭。

25　參見本書第三章。

26　參見本書第三章。

27　尹翠琪：〈《道藏》扉畫的版本、構成與圖像研究〉，載《美術史研究集刊》2017年第43期，頁43。

28　楊士奇：《東里續集》卷二十三，頁685。

29　劉淵然曾對邵以正說「為領袖師範者，不可不自重。先須正己，然後可以振肅玄綱，作新後學。所謂表端影正，源潔流清，庶幾教可興、俗可化，不忝簪裳之儀表」，見《沖虛至道長春劉真人語錄》。

30　陳璉〈長春劉真人祠堂記〉提到「道錄司左玄義胡文圭與其嗣法徒弟黃一中等……以（朝天）宮左祖師堂為棲神所，合前代祖師祀焉」（《琴軒集》卷十五，頁759），黃一中既被稱為「嗣法徒弟」，應是劉淵然弟子，表明劉淵然在朝天宮確實有弟子。

31　康熙《安福縣志》卷五〈仙釋〉所載趙宜真傳只說「脩全真還丹之術，尤好濟人方藥」（中國國家圖書館藏清康熙五十二年刊本，葉八十六a），乾隆《安福縣志》卷十四〈仙釋〉所載趙宜真傳則說「於正乙天心雷奧、全真還丹之旨多所發揮。尤好濟人方藥」（同館藏清乾隆四十七年刊本，葉二十六b–葉二十七a。亦見乾隆《吉安府志》卷六十〈仙〉，同館藏清乾隆四十一年刊本，葉四十六），顯然均與〈趙元陽〉有關，但康熙志何以改為「脩全真還丹之術」則不得而知。

32　參見本書第三章及許蔚：〈明代道法傳承諸側面〉，頁67。

33　關於長春派及其字譜「日道大宏」云云的介紹，見蕭霽虹：〈道教長春派在雲南的歷史與現狀〉，載《中國道教》2011年第6期，頁38–44。關於長春派科儀屬清微法，見蕭霽虹、萬上行：〈雲南保山道教「長春靈寶派」科儀研究〉，頁245。關於長春派與清微法，亦可參見 Richard G. Wang, "Liu Yuanran and Daoist Lineages in the Ming"，頁286–288。另外，值得注意的是，清道光八年〈真慶觀古名真武祠碑記〉「自□清歷代羽化登真普同共祀之鶴臺」開列的明代諸真人，在「長春正派」蔣日和以前列入劉淵然、邵以正、喻道純，其中，邵以正「諱日雲」是符合「長春

派」字譜的法名，但除當代口述史料外亦不見於他處記載，而喻道純作
為第三代列在蔣日和以前則是因為他繼邵以正之後領天下道教事，見
蕭霽虹主編：《雲南道教碑刻輯錄》，（北京：中國社會科學出版社，
2013），頁494。

34　劉大彬編，江永年增補，王崗點校：《茅山志》（上海：上海古籍出版
社，2016），頁520。

35　《金陵玄觀志》卷一，載《續修四庫全書》第719冊，景印南京圖書館藏
明刊本（上海：上海古籍出版社，1997），頁146。參見許蔚：《斷裂與
建構》，頁368。

36　參見許蔚：〈明代道法傳承諸側面〉，頁66。

37　參見許蔚：〈趙宜真從張天全所受道法考〉及〈辛天君法與混元道法的構
造〉，頁141–159。

38　曲爽、張煒：〈清微派傳承考——以趙宜真、李得晟傳天津天后宮一系
為主〉，載上海市道教協會、華東師範大學等主編：《正一道教研究國
際學術會議論文彙編（下）》，頁573。不過，王崗指出《明實錄》及《明
史》中邵元節為李得晟弟子的記載不可靠，出自儒臣的偏見，並根據柳
存仁的意見指出邵元節出自紫微法派，見Richard G. Wang, "Liu Yuanran
and Daoist Lineages in the Ming"，頁303–304。邵元節本為龍虎山道士，
是隨天師入京的，見《賜號太和先生全集》有關文字，至於其師承則可
參見該書卷四夏言所作〈墓誌銘〉「投仙源范文泰為師，以寶篇金籙奧旨
授之，公即領大義……受道法於黃太初，太初受於李伯芳，其傳淵遠
有自」（《故宮珍本叢刊》第530冊，景印明內府刊本，海口：海南出版
社，2000，頁75）。就此而言，邵元節與李得晟有何關係似尚難確定，
儘管如此，從嘉靖皇帝以及他本人的題署來看，仍應屬清微法派。

39　曲爽、張煒：〈清微派傳承考〉，頁571。亦可參見Richard G. Wang, "Liu
Yuanran and Daoist Lineages in the Ming"，頁279–284。

40　籙職中所謂「清微靈寶」，似乎是指兼行清微法、靈寶法。

41　王育成：《明代彩繪全真宗祖圖研究》（北京：中國社會科學出版社，
2003），頁30、212。

42　《原陽子法語》卷下，頁89。

43　嘉靖《贛州府志》卷十二，葉六b。

44　《靈寶領教濟度金書》卷三百二十，《道藏》第8冊，頁819。

45 《靈寶無量度人上經大法》卷五十三，頁909。

46 道士初無專門喪儀，《赤松子章曆》所收章文即說「如俗禮」。靈寶經中雖涉及死後葬埋的一些討論，也未提到專門的道士喪儀。朱法滿所編《道士吉凶儀》以俗禮吉凶儀為框架（宋代所編僧人喪儀與此類似），涉及道士臨終、命過各項事宜，為專門的道士喪儀，其中，〈禮懺與上章〉是與死後超拔有關的部分。署杜光庭刪定的《道門科範大全集》見收《上清昇化仙度遷神道場儀》一種，序中提到張萬福編有《同學行道儀》，說是「始自疾苦，至于終亡，皆須懺謝、救拔、解災、悔過」。該儀未見傳本，從內容上看可能與《道士吉凶儀》有關。至於《上清昇化仙度遷神道場儀》本身，為專門的道士命過行道儀，程序上與《道門科範大全》及《太上黃籙齋儀》所收諸種齋儀類似，主要是三時禮懺行願（值得一提的是，2017年10月11日，上海城隍廟為陳蓮笙道長百年誕辰舉辦「上清仙度遷神大齋法會」，採用了《上清昇化仙度遷神設醮儀》）。如不來室藏舊鈔科儀本《靈寶昇真度人羽化三朝科》與此類似。《靈寶領教濟度大成金書》記錄的〈師友命過行道誦經道場節目〉列出各項節次，從程序來看與為一般信士舉行的幽科差別不大，其中，煉度註明是同常法，攝召則不知有何特別規定。此外該書還收錄師友命過齋所用〈行道誦經儀〉、〈設真靈醮儀〉等，則是配合專用於師友命過道場。類似的科儀，亦見明宣德刊本《上清靈寶濟度大成金書》所收〈師友命過三朝儀〉、〈師友命過十回儀〉、〈羽流飯真醮科〉、〈師友命過醮科〉等。如不來室藏清光緒鈔科儀本照片《太上正一陞真召羽元科》則是專用於攝召安靈節次的科儀。此外，關於《道士吉凶儀》與儒禮的比較，參見趙樹龍：《道士吉凶儀校釋及初步研究》（首都師範大學碩士論文，2011）。關於當代受籙道士命過繳籙儀式的田野考察與研究，參見謝聰輝：〈繳籙研究：以南安市樂峰鎮黃吉昌道長歸真為例〉，載蓋建民主編：《「回顧與展望：青城山道教學術研究前沿問題國際論壇」文集》（成都：巴蜀書社，2016），頁622-644；謝聰輝：〈道壇譜系與道法研究——以黃吉昌道長歸真繳籙儀式為例〉，載《宗教哲學》2016年第78期，頁53-84。

47 另外，〈趙元陽〉提到劉淵然為趙宜真周年設奠，〈原陽趙真人傳〉採用了此說，但二者都沒有提到是否運用了相應的道教科儀。

48 《靈寶歸空訣》，《道藏》第10冊，頁657。

49 《道藏目錄詳注》註稱該書是「言末後一著，知時歸空法」，見白雲霽：《道藏目錄詳注》卷二，景印清刊本《道藏》第36冊，頁794。

50　《靈寶歸空訣》，頁658。陳致虛曾在〈判惑歌〉中提到俗傳達磨歸空之論
　　「傳達磨，說歸空，觀物知胎語不通。生死定年次月日，臨時更定五心
　　中。八段錦，十號頌，都在無名指上用。驀地浮雲遮日月，大限到來
　　宜穩重」云云，與此段論述相合，見《上陽子金丹大要》卷九，《道藏》第
　　24冊，頁33。

51　《靈寶歸空訣》後序，頁659。

52　《道法會元》卷十，《道藏》第28冊，頁749。

53　參見本書附錄一《沖虛至道長春劉真人語錄》。

54　《靈寶歸空訣》，頁658。

55　〈長春劉真人傳〉，頁64。後二者與胡儼所作傳的關係，參見本書第三
　　章。關於劉淵然傳記諸文本的全面梳理，可參見畑忍：〈道士劉淵然初
　　探 —— その事跡と道教史上における位置〉，載《中國文史論叢》2009
　　年第5號，頁101–118；王崗：〈明代江西地方淨明道的傳播〉，頁84–
　　105。

56　羅念庵對身後事的預演及臨終不亂、王龍溪的臨終毀亂都是關係其一
　　身學術評價的大事。甚至像鄧定宇臨終時自如掌握自己去留的時間，
　　終於回到家中，並等來眾多友人，還與張位隔窗交流這一平生大功
　　課，成為公共事件。有關討論，參見許蔚：〈從神仙到聖人〉，頁178–
　　216；許蔚：〈新建文潔鄧定宇先生年譜稿〉，頁339–389；許蔚：《豫章
　　羅念菴、鄧定宇二先生學行輯述》。

第五章

作為淨明科儀的「正一表懺都仙勝會」：
以晚清民國進賢縣興真古觀分派道壇抄本為主

　　作為學術用語的所謂「淨明道」，實際上是一個不斷變動的概念。通過歷史文獻的探尋，可以知道淨明道的發展軌跡存在許多的斷裂之處。不過，除了斷裂，以及由此而彰顯的各時期道團的建構努力，也還是潛存著一些連續的「淨明道」因素。

　　以孝為先的修道成仙理念即為包括孝道及南宋淨明法、元代淨明忠孝道法在內的各時期道團所延續的基本主張。提倡此種成仙理念的孝道經典《慈善孝子報恩成道經》，儘管是否為南宋淨明法、元代淨明忠孝道法所接納難以認定，自隋唐之際產生以來，[1]卻也一直留存，並得以收入《正統道藏》。而據稱為許遜所遺留的天篆「淨」字，至少在唐末北宋的孝道、南宋淨明法以及清初淨明續派（淨明青雲派）的符法中都得到延續和運用。[2]

　　此外，在許遜介入孝道以前，吳猛、馮伯達在廬山宮亭湖區域已造成廣泛的聲勢。廬山宮亭湖區域（即今鄱陽湖區域）作為孝道活動的中心區域，在唐以前尤其重要，但在唐宋以來的孝道及淨明法活動中仍然保有一定的重要性。而在許遜介入孝道之後，孝道的發展即圍繞以許遜為中心的十二真君信仰而展開，並使得原本散布在今贛東北地區（環鄱陽湖區域）的各個信仰中心連接起來，成為一個密佈「洞天福地」的神聖空間。[3]這樣的神聖空間，由十二真君祠祀維繫，伴隨著許遜信仰的不斷擴張，成為以許遜祠祀為中心構成的宮觀網絡。

其中，除所謂旌陽所立七靖逐漸喪失其重要性以外，[4]各真君祠祀如施岑、吳猛等的觀宇和遍佈南昌周邊崇祀許遜的觀宇，雖然歷經興廢，但其中不少宮觀至少一直延續到了清代中期，[5]既見證「淨明道」意涵在各個時期道團之間的更替變換，也維持了仙真祠祀，特別是許遜崇拜的香火不絕。這些宮觀所在的州縣往往就是參與慶賀許遜飛昇之西山仲秋仙會的信眾及香會組織的來源地區。[6]伴隨這些信眾的朝拜活動，相應的朝拜禮儀與儀式服務，也成為一種雖然可能發生或大或小的變化，卻並未中斷過的「淨明道」因素。而在明清時代，淨明道統緒失落的情況之下，正是這些或興或廢，或隱或顯的宮觀，維繫著作為「淨明道」科儀的，這樣一種朝拜許遜的儀式傳統。

第一節　西山廟會的民俗傳統與儀式記憶

西山廟會的舉行，從許遜事跡來看，可以推測應當是伴隨其飛昇之後的香火祠祀而發展出來。白玉蟾在〈續真君傳〉中依照謝守灝採訪的資料，[7]較詳細地記錄了西山廟會的情況（包括八月三日許遜聖像朝拜諶母的「南朝」以及每三年一次的上元節許遜聖像存問黃真君的「西撫」），其中，轉述唐代道士熊景休詩句，以為可以追溯到晉代。這當然是一種合理的解釋。然而，目前並無可靠的證據足以證明豫章地區在唐以前即已流行朝拜許遜的集會。關於西山廟會比較可靠的早期記載，見於裴鉶《傳奇》以及佚名所作《孝道吳許二真君傳》。

裴鉶《傳奇》記載文蕭、彩鸞故事，發生時間在唐大和（827–835）末，其事雖然未必實有，但作為文蕭遇彩鸞的背景而提到的西山中秋上昇日勝會，作為一種無意識的史料，是可以信據的。據載「鍾陵有西山，山有遊帷觀，即許仙君遜上昇地也。每歲至中秋上昇日，吳、越、楚、蜀人不遠千里而攜挈名香、珍果、繪繡、金錢，設齋醮，求福祐。時鍾陵人萬數，車馬喧闐，士女櫛比，數十里如闤

闈。其間有豪傑，多以金召名姝善謳者，夜與丈夫閑立，握臂連踏而唱，其調清，其詞艷，惟對答敏捷者勝」。[8]這一記述主要是渲染百姓歡慶的鬧熱場面，為文蕭遭遇彩鸞作鋪墊，因此對廟會本身並沒有過多的描述。關於這一廟會期間所實行的宗教儀式，也只是簡單地提到「設齋醮」而已。

至於《孝道吳許二真君傳》，如果同意為唐元和（806–821）時人所作，[9]那麼就是關於西山廟會的最早記載。但是《孝道吳許二真君傳》關於「唐元和十四年」的記述並不可靠，[10]因此，在沒有其他證據的情況下，將《孝道吳許二真君傳》繫於北宋真宗賜額玉隆以前，認為是出於唐宋之際的文本應該還是可以接受的。從《傳奇》的記載也可以證明，《孝道吳許二真君傳》關於唐代西山遊帷觀存在百姓聚會的記述應當是可信的。而由於是道門內部的記錄，因而相較裴鉶的文筆而言，對廟會過程中所施行的儀式有更多的描述。據載「四鄉百姓聚會於觀，設黃籙大齋，邀請道流，三日三夜，陞壇進表，上達玄元，作禮焚香，克意誠請，存亡獲福。方休暇焉，鐫券投龍，悉歸斯潭洞矣」。[11]由此，可以知道唐代的西山遊帷觀中秋廟會，所設為持續三天三夜，存亡兩利的「黃籙大齋」。這一時長為三日夜的黃籙齋科，殿以投龍儀，與杜光庭整理的黃籙齋儀是一致的。[12]而道士所進表文，從所行儀式為「黃籙大齋」來看，似乎只是黃籙齋科結束時的言功表文，是否包含朝禮許遜的表文則難以認定。不過，許遜在唐代並未得到褒崇，而就仙傳敘述來看，雖然受太上降詔，職任「九州都仙大使高明主者」（《墉城集仙錄》），[13]也不過是所謂的眾仙之長而已，[14]從位階上來看，並無資格受納「表」這麼高規格的公文書。[15]這一點從宋代的文書使用情況也可以得到證明。從世俗禮儀的層面，宋徽宗尊崇許遜，且上表稱臣，官員致祭應可用表；[16]但在宋代一般的道教科儀及南宋初淨明道科法中，仍不用表，而是用狀。[17]

唐以後的西山廟會，目前沒有找到南宋以前的記載。不過，與西山廟會有關的「南朝」、「西撫」倒見到零星的資料。

南唐殷崇義所作〈祈仙觀記〉提到「仙燈接晝，齋莊虔億萬之詞；羽蓋浮空，朝會奉姻親之禮」。[18] 祈仙觀是供奉黃真君的道觀，宋真宗時賜額大中祥符，簡稱祥符觀。[19] 黃真君與許真君，在仙傳敘述中有姻親關係。根據白玉蟾的記錄，在中秋上昇次日，鄉人要奉黃真君仙仗前往西山玉隆宮朝拜許真君，而每三年一次，則要在上元節奉許真君仙仗回訪祥符觀，稱為「西撫」。所謂「朝會奉姻親之禮」應當就是指「西撫」。由此，也可以知道南宋時的「西撫」雖然在淳熙十五年（1188）增加了「酹獻於許氏仙姑」的儀式項，[20] 但至少可以追溯到唐末五代。而黃真君仙仗中秋上昇次日朝許真君，作為西山廟會的一項儀式性內容，可能也是可以追溯到唐末五代的舊傳統。

題曾鞏所作〈憩真觀記〉提到「道士喻端仁言石曼卿曾記本末，靖康兵難，碑燬於火……惟每歲八月三日旌陽一謁諶母，旛花鼓吹，迎輦留駐，舊風不替爾。時久事湮，端仁實懼，敢請述以詒來者」。[21] 每歲八月三日旌陽謁諶母，就是白玉蟾記錄中所謂「南朝」。[22] 憩真觀是仙傳敘述中許遜曾經休憩的地方，地點在西山玉隆宮與松湖黃堂宮之間，為「南朝」中許真君仙仗經停之處。石曼卿所作碑文不知是否涉及「南朝」。喻端仁所謂「靖康兵難」應指建炎間（1127–1130）金兵入贛之事，則所謂「舊風」至少應已在北宋時期施行。而「南朝」雖然是奉許真君仙仗朝謁諶母，但由於仍然是在西山廟會期間施行的朝拜活動，也應屬於西山廟會的一項儀式性內容。[23]

關於西山廟會本身的記載，就目前所見，以周必大的記載為最早。乾道三年（1167），周必大遊覽西山玉隆宮，稱「前有胡詹廟，次度龍崗橋，次有龍岡亭，八月一日開觀，則以七月二十八日於此設淨壇醮。……每歲八月開觀，時四方之人紛至」。[24] 周必大此遊由當時的玉隆宮知宮熊知古、副知熊大正陪同，他關於淨壇醮及開觀時間的記述，應該就是得自熊知古、熊大正二人的介紹。這一記載與白玉蟾所述相合。據白玉蟾所述，「七月二十八日，仙駕登宮左之五龍崗，禁辟蛇虎，自古以然，謂之禁壇。……仲秋，號淨月。自

朔旦開宮，受四方行香、禱賽、薦獻。先自州府始（州府具香燭、酒幣、詞疏，遣衙吏馳獻）。遠邇之人，扶老攜幼，肩輿乘騎，肩摩於路。且有商賈百貨之射利，奇能異伎之逞巧，以至茶坊、酒壚、食肆、旅邸相續於十餘里之間，駢於關市，終月乃已。常以淨月之三日，仙仗往黃堂觀謁諶姆。……每以中秋日修慶上昇齋。先一日，建醮。次日，黃君來觀」。[25]

　　結合二人的敘述，可以知道七月二十八日的「禁壇」或者「淨壇」在西山中秋廟會的系列儀式活動中是比較重要的一項。作為八月朔日（八月一日）開觀的預行科儀，「淨壇醮」或「禁壇」無論從廟會程序還是從科儀名稱來看，似乎都與南宋以來靈寶科法中開壇時所行的基本科儀「禁壇儀」或稱「敕水禁壇」有關。[26]不過，八月一日開觀似乎並不演行道教科儀，而只是開放給官員、百姓而已。此點與今日西山廟會所見情況是一致的。今日廟會期間，西山萬壽宮本身並不專門舉行道教科儀或者慶典，只是開放宮觀供四方善信進香。

　　而州府遣員致獻「香燭、酒幣、詞疏」，似乎只是一般性的禮儀。至於百姓自己的行香、薦獻，似乎也就是官方禮儀的私人化，但究竟是否即如官方的酌獻，或者另有約定的禮儀則並不清楚，並且也不排除延請道士施行相應科儀。晚清民國時，香會進香即請道士行科上表。據江西省高安縣黃沙鄉張村張信芝（寶堂）道長回憶，過去高安的香會前往西山進香，須請道士施行「朝仙賑孤」科儀，但此科儀今日已不再施行。[27]就今日廟會期間所見，各香會或自行演懺焚疏，[28]或湊錢請宮中道班行科上表（疏），也見到個別以某觀道士主導的香會自行借地行科上表（疏）的情況。[29]

　　而「中秋日修慶上昇齋」的「中秋日」，行文上在八月三日之後，應當是指八月望日，即仙傳中的八月十五飛昇之日。至於「慶上昇齋」具體究竟為何種科儀則並不清楚，根據《道藏》內的其他資料也難以猜想其內容。[30]南宋以後西山廟會的情況不詳。清人編《逍遙山萬壽宮志》關於廟會的記載基本上襲自白玉蟾，對於了解清代廟會期

間是否還施行「慶上昇齋」以及「慶上昇齋」具體內容為何，幾乎沒有
幫助。不過，廟會的時間在清代則有所調整，《宮志》謂「今則自孟
秋望後，四方賽謁者，日以千計。至下浣旬底，眾不可數計矣。自
此至淨月朔後，每日笙管絃歌⋯⋯閱兩月乃稀」，[31] 基本上和今日西
山廟會的持續時間相當。但是，今日西山廟會是以宋代的開宮日即
八月一日為許遜飛昇日，八月十五日已基本無香會前來進香，而西
山萬壽宮在這一天也不舉行任何的儀式或慶典。[32]

　　另外，據白玉蟾所述，「每歲季夏，諸卿(鄉)士庶各備香花、鼓
樂、旗幟，就寢殿迎請真君小塑像，幸其鄉社，隨願祈禳，以蠲除
旱蝗。先期數日，率眾社首以瓜果酌獻于前殿，名曰割瓜，預告迎
請之期也。真君之像凡六，唯前殿與寢殿未嘗動，餘皆隨意迎請。
六旬之間，迎請周徧。洪、瑞之境，八十一鄉之人，乃同詣宮醮
謝，曰黃中齋(黃中儀式，真君所流傳也)」。[33] 此「黃中齋」究竟是何
種儀式，也並不清楚。此段敘述，清人完全照搬，僅加小註稱「舊俗
季夏，今皆七八月」。[34] 從時間上來看，七八月與西山廟會的時間重
合，如果「慶上昇齋」在清代仍在施行的話，則「黃中齋」便不排除與
「慶上昇齋」合併而不再施行了。當然，無論「黃中齋」或者「慶上昇
齋」在清代是否還存在，清人對儀式的內容也沒有予以記錄，二者究
竟如何施行仍然無從知曉。

第二節　作為淨明科儀的朝仙進表
與香會朝香的儀式需求

　　西山廟會期間，許真君、諶母及黃真君象徵性的儀式互動，顯
現出一個以玉隆宮為中心，連結黃堂宮、祥符觀的宮觀網絡。雖然
也覆蓋一些像憩真觀這樣的小道觀，但玉隆宮、黃堂宮、祥符觀則
是「淨明道」宮觀網絡的核心。而這三個宮觀所在的區域則又構成以

新建縣為中心，連結高安縣和豐城縣（黃堂宮屬新建縣，但地接豐城縣境）的地域網絡，同樣也是許遜信仰的核心地帶。白玉蟾所謂「洪瑞之境」覆蓋區域當然要更大，所涉及的宮觀也更多。從現在西山萬壽宮保存的清光緒末年至民國初年的功德題名來看，香會所屬的豐城、高安、南昌、新建、清江、進賢、奉新、臨川、安義、鄱陽等十縣中，除臨川、鄱陽二縣外，基本上都屬於南宋時隆興府（洪州）、瑞州（筠州）的轄境。[35]

今日新建、豐城的香會及道士間尚遺留有一些相應的科儀實踐。據新建縣松湖鎮黃堂宮傅國強道長介紹，西山廟會期間來黃堂宮進香的香會，香頭是由道士擔任的，一般會上表，而所謂表則主要就是香會成員名單。[36]據豐城H道長介紹，豐城每個村都要趕西山廟會進香，一般都要請道士帶領進香，包括安壇請聖、進香上表及回香謝聖，共需三天。頭天在家安壇請聖，主要是安奉許真君牌位，也包括諶母元君和其他十一位真君以及土地等神位，並要念《普天福主演玄真經》。第二天到西山萬壽宮，遊各殿，要念相應的寶誥，念《普天福主演玄法懺》，奏表宣職。第三日，回香，謝聖回鴻。與下文將述及的高安的情況不同，回香當天僅施孤，而不做賑孤法事（賑孤只是在中元節或者地方不太平時打醮才做）。[37]

另據張信芝道長回憶，解放前，高安的香會進香期間要請道士打醮，行「朝仙賑孤」科儀，包括「朝仙」和「賑孤」兩部分，前後共三天。第一日在香會首香（會首）家建「許仙壇」請神、封香並進表，次日即八月一日（認為是許遜的上昇日）出發，行程則是先到高安縣城萬壽宮和縣東長樂宮進香，再到西山萬壽宮進香，到每一處進香都要進表，在西山萬壽宮過夜後，第三日返鄉，賑孤（所行為玉陽煉）、謝神。[38]值得注意的是，今日西山廟會以八月一日為許遜上昇日，與高安道士對進香日的解釋是一致的。儘管根據高安香會的個案難以認定清末或者清代的西山廟會就已將八月一日解釋為許遜上昇日，但作為南宋西山廟會正式開始的第一天，信眾逐漸將開宮

日認同為上昇日，也是完全可以理解的。此外，香會所到高安縣萬
壽宮、長樂宮都是本地的許遜祠祀，[39]而他們的行程中並不包括祥符
觀，[40]如果這並非黃沙張村的特例，那麼，清末民國的西山廟會中便
很可能已沒有祥符觀的地位，也沒有黃真君觀見的環節了。[41]

關於高安道士所行「朝仙」科儀的內容，根據張信芝道長的回
憶，第一日設「朝仙壇」之後即呈進〈許祖師表〉，然後施行「朝仙進
表玄科」。[42]其中，「朝仙進表玄科」的基本儀節程序，為淨壇、啟聖、
獻茶、誦許祖寶誥。據毛禮鎂女士的描述，科文念完，整個科儀就
結束了，似乎還缺少一些例行的儀式環節。而在淨壇、啟聖以前就
呈進〈許祖師表〉也比較奇怪。另外，值得注意的是，科文末句為
「具有誠意，謹當宣念」，應當還要宣讀該當醮事所需的誠意。[43]或許
是接受採訪時，張信芝道長關於第一天儀式的描述沒能夠清楚地表
達。從毛禮鎂女士關於第二天早晨起程前科儀程序的描述來看，[44]所
謂《請神文》實際上就是「朝仙進表玄科」，而啟聖之後接著念〈許祖
師表〉或者情悃（誠意），再接以一段祈恩赦愆的科文結束，[45]才是正
常的呈進表文的次序，並且在程序上也比較完整。至於在呈進表文
或者情悃之後，仍然再念「朝仙進表玄科」，如果不是記憶失誤，則
可能是將啟聖的科文又作謝聖之用。因為第三日回香「謝神」就仍用
「朝仙進表玄科」。[46]

值得注意的是，「朝仙進表玄科」中啟聖一節，是最具有淨明色
彩的科儀節次，因為所啟之神真除了十二真君及其他眷屬群仙外，
還包括郭璞、張蘊、胡慧超以及劉玉、黃元吉、徐慧、趙宜真、劉
淵然等劉玉「新」淨明道成立以來的神真和宗師。[47]而這份神真、宗
師名單正是為清初成立的淨明續派（青雲派）所接受的譜系。張信芝
道長法名「寶堂」中的「寶」也符合淨明續派（青雲派）的字派。就此而
言，似乎可以認為「朝仙進表玄科」就是所謂的「淨明道」科儀。而收
錄於張信芝道長回憶抄寫的《朝仙賑孤》科本中的〈許祖師表格〉，[48]是
「朝仙」科儀中所使用的最重要的專用文檢，也是唯一抄錄的文檢。

其中，所錄許遜尊號與「朝仙進表玄科」中的許遜尊號，不同於鸞壇經懺如《普天福主演玄經懺》中所另出的「普天福主濟世消魔大帝」，[49]除個別訛衍之外，基本上與《道藏》所見元明以來的許遜尊號還是一致的，[50]因而也可以認為是具有所謂「淨明道」特色的專門文檢。

此篇〈許祖師表〉格式中預留有「首香信士張△△、副香張△△、尾香張△△，右暨於合會齋信人等」的格式，是傳達該香會進香誠意的內容。這一格式僅錄首香、副香、尾香的姓名而不錄其他在會成員的姓名，是因為另有誠意或者情悃，會記錄所有成員的姓名及生辰（當然，〈許祖師表〉原本格式似應包括在會信士，也可能現在回憶的文本有所遺漏）。可惜的是，儘管在啟聖、進表的科儀程序中，數次提到誠意和情悃，但《朝仙賑孤》科本中並沒有收錄誠意或者情悃的格式。當然，所謂誠意，與青詞一樣，都是可以臨時撰寫，甚至隨口宣讀的（比如有的科本在「入意」處即註明「宣口意」。道壇抄本中往往也收錄口意程式，也就是說，「口意」也有一定的格式），《道藏》中所見科儀文獻一般也僅收錄表、狀、申、牒、關、引等具有特定格式和等級的文檢，而並不收錄誠意的格式。而「朝仙」科儀中所使用的誠意，是應該完整收錄香會成員名單的，實際上對於作為個體列名其上的香會成員而言，才是特別體現其進香之誠意／功德的文書。從今日西山廟會各香會自行宣讀、焚化的文書來看，有採用疏的形式的，也有僅錄香會成員名單的。而西山萬壽宮本宮道班為香會上表，宣表時按預先印製的「三官表」念誦，到念至進香信士處則插入念香會提供的成員名單。由此可知，儘管具有道教文檢樣貌的表或者誠意可能因為鄉間道士的消失及相關科儀的失傳而完全消失，但香會成員仍然以各種形式努力將自己的名字與進香功德捆綁，從而主動地將斷裂的一環連接上，進而滿足自身的儀式需求。[51]

當然，無論是今日請香頭帶領進香並演懺化表或者請西山萬壽宮本宮道班代為進表，還是過去請本鄉道士帶領進香並做進表賑孤，都是朝仙的香會或者香客一方的儀式實踐。實際上，就目前掌

握的資料可知，至少在民國時期，西山萬壽宮還向進香的信士提供專門的懺香繳願醮事服務。

如不來室藏民國十六年(1927)〈正一圓香繳願淨明仙醮〉憑帖一函即是此種醮事實物遺存，為給付信人終身佩奉，百年時隨身證對功德之用。該憑帖封函正面上貼紅書「正一懺香繳願淨明仙醮瑤壇出給文□〔一〕道」，[52]下書「付懺香弟子萬文卓名下長春佩奉」，背面書「民國十六年十一月念八日給」並鈐「元始壹炁萬神雷司印」，內憑帖為刻版刷印，全文如下 (格式稍有調整，括號內為手書填寫)：

淨明萬法宗壇　本壇欽聞

至德允符，太上無為而有感。

神功妙濟，一元立極以行生。

既有投詞，理宜帖證。憑據 (贛省豫章道新建太平鄉十三都棲鳳里齊源保居住奉) 道焚香，修設淨明齋醮，醻謝福主洪庥，圓香繳願，懺往匡來，消災度厄，益祿延齡，資扶命運，叶泰公私，迎祥集福，永綏吉劭事。申誠懺香信士 (萬文作) 即日秉誠，拜聞仙聽。意者以 (信) 言念先年以來，共聯香會，每逢秋月，朝拜金容。今則香願云週，大伸一誠表懺。由是取今良辰，仗道於茲修建正一圓香繳願淨明仙醮一中，計 (六) 旦夕。恭祈景貺，介福方來。本壇據此，恪遵奉行。除已依科申聞天闕真司移文合屬去處外，今則瓊科告畢，實軺回軟。壇內所修功德臚列於左：

一拜發奏申文狀符命牒箚。一敷演 (北斗、淨明二集) 經朝。

一頂禮 (龍沙八百仙真) 寶懺。一點放水陸兩途光明寶炬。

一賑濟大梵斗姆施食蓮臺。一貢獻香燈花燭素供。

如上功德並以週隆。恭對大道，行駕御前，請頒憑帖，照證功勳。給付信士名下，長春佩奉，永為身寶。俟至限滿天年，繳付玉庭，比對花押，印信毋訛，領受功德。求金筆生春，判歸善道，超凡入聖，同赴仙班。須至出給者。

右憑給付懺香弟子（萬文作）生身執照。伏以翰墨遺今古，丹書秘玉京，一誠通左府，五福自天中。謹跋。

（民國十六）年（十一）月（念八）日給。

列職皇壇：侍經法師（毛宏旺）。侍科法師（涂鼎發）。
　　　　　表白法師（涂鼎盛）。奏樂法師（黃高魁）。
　　　　　知磬法師（魏高照）。侍奉香燈（毛）。
　　　　　知爐法師（溫蘊魁）。頂禮瞻拜（毛）。
　　　　　副壇都講（涂宏振）。修辦齋供（毛、萬）。
　　　　　主壇高功（涂高祥）。

祖師普天福主神功妙濟玉隆萬壽真君證盟。

　　從憑帖的表述來看，這一時長六日夜的「正一圓香繳願淨明仙醮」或者「正一懺香繳願淨明仙醮」似乎並不是每次進香都做，而是在信士發願聯結香會，年年不替，滿願後才做。所謂「香願云週」，究竟是多少年的願，並沒有明確註明。如不來室藏何遠生抄本《許祖表科》進表詞有「端三載之朝參，合一誠而表懺」，則所謂香願也有可能是三年。當然，「圓香繳願」也可能指達成某些具體的願望而還願。並且也需要注意到該憑帖是刻板刷印，然後臨時填寫信人及道班名姓的，可能醮事並非專門為該信人所作，不排除是在會信士一體勸助，各人均填發一份憑帖。[53]

　　而這一「正一圓香繳願淨明仙醮」具體每日如何行科、使用何種專門文檢，到目前為止尚未見到相關科本流傳，因而難以核證，但根據憑帖，該醮事除文書發奏和貢獻香燭齋供以外，還包括演懺、行朝和施食賑孤等內容。其中，《龍沙八百仙真寶懺》應即《淨明忠孝龍沙經懺》。該經懺現存民國八年（1919）張勳刊本，藏中國國家圖書館，含〈許真君寶誥〉、《太上靈寶首入淨明四規明鑑經》、《太上靈寶淨明中黃八柱經》及《太上老君說八百仙真保劫度世證道寶懺》。[54]而「北斗、淨明二集經朝」中的北斗經朝可能是指北斗延生醮，淨明經

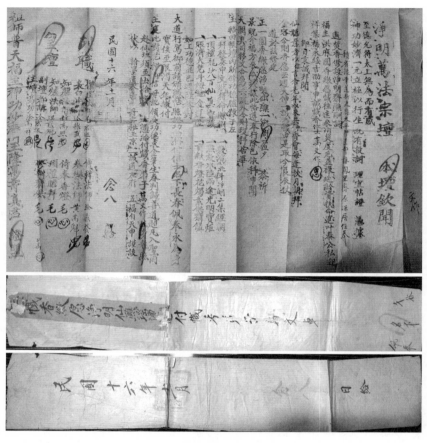

圖5.1 〈正一圓香繳願淨明仙醮〉憑帖及封函正、背面。

朝則應為《淨明演經朝科》。該朝科本為慶賀許遜聖誕所用，需啟、
謝許遜等十二真君、西山眾仙及眷屬等（與高安「朝仙」科儀不同，
並不包含劉玉以下諸位宗師），似可認為是淨明道專有朝科，分早、
午、晚三朝，演經十二遍，至於所演為何經，目前還不清楚。該科
現存清末楊上達抄本四種即《淨明演經朝科　功部》、《淨明演經朝
科　講部》、《淨明演經朝科　磬部》、《淨明演經朝科　爐部》，其中
《功部》為上海師範大學侯沖教授所藏，其餘三種則不知去向。[55] 而鈔

者楊上達奏名宏泰，與憑帖中侍經法師毛宏旺、副壇都講涂宏振的法名字輩相合。從憑帖諸法師的法名來看，蘊、高、宏、鼎是符合三山滴血字派的，與高安火居道士傳承淨明續派（青雲派）的字派不同，表明民國時西山萬壽宮道士似乎都是正一派，與淨明仙醮貫以「正一」之名是一致的。至於「賑濟大梵斗姆施食蓮臺」，似乎表明民國時西山萬壽宮所行幽科為斗姆煉，與高安火居道士所行玉陽煉不同，與清初淨明續派（青雲派）創行之「祭煉啟師威儀玄科」也不同。[56]

第三節　作為淨明道壇的進賢縣興真古觀分派道壇及其「正一表懺都仙勝會」

進賢縣為南昌屬縣，本為西山進香的香會來源十縣之一。從高安火居道士為香會行「朝仙賑孤」科儀來看，進賢縣也應該存在類似的情況。實際上，前舉民國何遠生抄本〈許祖表科〉即專門用於向許祖進表的場合，雖然根據科文似乎是三年滿願才行用，但應可調整用於每次朝仙進表。不過，該抄本主要是記錄各節次所需宣演的科文，未收表式，對各節次也僅作提示。由於「啟聖」節次僅作提示，科文也僅籠統地提到福主、眾真，除可判斷所啟應包含許遜及西山群仙外，是否包含劉玉等淨明宗師則無從知曉。因而，儘管該抄本稱許遜為祖師，但與高安的「朝仙進表玄科」不同，無法依據啟聖節次所見仙真宗師的名單來直接判斷其是否具有「淨明」屬性。

何遠生壇名萬法雷壇，屬興真古觀分派，顯然並不是《天壇玉格》所載的壇位，應是世代傳承的道壇。就目前所見該道壇文書中年代最早的一種為如不來室藏清道光十八年（1838）樊元章所書齋壇誠意副本，可知該道壇在清中期已經存在，是至少傳承百年以上的老道壇。根據何遠生抄本《高上玉皇本行集經》末葉署名以及《靈寶度人朝》封面內襯所見誠意副本殘件，可知該道壇應位於進賢縣崇禮鄉

二十四五都健武里莊溪，[57] 其行法範圍，根據何遠生所書寫的多種誠意副本可知也是在崇禮鄉二十四五都。而興真古觀應即進賢縣崇禮鄉的興真觀，見於康熙十二年刊本《進賢縣志》，[58] 可知至少在明代已經存在。此外，該觀亦見於乾隆五年刊本《逍遙山萬壽宮志》，[59] 可知乾隆間尚存在，據宮志則是施岑煉丹遺跡，屬「淨明」道觀系統。不過，同治十年刊本《進賢縣志》記載該觀時註明「今廢」，[60] 可見到民國時早已不存在，因而何遠生稱之為「興真古觀」。與何遠生不同，樊元章稱萬法雷壇為「興真觀行宮」，沒有稱「古觀」，表明該觀在道光年間（1821–1850）還存在，其廢毀年代應在道光十八年以後，同治十年（1871）以前。[61]

　　興真古觀分派道壇現存經本、科本及誠意副本數十種，均為同人散出。其中，如不來室所藏凡有：

1.　清道光十八年興真觀行宮萬法雷壇樊元章〈靈寶九幽資度大法〉誠意副本，一紙。

2.　清宣統元年（1909）興真古觀分派真濟雷壇《正一表懺都仙勝會》（擬）文檢抄本，一冊。內葉夾帶〈監壇榜〉、〈皇壇鼓節示諭〉樣式，二紙。

3.　民國六年（1917）興真古觀分派萬法雷壇（以下省略）何遠生抄本《高上玉皇本行集經》上、下卷，二冊。

4.　民國七年（1918）何遠生抄本《靈寶度人朝》，一冊。封面內襯〈正一昭答雷府雪罪延生醮〉誠意副本殘件，一紙。

5.　民國七年何遠生抄本《太上靈寶朝天謝罪懺》三四卷、五六卷、九十卷，三冊。

6.　民國十年（1921）何遠生抄本《常清靜經》等二十種經文，一冊。

7.　民國十一年（1922）何遠生抄本《許祖表科、三仙表科》，一冊。

8.　民國卅四年（1945）何遠星抄本《度人經》等九種經文，一冊。

　　其中，萬法雷壇經、科抄本三十四種九冊，誠意副本二紙，除一種為樊元章所書外，均為何遠生所書；真濟雷壇文檢抄本一冊，文檢樣式二紙。可見，興真古觀派下至少傳承有兩個道壇。而根據文檢格式中出現的「進賢縣崇禮鄉」地名，真濟雷壇也應位於並行法於崇禮鄉某都。值得注意的是，真濟雷壇《正一表懺都仙勝會》(擬) 文檢抄本中所見〈仙會誠意〉(擬) 明確提到「演淨明之朝元」、「圓淨明之大朝」。另外，何遠生抄本《常清靜經》等二十種經文卷末見有讚語三首，依次為「道演海意，鬱羅蕭臺，金童玉女兩邊排，香花滿金階，賜福消災，眾聖降駕來；道經師寶，混沌自然，青牛西度氣東生，指樹化姓名，教化萬民，道德五千年」，「天皇化氣，太陽星君，神功妙濟廣無邊，淨明普保全，九州都仙，跨鶴赴仙筵；普天福主，萬壽真君，金鳳托禮 (體) 降環塵，除妖斬蛟精，護國康寧，仙名西古今」，「玉皇功德，玄禮幽深，一十七大放光明，玄禮寂無聲，善慶難明，斷障出紅塵；誦經功德，不可思議，諸天諸地轉璇璣，皇王壽天齊，大道高真，萬化樂雍熙」。其中，第一首和第三首分別讚頌太上及玉皇，並沒有什麼特別，惟第二首專為許真君所作，值得注意。所謂「天皇化氣，太陽星君」是指許遜為太陽帝君化身，此為元代劉玉創立淨明忠孝道法 (「新」淨明道) 時提出的新主張，可見該讚語具有顯著的淨明道特徵。鑑於興真觀本為《逍遙山萬壽宮志》所記錄的「淨明」系統道觀，「淨明大朝」的表述與此首許真君讚語，似可為進一步認定興真古觀分派道壇為「淨明派」道壇或者至少傳承部分「淨明」科儀提供佐證。

　　此外，未及收得而知見者尚有：

1.　民國七年何遠生抄本《靈寶度人朝》，一冊。
2.　民國七年何遠生抄本《太上玄靈北斗延齡早 (午、晚) 朝知爐演經玄科》，一冊。
3.　民國七年何遠生抄本《太上玄靈北斗延齡早 (午、晚) 朝都講演經玄科》，一冊。

4. 民國七年何遠生抄本《三官早 (午、晚) 朝演經科 · 講集》，
    一冊。

5. 民國七年何遠生抄本《三官早 (午、晚) 朝演經科 · 爐集》，
    一冊。

6. 民國十二年 (1923) 何遠生 (據筆跡判斷) 抄本《誠意諸式》
    (擬) 誠意彙編，一冊。

7. 民國廿七年 (1938) 何遠星〈正一表懺冥陽二利都仙勝會〉誠
    意副本，一紙。

8. 民國廿八年 (1939) 何遠星〈正一答天謝地書符鎮宅恩願醮〉
    誠意副本，一紙。

9. 民國卅二 (？) 年 (1943) 何遠星 (據筆跡判斷)〈正一答天謝
    地 …… 太平清醮〉誠意副本殘件，一紙。

10. 民國卅四年何遠星〈正一答天謝地醻恩納願補土太平清醮〉
    誠意副本殘件，一紙。

11. 民國卅五年 (1946) 何遠星〈正一表懺冥陽齋醮普口集會〉誠
    意副本殘件，一紙。

12. 民國卅六年 (1947) 何遠星 (據筆跡及齋主居住地判斷)〈正
    一禳煢杜丙醻謝火府醮〉誠意副本，一紙。

13. 民國何遠星〈正一表懺冥陽二利都仙勝會〉誠意副本殘件，
    一紙。

14. 民國何遠星〈正一表懺冥陽二利都仙勝會〉誠意副本殘件，
    一紙。

15. 民國何遠星〈正一答天謝地書符鎮治 (？) …… 收煞平安清
    醮〉誠意副本殘件，一件。

16. 萬定國抄本《應用行移》，一冊。

其中，萬法雷壇科本一冊，文檢抄本一冊，誠意副本約七種九
紙，均為何遠生所書；同源道壇文檢抄本一冊，萬定國所抄。很可

惜，以上諸種均未見原件，特別是萬定國抄本僅根據有限的書影，無法找到明確的道壇及年代信息，但據該書影所見多種誠意內容、格式與何遠生抄本一致的情況判斷，若非萬法雷壇所出，則也應可認定為同源道壇所出，並且不排除是真濟雷壇所出的可能。另外，據以上拙藏及知見諸種抄本、誠意副本可知，何遠生最遲在民國二十七年開始改用「何遠星」的名字。而據〈正一表懺冥陽齋醮普口集會〉誠意副本殘件署「奏受太上三五都功經籙清微靈仙品格」，〈正一答天謝地書符鎮治（？）……收煞平安清醮〉誠意副本殘件署「奏受太上三五都功經籙職（？）授北極驅邪事清微靈仙品格演法仙官」，可知何遠生最遲在民國三十五年已受都功籙，而職授「清微品格演法仙官」，大概是指七品真官職銜。

　　以上與朝仙科儀有關的，除《許祖表科》外，尚有真濟雷壇《正一表懺都仙勝會》（擬）文檢抄本、何遠生抄本《誠意諸式》（擬）以及何遠星所書〈正一表懺冥陽二利都仙勝會〉誠意副本三紙。其中，《誠意諸式》（擬）據封面目錄有〈懺仙會陰陽誠意〉及〈仙會牒頭式〉，二者均見於真濟雷壇抄本。而三紙〈正一表懺冥陽二利都仙勝會〉誠意副本則為〈懺仙會陰陽誠意〉的實際使用文本（文字較真濟雷壇抄本所見有所改易與簡省），並且都是為「進賢縣崇禮鄉二十四五都坽口里荷湖南社何姓村」何姓香會所備。可惜的是三紙中僅一紙完整保留有年代信息，否則便可據以推定「正一表懺都仙勝會」是每年進香後都做還是如《許祖表科》所載為連續進香三年後才做一次。

　　如不來室藏《正一表懺都仙勝會》（擬）為藍格抄本，線裝一冊，封面及內葉均無標題，亦無年款，但內葉文檢見有「皇清宣統元年」及「興真古觀分派真濟雷壇」等，故定為清宣統元年真濟雷壇抄本。該抄本除卷首數葉開列法壇所需神位、幡神、吊函以及科儀提綱外，實際上是各式文檢的彙編。所收文檢依次為〈星主表〉（擬）附〈關〉、〈酆都申〉（擬）附〈關〉、〈仙會牒〉、〈井泉牒〉、〈請聖牒（陽用）〉、〈天界牒〉、〈地界牒〉、〈水界牒〉、〈陽界牒〉、〈四府牒〉、〈監

門牒〉、〈監壇牒〉、〈監齋牒〉、〈主壇牒〉、〈監幡牒〉、〈當坊牒〉、〈揚幡牒〉、〈香火箚〉、〈土地箚〉、〈三聖箚〉、〈司命箚〉附箚尾、〈社令箚（境主牒）〉、〈府縣城牒〉、〈蕩穢牒〉、〈傳遞關〉、〈申奏預掃關〉、〈借衣牒〉、〈變食牒〉、〈齋赦牒〉、〈追亡牒〉、〈追孤牒〉、〈捲簾牒〉、〈金牒〉、〈玉牒〉、〈簡牒〉、〈獄牒〉、〈催亡牒〉、〈催孤牒〉、〈押孤牒〉、〈力夫箚〉、〈功德牒〉、〈朝堂榜式〉、〈寒林榜〉（擬）、〈水濟榜〉、〈仙會誠意〉（擬）、〈九幽誠意〉（擬）、〈安龍口意〉、〈清醮牒式〉、〈謝火牒〉、〈牛醮誠意式〉、〈河火牒〉。除最後數葉所抄〈安龍口意〉等數種外，均為施行「正一表懺都仙勝會」所需文檢。

根據卷首的科儀提綱和〈仙會誠意〉（擬）對科儀程序的描述，可知「正一表懺都仙勝會」大體可分為圓香謝神與賑濟孤亡兩部分，此點與高安的「朝仙賑孤科」類似，但與高安所傳不同的是，似乎並不是朝香時所行科儀，而且程序更複雜，用時也更長，是全程共需時九日的大型法事。民國二十七年萬法雷壇何遠星所書〈正一表懺冥陽二利都仙勝會〉誠意副本末署有日期，為九月十六至二十四日，確為九天，與抄本程式是一致的。根據提綱與誠意，這九日的法事程序大致如下：

第一日，佈壇，啟水，淨壇，開壇啟聖，進〈借地表〉。

第二日，早朝，淨壇蕩穢，召將，發奏，建幡，掛榜，「誦諸品妙經」。午朝，進〈星主表〉。次時，啟《龍沙寶懺》。夜，蕩穢，上香，就河頭施食，點放蓮燈。

第三日，早朝，宣寶誥，啟聖，進〈啟玄表〉，捲簾分燈，鳴金戞玉，演《延齡朝》（早朝），行香，禮《龍沙寶懺》。午朝，頒〈玉皇赦〉，進〈請恩心詞〉、〈迎駕表〉，演《延齡朝》（午朝）。晚朝，點斗燈，安鎮五老，補謝龍神，演《延齡朝》（晚朝），拜斗，進〈九皇表〉。

　　第四日，「畢陽轉陰」，早朝，圓《龍沙寶懺》，誦《許祖仙經》。午朝，進〈拔亡表〉。頒〈靈寶赦〉，進〈東嶽表〉，啟《朝天懺》。夜，破獄，召孤亡，頒符誥並誦《九天生神章經》。

　　第五日，早朝，演「四府朝」，行香，復開法懺。午，就郊外列案，筵四府，進〈四府表〉。午朝，上香。下午仍懺。晚朝，度亡，圍孤，演《小賑科範》。

　　第六日，早朝，演《三官朝》，行香，誦《三官妙經》。上午仍懺。午，進〈三官表〉。午朝，行香。晚朝，圓《三官朝》，行香。夜，行《玉陽科範》。

　　第七日，早朝，演《度人朝》，行香，獻供，進〈十王表〉。午，朝太乙救苦天尊，進〈度人表〉。夜，圓《度人朝》，行香，放蓮燈，沿路施食，轉壇，圓課誦，行香，誦《道德經》。

　　第八日，早朝，演《淨明朝》，宣法懺，誦《許祖仙經》，進〈圓香表〉。下午仍懺。夜，圓《淨明朝》，行香，放《薩祖焰口》。

　　第九日，早朝，行香，轉壇，簽押。午，進〈昇遷表〉。下午，圓功德，賞伕，謝聖，出給文憑。

　　第二日所誦「諸品妙經」不知是指何經，目的則是「宥過無罪」。如不來室藏萬法雷壇何遠生抄本中，《常清靜經》等二十種經文合抄一冊，依次抄錄《太上老君說常清靜妙經》、《太上靈寶說禳災度厄真經》、《太上昇玄消災護命妙經》、《雷聲普化天尊玉樞寶經》、《太上說南斗六司延壽度人妙經》、《太上玄靈北斗本命延生真經》、《太上說東斗主筭護命妙經》、《太上說西斗記名護身妙經》、《太上說中斗太魁保命妙經》、《太上元始天尊說十一列曜大消災神咒真經》、《太上老君說安宅八陽妙經》、《太上洞玄靈寶護諸善童子妙經》、《太上老君說解冤拔罪妙經》、《太上三元賜福赦罪解厄消災延生保命妙

經》(除三官誥外，還有火官誥)、《太上元始天尊說三官寶號(卷)》、
《太上元始天尊說北方真武妙經》、《靈寶天尊說消禳火災妙經》、《太
上玄靈先天斗母元君延生真經》、《太上玄靈先天斗母元君說九皇真
經》、《南無大慈大悲救苦救難靈感觀音妙經》等，基本上是延生、
解罪一類的經典；而《度人經》等九種經文合抄一冊，依次抄錄《太
上洞玄靈寶無量度人上品妙經》、《太上洞玄靈寶無量度人中品妙
經》、《太上洞玄靈寶無量度人下品妙經》、《太上洞玄靈寶救苦拔罪
妙經》、《太上說慈悲拔度酆都血湖妙經》、《太上元始天尊說生天得
道妙經》、《太上靈寶九真妙戒金籙度命九幽拔罪妙經》、《太上洞玄
靈寶濟度血湖真經》(上中下三卷)、《太上洞玄靈寶自然九天生神玉
章妙經》，則全是幽科所用經典。[62]那麼，「諸品妙經」似乎應是指《常
清靜經》等經。

　　第二至四日所用《龍沙寶懺》應即前舉〈正一圓香繳願淨明仙醮〉
憑帖所開列之《龍沙八百仙真寶懺》。而據前舉張勳刊本《淨明忠孝龍
沙經懺》，《太上老君說八百仙真保劫度世證道寶懺》分為三卷，按日
程應是日禮一卷；而第二日啟懺時除禮拜第一卷外，還應包括真君寶
誥及《太上靈寶首入淨明四規明鑑經》與《太上靈寶淨明中黃八柱經》。

　　第三日所宣寶誥應是宣諸真誥，所謂《延齡朝》應即何遠生抄本
所見《太上玄靈北斗延齡經朝》，為早午晚三朝。而此日所行安鎮五
方，補謝龍神，僅就如不來室收藏及經眼之興真古觀分派道壇抄本
來看，未有《謝土科》或者《補謝龍神科》，不知應如何行事。[63]

　　第四日午朝啟《朝天懺》即《太上靈寶朝天謝罪懺》，有十卷，因
內容較多，應持續到第六日上午，所謂「法懺」、「仍懺」似應仍禮《朝
天懺》。自此日開始，每日都演行濟幽科儀，所謂「畢陽轉陰」。

　　第五日的《小賑科範》似乎是指《清微小賑濟》，也可能是指《正
一團孤科》。

　　第六日所行《三官朝》應即何遠生抄本所見《三官演經朝科》，為
早午晚三朝；而《玉陽科範》即玉陽煉，與高安賑孤所行是一致的。

　　第七日的《度人朝》即《靈寶度人朝》，為早午晚三朝，當日即禮畢。

　　第八日所演《淨明朝》不知是否指《淨明演經朝科》，該朝科亦為早午晚三朝，當日應可禮畢。《許祖仙經》亦不知指何經，如不來室藏有《許仙真君寶經(懺)》、《許祖真君經》抄本兩種以及署「光緒二十八年」活字印本《許祖妙經》照片一套(所見尚有題「玉堂贊化雷壇記」《許祖妙經》抄本一種，與該本內容一致)、[64]所見署「光緒二十年」鸞壇降書《九州都仙許真君新演渡緣妙經》抄本一種(亦見有民國抄本)。〈圓香表〉是拜進許祖的，相當於〈許祖表〉，應該是行用《許祖表科》。《薩祖焰口》從名稱來看，似應為「薩祖鐵罐煉」。從連續數夜施行不同的祭煉科法來看，或許是由於法事需時較長，為照顧在會觀感，避免重複所致。高安「朝仙賑孤科」全程三日雖然一直重複行用「朝仙進表玄科」，但行科地點每日都不同，而第三日夜賑孤則是一次行玉陽煉，無論是從時間、金錢還是對道士所掌握科法種類及其行科能力的要求方面來看都是比較經濟的。

　　另外，儘管該抄本將各式次等級文檢盡數抄錄，但表式卻只有〈星主表〉(擬)，而沒有收錄專門的〈許祖表〉。鑒於「正一表懺都仙勝會」本是醮謝許祖的科儀，不收錄〈許祖表〉是非常奇怪的。同樣奇怪的是，專門用於進表的《許祖表科》中也沒有收錄〈許祖表〉。此外，根據〈仙會誠意〉(擬)所載，「正一表懺都仙勝會」除需〈星主表〉外，實際上還需要〈借地表〉、〈啟玄表〉、〈迎駕表〉、〈東嶽表〉、〈三官表〉、〈十王表〉、〈度人表〉、〈圓香表〉、〈昇遷表〉等多種表(〈圓香表〉是拜進許祖的，實際就是〈許祖表〉)。這些表中唯有〈星主表〉錄有格式，而〈星主表〉(擬)所附〈關〉文中「本司以今△景登壇拜進△△表文一道。仰煩大帥捧奉△△△△宮呈進」又是為各表所通用的格式，似乎表明包括〈圓香表〉(〈許祖表〉)在內的其他諸表均可按照〈星主表〉(擬)格式轉寫。此點從〈仙會牒式〉僅錄牒頭(故何遠生抄本《誠意諸式》(擬)稱作〈仙會牒頭式〉)，其他陽用諸牒、劄均無

牒頭、箚頭，〈傳遞關〉（關頭包括鄉里及香會信士名單）、〈申奏預掃關〉為完整樣式，以及〈變食牒〉以下諸幽科所用牒、箚、榜等文檢為通行完整樣式等情況來看，也可得到證明。

據〈星主表〉（擬）載「意者言念信等爰自先年共聯一會，告許玉隆仙宮香願一炷，每逢秋月，依期朝賀。屆今圓滿，合行表懺」，與前舉〈正一圓香繳願淨明仙醮〉憑帖所載一致，所謂「每逢秋月，依期朝賀」至少是連續朝香兩年以上，應該說與《許祖表科》「端三載之朝參，合一誠而表懺」也還是一致的。不過，據〈仙會牒式〉載「意者言念信等各為各願，各發誠心，告許西山勝境、玉隆仙宮福主座前香願一炷。今不負初，依期朝賀。今屆云周，合行表懺」，與〈星主表〉（擬）稍有不同，僅說「今不負初，依期朝賀」，似乎當年朝香後即要圓香謝仙；而香願也很明白，並不僅是發願要聯會朝香，而是「各為各願」，為具體的所求而還願進香，「花銷醮願」，「上答許祖之洪庥，下懺香信之罪咎」。類似的，高安香會組織形式中，「首香」或「頭香」即由個人願望達成者擔任。[65]

當然，從〈星主表〉（擬）、〈仙會牒式〉「依期朝賀」的表述來看，「正一表懺都仙勝會」亦可確信是在朝香以後所做科儀。如前所舉，民國二十七年何遠星在九月為坽口何家行醮，西山玉隆宮在十一月為萬文卓行醮，也都是在八月廟會以後。實際上，進賢興真古觀分派所行九日七夜「正一表懺都仙勝會」與西山玉隆宮所行六日夜「正一圓香繳願淨明仙醮」所用淨明經懺與基本儀程還是比較接近的，在儀式的性質與目的上也是一致的。在這一點上，將「正一表懺都仙勝會」看作淨明科儀，將進賢縣興真古觀分派道壇看作是淨明道壇或者傳承部分淨明科法的道壇，也是可以接受的。

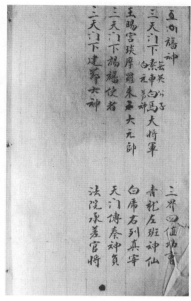
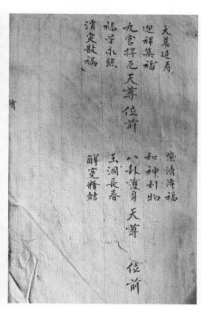

圖 5.2　抄本《正一表懺都仙勝會》(擬) 第一葉抄錄神位。

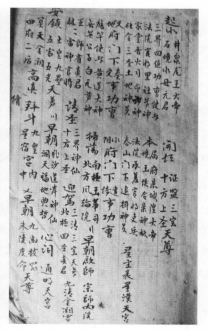

圖 5.3　抄本《正一表懺都仙勝會》(擬) 第二葉抄錄提綱、宮府及吊函。

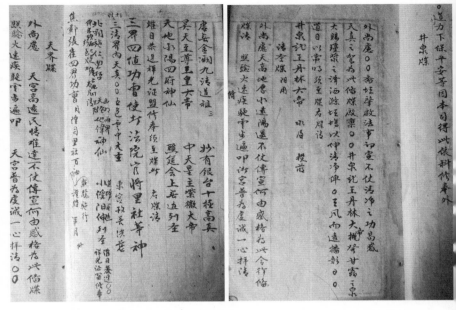

圖5.4 「外」字以前為「牒頭」，內容應與前抄〈仙會牒式〉相同，故省略未抄。

第四節　本章結語

　　淨明道的發展存在諸多斷裂，無論是孝道、南宋淨明法、元代淨明忠孝道法還是清初淨明續派（青雲派），雖然都維持忠孝成仙的理念，但具體的修煉觀念、法術思想和科儀傳統一直處於變動之中。而許遜信仰的勃興以及相應的地方性祭祀節日與禮儀傳統，也伴隨這一變動發生或大或小的變化。

　　六朝孝道，從盛行吳猛約敕廬山神、宮亭湖神、符水、斬蛇故事以及許遜誅蔣家女鬼故事等來看，雖然「斬蛟治水」的特色比較突出，但與一般道術區別並不很明顯。就《赤松子章曆》所見《孝道仙王一十八階征山神將籙》來看，[66]唐代孝道所行法術也仍然是與「征山」有關的役使鬼神、伐壇破廟之術。到隋唐之際雖然產生《慈善孝子報恩成道經》

這樣的經典，但彼時孝道派是否另有獨特的科儀則難以認定。唐代游帷觀主熊文行自署上清道士，似乎已受上清籙，位階應當不低，但僅從他鑄鐘一事也看不出有何特別之處。《孝道吳許二真君傳》記載西山中秋廟會行黃籙大齋，相信也與唐代通行的黃籙科法沒有大的區別。

南宋除了官方祭儀，雖然應該還有獨具特色的「黃中齋」、「慶上昇齋」，但具體內容並無記載，並且與南宋淨明法的成立也基本可以認定沒有任何關係。南宋淨明法主要是據《度人經》演法。金允中認為孝道明王之教即靈寶法，「後世法書混雜，別為淨明法，亦多非本文也」，[67]雖然有所批評，似是針對王契真援引「淨明法」而發。不論是從南宋淨明法文獻還是王契真、金允中等人的評述或援引來看，都無法得知南宋淨明法是否專門為許祖編訂一套朝參科儀。

元代劉玉淨明忠孝道法所行除「一晹煉度法」及「淨明告斗法」外，似乎並沒有其他科儀。其中，「淨明告斗法」不設斗燈，「一晹煉度法」只用水、火二符。[68]該煉度法亦見《天皇至道太清玉冊》著錄，[69]但也可能只是朱權知道其名，無法證明該煉度法在明初仍有流傳。而劉玉傳度弟子所上「家書」當然是一種與許遜直接相關的科儀文書，但本身是否有一套相應的家書科儀，如果有，又與天心法、清微法有何關係，均無從判定。[70]此外，徐慧雖被後世尊為三祖，卻是傳神霄法的。[71]明代淨明統緒失落，雖經邵以正構建，但也是依靠《淨明忠孝全書》的刊行而達成。趙宜真本為清微派，劉淵然可能對淨明忠孝道法有所認同，而邵以正雖然以淨明嗣派自居，但是否傳習淨明法術或科儀，並無任何可資憑據的證據。[72]明代雖然有《神功妙濟真君禮文》，但由於是與《北極真武佑聖真君禮文》同批產生的關聯文本，[73]是否與淨明有關存在可疑之處，並且該禮文是南昌鐵柱宮所用，雖然是朝禮許遜的科儀，卻與西山廟會並無關係。

清代淨明續派（青雲派）雖然對《太上靈寶淨明飛仙度人經法》有所增訂，並且還編制早晚功課、創行《祭煉啟師威儀玄科》（文檢含家書，但未錄格式），但青雲譜所刊《太上靈寶淨明宗教錄》中並未

見到與朝禮許遜有關的科儀文獻。而高安火居道士傳習的「朝仙賑孤科」，根據其法名符合淨明續派字派的情況，似可認為是淨明科儀。如不來室藏進賢縣興真古觀分派萬法雷壇弟子何遠生抄本《許祖表科》，單獨來看似乎是與高安縣火居道士傳習的「朝仙進表玄科」類似的科儀。但根據拙藏及知見的興真古觀分派道壇抄本，《許祖表科》似乎是應用於圓香繳願的大型醮事「正一表懺都仙勝會」中的進表節次，並且應是三年才行一次。當然，從《淨明演經朝科》雖然本應是朝賀許遜聖誕的科儀，卻也應用於西山玉隆宮的「正一圓香繳願淨明仙醮」來看，《許祖表科》也可對科文稍作調整，用於朝香時進表。而從「正一表懺都仙勝會」與西山玉隆宮的「正一圓香繳願淨明仙醮」在性質、目的及內容上都大體一致的情況，結合香會來源、道觀網絡及相關道壇抄本中有關「淨明大朝」等的記述，基本上可以認為進賢縣興真古觀分派道壇傳承的科法至少具有一定的淨明因素。也就是說，朝禮許遜的科儀，儘管在高安、新建、進賢三縣傳承的內容與形式都有所差異，主要反映的也還是一種洪、瑞地方許真君崇拜，卻也是對唐宋以來西山儀式記憶的延續，並且也可看作是一種淨明科儀。

附：〈星主表〉（擬）、〈仙會牒式〉、〈仙會誠意〉（擬）

以下格式稍有調整，括號內原文未錄，今為補足。〈仙會牒式〉僅抄錄牒頭格式，「外」字下即接各式牒文、牒尾。

〈星主表〉（擬）

度師門下上奏小臣△△△誠惶誠恐，稽首頓首，俯伏上△。臣今△拠

江西省△△府△△縣△△鄉△△都△△里△△社居住，奉道修因建△答高謝厚，圓香謝仙，酧恩滿願，發牒行文，頒恩雪罪，呈詞上表，啟師安鎮，捲簾分燈，禮拜九皇，欵筵四府，寧靖境土，兼資冥薦拔，明冥二利，普吉衛安事。秉誠

圓香會首△△△圓香糾首△△△

圓香信士△△△圓香會尾△△△

右領合會香信人等，即日上干洪造。意者言念信等爰自先年共聯一會，告許玉隆仙宮香願一炷，每逢秋月，依期朝賀。屆今圓滿，合行表懺。仗羽客之法言，願酧天澤，藉真君之寶籙，報答宗功。更祈合會清吉，各信均安，幽顯交資，神明共鑒。懇希帝目，格此民情。是卜今月△日，命臣修建正一表懺都仙勝會冥陽二利醮筵一中，計△旦△夕。法事依科告散。上祈道力，下保平安等因。臣今法事未散，自專謹具，俯伏上奏中天星主紫微大帝星垣。微臣恭望星慈，赦臣萬罪，允今奏懇。但臣干冒天威不情，不勝激切屏營之至。謹奏以聞。

皇上△△年月日時具奏上進。

〈仙會牒式〉

雷霆都司　本司牒拠

大清國江西省△△府△△縣△△鄉△△都△△里△△社居住，

奉道建醮，圓香謝仙，發奏申文，頒赦雪罪，呈詞上表，誦經禮
懺，掛榜揚幡，放燈施食，賑孤利幽，邸家佑眷，阜物康人，寧靖
境土，永祈清太等事。

（圓香會首△△△）糾首信士△△△

（圓香信士△△△△圓香會尾△△△）

右領合會人等即日上干洪造。意者言念信等各為各願，各發誠
心，告許西山勝境、玉隆仙宮福主座前香願一炷。今不負初，依期
朝賀。今屆云週，合行表懺。上答許祖之洪庥，下懺香信之罪咎。
伏乞仙真洞鑒，列聖生歡，允今表懺之誠，即賜維新之祉。俾令花
銷醮願，茂註洪文，地久天長，免張罣念。伏願香功有準，福累無
虛。祈保香信人等各家迪吉，人物咸安。凡有未云，全干化育。是
卜今月△△，命臣於祠修建正一圓香表懺普福齋筵一中，計△旦△
夕。法事至△告竟。上祈道力，下保平安等因。本司得此，依科修
奉。外。

〈仙會誠意〉（擬）

正一都仙勝會普福皇壇　本壇恭按

金書之模範，宣披

玉笈之靈文，欽奉

道旨，依教宣行。臣聞功濟生靈，仙風浩蕩彌天壤；名高玉
籍，道日昭明換古今。澤被堯封，恩翔禹甸。是遵三寶門下，秉當
代天師張大真人府下教典，主持冥陽二利都仙大朝勝法事，凡昧下土
小臣△△△無任誠惶誠恐，稽首頓首，焚香代奏。皇清天下江西會
省承流宣化布政使司屬下南昌府分派進賢縣崇禮鄉△△都△里△△△
社居住，奉道立壇焚香，迎真格聖，修建都仙勝會，昭答天地神明，
揭揚幡榜，告聞高厚，呈詞上表，酌水獻花，欵延四府，禮拜九皇，
延年益算，度厄弭災，唪誦太上諸品妙經，禮拜玉皇、龍沙寶懺，[74]
綿嗣兆喜，顯貴昌文，亨通謀望，和合財源，禦橫艾非，迎祥集慶，

大設先天加持焰口，廣散慧炬水陸蓮燈，施食賑孤，寧鄉謐境，兼資
冥薦拔，追遠祀先，冥明二利，普吉衛安事。秉誠

　　圓香會首△△△本命

　　（糾首信士△△△本命）

　　（圓香信士△△△本命）

　　圓香會尾（△△△本命）

　　右領合會香信人等，是日盥手焚香，虔誠皈命。太極為樞，一
生二，二生三，三生道祖。陰陽初媾，虛化神，神化炁，炁化玄
宗。南辰北斗，燦燦銀河星主。三官四聖，堂堂玉府宗師。鳳輦座
中，九天淨明福主。龍沙會上，八百忠孝神仙。天地水陽，四府有
感明神。雷火土災，一切無邊列聖。恭望鸞歌鳳舞，迢迢下天寶之
臺。虎嘯龍吟，勃勃入黍珠之會。普賜恩光，鑒今修奉。伏以時維
九月，潦水盡而寒潭清。序屬三秋，煙光凝而暮山紫。山徑黃菊將
放，溪邊綠柳早疎。際斯美景，時建良因。恭惟祖師道開晉室，法
顯清時。職掌旌陽，甘霖隨車偏覆。詔頒御闕，祥雲護宅飛昇。雞
犬雲騰，螘氣浪淨。誠哉忠孝神仙，允矣人民福主。功高莫狀，德
大難名。言念信等塵中劣品，宇內凡夫。俗務薰心，皇王之恩涓涯
莫報。世情染意，祖考之德萬一未疇。弗仗仙恩，無由懺悔。是
以傴儀頂禮，合會同心。西山仰止，望勝境以虔趨。北面抒誠，參
金容而虎拜。屆今圓香之候，正當表懺之期。假客之法言，願疇天
澤。懇仙真之寶籙，報答宗功。慧炬蓮燈，照冥途於長夜。香湯法
食，賑孤爽於良宵。水陸交資，陰陽合建。伏願鳳闕宮中，佈祥光
於蔀屋。龍沙道岸，噓瑞氣於閭閻。名利悉稱於懷，登龍跨鶴。嗣
壽骨而所願，夢燕扶鳩。戶戶被和風甘雨，人人樂夏屋春臺。歌遍
康衢，嬉遊化日。不勝葡匐，無任葵仰。

　　是廼取今皇上△△年△月△△日，仗道於△，灑掃凡居，裝成
洞府，鋪舒聖像，羅列香花。斯時也，擊法鼓三咚，集道侶一派。
肇開元始至尊，悉傴洞真化育。合十方之黍米，化一炁之塵沙。廣

利敷宏，宣揚妙旨。爰叩井泉而啟水，敬呈牒文下龍宮。慨發甘露之泉，大賜瓊漿之畢。灑滌壇場，以伸清淨。啟請師真，夛揚聖號。巍巍莫測，蕩蕩無窮。拜進借地表文，冒干土皇御覽。延安聖駕，匝駐鸞輿。

法事於二日，金雞喔喔三唱曉，華鼓咚咚五更樓。端坐壇前，批文點翰。門擺香案，架搭將臺。灑五龍之法水，誦九鳳之靈章。召天上錦衣官將，賁人間翰墨公文。牒報省府縣城，箚通當境里社。申聞三界，奏達九天。築豎華幡，告盟天地。張掛墨榜，曉訐神鬼。轉叩三清御前，設壇焚香。啟誦諸品妙經，宥過無罪。倏聽金雞報午，佇看彩鳳朝陽。拜進星主表文，冒干星皇御覽。次時擺班，啟龍沙寶懺，悔香信愆尤。安奉地方，和平境土。金烏西墜，玉兔東陞。敕五龍法水，召九鳳官將，結界安方，降魔護道。演掃蕩之法事，向各案而上香。少刻，恭就河頭，虔修香羹，賑孤爽於良宵，點放蓮燈，照幽途於長夜，皆投寒林受度。迴安聖駕，匝駐鸞輿。

法事於三日，雞鳴紫陌，鳳唱函關。拂蓮門而宣寶誥，爇紫檀以迎迓師真。法鼓三咚，羽士登壇。啟奏師真，夛揚妙典。拜進啟玄表，冒干師真御覽。寶炬分輝，移下一天星斗。珠簾高捲，朝見萬化生身。三光拱照，五雲齊華。金鐘清徹，翻玉笈之琅函。玉磬和鳴，奏紫霄之寶陛。一唱空歌，萬真洞鑒。演延齡朝元，行各案貢香。禮龍沙之大懺，悔各信之罪咎。迨至午景，雲開黃道，迎鶴駕而下逮。日照紅塵，接鸞車以來臨。百神會合，萬象森羅。頒降玉皇大赦，跪進請恩心詞。拜進迎駕表文，冒干九清御覽。演延齡之午朝，誦解厄之靈章。遙睇夕陽在山，宿鳥投林。於是壇開北辰，燈點九皇。安鎮五老，補謝龍神。三朝說法，九轉延齡。壽星炯炯，一堂百齡益算。吉曜煌煌，合會五福籌添。少傾，遍叩星垣而度厄，飛符拜斗以延生。拜進九皇表文，冒干九皇御覽。延安聖駕，匝駐星輿。

　　法事於第四日，飄渺祥雲通帝闕，輝煌彩燭透天宮。重撥金爐宿火，別起玉架殘燈。既醮仙座，畢陽轉陰。葳朝元法事，歌崆峒靈章。投詞獻供，各案上香。上午，圓龍沙寶懺，誦許祖仙經。堯天正午，舜日當中。寶蓋珠幡光宇宙，金文玉簡耀雲霞。拜進拔亡表文，冒干慈皇御覽。謾云鰲頭日轉，須知虎坐風生。許祖傳言而示錄，老君設教曰度人。頒降靈寶大赦，釋放罪等形魂。擺列五嶽，翻壇破禁，抹案抽名。拜進東嶽表文，冒干五嶽御覽。啟朝天之大懺，釋眾亡之罪愆。日暮而入細柳，仗劍以剖獄門。惠光普照，苦海愁城開覺路。甘露遍灑，沉魂滯魄出幽途。架仙橋而擺香案，設凡供以伸孝誠。命金童引出無塵地，使玉女傳開不夜天。各赴仙橋來勝會，盡隨華幡至齋壇。皈依三寶四府，朝參萬聖千真。引歸靈堂，樂享祭祀。延安聖駕，匝駐鸞輿。

　　法事於第五日，茶泛玉盞，酒滿金盃。龍腦旋騰玉字，豹髓輝燦金臺。演四府之朝儀，焚各案之心香。復開法懺，釋亡夙咎。午，就郊外，擺列香案。琥珀盤中呈瑞彩，白如玉液。琉璃盞上放祥光，紅似金波。欵延三寶四府，樂享萬聖千真。拜進四府表文，冒干高皇御覽。各處昭告。午朝，上香。下午，仍懺。懺除咎累。演晚朝之法事，行各處之薰香。是夜虔儳香羹法食，演設小賑科範。團練眾孤，齊赴寒林。廻壇安奉，匝駐鸞輿。

　　法事於第六日，樵樓更鼓響，山寺晚鐘鳴。演三官之朝元，行各案之貢香。唪誦三官妙經，雪除一會愆尤。上午，仍懺。懺除罪咎。午景，拜進三官表文，冒干三官御覽。午朝，上香。各案昭告。堂峒一聲來月下，步虛三唱入人間。圓三官朝儀，行各案心香。是夜設施玉陽科範，仰使寒林候濟。回壇安駕，匝駐鸞輿。

　　法事於第七日，藹藹祥雲籠仙闕，濃濃瑞氣繞法壇。演度人科範，誦救苦靈章。行香獻供，各處上香。拜進十王表文，冒干十王洞鑒。又見日之方中，恭就慈堂，三沐三薰朝救苦，一茶一水覲慈王。拜進度人表文，冒干慈皇御覽。眾咸盥漱（漱），宜陳法懺。

天花散彩，星燈高照。圓度人大朝，投十王寶香。點放蓮燈，照開幽冥異路。沿途施食，賑濟滯魄愁魂。祈四方而清靖，保一介呂和平。轉壇，圓堂課誦，各案行香。同唪道德之妙經，安歇虛無之聖駕。

法事於第八日，十洞雲霞開瑞彩，一堂經誥屬仙風。演淨明之朝元，投各案以上香。仍宣法懺。懺悔罪咎。復將金革交鳴，木魚清徹。跪誦許祖仙經，敬謝八百真人。拜進圓香表文各一道，冒干許祖御覽。下午，仍懺。懺除怨尤。江上漁翁罷釣，山中樵夫歸家。圓淨明之大朝，行各案之貢香。齋信垂憐憫之心，黃冠開賑濟之門。煉醍醐之美羹，變酥酪之法食。恭就虛空，高陞獅座。天垂寶蓋，地作蓮臺。搭孤橋以案下，擺洛書於臺前。大放薩祖焰口，召請六道四生。賑濟五音男女。齊赴寒林，觀燈受食。聽真經同登寶地，聞妙法普化蓮池。孤魂得度，香信沾恩。轉安聖駕，匝駐鸞輿。

法事於第九日，紫氣遙聞樓十二，靈光高拂界三千。昔許花銷醮願，今日茂註洪文。啟請高真御覽，敬謝福主仙真。焚百和於寶鼎，燃九華於銀台。時見圓，圓經圓懺，亡魂趨超昇路。是叩靈堂，演經薦亡。行香遶道，朝賀諸神。轉壇於三清御前，簽書畫號。際斯午景，太華日虛。拜進昇遷表文，冒干高真御覽。下午，圓功德而謝師真，欵眾亡呂醻司命。勞賞力夫，酌送陽神。給文憑而作證，告符篆以昇天。宣關文蔯揚善果，辭聖駕降福留恩。送眾亡欣登樂國，領資薦笑陟天堂。事事告終，蔯揚難盡。以此上祈道力，下保平安等因。

右臣恭干

三清證盟　萬神洞鑒　昭格之至。謹意呂聞。

皇清宣統△年月。

註　釋

1　《慈善孝子報恩成道經》產生年代的上限不早於隋開皇八年，下限不晚於武周延載元年，參見許蔚：〈《慈善孝子報恩成道經》的成立年代及相關問題〉，頁79–84。

2　參見許蔚：《斷裂與建構》，頁203–205。

3　據杜光庭《洞天福地嶽瀆名山記》（《道藏》第11冊，頁57–58）記載，三十六靖廬，洪州及附近的江州、撫州、袁州共有十四處與孝道派有關，其中「丹陵廬，在洪州西山鍾君宅」、「騰空廬，在洪州遊帷觀」、「尋玄廬，在江西吳猛觀」、「宗華廬，在洪州宗華觀彭君宅」、「黃堂廬，在江西洪州」、「迎真廬，在洪州」、「招隱廬，在江西洪州」、「祈仙廬，在洪州黃真君宅」、「貞陽廬，在洪州曾真君宅」等九處應為孝道派十二真君觀宇。三十六洞天，洪州及江州、撫州、鄂州共有四處與孝道派有關，其中「廬山洞虛詠真洞天，三百里，在江州潯陽縣，九天使者」、「西山天寶極玄洞天，三百里，在洪州南昌縣，洪崖所居」、「幕阜山玄真太元洞天，二百里，在鄂州唐軍縣，吳猛上昇處」，與孝道以及後來的淨明道關係更為密切。廬山在唐前一直是孝道活動的中心，即使到了唐代，在九天使者受到皇封而崛起之後，祭祀施岑的觀宇仍然存在，不過，一直到明代中葉，九天使者才又為許遜所取代。西山天寶洞在唐代即與孝道的道士有關，而元泰定年間（1324–1328）天寶觀住持支寶慈亦充任玉隆宮提點。幕阜山雖在鄂州，但鄰近吳猛西平治，所謂上昇處即指西平治。七十二福地中「鵝羊山，在長沙縣，許君斬蜃處」、「靈應山，在饒州北，施真人宅」（此施真人不知是否即施岑，據仙傳及碑記資料，施岑舊宅應在江州）、「始豐山，在洪州豐城縣」、「逍遙山，在洪州，連西山，許真君修道處」、「東白源，在洪州新吳縣，鍾真人宅」，這五處除長沙的鵝羊山較遠外，均為洪州及周邊地區的孝道十二真君舊蹟或觀宇。

4　七靖見於仙傳，許遜斬蛟所經行，法北斗七星而立七靖，清人王謨〈黑石靖考〉曾討論，見許蔚：《斷裂與建構》，頁549。

5　《逍遙山萬壽宮志》卷七除記錄許遜行宮外，還記錄淨明眾真道場，其中除本邑及省城以外，還包括南昌縣、豐城縣、進賢縣、奉新縣、靖安縣、武寧縣及義寧州等本郡諸縣的淨明眾真道場。

6　從目前江西南昌西山萬壽宮所保存下來的光緒三十四年、宣統元年（1909）、民國四年等清末民國時期的樂助題名碑刻來看，參與玉隆萬壽宮募化整修以及進香捐助的香會，就地域而言，基本上沒有變化，均來自贛東北地區（鄱陽湖周邊區域）的幾個縣，比如〈民國乙卯募化整修正殿及各殿檢蓋樂助芳名並收付數目〉開列諸縣香會捐助款項，分別為豐城縣、高安縣、南昌縣、新建縣、清江縣、進賢縣、奉新縣、臨川縣、安義縣、鄱陽縣等十縣香會。從上世紀八十年代以來的香會及個人捐助題名碑刻以及今日廟會所見朝香香會的旗幡來看，基本上參與西山廟會的信眾仍然是來自上述十縣。

7　關於傳中出現的「守灝」即謝守灝的討論，參見李豐楙：〈宋朝水神許遜傳說之研究〉，載李豐楙：《許遜與薩守堅：鄧志謨道教小說研究》（台北：台灣學生書局，1997），頁69-70。

8　周楞伽輯註：《裴鉶傳奇》（上海：上海古籍出版社，1980），頁88。

9　劉師培：〈讀道藏記〉，載《國粹學報》1911年第79期（南京廣陵書社影印，2006），頁9141。

10　許遜飛昇年代，《太平廣記》引《十二真君傳》作「東晉太武帝太康二年」，《仙苑編珠》引《十二真君傳》作「晉永康二年」，《墉城集仙錄》所收《盱母》作「惠帝元康二年」，《三洞群仙錄》引《西山記》、白玉蟾所作〈旌陽許真君傳〉以及其他宋元諸傳俱作「寧康二年」，無論是哪一年，五百六十二年後都遠在唐元和十四年之後。此外，《孝道吳許二真君傳》所附許簡以下二十餘代許姓道士名錄，與〈古鏡記〉所記旌陽七代孫許藏秘以及〈咸平重鑄唐聖曆鐘銘〉所載武周時期遊帷觀主為熊文行等均不符合，同樣也是極不可靠的記載。

11　許蔚：《斷裂與建構》，頁484。潭洞指遊帷觀東二百五十步投龍埋下潭水。

12　參見杜光庭：《太上黃籙齋儀》，《道藏》第9冊。

13　杜光庭撰，羅爭鳴輯校：《杜光庭記傳十種輯校》（北京：中華書局，2013），頁650。許遜仙職，宋代以後一般作「九州都仙太史高明大使」，有關演變，參見許蔚：〈宋金之際的淨明道——以〈詔旌陽許真君碑〉為中心〉，載《國學研究》2009年第24卷（北京：北京大學出版社，2009），頁243–246。

14　許真君寶誥中「天醫大帝」、「淨明溥化天尊」是宋元以後才出現的，就

目前所知，最早的記載見於元代大德八年（1304）至至治三年間問世的
《許太史真君圖傳》卷首「真君聖誥」。關於《許太史真君圖傳》的年代，
參見許蔚：〈淨明道祖師圖像研究——以《許太史真君圖傳》為中心〉，
載《漢學研究》2011年第29卷第1期，頁120–121及《斷裂與建構》，頁
218–219。

15　表是臣下奏陳天子所用文書格式，參見李林甫等撰，陳仲夫點校：《唐
　　六典》卷一（北京：中華書局，1992），頁12；司馬光：《司馬氏書儀》，
　　排印學津討原本（上海：商務印書館，1936），頁1。

16　謝枋得有〈許旌陽飛昇日賀表〉曰「仙降塵寰，体天心而濟世。帝嘉神
　　績，秉秋氣以昇霄。華貊歡聲，古今盛事。臣中賀：臣聞赤虬紫霧，
　　聞仙子之遠遊，黃鶴白雲，想至人之高舉。孰若一門之積德，盡超八
　　極以登天。恭惟真君，道極高明，誠參化育。驅龍蛇於境內，既成神
　　禹之功。挈雞犬於雲中，不假淮南之鼎。慕真風而雖遠，遇華旦而難
　　忘。臣欲報恩仁，敬脩賀禮。芯芯蘋蘩之薦，依依葵藿之誠。日月齊
　　光，長戴神明之德。乾坤有造，顧為仁壽之民。臣無任激切屏營之至」
　　（謝枋得：《新刊重訂疊山謝先生文集》卷二，載《宋集珍本叢刊》景印明
　　嘉靖刊本〔北京：線裝書局，2004〕，頁405）。值得注意的是，謝集中
　　尚見有〈賀玄天上帝生辰表〉二首及〈城隍疏〉、〈景祐真君生辰疏〉、〈福
　　善王生辰疏〉、〈暨公聖者生辰疏〉等各一首，以及〈代五顯廟巫祝為還
　　願人放罪文〉、〈代昭懿廟巫祝為婦人還願放罪文〉各一首，對於研究南
　　宋以來的道教文書等級、格式的演變及其受世俗禮儀的影響具有參考
　　價值。另外，與南宋淨明道有密切關係的周麟之，在其《海陵集》中收
　　錄有多篇與玉隆萬壽宮有關之青詞及祝香文，參見本書第六章。關於
　　宋代文人青詞寫作的簡要梳理，可參見丸山宏：《道教儀禮文書の歷史
　　的研究》，第一部第五章〈宋と高麗の道教青詞に關する比較考察〉。

17　羅天醮分位及用書等級，參見呂元素：《道門定制》卷三〈第六十四
　　狀〉，《道藏》第31冊，頁685。黃籙齋分位及用書等級、格式，參見金
　　允中：《上清靈寶大法》卷三十〈許真君狀〉，《道藏》第31冊，頁544。
　　南宋初淨明科法中未見專門的許遜表、狀格式，據《太上淨明院補奏職
　　局太玄都省須知》則「表奏行移並如常式」（《道藏》第10冊，頁606），
　　格式既然與常式無二，等級也應相當，應該也不用表。

18　許蔚：《斷裂與建構》，頁510。

19 關於黃真君由黃輔演變為黃仁覽，參見許蔚：《斷裂與建構》，頁 329–
334。

20 白玉蟾：《新刊瓊琯白先生玉隆集》卷四，德國巴伐利亞州立圖書館藏
元勤有堂刊本，葉七。

21 許蔚：《斷裂與建構》，頁 530。

22 關於「南朝」的日期，喻端仁所述與白玉蟾的記載相合，但是揭傒斯至
順三年(1332)秋七月所作〈仙茅述〉稱「其徒歲八月四日具幢蓋、儀衛、
鼓樂，奉旌陽像朝母，如旌陽存時，以為常」，虞集至元四年(1338)三
月所作〈黃堂鐘樓記〉亦載「歲以八月初四日載真君像至黃堂，北面謁諶
母，如其在世時」(許蔚：《斷裂與建構》，頁 578)，均作「八月四日」。

23 關於南朝行程次第，清人有〈南朝紀事〉記載較詳，見《逍遙山萬壽宮
志》、《黃堂隆道宮志》。李平亮根據玉隆、黃堂二宮志所見材料，分析
明清時代負責「南朝」護駕的香會與里甲的變化，值得注意，見〈明清以
來西山萬壽宮的發展與「朝仙」習俗〉，頁 104。

24 周必大：《周益公文集》卷一百六十九〈泛舟遊山錄〉，載《宋集珍本叢
刊》，景印明澹生堂抄本(北京：線裝書局，2004)，頁 480。

25 白玉蟾：《新刊瓊琯白先生玉隆集》卷四，葉六。

26 唐代的淨壇儀，所用水有特殊要求，或用「桃皮、竹葉、沉香、鷄舌
香、柏葉，剉，絹袋沉湯中煮」，或用清泉新水，至於儀式則較為簡
單，主要是存唐、葛、周收穢，然後招四靈，敕五方。不過，儘管科
儀程序較簡單，但卻很重要，據稱「夫所以潔壇者，蕩滌故厹，芳澤真
靈，使內外清通，人神俱感。凡啟醮，悉皆如之，非直此也」，見張萬
福：《醮三洞真文五法正一盟威籙立成儀》〈潔壇解穢第二〉，《道藏》第
28 冊，頁 493。南宋時靈寶科法中所行禁壇儀，參見蔣叔輿《無上黃籙
大齋立成儀》卷十九題杜光庭所集〈禁壇儀〉、金允中《上清靈寶大法》卷
二十〈禁壇儀〉、林靈真《靈寶領教濟度金書》卷二十二中大、小兩種禁
壇儀以及《靈寶玉鑑》卷十二〈敕水禁壇門〉。以上各種禁壇儀中，以題
林靈真所編大、小禁壇儀最為複雜，但各禁壇儀的基本儀節都包含召
四靈，可以看出與張萬福所記潔壇解穢仍有承繼關係。我所見豐城正
一派火居道士談三沅道長所行《禁壇玄科》包含複雜的罡訣、存思和變
神、召將程序，特別是變身玄帝帶有濃厚的清微法特徵，較一般宮觀
開壇行法所見敕水淨壇儀節遠為繁複。實際上，這一《禁壇玄科》較宋

代靈寶科法也更繁複，其中，召四靈、召五龍水和五方結界等節次都
有增衍，不過，部分科文也見於林靈真所述「大禁壇儀」。該科本乃據
光緒間羅道文舊本鈔出。此外，該科本變神的部分還有變神哪吒的內
容，也值得注意。

27 毛禮鎂編著：《江西省高安縣淨明道科儀本彙編》，頁79。

28 雖然我所採訪的一些香頭介紹說一直都有演經拜懺的習慣，但實際上
並非所有香會都演行經懺，在會香客大部分也不知如何唱誦或者不知
道唱誦內容是什麼，只是跟著香頭禮拜附和幾聲。而演行經懺所使用
的則基本上均為《普天福主演玄經懺》。據西山萬壽宮教務處何劍青道
長介紹，只是豐城來的香客才念《普天福主演玄經懺》（2015年9月8
日，何劍青道長與我的私人談話）。我在廟會現場借閱香頭手上的抄
本，只見到《普天福主演玄法懺》的部分內容。據來自豐城的X女士介
紹，完整的應有《普天福主演玄真經》及《玉皇心印經》，演懺時則先經
後懺，最後念《玉皇心印經》，如在自己的廟中拜懺，還要先淨壇（2015
年9月10日，X女士與我的私人談話）。廟會期間，她曾先後三次帶領不
同的香會來進香），當然，實際上也見到個別香客使用《觀音懺》、《彌
陀懺》等的情況。此外，各香會自行準備的疏文更是五花八門，其中最
簡單的就只是在會諸人的名單。不演行經懺的香會就只念疏或名單，
然後由香頭送出焚化。也見到個別香會只將疏文或者進香名單貼在高
明殿許真君神龕下。

29 宮內道班在三官殿行科，所行只是上表，表文則並非「許祖表」，而是
「三官表」，基本儀節是三師入壇，淨壇，步罡，高功默朝，二師領眾
繞壇，宣表，送出焚化，下壇，持續時間約半小時。外來道長率班借
地所行科儀未能完整觀摩，從現場擺放的《三元朝》科本和另紙抄寫的
〈許真君寶誥〉判斷，似是以三元朝的儀式程序糅合〈許真君寶誥〉，以
朝禮許真君。其上表儀節較為簡單，時間約在十分鐘左右。

30 《道藏》中有《神功妙濟真君禮文》，約為元、明之際所出，為南昌鐵柱
延真宮所用朝禮許真君科儀，主要是十懺悔和三皈依，參見本書第六
章。此外，《道藏》中有《諸師聖誕沖舉酌獻儀》，時代一定在明代（任
繼愈、鍾肇鵬主編：《道藏提要（第三次修訂）》〔北京：中國社會科學
出版社，2005〕，頁215；Schipper and Verellen (eds.), *The Taoist Canon*, vol.
2, p. 962），祭獻對象分別為玉帝、張天師、太上老君、玄天上帝，所行
儀式則不過是三拜三獻，程序上極為簡單。

31 金桂馨、漆逢源纂：《逍遙山萬壽宮志》卷十一，頁536；丁步上、郭懋隆等編：《逍遙山萬壽宮志》卷十一。

32 今日的香會雖然也有不少新會，但仍有不少老會，其中一些香會選在八月一日前來似乎是為了所謂換袍和燒頭香，但大多數的香會似乎都是按照自己傳統的進香日前來進香，因此西山廟會雖然通常會持續約四五十天的時間，高潮期還是八月初一前後的十天左右。從香會有自己的進香日這樣的習慣看來，八月十五日或許在晚清民國時就已經不重要了。關於香會有自己傳統的進香日以及廟會持續時間及高潮期，承西山萬壽宮辦公室熊國寶道長告知。

33 白玉蟾：《新刊瓊琯白先生玉隆集》卷四，葉六。

34 金桂馨、漆逢源纂：《逍遙山萬壽宮志》卷十一，頁536；丁步上、郭懋隆等編：《逍遙山萬壽宮志》卷十一，葉二a。

35 南宋時，臨川縣屬撫州，都陽縣屬饒州。另外，清江縣、安義縣均與洪、瑞有沿革關係。清江縣地原從高安縣劃出，曾屬筠州，南宋時屬臨江軍。安義縣原為建昌縣地，唐代屬洪州，北宋屬南康軍。

36 2015年9月9日，傅國強道長與我的私人談話。傅國強道長介紹自己是羅字輩，師輩是大字輩。這是符合龍虎山三山滴血派字輩的。從他黃堂宮居處所掛職帖來看，是1995年受籙。關於到黃堂宮的香會，就我在2015年9月9日、9月14日兩日的觀察，基本上是豐城來的香會。這些香會一般是沿鄉村公路先到黃堂宮，然後到西山萬壽宮，有的也到許家祠，最後一般還到夢山。我與傅道長初識於2009年，彼時黃堂宮正在修復山門，他不僅講解導覽，還幫我拍攝碑刻照片並聯繫西山萬壽宮，為我之後的調查提供諸多方便。經過數年的經營，今黃堂宮院落已較規整，並闢有衛生設施與停車廣場。惟傅道長已於2016年3月27日羽化，謹致以深切悼念。承談三沅道長代致奠儀。

37 2016年4月3日、4日，對H道長的補充採訪（H道長的師傅已是年逾九十的老道長，自稱是淨明派，主行禮斗法事）。另據他介紹，一般每個村都有父子相傳的世家道士，有的現在不再做道士，但父輩的經本還保存下來，到廟會的時候不另請道士，自己照樣子做。有的村子則是神婆來做。

38 毛禮鎂編著：《江西省高安縣淨明道科儀本彙編》，頁79–104。

39 長樂宮，「在一二都界，唐敕建，祀許旌陽」（中國國家圖書館藏康熙十

年刊本《高安縣志》卷九，葉十四），「香火極盛」（中國國家圖書館藏清同治十二年刊本《瑞州府志》卷三，葉二十九）。關於長樂宮為唐敕建的說法儘管可疑，但至少可知在明代已經存在。

40　祥符觀在康熙《高安縣志》中仍能見到，同治《瑞州府志》也有記載，據載順治間（1644–1661）尚有修建。

41　李平亮關於西撫的敘述是根據玉隆宮志，但宮志的有關敘述是襲自白玉蟾，實際上並不能反映明清時代的實況，見〈明清以來西山萬壽宮的發展與「朝仙」習俗〉，頁104。

42　毛禮鎂編著：《江西省高安縣淨明道科儀本彙編》，頁85–88。原文作〈許祖師表格〉，應該是沿襲舊時抄本的格式，實際上就是〈許祖師表〉。

43　所謂「誠意」，即意旨，或稱意文、悃意、情悃等。為尊重科儀及相關抄本，本書一般採用「誠意」。

44　毛禮鎂編著：《江西省高安縣淨明道科儀本彙編》，頁88–92。

45　原文稱為〈疏文〉的科文其實並不是〈疏文〉，而是呈進表文或者情悃（誠意）後所念誦的相應科文。

46　毛禮鎂編著：《江西省高安縣淨明道科儀本彙編》，頁92。

47　趙宜真、劉淵然為淨明嗣師的看法，出自邵以正的建構，此點在其所刊《淨明忠孝全書》中有明確的表述，參見許蔚：〈《淨明忠孝全書》的刊行與元明之際淨明統緒的構建〉。不過，儘管邵以正的建構為明清之際淨明道統緒敘述所接受，成為一種制度化的「事實」（制度化是王崗教授與我討論時的用語，見2015年1月21日王崗教授與我的私人通信），但在歷史上趙宜真、劉淵然本身是否嗣派淨明仍然是個問題，參見本書第三章。

48　注意到張信芝道長所提供的〈許祖師表格〉具職「上清三洞五雷經籙九天金闕清微察訪事祭鍊仙官」（頁85），「請神文」（即〈朝仙進表玄科〉科文）具職「上清三洞五雷經籙神霄玉府普化宣卿」（頁91），出現了兩個不同的籙職。據袁志鴻、劉仲宇整理的《正乙天壇玉格》（載《正一道教研究》第2輯〔北京：宗教文化出版社，2013〕），「清微察訪事」是清微品秩五品清微使中的一種。而神霄品秩未見普化宣卿，從九品有「太平輔化典者」，正九品有「太平輔化仙吏」，「普化宣卿」似乎應是「輔化仙卿」之誤，那麼，似乎就應該是正九品的「太平輔化仙吏」。從兩個籙職並存，且分別為清微品秩、神霄品秩來看，一方面可能表明記憶的不準

確，一方面可能表明張信芝道長是沿用前輩的籙職，或者也可能是相關科本中文檢格式與科文分別有不同的淵源。

49 《普天福主演玄經懺》是名為「闡化文社」的鸞社託名施岑所著的鸞壇科文，廟會所見多為抄本，目前所見最早的為 2007 年中國書店第四十一期大眾收藏書刊資料拍賣會上拍賣的民國十年（1921）文寶社刊本，據書影，版心仍有「闡化文社」字樣，朱鈐「大汾道德會刷送」。該經懺不僅另作一種許真君寶誥，稱許真君為「普天福主濟世消魔大帝」，並且稱施岑為「玄都御史演玄真人淨明贊道天尊」，「玄都御史」為吳猛所受仙職，可見該鸞社要麼對淨明道知識一知半解，要麼是有意提升施岑的地位，而經懺中列入水神晏公，並稱為「淨明護道天尊」，可見地域性水神崇拜是該經懺賴以產生的知識背景和闡化文社賴以運作的信仰環境。關於該經懺的產生年代及鸞會背景，參見本書第八章第四節。

50 另外，「朝仙進表玄科」中的許真君寶誥與〈諸師真誥〉中的真君寶誥基本上還是一致的，主要的差別是缺少「度人祖師」一銜，增出「龍沙會主」一銜。其中「龍沙會主」見於《淨明忠孝龍沙經懺》卷首所附許真君寶誥，作「龍沙會上玉真教主」。《淨明忠孝龍沙經懺》所收寶誥儘管與《諸師真誥》差別甚大，但《龍沙寶懺》既見於如不來室藏〈正一圓香繳願淨明仙醮〉憑帖，應確實為民國時西山萬壽宮所認同並使用的淨明經懺。

51 2015 年 9 月 10 日夜，來自鄱陽的一個吳姓香會，雖請宮內道班行科進表，但會首著法衣持朝板，與三師一同入壇，並要求不用預製的「三官表」，而用他們帶來的手寫「合家福長生保疏」一函。該疏文所列住址仍用清代的鄉里地名，應是照舊式鈔錄，而開列合會信人姓名生辰，並註明某幾位信人的具體願望，尚保留有誠意的一些特徵。

52 封函爛闕之字應是「憑」字。

53 今日西山萬壽宮雖然並不提供類似淨明仙醮這樣的儀式服務，但會給每位樂助的香客回贈紅布條、毛巾或者布包，作為紀念，從儀式以及文檢的層面看來自然失去其宗教性或神聖性，但對香客而言尚有一定的意義。

54 參見許蔚：《斷裂與建構》，頁 418。張勳號「松壽老人」，其「張松壽堂」見於〈民國乙卯募化整修正殿及各殿檢蓋樂助芳名並收付數目〉。我過去以為「張松壽堂」是指南昌的張勳公館，即便不錯，也不完全正確，因為根據碑刻中並列有同貫奉新的「張志安堂」來看，不排除是奉新張家張勳一支的堂號名稱。

55 關於《淨明演經朝科》的科儀內容及屬性分析，參見本書第六章。

56 江西南昌新風樓藏清青雲譜刊本《太上靈寶淨明宗教錄》卷十。

57 該殘件為《正一昭答雷府雪罪延生醮》誠意副本。如果認為此醮事為道
士自家年終雪罪所做，則萬法雷壇應可進一步明確位於「莊溪東社」。
關於福建泰寧道士年終謝神懺罪的介紹，參見葉明生、黎基求、曾憲
林：《泰寧道教與上青道曲研究》(北京：宗教文化出版社，2014)，頁
38。

58 中國國家圖書館藏清康熙十二年刊本《進賢縣志》卷九，葉二十a。

59 丁步上、郭懋隆等編：《逍遙山萬壽宮志》卷七，上海圖書館藏清乾隆
五年刊本，葉三十五a；金桂馨、漆逢源纂：《逍遙山萬壽宮志》卷七，
載《四庫未收書輯刊》第6輯第10冊，景印清光緒四年鐵柱宮刊本(北
京：北京出版社，2000)，頁493。光緒本有關內容基本上完全襲自乾
隆本。

60 上海圖書館藏清同治十年刊本《進賢縣志》卷二十三，葉二十六a。

61 上海圖書館著錄有道光三年刊本《進賢縣志》，不知對興真觀記載情況
如何，可惜我數次前往調閱，都不克獲睹，可能是有目無書。關於興
真觀及萬法雷壇所在地的討論，參見本書第六章。

62 《度人經》的運用與道壇經典的分類，係根據兩冊合抄諸經的整體判
斷，同時也參考了如不來室所藏熊科道抄本《開幽經部》(依次抄錄《清
微三籙大齋諸品開經淨心口神咒》、《太上洞玄靈寶尋聲救苦拔罪經》、
《太上金籙度命九幽拔罪妙經》、《太上元始天尊說生天得道真經》、《太
上元始天尊說功德往生真經》、《太上洞玄靈寶無量度人上品妙經》、《太
上洞玄靈寶自然九天生神玉章》、《太上洞玄靈寶玉籙血湖赦罪妙經》、
《太上元始天尊說血湖生天經》、《太上洞玄靈寶玉籙度命血湖赦罪妙
經》、《太上洞玄靈寶十王消愆滅罪真經》、《太上慈悲救苦冥府一宮妙
經》至《十宮妙經》)，並不涉及《度人經》在其他場合的運用。

63 劉枝萬介紹樹林鎮慶成醮，在祈安醮儀全部結束後，再加入安龍謝土
的儀式，見〈台北縣樹林鎮建醮祭典〉，載劉枝萬：《台灣民間信仰論集》
(台北：聯經出版公司，1983)，頁142。承蒙審查意見提示「畢陽轉陰」
是否意味著先醮後齋？參照樹林慶成醮的情形，第三日行安鎮補謝的
法事，或許也意味著延生祈福的醮儀結束，而次日便可轉為濟度幽冥
的齋科。

64　參見本書第九章。

65　毛禮鎂編著：《江西省高安縣淨明道科儀本彙編》，頁80。

66　《赤松子章曆》卷四〈三五雜籙言功章〉，頁209。

67　金允中：《上清靈寶大法》卷十〈籙階法職品〉，《道藏》第11冊，頁402。

68　關於二符，道藏本《淨明忠孝全書》及《太上靈寶淨明宗教錄》均誤作一符，參見許蔚校註：《淨明忠孝全書》，頁107。

69　朱權：《天皇至道太清玉冊》卷三〈天心玄秘章・鍊度法七階〉，《道藏》第36冊，頁384。

70　李志鴻將劉玉上家書直接稱作「家書科儀」並不穩妥，見《道教天心正法研究》（北京：社會科學文獻出版社，2011），頁184。

71　許蔚：〈《淨明忠孝全書》的刊行與元明之際淨明統緒的構建〉，頁127。

72　參見本書第三章。

73　參見本書第六章。

74　此處「玉皇」似應準「龍沙」例，視為《玉皇懺》，不過，下文流程中並未見到唪誦《玉皇懺》的記錄；而如不來室藏何遠生抄本則有《玉皇經》，似乎也不能排除是指《玉皇經》。

第六章

儀式中的文學表達：
淨明道科儀文獻中的許遜傳記

　　無論是南宋淨明法、元代淨明忠孝道法還是南宋淨明法成立以前的孝道，除早期孝道自有其複雜性以外，均以許遜崇拜為其核心。而許遜崇拜的儀式呈現，自唐代以來，主要為洪州西山遊帷觀（西山玉隆萬壽宮）的中秋上昇祀典。這一盛會，目前所知最早的可靠記載見於唐裴鉶《傳奇》，[1]其後南宋時周必大亦曾提及，[2]而南宋白玉蟾所述較詳，至清人編《逍遙山萬壽宮志》與白玉蟾所述則大體一致，但對於祀典中具體施行的儀式特別是道門所施行之科儀卻基本上都沒有予以記載。

　　白玉蟾雖提到玉隆宮醮謝之儀名為「黃中齋」，且說是真君所流傳，[3]根據行文，「黃中齋」實際上並非中秋上昇日所行科儀，而是季夏時節，鄉民迎請許真君塑像出巡後，到玉隆宮醮謝所行儀式。中秋上昇所修，則為「慶上昇齋」。但無論是黃中齋，還是慶上昇齋，白玉蟾都沒有進一步的論述，今《正統道藏》中也未見相關科儀文本保存下來。在我所經眼之清代道教科儀抄本中，有一種《淨明演經朝科》，從內容來看，應為朝禮許真君之科儀。而根據如不來室藏民國淨明醮儀憑帖，也可以確定《淨明演經朝科》為西山玉隆宮所施行之朝禮許真君科儀。此外，如不來室藏民國道教科儀抄本中又有一種《許祖表科》，根據如不來室藏同源道壇清代萬壽朝仙科儀抄本以及江西省高安縣張信芝道長回憶之朝仙賑孤科儀，也應屬道士為朝仙香會所行朝禮許真君科儀中上表節次的單項科儀。[4]

而《逍遙山萬壽宮志》雖然也沒有記錄清代玉隆宮所行科儀，卻概略地記錄下了清代南昌鐵柱宮戊祭儀程。[5]不過，鐵柱宮戊祭為官祭，主要是省府各級官員致祭，由於並不是專門為祭祀許真君而施行的儀式，而是對歷代忠孝理學先賢的合祀，程序很簡單，除拜、獻等一般性禮儀外，只是宣讀祝文，完全是儒禮，見不到任何的道教科儀特徵。[6]所幸《正統道藏》中保存有《神功妙濟真君禮文》一卷，或許與清代鐵柱宮原本應該單獨施行的許真君祭祀活動存在淵源關係。

以上諸種科儀文獻，在不同的儀式環節，或多或少都對許遜事跡有所呈現。

第一節 《神功妙濟真君禮文》中的許遜傳記

《神功妙濟真君禮文》的成立年代不詳，以許遜封號已有「至道玄應」，應出元代元貞元年（1295）敕封以後，可能產生於元明之際。另外，《正統道藏》中尚有《北極真武佑聖真君禮文》一卷，施舟人認為應與《北極真武普慈度世法懺》同出，而後者的時代他推測是元、明時代所出，並以為明代的可能性更大。[7]值得注意的是，《北極真武佑聖真君禮文》的基本儀式程序、文字表述均與《神功妙濟真君禮文》一致，但相應節次如啟三清則分別讚禮等，無論是在程序還是文字上都更為完整；而《神功妙濟真君禮文》相較而言則更像是一個刪略後的文本。儘管二者的時代目前仍然難以得出更為明確的結論，但可以肯定的是，二者應當是同時代甚至是同批產生的關聯文本。

另據文中「暫別西山之勝境」、「鐵柱延真福地，玉隆騰勝洞天」、「西山福地逍遙境，督府延真道德宮。玉隆紀號宋朝頒，鐵柱斬妖洪都福」、「延真福地眾真仙，大釋洞天諸主宰」等表述來看，雖然也並提西山、玉隆宮、大釋玉隆騰勝天等，但如果是玉隆宮施行之科儀，則不必屢屢提及鐵柱宮，畢竟鐵柱宮不過是省垣行宮而

已，可見對鐵柱延真宮之地位還是十分推崇的。也就是說，《神功妙濟真君禮文》很可能是南昌鐵柱延真宮所施行的禮敬許真君之科儀。

該科程序大體為啟聖、十懺、皈依三寶、發願、送聖。其中十懺後，頂禮諶姆、蘭公、日月斗以及「延真福地」仙真等，舉十方靈寶天尊，皈依道經師三寶，發願，送聖以及送聖後例行的諷經、迴向，與《北極真武佑聖真君禮文》相比，極為簡略，迴向文更是隻字未存。

啟聖時，先啟「九州都仙太史高明大使至道玄應神功妙濟真君」、舉「淨明普寶天尊」，然後依次讚禮啟三清三境天尊、四天上帝以及「仙父中嶽仙官、仙母符瑞元君、高上玉真天尊」。其中，「淨明普寶天尊」亦許遜之尊號。但此尊號與〈許真君寶誥〉所載不同。依〈寶誥〉，應作「淨明溥化天尊」，[8]「溥」或作「普」。[9]清代淨明道科儀抄本則作「普保」，[10]似乎是從「普寶」演化而來。「中嶽仙官」見於許遜傳記，為玉皇詔書中加封許遜父親之仙職。「仙母符瑞元君」不見於許遜傳記，但見於清代道教科儀抄本《淨明演經朝科》，應是道門行科時新增的內容。至於「高上玉真天尊」，由於是緊接在仙父、仙母之後，最後啟請的一位神尊，我曾懷疑是否可能是指元代淨明道初祖玉真先生劉玉，但淨明道科儀中並未尊劉玉為天尊，高安張信芝道長所回憶科儀中啟請之淨明師真就只作「玉真劉仙真君」。[11]注意到《北極真武佑聖真君禮文》緊接在聖父、聖母之後所列為「高上玉皇天尊」，[12]那麼，「玉真」便很可能是「玉皇」之訛。不過，按照「玉皇」的位階，似乎不應置於仙父、仙母或者聖父、聖母之後。也就是說，《北極真武佑聖真君禮文》緊接在聖父、聖母之後所列為「高上玉皇天尊」，反而可能是「高上玉真天尊」之訛。而「高上玉真天尊」也確實是存在的，《北極真武普慈度世法懺》在玄天上帝、聖父、聖母、聖師之後的諸位天尊中即列有「高上玉真天尊」。[13]那麼，《神功妙濟真君禮文》所列「高上玉真天尊」，便很可能是從《北極真武普慈度世法懺》這一比較完整的朝禮諸真文本中刪存下來的。

啟請諸聖降壇之後，該科依「修真十戒」各行懺悔。[14]每一懺悔，均眾和「九天仙主萬法宗師至道玄應神功妙濟真君」[15]一次。每次禮懺則提及許遜事跡，並配以七言詩句再行轉述一遍。第一禮懺提及東晉真君顯化於南昌，「金鳳啣珠」為許遜的降生神話，「赤烏寄質」則是雙關太陽化身與斬蛇訊息二事。第二禮懺提及八寶垂訓。第三禮懺提及的「沉符水滸，標竹江濱」，即咒水行符治病，為許遜賴以成仙之功德。第四禮懺提及許遜任官旌陽，化金救民之事。第五禮懺提及許遜辭官尋訪仙師，投諶姆學道之事。第六禮懺提及許遜獲授都仙太史之職。第七禮懺提及剪紙化牛、炭婦試、龍舟過金陵、釘蛟石壁等事。第八禮懺提及鐵柱鎮妖、義還金檠、植柏樹、畫松壁、留七靖等事。第九禮懺提及「祭丹幕阜、淬劍梅山」及剿滅巨蛇等事。第十禮懺提及遇旱降霖等靈感響應之事。[16]

以上演述許遜事跡，雖然都極簡單，僅提到一些標誌性的事件而基本上均無過多的具體描述，在事件發生的順序上也有一些混亂，但大體上仍然相當於一篇完整描述許遜出身、成道、顯應的傳記。[17]而以七言詩句再行轉述的形式，應該是出於唱誦的需要，但顯然也不能不叫人聯想起南宋「詩傳」《西山許真君八十五化錄》。

第二節　《淨明演經朝科》中的許遜傳記

《淨明演經朝科》不見於《正統道藏》，現在的西山萬壽宮也不施行。[18]據如不來室藏民國十六年（1927）玉隆萬壽宮為香客所作淨明醮儀出給的〈正一圓香繳願淨明仙醮〉憑帖，繳願醮儀所修功德包括「敷演北斗、淨明二集經朝」。其中，「淨明經朝」應即《淨明演經朝科》。

值得注意的是，清代淨明道科儀抄本《淨明演經朝科》所載早朝高功進表入科詞曰「恭惟太史高明大使稟性沖和，受姿英發，神容秀整，德□弘深。昔在東晉之朝，潛心學道。既就西山之隱，刻意扶

危。有生皆賴於甄陶，無物不蒙於覆佑。拔宅四十二口上昇，至今
一千二百餘年。聖概儼然，人心敬畏。茲屆二八之期，庸伸請禱之
理」。又，午朝高功獻酒詞曰「臣聞生炁結成，赫赫厥靈於下副。立
身行道，巍巍功行以有成。曰赤烏之三年，千齡啟運。在青陽之正
月，萬宇回春。雙英之卷冀先，丙辰之晦日吉。恭逢壽誕，欣拜芬
芳。酒禮之儀，謹陳上獻」。

　　據許真君龍沙讖記預言，許遜仙去後一千二百四十年，五陵之
內有八百地仙出。按許遜東晉寧康二年（374）昇仙推算，其時則應
在明萬曆四十二年（1614）。所謂「至今一千二百餘年」如果不是指明
萬曆時，至少也應指清康熙時，那麼，似乎可以認為《淨明演經朝
科》的產生年代應在明、清之際，不晚於清康熙十三年（1674）。而
根據「茲屆二八之期」、「恭逢壽誕」等表述，則《淨明演經朝科》似應
為正月二十八日許遜聖誕時所行用之朝禮科儀。而淨明仙醮行用此
朝科，應是改易部分內容後方行施行。

　　我所經眼之清代淨明道科儀抄本《淨明演經朝科》，凡有四種四
冊，分別為《淨明演經朝科・功集》、《淨明演經朝科・講部》、《淨明
演經朝科・磬部》與《淨明演經朝科・爐部》，實際上是依照主壇高
功、副壇都講、知磬法師、知爐法師等臨壇職事分別記錄的專行科
文。其中，後三種為同批所見，未及收得，僅見到部分照片，三冊
筆跡相同，應為同人所抄，《爐部》末有「道光戊壬」紀年，署「楊上
達書」。《功集》雖然也未及收得，所幸得到侯沖教授提供的全冊照
片。從照片來看，字跡與其他三冊大體一致，卷末則有「光緒七年歲
次辛巳」紀年，署「山頭後學弟子楊懿典，字上達，奏名宏泰拙筆」，
由是可知與其他三冊均屬同人所抄寫。[19]

　　儘管以上四種科儀抄本都只是各錄其文，單獨每一種都不是完
整的科文，但對科儀程序都有不同程度的簡單提示。而《淨明演經
朝科・功集》由於是主壇高功所用科文，實際上是該科主要內容的記
錄，雖然相應文檢均未附入，一般科儀的通行程式也僅作提示，但
相對其他三本而言，在相應儀節程序的記錄上還是更加完備一些。

　　據《功集》，淨明演經朝科分為早、午、晚三朝，每朝各演經四遍，共計演經十二遍周全。[20] 每朝的大體程序是啟聖，獻茶、酒，登壇，進表，三上香，嘜經，化表，發願，回師，退班，下壇。朝科涉及許遜傳記，除前舉早朝進表入科詞、午朝獻酒詞兩篇，以及早朝獻酒詞、早朝上香詞、午朝進表入科詞、午朝上香詞、晚朝入科詞、晚朝上香詞外，每一嘜經前均專詞稱頌許遜神跡。

　　早朝。獻酒，泛陳降詔之事，未涉及具體事跡。進表入科，泛陳學道、拔宅昇天之事，未涉及具體事跡。上香，簡單轉述玉皇詔書內容，未涉及具體事跡。第一嘜經，提及「金鳳啣珠，赤烏寄質」的出身異跡。第二嘜經，講述八寶垂訓，教化鄉里。第三嘜經，提及「沉符水滸，漂竹江濱」。第四嘜經，曰「臣聞祭丹幕埠，淬劍梅山。巨蛇吐炁以沖天，群氓措身而無地。指揮兵吏，探巢穴以搜尋。嘯命風雷，運火風而擊伐」。

　　午朝。獻酒，泛陳誕日，未涉及具體事跡。進表入科，泛陳許、吳避亂西山及十二門人得同昇仙之事，未涉及具體事跡。上香，提及「煉就靈丹，誅老蛟於石壁。修磨寶劍，戮巨蟒於海昏。赫德烜威，剪妖鹹毒。致玉皇之飛詔，同仙眷以昇天」。第五嘜經，曰「臣聞挂冠赤縣，放跡丹陽。厭名利以泊人，傳道法而濟世。師投諶母，廼製錦以通誠。教受明王，即築壇而授法」。第六嘜經，泛陳三千功就，得授太史之事，未涉及具體事跡。第七嘜經，提及「剪紙作牛，祛除水孽。化炭為婦，歷試門人。召龍挾舫過金陵，捉蛟釘丁石懸壁」。第八嘜經，曰「臣聞點石化金，有仙機之莫大。書符為藥，實濟苦於沉疴。步水孽於豫章，遁潛跡於江右。大作風波，刻行雨驟。跟行收伏，保國寧民」。

　　晚朝。晚朝入科詞篇幅較長，曰「臣聞在昔真君，曾為令尹。度崔嵬之劍閣，過蒼莽之眉山。致彼部封，多所利澤。道之必以其德，齊之不以其形。適值年饑，猶思民患，舉皆乏食，何以輸糧？化其金帛以償官，遂致閭閻而安堵。復以符水之妙，治其疫癘之災。既而蜀漢之間，人民之眾，襁負而至，贏糧而趨。乃漂竹於溪

中，兼置符於波底。於是在膏之病，皆因飲食而瘳。及至江右之民，俱遭時沴。救以蜀中之訣，亦各安民。尋遊嵩嶽之陽，以偹晉朝之亂。與吳君而訪道，事諶母以為師。法則受之斬蛟，術則教之飛步。丹陽之仙跡不泯，黃堂之古踪猶存。金丹寶經，戒非人之勿示。銅符鐵券，必盟天而後傳。告云蘭氏之家，昔日明王之降，預言晉代當有許，傳吾孝道之風，是為眾真之長」。此篇文字涉及較廣，包括許遜任官旌陽、點石化金、符水平疫、同吳君訪道、師諶母得仙術寶經、孝道明王預言真仙出世等事，大體與第五嗩經所述一致，相當於許遜傳記中出身修行的部分。上香，泛陳生而穎悟，長則精修以及被化鄉里之事，未涉及具體事跡。第九嗩經，提及「鑄鐵樹以震蜃蛟，賫金檠而還生齒。柏垂倒葉，松壓潰堤」。第十嗩經，泛陳逢旱興雲雨等神德，未涉及具體事跡。第十一嗩經，泛陳飛昇得道，功高萬古等，未涉及具體事跡。第十二嗩經，提及「功滿行成，索蛟精於鐵樹。恩周德就，守靜鎮於洪都」。

　　以上諸詞反復提及許遜事跡，大體是通過禮讚神功、神德，感格真君降壇受獻茶酒、受領香雲供養及聞經、受表，以便昭答建醮之誠。

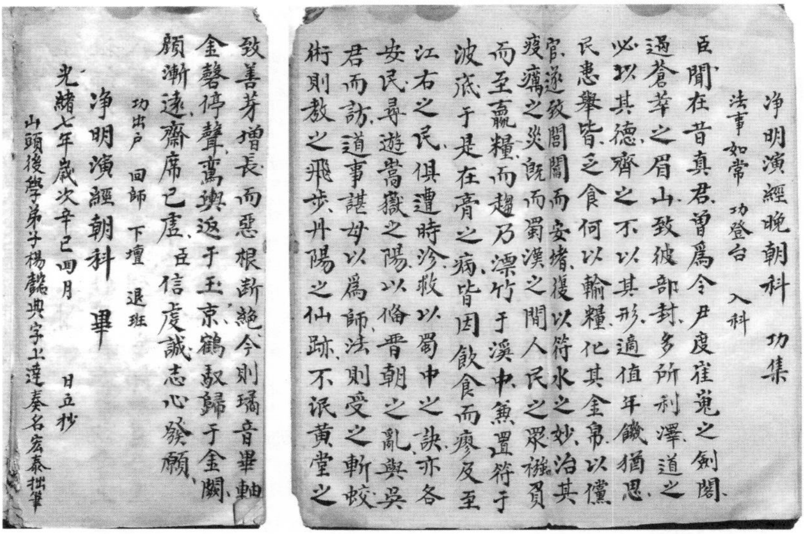

圖 6.1 侯沖提供《淨明演經朝科·功集》。

第三節 《許祖表科》中的許遜傳記

如不來室藏《許祖表科》為民國十一年（1922）興真古觀何遠生抄本，與《三仙表科》[21]同鈔一冊。民國何遠生所抄寫之道教經書、科儀本，如不來室藏有數種，根據各本卷末題署可知，何遠生為興真古觀分派萬法雷壇弟子。值得注意的是，如不來室藏民國六年（1917）何遠生抄本《高上玉皇本行集經卷上》末署「莊溪分派萬法雷壇興真古觀後學弟子」。據如不來室藏民國七年（1918）何遠生抄本《度人朝》封面內襯所見民國〈正一昭答雷府雪罪延生醮〉醮壇誠意副本殘葉，該延生醮乃為「豫章道分派進賢縣崇禮鄉二十四五都健武里莊溪東社」某人所做。可知，興真古觀分派萬法雷壇應在進賢縣崇禮鄉二十四五都健武里莊溪。該道壇所流傳下來的道教文書中，目前所知年代最早的為如不來室藏清道光十八年（1838）樊元章書寫之《靈寶九幽資度大法》齋壇誠意副本，乃為「南昌府進賢縣崇禮鄉廿四五

都健武里莊子西社」胡家所作。另外，我所經眼多種民國何遠生所書寫之醮壇誠意副本，均為進賢縣崇禮鄉(部分已改作「山里鄉」)二十四五都某里某社某村(全村或某家)所作。可見，興真古觀分派萬法雷壇應也主要行法於進賢縣崇禮鄉二十四五都。

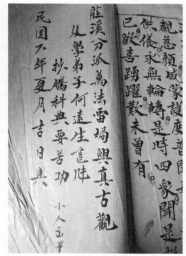

圖 6.2　何遠生抄本《高上玉皇本行集經》款署。

圖 6.3　何遠生抄本《度人經》內襯《正一昭答雪罪延生醮》醮壇誠意。

圖 6.4　樊元章寫本《靈寶九幽資度大法》齋壇誠意。

　　而如不來室藏清宣統元年(1909)興真古觀分派真濟雷壇抄本《正一表懺都仙勝會》(擬)所收文檢大多標明「南昌府進賢縣崇禮鄉」，可知同樣行法於崇禮鄉某都。由此，可以推知興真古觀應在進賢縣，並且很可能在崇禮鄉某都或鄰近某都。據康熙《進賢縣志》卷九所載，「興真觀在二十九都」。[22]同治《進賢縣志》卷二十三更載明「興真觀在二十九都白鶴山」，[23]而同書卷二記載二十八都之圖又提到「興貞(真)觀」。[24]據光緒《逍遙山萬壽宮志》卷七所附錄諸真道場中，進賢縣有「興真觀，在二十八都白鶴山，施真人太玉煉丹處」，[25]

與同治《進賢縣志》坊都所載一致。不過，關於進賢縣的施岑煉丹處，據康熙《進賢縣志》卷一所載，則有「丹井。在北山之鶴山靈陽觀側，旌陽大弟子勇悟真人施岑煉丹於此」，同治《進賢縣志》卷二所載大體一致，但說此丹井在「縣北八十里，在二十八都北山之鶴山靈陽觀側」。[26]而靈陽觀，二志所載均在「八都」，[27]但八都雖在進賢東北，卻離北山有距離，實際上北山應該在二十七、二十八、二十九都之境，那麼似乎應以同治縣志所說二十八都為是，所謂北山之鶴山應即白鶴山，而靈陽觀或許屬於誤記。當然，無論是二十八都還是二十九都，都與二十四五都同在崇禮鄉，二者與後者雖然隔著金溪湖，但距離也並不太遠。[28]另外，儘管所在地點與縣志所載稍有差誤，由於《逍遙山萬壽宮志》標明「眾真道場附，非淨明者略」之體例，[29]可知進賢縣興真觀應為淨明道觀。而興真觀分派之下的道壇也可認為是淨明或至少是傳承部分淨明科法的道壇。那麼，《許祖表科》也應可認定為清代淨明道壇所行用之科儀。

不過，該科抄本內容主要是啟聖、進表、懺罪、散花、回聖等詞，未錄表文。就程序來看不知是通行進表之科儀，還是特定時節所行之科儀。就內容來看，則提及「願……福主駕幸於西山，真人班聯於南浦。鑒必必蘋蘩之荐，副依依葵藿之誠」，「端三載之朝參，合一誠而表懺。祈為懺罪，敢侍迎祥」，「特為懺雪在會名下一生之內、三世而來，不忠不孝」等罪，似應為朝仙香會赴西山玉隆宮朝仙進表所用。

據前舉興真古觀分派真濟雷壇抄本《正一表懺都仙勝會》（擬）所載，道士為圓香會眾所行朝仙科儀中確實包括進表，但相應科儀節次僅作提示，並且也沒有收錄表式。鑒於《許祖表科》是同一道觀分派道壇所行用之科儀抄本，可以認為或許就應用於抄本《正一表懺都仙勝會》（擬）提及的進表節次。另據高安縣張信芝道長回憶，他為香會所施行之「朝香賑孤科」主要節次就是進表，程序則是啟聖、宣表（宣《許祖師表》）後，再行《朝仙進表玄科》（主要內容是啟聖），[30]

雖與進賢縣萬法雷壇何遠生所行《許祖表科》完全不同，但也可以知道進《許祖表》確實是朝仙科儀的重要環節。

該科啟聖迎駕詞涉及玉皇詔書中「多劫之前」、「積修至道、勤苦俻悉」、「罔不斯歷」等等表述，並提到「位尊九州而職蒞三省，德高至道而功任天醫」。由於玉皇詔書中的這些內容也被融入〈許真君寶誥〉，所以這篇文字相當於是對〈許真君寶誥〉的轉寫。

而進表詞則以較長篇幅敘述許遜應劫顯化，修道成仙，功行顯著，福佑地方等事，曰「伏聞天地奠位以來，故有神仙之教。陰陽既判之後，豈無妖氣之興。是以淳朴散而奸邪起，王法蕩而異法興。故今宇宙不清，江河泛濫。幸元始說法於赤明劫運，玉帝敷教於彌羅上宮。群仙班列，細議重玄。乃詔金鳳而下降，曩自赤烏之元年。師設諶母，學業吳、黃。治政於旌陽縣內，修煉於蓬島山中。得西靈三五之飛步，受東華九返之仙書。一朝道就丹誠，白日拔宅超舉。驅業患於江浮，既成神禹之功。携雞犬於雲中，不假淮南之術。留鐵樹與銅符，鎮洪都而不朽。遂使吳楚攸分，永康平陸。以今△△△際遇昌時，傾心仙教……再拜上香，酒陳壺（亞）獻，具有表文，謹當跪奏」。[31] 此篇進表詞涉及許遜傳記中最主要的幾項內容，相當於駢文轉寫的一篇許遜傳記。

相較此篇進表詞而言，南宋周麟之所作〈神功妙濟真君祝香文〉除去首尾例行的套語以外，即為一篇完整的駢文體許遜傳記：「大道難名，故不言而善應。高真在上，凡有感而必通。爰申齋肅之誠，用闡赫靈之懿。恭惟神功妙濟真君，智該萬法，神合九天，積陰功在多劫之前，傳孝道為眾真之長。授經神母，寶篇全開。置竹蜀源，恩波溥暨。鍊丹祠石室之奧，礪劍濯梅山之湍。斷蛇母而聚骨成洲，協赤烏之瑞應。叱蜃精而變形伏刃，滅黃犢之妖蹤。至於鑄鐵柱以弭水災，化鴞盂而脫人禍。種德周行於當世，凝神復隱於舊山。居數十年，壽踰百歲。時惟八月告朔云初，俄有二仙乘雲而下。宣玉皇之詔命，授太史之僊階。勅大力天丁以照耀之光，告仲

秋月望為冲舉之節。邀陳讌飲，會別鄉鄰。休辰俄及於日中，廣樂
遂來於天際。列青童之仗，建寶節而曳瓊旌。服紫綵之袍，登龍車
而御羽蓋。干煙霄而直上，與雞犬以同昇。摳衣三百餘人，惟七君
得執策而驂乘。聚族四十二口，至一門皆背土以凌空。徒聞稚耋之
悲號，已悵仙凡之復隔。遊帷雖墮，景馭難攀，但驚卿靄之漫山，
猶挹異香之經日。事具聞於前志，福垂裕於後人。迨至皇朝，肇加
顯號，賁嚴宸之玉冊，新福地之琳宮。蓋度世已越千齡，其炳靈有
如一日。壇下之枯柯復茂，嶺頭之棄木猶生。摹天篆以鑱珉，尚存
遺刻。禱聖籖而探簡，益仰明威。臣猥以微生，夙承妙蔭，敢涓清
旦，就禮眸容。願垂降釐之輝，俾迪同休之覎。天清地泰，國壽民
康。及我室家，悉除災沴。永堅一念，不回嚮道之心。或在五陵，
願與得仙之數」。[32]

　　值得注意的是，這篇祝香文本身是禮拜許遜的文字，儘管可能
只是周麟之在謫居筠州（今高安）時到臨近的西山玉隆萬壽宮進香時
的個人創作，[33]但根據《海陵集》所收諸篇青詞、醮願文字，以及在一
篇〈祭竈文〉中還保留有「具職」這樣的套語，[34]可以推測應是為配合一
定的道教儀式所作。[35]而這位周麟之，雖然是內廷奉翰，但他是北宋
末年出生的海陵周氏子，並且從小即從父親那裏習得「淨明之篇」，
本身極有可能就是南宋建炎間淨明道的創立者海陵周方文之子。[36]也
就是說，儘管南宋淨明道是否發展出了自己獨特的一套朝禮許真君
科儀，就目前掌握的資料來看完全無法認定，但是站在周方文這位
南宋初淨明道創立者的立場上，如果要創製一種許真君朝禮科儀的
話，其後人周麟之所創作的這篇典雅的駢體祝香文完全可以作為標
準範文收錄到該科儀之中。此點從《許祖表科》的進表詞採用駢文的
體式來看，也完全符合朝禮上表的儀式需要。

第四節　本章結語

前舉《神功妙濟真君禮文》、《淨明演經朝科》以及《許祖表科》均為朝禮許遜之科儀。《神功妙濟真君禮文》將許遜事跡分散於十戒之下，先行讚禮，再行懺悔。一方面當然是讚頌神功，感戴真君之德，一方面則行懺禮拜，欲懺悔之聲能上達天聽，清淨道質，得孚所願。尤其值得注意的是，每懺演說許遜事跡，仍以七言詩句轉述一遍。施舟人認為此種七言詩句形式比較像晚期寶卷，[37]儘管在文本年代與寶卷文本形態的發展方面缺乏有效的論證，只是極其粗率的比附，但在可資唱誦的儀式功能層面還是值得作此種聯想的。此種配合唱誦的呈現方式，提醒我們重新審視《許真君詩傳》(《西山許真君八十五化錄》原名《許真君詩傳》) 作為一種韻散複合的祖師傳記，是否也具有唱誦或者讚禮的儀式功能。

而《淨明演經朝科》不論是用於許遜聖誕，還是用於仲秋仙會，作為朝禮許真君的科儀，朝拜許祖並演說真經十二回的目的，也無非是蕩除穢質，聞經悟法，消災延壽，合家安祥，五穀豐登，國家太平。在相應節次所宣白之文詞，反復言及許遜事跡，特別是晚朝入科的長篇敘述尤其引入注目。同樣用於朝禮許遜的《許祖表科》，本身只是進表節次的單一儀式，沒有《淨明演經朝科》早午晚三朝的複雜程序，但在進表前也有長篇敘述，與《淨明演經朝科》晚朝近似。就內容而言，《許祖表科》的敘述更為完整一些，相對而言可以看作是一篇駢體轉寫的許遜傳記。當然，在功能上，無論是《淨明演經朝科》還是《許祖表科》都是要以敷衍許遜神功的方式感格神真降聽。與此類似，南宋周麟之所創作的《神功妙濟真君祝香文》以駢文的體式完整地將許遜事跡轉述一遍，目的也是希望以華麗辭章來傳達對許遜的歌頌與崇拜，以期感格真君降護。

神仙傳記，無論是作為道教史資料，還是作為傳記文學，向來多有論述。至於神仙傳記本身的特殊屬性，特別是其宗教意涵，也

逐漸得到關注與討論。[38]許遜作為積學成仙的典型，他的傳記首先符合「神仙可以學致，不死可以力求」的閱讀期待。而作為淨明道的祖師，他的傳記，對於不同時期的淨明道團則又顯現不同的意義，當然也常常伴隨教團教義的變遷而發生或大或小的修正。此外，作為斬蛟誠惡的真仙，他的傳記一方面對於修道之人特別是南宋淨明道徒而言具備內煉指導功用，另一方面對於一般的信眾而言也存在蕩穢鎮厭的功能與期待。[39]而除了這些對於特定讀者所展現的特殊宗教功能以外，許遜傳記在淨明道科儀搬演中，特別是在儀式進行的不同節次通過讚頌、宣示、啟白等方式呈現，其功能與意涵自然應予特別注意。而類似這樣的將祖師傳記或相當於祖師傳記的內容揉入其中的儀式文本，也提醒我們重新審視道教神仙傳記特別是祖師聖傳是否具有特殊的儀式功能與宗教意涵。

註　釋

1　周楞伽輯註：《裴鉶傳奇》，頁88。

2　周必大：《周益公文集》卷一百六十九〈泛舟遊山錄〉，頁480。

3　白玉蟾：《新刊瓊琯白先生玉隆集》卷四〈續真君傳〉，葉六a。

4　季夏割瓜是廟會前的迎請活動，到清代改為七、八月，實際上與廟會時間就重合了。關於黃中齋、慶上昇齋以及中秋仙會所行科儀的討論，參見本書第五章。

5　金桂馨、漆逢源纂：《逍遙山萬壽宮志》卷十一，頁535；丁步上、郭懋隆等編：《逍遙山萬壽宮志》卷七，葉一。實際上，有關記載全部襲自康熙十九年刊本《新建縣志》。

6　根據康熙《新建縣志》卷九〈壇壝考〉、〈祠廟考〉的記載，官方祭祀包括戊祭與三祭。戊祭為社稷壇以及歷代先賢祠廟的祭祀，每歲春秋仲月戊日致祭。其中，社稷壇戊祭由新建縣知縣、縣丞、典吏及教喻主持及參與（葉二a–三b）。祠廟戊祭由南昌知府、新建縣知縣主持，祭祀對象為包括許遜在內歷代先賢（葉六b–九a）。「舊例祭丁次日，各祠廟分官致祭，自戊子變後，祠廟俱燬。近今立主合祀於萬壽宮」（葉六b。乾隆、光緒刊本《逍遙山萬壽宮志》同）。三祭的祭祀對象為「闔境無祀神鬼」，是由府縣官員主持，僧道參與，包括賑濟孤魂在內的祭儀。

7　Schipper and Verellen (eds.), *The Taoist Canon*, vol. 2, p. 1196. 鮑菊隱的意見基本一致，見鮑菊隱：〈《神功妙濟真君禮文》提要〉，載黎志添主編：《道藏輯要・提要》，頁1530。

8　《許太史真君圖傳》卷上，《道藏》第6冊，頁716。

9　《諸師真誥》，《道藏》第6冊，頁761。

10　我所經眼的清代道教科儀抄本《淨明啟謝仙班科》、《淨明演經朝科》以及中國國家圖書館藏民國刊本《淨明忠孝龍沙經懺》、高安張信芝道長所回憶科儀均作「淨明普保天尊」。

11　毛禮鎂編著：《江西省高安縣淨明道科儀本彙編》，頁88。

12　《北極真武佑聖真君禮文》，《道藏》第18冊，頁379。

13　《北極真武普慈度世法懺》卷一，《道藏》第18冊，頁355。承蒙審查意見指出玉皇的位階問題，謹致謝忱。

14　此「修真十戒」與南宋淨明道主張之「十戒」不同，初見於《正統道藏》本

《修真十書·雜著指玄篇》卷八，該本失名，據日本內閣文庫藏元勤有堂刊本《瓊琯白玉蟾先生指玄集》卷八、上海圖書館藏明刊本《白先生雜著指玄篇》卷八則署名作「西山真侍郎」，當是指曾任禮部侍郎的西山先生真德秀。

15　此仙職封號中「九天仙主萬法宗師」不見於許遜傳記，也不見於〈真君寶誥〉，而清代道教科儀抄本以及今日西山萬壽宮所稱一般為「江西福主」或「普天福主」。

16　《神功妙濟真君禮文》，《道藏》第9冊，頁801–804。

17　同樣是依「十戒」讚頌玄帝，《北極真武佑聖真君禮文》卻主要是讚頌顯應，除出身一節外，在事跡的層面難以構成較為完整的傳記。

18　西山萬壽宮僅有部分早晚功課經韻得以保存下來，其他淨明道科儀已全部失傳，現在宮中所行為龍虎山傳來之正一派科儀。承西山萬壽宮教務處何劍青道長介紹。

19　《爐部》的「道光戊壬」紀年有誤，紀年無戊壬，若以道光三十年庚戌（1850）計，距光緒七年則有三十餘年；若是戊午之誤，則已是咸豐八年（1858），距光緒七年仍有二十餘年。另外，楊上達奏名「宏泰」，與淨明派字譜不合，如果傳度時是按照淨明續派（青雲派）字譜「道德弘（宏）清靜（淨），法源廣大成。東漢有章教，功果葆（寶）忠道（貞）」所奏之名，則輩分相當高。清初淨明青雲派創派時朱道朗以下已傳到弘（宏）字輩，到清嘉慶年間青雲譜住持歐陽漢雯，已是漢字輩（清嘉慶十六年〈重鑄青雲譜關帝殿洪鐘文〉，見許蔚：《斷裂與建構》，頁738）。而高安張信芝道長法名「寶堂」，也是與淨明派字譜不合，而與淨明續派（青雲派）字譜相合，但相比「宏」字輩則相差十餘輩。那麼，楊上達就未必是按照淨明續派字譜奏名，而應如〈正一圓香繳願淨明仙醮〉憑帖簽押諸人法名所顯示的那樣，是按照三山滴血字輩奏名。

20　所演為何經，該集與其他三部均未註明。

21　《三仙表科》的進表對象是華蓋三仙。

22　中國國家圖書館藏清康熙十二年刊本《進賢縣志》卷九，葉二十a。

23　上海圖書館藏清同治十年刊本《進賢縣志》卷二十三，葉二十六a。該條下註明「今廢」，值得注意。興真觀雖然衰敗廢棄，但興真觀分派之下的民間道壇卻依然在行法，在法脈流傳的層面其實並沒有「廢」。

24　同治刊本《進賢縣志》卷二，葉二十八b。

25　金桂馨、漆逢源纂：《逍遙山萬壽宮志》卷七，頁493；丁步上、郭懋隆
　　等編：《逍遙山萬壽宮志》卷七，葉三十五a。

26　康熙刊本《進賢縣志》卷一，葉二十九b–三十a。同治刊本《進賢縣志》
　　卷二，葉二十三b。

27　康熙刊本《進賢縣志》卷九，葉十九a；同治刊本《進賢縣志》卷二十三，
　　葉二十五b。

28　關於崇禮鄉各都圖，參見同治刊本《進賢縣志》卷二。

29　金桂馨、漆逢源纂：《逍遙山萬壽宮志》卷七，頁486。乾隆刊本《逍遙
　　山萬壽宮志》卷七雖在合郡行宮下僅作「淨明眾真道場附」（葉三十一
　　a），但在同邑行宮下註明「眾真道場附，非淨明者略」（葉十b）。

30　毛禮鎂編著：《江西省高安縣淨明道科儀本彙編》，頁82–92。

31　承學者指出「壺」字應是「亞」字之訛，覆案原書，前文雖無初獻，但後
　　文則有三獻，「壺」字確應是「亞」字之訛。不過，該科本前文未出現初
　　獻的程序，而是啟聖迎駕，後文與「三獻」相應的儀節是散花，隨後是
　　回聖送駕，從程序來看似乎是遺漏了初獻科文或者相應科文遺漏了「酒
　　陳初獻」這樣的套語。而從與「亞獻」相應的儀節是宣表，並且此篇科文
　　中也出現「具有表文，謹當跪奏」，後文中仍有「按如詞瀆，已對敷陳」
　　這樣的表達來看，此篇科文實際上是進表時所用，故仍稱作「進表
　　詞」。另外，可能出自湖北地區的江西移民社群所用慶賀許遜聖誕的一
　　種科儀，如不來室藏清光緒十八年（1892）張道靜抄本《真君科》雖然包
　　括醮筵供獻（朝真、散花、醮筵、迎駕、三獻茶）的部分，但核心部分
　　還是隨後的進表科儀，其程序為具職、安座、三獻酒、宣表、召將、
　　化表、回壇、謝聖、退班，在回壇後有相對較長篇幅的「志心歸命禮神
　　功妙濟至道玄應，於赤烏二年正月廿八日南昌降誕，示現金容，冠師
　　大洞，得三清妙法，傳通經文，拜屬旌縣令。棄官，與吳君同遊江
　　左。於豫章遇一少年，自稱慎郎。真君與之。謂門人曰：適少年乃蛟
　　蜃精也。吾念江西累遭洪水，若不剪除，恐致逃遁。除蜃精後，於太
　　康二年八月初一日，洪州西山舉家白日上昇。入聖歸真，超凡入聖。
　　三尺龍泉，追殘幽整。一根鉄鑄，鎖定江西。天下風調雨順，永鎮國
　　太民安。大悲大願大聖大慈九州都仙太史神功妙濟至道玄應真君」（該
　　抄本下部殘損較為嚴重，闕字據拙藏清宣統元年袁守性抄本《清微正醮
　　真君科》補足，不另行註明）。此部分內容雖然是許遜故事，並且與進

表有關，但與《許祖表科》的進表詞不同，是化表回壇後讚禮之詞，從該部分念誦完畢即稱「表文已達妙濟宮」來看，目的則是為了給神將上登雲程、進宮遞表留出時間。就現場性來看，應該是為了照顧信眾的儀式體驗，並且也再次向信眾宣示真君修道斬蛟的濟世恩德。

32　周麟之：《海陵集》卷二十一，載《景印文淵閣四庫全書》第1142冊（台北：台灣商務印書館，1986），頁168。

33　結合《海陵集》中其他諸篇青詞、醮願文字，特別是〈壬午生朝玉隆宮設醮青詞〉、〈神功妙濟真君殿還醮疏文〉可以知道，周麟之到玉隆宮設醮及進香的一個直接目的是希望真君能保祐他早日結束貶謫，回返家鄉。

34　當然，所謂具職也可能只是具官職，那麼也就是一般性祭祀禮儀。

35　此祝香文篇幅較大，包括祝讚與陳願的部分，似乎是一般性的官員致祭儀禮中所用，與道教儀式中高功上壇演法的祝香讚不同，相較而言倒是更接近入意（誠意）的樣式。儘管可能晚至明代才成立，《諸師聖誕沖舉酬獻儀》（任繼愈、鍾肇鵬主編：《道藏提要（第三次修訂）》，頁215；Schipper and Verellen (eds.), *The Taoist Canon*, vol. 2, p. 962) 中所宣之意（誠意）即與此祝香文接近。而現存南宋淨明道經中並沒有這方面的科儀文書。至於南宋時代一般的通行道教儀式、文檢及文辭格式，則可參考呂太古：《道門通教必用集》，《道藏》第32冊。

36　許蔚：《斷裂與建構》，頁47。

37　Schipper and Verellen (eds.), *The Taoist Canon*, vol. 2, p. 1116.

38　主要集中於上清「內傳」性質的探討，如小南一郎、賀碧來、謝聰輝等均有論述，另外還有張超然關於《紫陽真人內傳》經傳合刊屬性的討論也值得注意。

39　以上參見許蔚：《斷裂與建構》，頁186–252。

第七章

真君醮的成立

「醮」是一個廣受海內外多學科學者關注的儀式詞彙。這一詞彙背後蘊含著綿長的歷史與複雜的情境。前輩學者對於田野所見醮典、文獻所見「齋」與「醮」已有豐富的研究，有不少判斷、結論，當然也有不少爭論。[1]本章並不嘗試對「齋」、「醮」的演變作出描述與判斷，同時，由於迄今並未觀察到特定醮儀，本章僅試圖就目前收集及見到的幾種「真君醮」科儀文本作一些初步的文本梳理工作。

第一節　真君降鑒：禮、懺、朝、醮

許真君舉家上昇之事，得到民眾的紀念。就《傳奇》所記文蕭、彩鸞故事所提及，至少在唐代大和年間，洪州西山游帷觀即慶祝中秋上昇日之勝會，其香眾以洪州為中心，輻射吳、越、楚、蜀（相當於整個長江流域），應當說規模與影響是比較大的。在此勝會期間舉行之儀式，僅知是「設齋醮，求福佑」，[2]但此「齋醮」究竟只是通常的道教儀式，還是也包括針對真君本身的特定儀式，卻不得而知。同樣，《孝道吳許二真君傳》提到的「黃籙大齋」[3]似乎也是通常的道教儀式而已。宋代玉隆萬壽宮施行所謂「慶上昇齋」，但具體情況並不明確。不過，除此之外，民眾及官方也有薦獻儀式，特別是代表官

方的州府官員「具香燭、酒幣、詞疏，遣衙吏馳獻」，[4]還是反映出比較正式的官方祭獻進疏形態。[5]宋以後有關玉隆萬壽宮本身的儀式情況，目前未檢獲相應記載。而鐵柱延真宮由於位於省城廣潤門內，在清代（至少可追溯到明、清之際），其供奉之許真君即列入官方戊祭之例，由在省府、縣各級官員行拜、獻之禮。

與鐵柱延真宮祭儀有關，《道藏》現存《神功妙濟真君禮文》一種，可能是明代鐵柱宮道眾禮拜許真君之科儀。該儀大體包括啟聖、十懺、皈依三寶、發願及送聖。其主要內容實際上是依〈修真十戒〉行十懺，每懺則配合詩文轉述許真君修行成道事跡。[6]就內容而言，該禮文當然是專為許真君所設，但鑒於《道藏》中還有《北極真武佑聖真君禮文》、《北極真武普慈度世法懺》這樣的共生文本，那麼，也就可以認為只是在一定框架之下添加具體仙真傳記信息，而作成的某一道教仙真之禮文。那麼，其內容或許可以説並不重要，至少並不足以判斷該儀為何種儀式。而就其大體的儀式程序來看，則並沒有酌獻的部分，也沒有呈疏進表的儀節。實際上，宣演〈修真十戒〉並行懺悔纔是《神功妙濟真君禮文》、《北極真武佑聖真君禮文》這兩種禮文的核心。

而《北極真武普慈度世法懺》也是依〈修真十戒〉敷衍成懺（每戒敷衍一卷，共計十卷）。該懺提到其出世因緣，無上赤文帝君金闕化身天尊會集眾仙真攷校修學功過、年命修短、男女罪福等事，妙行真人問如何救末世凡夫，於是天尊宣説十戒，令流傳懺禮：「吾昔於龍漢劫初，為太始真人；中三皇時，為太初真人；下三皇時，為太素真人。開皇劫，下生人世，乃玄元聖祖第八十二次，應化玄天，修真成道。憫念凡愚，積惡造罪，無由冀仙。嘗為演説〈修真十戒〉，以度兆民，令得遵奉妙訓，離諸報對。於是妙行啟請而言：〈十戒〉靈文可得見授？宣告人天，普獲修持，日有所益。於是天尊慈顏憫諭，靈關廓開，出十品戒文，謂曰：偉哉妙行，能為眾生，作是妙因！夫身為患本，過逐心生。道乃法舟，懺之可度。積如山

岳，隨念即消。若能終始受持，仙階可冀。第一戒者，不得陰賊潛
謀，害物利己。二者，不得殺害含生，以充滋味。三者，不得淫邪
敗真，穢慢靈炁。四者，不得敗人成功，析交離親。五者，不得露
才揚己，讒毀善良。六者，不得飲酒過差，食肉違禁。七者，不得
貪婪無猒，積財不散。八者，不得交遊非賢，居處雜穢。九者，不
得不忠不孝，不信不仁；十者，不得輕忽言笑，舉動乖真。能依吾
教，秉心無二，即得見世安樂，免遭困苦。若能於三元、五臘、甲
子、庚申、三會、十直之辰，於諸宮觀，或在家庭，備列香花，虔
心懺禮，誓依吾教，改往修來，即得譴削黑書，名標丹籍，見存獲
慶，過世超昇。於是，妙行稽首瞻仰，永誓皈依，散布人間，流傳
懺禮」。[7]由此，宣演十戒似乎就是懺儀，而就該懺本身來看亦是以戒
演懺。

　　儘管兩種禮文並不像《北極真武普慈度世法懺》所見具備長篇的
「至心皈命禮」，似乎不宜徑視為懺儀，但其核心部分則屬一致，因
而，或許可以看作是一種面向特定宮觀而改編的簡化版本的懺禮。

　　禮懺或者拜懺在近代以來的地方儀式生活中比較普遍。[8]就與許
真君有關而言，現存禮懺用文本可知凡有《淨明忠孝龍沙經懺》、《太
上靈寶淨明普保真君雪罪法懺》、《太上説許仙真君消災滅罪寶懺》以
及《普天福主演玄經懺》等。其中，《太上靈寶淨明普保真君雪罪法
懺》啟聖分位為玉隆萬壽宮各大殿仙真，表明為西山進香朝仙時所
用。[9]而《普天福主演玄經懺》雖然出自晚清民國初年流行的以中皇信
仰為核心的鸞壇文社，但今日已被當代豐城地區的香客所認可與利
用，頻繁見於八月初一前後持續十餘天的西山進香場合。[10]就其內容
而言，「消災滅罪」的用意還是比較明顯的。

　　實際上，「懺罪」或者「消災滅罪」正是信眾朝香、朝仙或者朝山
的主要目的。[11]據如不來室藏民國十六年(1927)出給的〈正一圓香繳
願淨明仙醮〉憑帖，清末西山玉隆萬壽宮所建「淨明仙醮」，目的包
括「酬謝福主洪庥，圓香繳願，懺往匡來，消災度厄，益祿延齡，資

扶命運，叶泰公私，迎祥集福，永綏吉劭」。具體功德，則除賑濟、
貢獻等外，還包括禮《龍沙八百仙真寶懺》及演行《淨明經朝》等。其
中，《龍沙八百仙真寶懺》可能是指《淨明忠孝龍沙經懺》中的《太上
老君說八百仙真保劫度世證道寶懺》。《淨明經朝》則指《淨明演經朝
科》(亦稱作「淨明朝」、「龍沙朝」等)，[12]其成立年代可能在明、清之
際，不晚於康熙十三年(1674)，本為正月二十八日許真君聖誕所行
朝科，也可用於慶祝飛昇。[13]

據所經眼清抄本《淨明演經朝科·爐部》早、午、晚三朝在化
表、進香、三皈依、三淨業、演經等儀節之間由執爐宣白，如「臣
聞塵世浮沉，仙都貴盛。時人愚昧，志信不專。或已信而復疑，或
狐疑而未信。賴太上慈悲，欲盡有緣，同登天界。而癡人薄命，敬
奉不篤，至後昏迷。獨不觀種種死亡，層層臭腐，竟于百年億祀。
平時不脫俗緣，百年瞬息，榮辱誰(隨)生。欲求天上之榮華，敬朝
玉隆之仙聖。毋為窒礙，致悟(誤)良緣。之(知)磬虔誠，謹為讚
詠」，最後的「之磬虔誠，謹為讚詠」據下文提示「石(磬)舉、講吟、
嗊經、化表、石(磬)云、功白」並再由「爐云」引起另一詞文，則執
爐在宣畢上文之後應由知磬緊接入科舉讚，據所經眼清抄本《淨明演
經朝科·磬部》，似乎應舉「稽首西江主，神功妙濟君／淨明普保尊，
頓開金口演，證度此生身／長生得久視」。而都講所吟則是配合高功
宣說之真君事跡，以蛟精、真君等不同立場描述許真君出處功行，
特別是鎮蛟等事的七言詩偈一首，如所經眼清抄本《淨明演經朝科·
講部》第五首(午朝第一首)為「行盡江南數百州，惟有鄱湖出石牛。
雁鵝夜夜鳴更鼓，魚鱉朝朝拜冕旒。離龍隱隱居乾位，巽水滔滔入
艮流。後代福人來遇此，帝子王孫八百秋」，第十一首(晚朝)為「自
嘆當年運不齊，子孫零落卻無遺。心懷東海波瀾濶，氣壓西江艸樹
低。怨處咬牙思舊恨，豪來把筆記新詩。鐵鍊鎖囚難脫體，空負天
生八尺軀」，第十二首(晚朝末首)為「慈仁善政許旌陽，惠澤生民耿
莫忘。拔宅上昇成至道，陰功陽德感穹蒼。仙跡永留騰勝地，宮開
萬壽四民歡。主鎮洪都江右境，忠孝神仙亙古傳」。[14]

《淨明演經朝科》就其以早、午、晚三朝演經十二遍周全來看，似乎與《道藏》所見《玄靈轉經早／午／晚朝行道儀》接近。後者的所謂轉經係分別於早、午、晚三朝諷誦《太上玄靈北斗本命延生真經》。而前舉〈正一圓香繳願淨明仙醮〉憑帖所提到的仙醮功德除《淨明經朝》外，也包括《北斗經朝》，似乎應該就是指諷誦《太上玄靈北斗本命延生真經》的某種三時朝科或者三時行道儀。

《玄靈轉經早／午／晚朝行道儀》本身出現「欽奉聖旨，崇修金籙」、「皇帝陛下」、「皇太子殿下」、「聖壽天齊，皇明日麗」等，應是明代皇家舉行金籙所用。[15]其儀式程序依照早朝，大體為宣咒、鳴法鼓、出官、稱法位、啟聖、三撚香、啟經、敷座、題經、誦經、解座、步虛、依方上香（誦經三次，對應依方上香三次）、三聞經、發願、存神燒香、出堂。而午朝、晚朝除增加誦經及上香次數外，基本一致。大體而言，除誦經、依方上香等外，大體與《道門科範大全》等所見朝儀一致，為唐宋以來的通行樣式。

而《淨明演經朝科》就儀式程序來看，大體為啟聖、獻茶酒、登壇、進表、三上香、諷經、化表、發願、回師、退班、下壇，[16]似乎與《玄靈轉經早／午／晚朝行道儀》差異較大。這可能有抄本將固定儀節簡化，僅作提示的原因。也可能與《淨明演經朝科》用於特定的醮壇，雖然是朝科，但卻融入了酌獻茶酒的儀節，從而顯現出融合朝科與醮儀的混合儀式特徵有關。實際上，據侯沖教授藏《淨明演經朝科·功集》，早朝入科，高功念偈後具職稱「臣叩天師門下奏授△職，修建△醮。茲當早景臨壇，開演淨明大朝，拜進請經黃表。凡昧小臣△△領同修醮△△各秉無任，誠惶誠恐，稽首頓首，上啟上奏」，也明確提到是為建醮而行此「淨明大朝」。

與此用於淨明仙醮之經朝相關的是進真君表。從《淨明演經朝科》來看，「進表」、「焚表」僅為提示，雖然有相應的進表詞文，但是演經過程的一部分，並不形成單獨的所謂「表科」。[17]高安張信芝道長回憶的「朝仙賑孤科」，其「朝仙」部分即所謂「朝仙進表玄科」，基本儀式是淨壇、啟聖、進表、獻茶、誦寶誥、謝聖，並分三日反復進

行，[18] 應當説是比較簡單的，可以視為就進表儀節敷衍而來。如不來室藏民國十一年（1922）進賢縣興真古觀分派道壇何遠生抄本《許祖表科》，用於圓香還願儀式，[19] 乍看上去似乎也只是進表。但其儀式程序為衛靈、發爐、啟聖、入科、[20] 獻酒（？）、宣表、散花、回聖、伏爐、出戶，應當説雖然是稱作「表科」，可以説一定程度上具有真君醮科的樣貌。[21]

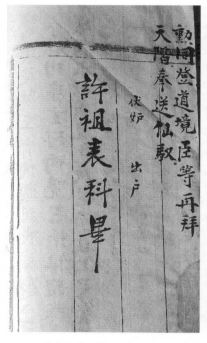

圖 7.1《許祖表科》尾葉。

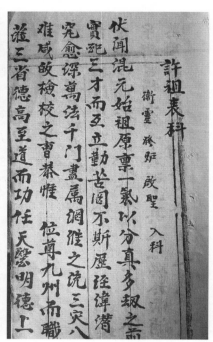

圖 7.2《許祖表科》首葉。

第二節　從《許祖表科》到真君醮科

就張信芝的例子來看，道壇提供的最簡單便捷的朝香服務就是進表。《許祖表科》似乎具足醮儀的形式，但核心內容仍是進表。而其進表雖然是配合朝禮真君的圓香之願，即所謂「花銷醮願」，[22] 但目的卻是懺除罪咎。

《許祖表科》不僅在進表前提到「端三載之朝參，合一誠而表懺。祈為懺罪，敢侍迎祥」，進表後也說「特為懺雪在會名下一生之內，三世而來，不忠不孝，多慾多婬，貪嗔罪積，語言根深，或貧窮而多子，或富貴以少兒，或兵刀而暴骨，或孕產以亡身，邪鬼侵凌，先亡勾引，土木水火以頻仍，獄訟官災而相繞，如是等罪，難盡披宣。敬憑福主之恩波，願赦今宿之垢污」。據前舉真濟雷壇文檢抄本，所謂「醮」玉隆宮稱作「仙醮」，該進賢縣的淨明道壇則稱作「仙會」或「正一都仙勝會」，其完整的表述，據〈星主表〉則為「正一表懺都仙勝會冥陽二利醮筵」，〈仙會牒式〉稱作「正一圓香表懺普福齋筵」，〈仙會誠意〉（擬）稱作「冥陽二利都仙大朝勝會法事」。[23] 從整個九天的儀式來看，如果要簡化，那麼，至少《許祖表科》不能省去，類似高安的「朝仙進表」，也就是說，最重要的大概就是「表懺」，即進表懺罪，而不是醮獻。

而《許祖表科》儀文提到了獻酒，看似具備醮的形式，鑒於「仙會」的規模與儀式組合，似乎並不能單獨構成一種真君醮。實際上，該抄本中並沒有提示三獻，也沒有與初、亞、三獻對應的詞文，只是在進表詞中提到「再拜上香，酒陳壺獻。具有表文，謹當跪奏」，其下文僅提示「宣表」。至於詞文中的「酒陳壺獻」，「壺」很可能是「亞」的訛寫，但下篇詞文雖出現「酒陳三獻」，對應的儀節提示卻是「散花」，實際應是散花詞。那麼，不排除「酒陳壺獻」、「酒陳三獻」只是從三獻的習慣套語襲用而未察，並非先行專門的酌獻之禮，再予進表、散花。[24]

不過，既然三獻表述出現在進表科文之中，而進表則是用於朝仙的「淨明仙醮」或者「正一表懺都仙勝會冥陽二利醮筵」，似乎表明三獻的儀式也可以與進表結合，從而獨自構成所謂真君醮。當然，也可以想像，在南昌、新建、進賢或者白玉蟾所說洪、瑞之境這些存在前往玉隆宮、鐵柱宮朝香習慣，或者存在淨明系統宮觀派下道壇的地方，並不需要這種簡便的儀式。

目前所見真君醮科儀抄本三種，包括李豐楙教授藏一種，如不來室藏兩種。

其一，李豐楙教授藏《許真君醮科》，無繫年，抄本，一冊。

根據李豐楙教授提供的掃描件，該抄本未見封面、封底等，不知是否有抄寫者信息。就其內容而言，則係多種科儀的合抄。依次包括《東岳解冤科》、《東岳審庫科》、《受生演經科》、《庫官進疏科》、《許真君醮科》、《楊四獻醮科》、《羅祖獻醮科》、《靈官獻醮科》、《建橋獻醮科》。

其中，《東岳解冤科》、《東岳審庫科》、《受生演經科》啟聖提到「土主」、「化主」，可能是指湖北麻城的地方神祇，李豐楙教授藏來自湖北麻城地區的錢安世抄本中有《土主醮》、西園氏抄本中則有《化主醮科》。[25]《靈官獻醮科》啟聖提到「武當山上五百靈官」，而錢安世抄本中有《祖師醮》也提到「武當山得道五百靈官」。[26] 就此，似乎可以推測該抄本可能也是來自麻城地區。

其《許真君醮科》，正文題作《真君獻醮科》，除專門針對許真君外，其儀式程序與同抄本其他諸醮科大體一致，為啟聖、三獻、進疏、禮寶誥。

其所禮寶誥與《道藏》所見一致，但啟聖所列分位則稱許真君為「都仙大使兼高明太史總領仙部許公大法真君」，與一般所見許真君聖號不同。此外，分位中的其他仙真依次為「聖父世為中岳仙官、聖母何張中岳夫人、聖后周氏懿德夫人、聖祖太微兵衛大夫、祖母張氏夫人、原祖玉虛僕射太仙、聖師西華諶母元君、聖友世雲元都御史吳公

真君、孝弟伯沖衞公大仙、孝明子約蘭公大仙、都仙門下陳勳大仙、周廣大仙、黃仁覽大仙、彭抗大仙、曾亨大仙、時荷大仙、甘戰大仙、施岑大仙、盱烈大仙、鍾離嘉大仙、都仙門下採訪使者崔子文、段邱仲二大尊神、都仙眷屬、群真上仙」，雖然大體與許真君仙眷及諸真君一致，應與江西啟聖所列仙班有關，但也出現本地化的表述。

　　前舉玉隆萬壽宮《淨明演經朝科》抄本中附抄有〈龍沙仙班〉，其《爐部》開列左班分位為「祖師江西福主神功妙濟真君、九天元通周仙真君、九天潛惠彭仙真君、九天勇悟施仙真君、九天正特陳仙真君、九天沖道黃仙真君、九天廣惠郭仙真君、九天洪崖張仙真君、九天純陽呂仙真君、日宮孝悌仙王、鍾離聖母元君、仙人洞馬蹄跡洞天仙官、西山道院蕭梅王葛四仙真君、仙母符瑞元君、仙女許氏仙娘、仙昆弟護軍掌吏仙官、天仙上仙瑕仙真君、隍社當境土地等神、壇靖真官土地旺化龍神、敕封助國護法五通靈官聖侯、功曹符使傳奏等神、司命土地宗戶等神、虛空過往鑒察神仙、三十六洞天仙官、仙曹左右謄錄進奏仙官、信家香火三教明神」，《磬部》開列右班分位為「九天玄都吳仙真君、九天洪施時仙真君、九天精行甘仙真君、九天神惠曾仙真君、九天和靜盱仙真君、九天普惠鍾離真君、九天衞房聖母元君、九天玉女侍衞真君、月宮孝悌明王、九天得道蘭公上聖、仙遠祖玉虛僕射真君、仙祖太極把符籙籍仙官、仙父中嶽大夫、九天仙后元君、仙昆弟勾曲遠遊真君、仙真上卿崔仙真君、左右胡詹二位仙官、九天天力天丁威神、西林土主金公仙官、翻車崗上土地仙官、[27]玉隆柏樹五位仙官、太極主宰福地仙官、雷霆法院諸司官將、七十二福地洞府仙官、明朝孝廉秀士余王二位先生、龍沙會上合座神仙」。合計左、右兩班，可以說分位眾多，除配補洞天福地仙官外，將許真君傳記中出現的所有仙真眷屬、玉隆萬壽宮本宮及臨近地域的仙真官將盡數列入。

　　與玉隆萬壽宮「龍沙仙班」相關，所經眼可能出自豐城的清光緒六年（1880）清都觀樊春廷抄本[28]《淨明啟謝仙班一宗》運用於懺罪

酧願的進香朝仙場合，其「淨明仙班」分位包括「淨明道祖九州都仙神功妙濟真君、仙配周氏夫人、朱氏夫人、淨明祖師玄都御史神烈吳仙真君、九天得道潛惠彭仙真君、九天得道洪時施仙真君、九天得道元通周仙真君、九天得道精行甘仙真君、九天得道和靖盱仙真君、九天得道正特陳仙真君、九天得道神惠曾仙真君、九天得道普惠鍾離真君……驂鸞護駕一切神仙、浩浩天京上聖、冥冥地府威靈、滔滔水國清真、烈烈陽元聖眾、法院雷神鄧辛張三令天君、龐劉苟畢四府雷神、先天王馬趙殷朱五大天君、地祇溫鐵康張四大元帥、當年太歲至德尊神、南昌府縣城隍大王、二八春秋大社府君、國封王侯、敕額尊神、本祭△廟△△神、本觀顯應真官土地、揚法助道官軍、□真雷壇師真隨行官將吏兵、本坊行案楊矗眾神、合案香火諸位福神、下壇千千猛將、萬萬雄兵、信居香火三教明神、住居青龍白虎朱雀玄武之神、來山去向坐脈功曹、四值使者、啟/謝會上一切真宰」，較《淨明演經朝科》除省去玉隆萬壽宮及其附近的里域之神，增多南昌府縣城隍以及本觀里域、宅兆之神，並詳列雷壇將吏等。

而《許真君醮科》如上所舉只是列出許真君眷屬及其他十餘位真君等，並沒有細緻地開列一應仙真、本地正神，就直觀的印象而言，無疑相當地簡化，表明似乎應為不在觀或者不繫觀的道壇所便宜運用（不過，即便如此看待，至少里域、宅兆之神也應列入，或許抄本只是列入醮獻的核心對象，其他諸仙真、神鬼行科時再應變增補）。而就其三獻、進疏來看，類似《許祖表科》，同時似乎也更接近《淨明啟謝仙班一宗》啟聖，獻茶酒、進疏、化財的程序。或許可以認為，既然篇幅短小，儀式程序也比較簡單，《許真君醮科》不過是就「啟聖」擴展而成。實際上，同抄本《建橋獻醮科》就註明「或單獻醮，或夾入施食壇中，在人」，表明其短小而靈活。

其二，如不來室藏《清微正醮真君科》，清宣統元年（1909）袁守性抄本，線裝一冊全。

　　該抄本購自湖北宜昌，下部殘損，但紙質較粗，保存狀況尚可，內葉紙幅約半幅處多見有朱色半印及「孫大順記」等，似為紙坊印記。

　　該抄本封面題《清微正醮真君科》，「袁之芳識」；扉頁題《清微正醮真君科》，「之芳識」；正文首葉則題作《道門真君科》；末葉署「宣統元年三月拾五日壇名袁守性，代抄《真君科》書一套，應用十方」。同人售出袁之芳抄本還有《清微救苦演經三朝玄科》一種，雖未收得，但曾經眼，其封面題「袁之芳記」，末葉署「宣統二年（1910）和月上浣日，袁之芳抄寫《救苦朝科》三集終」。此外，就未再見同人的相關信息。

　　其三，如不來室藏《真君科》，清光緒十八年（1892）張道靜抄本，線裝一冊全。

　　該抄本與袁守性抄本係同人售出，曾經襯紙修補及補字，但保存狀況不佳，下部有殘損，紙張亦多有脫落、黴爛、污漬及焚燒痕跡。

　　該抄本係與《申發科》合抄一冊。封面無字，扉頁鈐「道經師寶」朱印，並題有小字「申發、真君科」。正文依次為《申發科》、《真君科》。《申發科》未有題，但該科抄完，次葉署「光緒十八年壬辰歲潤六月下浣日，張道靜，五十四歲，在□□紅伯母張鄭氏訓蒙，代抄〈發奏科〉。望明公端正，予頂□」。《真君科》亦未有題，但該科抄完後，即署「光緒十八年壬辰歲又六月下浣日，張道靜，訓蒙餬口，代抄真（君）□」。

　　以上兩種如不來室藏抄本，或名《真君科》、《道門真君科》、《清微正醮真君科》，實際上是同一真君醮科的不同抄本，雖然各有殘損，但將兩者對照，大體可以復原。而僅就上舉袁守性、張道靜題記，則尚不足以推定該醮科所行用的地域。

　　所幸如不來室藏《清微正一關帝玄科》亦係同人售出，除醮獻對象是關帝外，儀式語言及格式與《清微正醮真君科》相同，末葉署「袁

守真，應共十方。甲戌年（1934）六月初十日代抄。玉亭書」，[29]「袁守真」與「袁守性」壇名接近，表明可能是出自同壇或者同源道壇的抄本。而代袁守真抄寫科本的「玉亭」，名甘玉亭，同人售出抄本中有數十種均係他所抄寫。

其中，《地藏菩薩本願經》（三冊），其一冊末葉署「光緒二十八年（1902）六月下浣日謄錄，弟子甘會瓊，齋名玉亭，沐手敬書。禮懺者，鄭重其事，切勿忽略，謹慎視之」。由此知同人售出署名「甘會瓊」的抄本也為同人所抄。又據其中的《太上老君説五穀寶卷、靈寶玄門祭將科》，其末葉署「宣統元年（1909）和月初二日玄門弟子甘會瓊，職常淨，十方應用，闡教興行」，可知同人售出的署名「甘常淨置」的抄本也屬同人所抄。

這些抄本多是還受生經卷、科儀以及佛、道及正神醮科，基本沒有提及地名。偶有幾冊文檢，因未收得，僅據所經眼書影也多未見地名，且因未見題記及封面，尚難決斷是否係同人所抄。惟其中一冊無繫年《萬福來朝》文檢抄本，檢至末葉見有題記「此表附托賢侄甘玉亭將表勞心抄錄，謄寫周正，字字行行，言念道道寫全。各菩薩稱讚不同，言念大略一樣。內有稱讚不一樣。此表與老本不同，款式不同，字句相對，文人不能談論，證盟師可以見得，神山可以對得」，表明係甘玉亭所抄。該抄本中有幾種表文提到地名，其中《口表》提及「臣謹表為大清天下湖北省宜昌府興山縣公平鄉公七甲雨珠山三台治下土地居住（種田名字）以作修醮會首△△△恭叩三佛堂、萬善宮，長存福田，永立勝會。甘露清、鍾性善、張守成、蔣青蓮竭誠奉道，秉燭焚香，誦經禮懺，申文進表，為慶祝聖誕，報恩朝賀事」，可知這批抄本似應出自湖北省宜昌府興山縣公平鄉公七甲雨珠山三台治。

據光緒《興山縣志》卷十八〈鄉甲志〉記載，公平鄉七甲分為二，一為中紫陽，在縣城西北八十里，山曰弓包山，水曰狗兒灘；一為三溪河，在縣西北九十里，山曰葳花坪，水曰仁坪河，有鄭家坪

市。[30]二處所提及的山水中未見到「雨珠山」。據同治《宜昌府志》所收〈縣境全圖〉，雨竹山在弓包山西，鄭家坪北。同治《宜昌府志》卷八〈山志〉提到「雨竹山，一名雨珠山，其下瀕深，渡水為鄭家坪市」。[31]

圖7.3《宜昌府志》之〈府疆域總圖〉。興山縣在宜昌府西北。

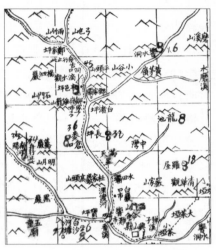

圖7.4《宜昌府志》之〈縣境全圖〉。公平鄉七甲在興山縣西北，其南為四甲古洞口，再南為一甲豐邑坪。

　　另據同人售出《太上靈寶九曜星真道場》一冊，扉頁題「大清同治六年（1867）丁卯歲仲秋月書」、「寶蓮堂清河氏渤海郡修德齋錄」，末葉有題記「大清同治六年丁卯歲仲秋月下澣日信士甘作霖敬錄。入贅，更名張昇明，齋名修德，承授皇恩，榮贈從九品一員。甘作霖齋名書田，在於鄭家坪水滸廟訓蒙，沐手敬書。若有人修醮解結善事筵中，可以虔心對演寶卷，自然錫福消災，獲福吉慶，須要鄭重其事，不可視為具文也」。甘作霖可能與甘玉亭以及表文中提到的甘露清有親緣關係，他提到的鄭家坪應該就是公平鄉七甲三溪河的鄭家坪，至於水滸廟，並未被縣志所記錄，鑒於鄭家坪瀕水，可能只是指水邊的小廟而已。雨珠山與鄭家坪隔水相望，雖不知是屬於中

紫陽，還是三溪河，但可以肯定是位於公平鄉七甲，與表文所記一致。

另外，甘作霖題記中提到的「入贅，更名張昇明」之事，而甘玉亭所抄表文中出現一位「張守成」，張道靜題記又提到「在□□紅伯母張鄭氏訓蒙」，不知光緒十八年已經五十四歲的張道靜與同治六年的張昇明是否為同一人，或者是否有親緣關係。

當然，即便張道靜與他們都無關，他所抄寫的《真君科》與袁守性所抄《真君醮科》相同，與甘玉亭所抄關帝醮科格式、語言一致，表明也應源自宜昌當地所流傳。實際上，具有相同或類似儀式語言及格式的醮科抄本，遠不只這幾種。

其他如甘玉亭抄本中光緒十九年（1893）年五十五歲時所抄《清微玉皇醮科》、[32] 光緒三十一年（1905）《太上正一三官玄科》、民國十四年（1925）代袁明申所抄《瑜伽普賢科範》、民國十四年代袁明昇所抄《佛門文殊科》等，以及書跡接近，但無繫年及署名的《太上正一清微玉皇玄科》、《瑜伽獻供科、瑜伽迎天王科》等，此外，還有同人售出同樣出自宜昌當地的民國十四年彭開子抄本《瑜伽三教科、清微三官科》、同年同人抄本《瑜伽太陽科、瑜伽太陰科》等，[33] 均是從儀式一開始便突兀地出現「將當瑤壇/壇/坑內呈進△表文，上詣△宮/△山呈進」，然後纔是三獻、進表等，可以說體現出鮮明的地方特色。

今以保存狀況較好的袁守性抄本《清微正醮真君科》為底本校錄，殘斷處則以張道靜抄本《真君科》拼接。其中，以□標示者為據《真君科》補入或拼接者；以○標示者為二本均闕，未能補全者；以〔〕標示者為據殘字錄出者。

道門真君科

將當壇內呈進真君表文一函，上詣神功妙濟宮呈進。上祝聖壽，下保平安。上壇妙偈，同聲詠和：
神乃修真本自然，功圓果滿鎮金仙。

妙容玉像週沙界，濟世慈風遍大千。

至炁洋洋登寶座，道光浩浩降臨〇。[34]

玄君昔日功難量，應化無穹萬古傳。

　　朝禮

太羅天，虛無境，三清六御九清上帝[35]

太羅天，妙濟宮，神功妙濟至道真君

鶴鳴山，諸仙境，玄壇演教諸派宗師

太羅天，無邊境，醮筵會上千真萬聖

　　總朝上帝 前[36]

玉女傳言普供俸。散花林。

道君開教盡皈依。〇〇〇。[37]

滿醮筵開。[38]真君前供養。

大聖慶元吉，散花禮太空。

諸天並歡悅，一切稽首恭。

大聖斬蛟濟世天尊

從來世代出真君，淨似旌陽拔〔宅〕〇。

屈指算來千載後，應當還有鳳〇〇。

大聖神功妙濟真君

真人無上顯神通，輔正催邪應〇〇。

三尺青鋒明月劍，一根鐵柱鎖蛟龍。

　　不可思議功德

伏以，隨彩仗，燭祥煙，仗玉爐真香而降駕；照玉軒，臨寶座，想五師鶴駕以來臨。法眾虔誠，修香奉請。

　　修香，行道，奉請。

祖師玄堂演教列募大法師真君

　　恭望師慈，降臨壇所。

　　雲馭已降，鶴駕來臨。

　　法事週隆，還當拜送。

　　向伸迎請師真，已沐來臨。具有清淨香茶，用伸上獻。一獻，二獻，三獻已畢。禮不重煩，安座醮壇。主[39]盟科範。

金真演教天尊

　法事陞壇，上香關告。眾念：

道由心學，心假香傳。香焚玉爐，心存帝前。真靈下盼，仙佩
臨軒。令臣關告，逕達九天。

香雲結篆天尊

伏以，先天立教，玄堂垂科，開萬世之功勳，作人天之師範。
令臣宣教，仰求提攜。恭惟，九州都仙太史至道，職居三教
之仙，位列五師之聖，斬蛟精而風調雨順；除惡道，而國太民
安。是曰下民之有禱，必賴上相之主盟。遙望神功而禮請，先
舉寶號以稱揚。

　法眾虔誠，同音讚和：

大聖五供養真君

香熱爐中燭在台，香煙繚繞，燭影徘〔徊〕。香。

花在藺中撓夜鮮，天花亂墜，地湧金蓮。〔花〕。[40]

燈在琉璃盞內存，燈光燦爛，普照光明。燈。

水在蛟龍口內來，楊枝一灑，能除三災。水。

菓在盤中獻高真，菓有千般，百花發生。菓。

供養滿堂眾神祇，香花燈水菓，茶食寶珠衣。

大聖普供養真君

　默禮師真，存念如法。請宣威（王？）神○。[41]

五星列照，煥明五方。水星卻災，木德致昌。熒惑消禍，太白
避兵。鎮星四處，家國利貞。名刻玉簡，字籙帝方。承飀散
景，飛騰太空。出入冥無，游晏十方。五雲浮蓋，招神攝風。
役使萬靈，上衛仙翁。關奏感通，與道合真。與道合真。

臣聞，立法流科，大德宏施於普度；先天啟教，元功宜拜於主
張。必有我師，庶弘妙道。

　恭對醮壇，祈稱籙職：

　臣係

天師府張大真人門下奏授通口意。

是日無任恭敬。　上啟上奏。

恭焚真香，一心奉請：

渺渺太羅天上，皇皇金闕宮中，[42] 消災教主。

三清三境三寶天尊。四極四御四天上帝。先天後地瑤光二后元
君。左右斬邪龍虎〔天〕君。侍香金童。傳言玉女。

臣等恭望

九御祥光，證盟修奉。

再運真香。真君表文，上啟上奏：

九州都仙太史神功妙濟至道玄應真君

恭望洪慈，降臨御座。

再運真香，虔誠奉請：

九天雷聲雷祖大帝。三元賜福赦罪天尊。

上清日月二宮星君。南北二斗九曜星君。

普天星斗河漢群真。

恭望洪慈，降臨御座。

再運真香，虔誠奉請：

高上玄中教主金真靜老天尊

靈寶教主五大聖師真君

三天扶教正一靜應顯佑真君

萬法教主金闕化身蕩魔天尊

龍虎山天師盧靖弘悟張真君

西河救苦一元無上薩公真君

水府靈通廣濟顯應英佑侯

水府顯應平浪侯晏公大君

恭望洪慈，降臨御座。

再運真香，虔誠奉請：

真君聖父天尊、聖母□□元君[43]

東嶽太山大帝天齊仁元聖帝

東西北中四岳聖帝。名山得道神仙。

五方得道行雨□□□□龍王。

通天土地。微風細雨□□仙師。

風雲雷雨四大部神

三界上帝無極高真

本縣城隍顯忠大王

當坊土地里域正神

法院承文諸司官將

火犀傳奏一切神祇

醮筵會上千真萬聖

　　臣等恭望天慈，普臨降駕。

傾光來駕天尊

　　恭望天慈，奉安寶座。

寶座臨金殿，霞光照玉軒。

萬聖登寶座，飛鵐攝雲端。

高登寶座天尊

安座已境，[44]雲鶴祇回。

獻茶。

香茶上獻。

臣聞，至道真君功德多，神功昔日斬蛟魔。蛟精要把眾生害，不是真君怎奈何？伏願，凡心感格，聖耳遙聞，移凶作吉，改禍為祥。年無洪電冷雨，歲有五穀豐登。拜叩真慈，酒行初獻。

　　初獻已畢，二獻當斟。

臣聞，今辰勝會法筵開，紫氣騰騰罩寶台。遙望神功而進供，恩留眾姓[45]永無災。伏願，虔誠俯地，稽首告天。赦釋往咎，賜已維新。災厄似電光掃，福祿如雲霧生。拜叩慈尊，酒行二獻。

　　二獻以畢，三獻當斟。

臣聞，金容玉像貌堂堂，有顯神通不可量。妙濟群生安社稷，風調雨順國家祥。伏願，洪恩浩蕩，聖澤汪洋。消災釋厄，降福延生。山河光同化日，大帝雨露沾恩。拜叩真慈，酒行三獻。

　　酒行三獻，禮不重斟。虔俻香饈品供，普伸奉獻。

香饈普供天尊

臣聞，道本無相，乃白楊而啟教；聖恩有感，賴宗師以垂科。

叩穹蒼而禮請，[46]緘封上達；瞻神功以投誠，恩降下臨。具有表文，俯伏宣讀。

宣表，召將，送化，回壇。

三元神功護，萬聖眼同明。

無災亦無障，永保道心寧。

宗師保舉天尊

志心皈命禮

神功妙濟至道玄應，於赤烏二年正月廿八日南昌降誕，示現金容。冠師大洞，得三清妙法；傳通經文，拜屬縣旌陽令。棄官，與吳君同游江左。於豫章遇一少年，自稱慎郎。真君與之。謂門人曰：適少年乃蛟蜃精也。吾念江西累遭洪水，若不剪除，恐至逃遁。除蜃精後，於太康二年八月初一日，洪州西山，舉家白日上昇，歸真，超凡入聖。三尺龍泉，追殘幽螫。一根鐵柱，鎖定江西。天下風調雨順，永鎮國太民安。大悲大願大聖大慈九州都仙太史神功妙濟至道玄應真君。

表文已達妙濟宮。二合。

志心稽首禮謝

宗師保舉天尊

皈依至道，回謝師真。

面息粧嚴，復留眾／善姓。

進表事畢，各班退位。

該醮科將表文呈進神功妙濟宮，以許真君居於神功妙濟宮，顯然應屬本地化的認知。類似的處理也見於前舉《清微正一關帝玄科》、《瑜伽普賢科範》、《佛門文殊科》，即分別以紫霞宮、峨眉山、清涼山為表文呈進之所。峨眉山是普賢菩薩道場；清涼山即五台山，為文殊菩薩道場，這都很好理解。紫霞宮之說則出自源於道光庚子年（1840）川東龍女寺降鸞活動的關帝鸞壇「紫霞壇」。該壇所用文書集《聖教文稿》卷一〈誦經規例〉提到「聖帝夫子，居紫霞宮中」，而聖帝就是關聖帝君。[47]

　　與可能出自麻城的《許真君醮科》不同，該醮科除聖父、聖母外，並沒有列出其他諸位真君並真君仙眷等。而啟請仙真中「水府靈通廣濟顯應英佑侯」、「水府顯應平浪侯晏公大君」則是源出江西吉安的法師成神。據萬曆四十六年 (1618) 郭子章撰〈太洋三蕭侯傳〉，蕭伯軒訪道臨江金鳳洲謝真人，遂遷大洋洲，「不事生人產，惟好行其德」，在當地行法，坐化後被祀為水神，元至大二年 (1309) 封「五湖顯應真人」；其長子蕭祥叔，「增修父道，更復神異」，元至正五年 (1345) 封「永寧神化普濟顯德舍人」，死後合祀父廟中，洪武中曾有顯應；祥叔仲子蕭天任，永樂三年 (1405) 坐化，以桶覆蓋形成肉身，永樂十七年 (1419) 以在鄭和下西洋航行中顯應被封為「英佑侯」，此後在土木之變、苗亂等事件中屢有降乩，景泰四年 (1453) 加封「靈通廣濟顯應」六字；元代清江鎮有晏公，登舟尸解，立廟祀於本鎮，明代封「平浪侯」，與蕭公並稱「水府蕭、晏二侯」。[48] 蕭公封號與該醮科一致，而晏公則稍有出入。明萬曆金陵富春堂刻《新刻出像增補搜神記》收錄〈蕭公〉、〈晏公〉，後者亦僅稱「本朝詔封平浪侯」。[49] 葉德輝刻本《三教源流搜神大全》亦收〈蕭公爺爺〉、〈晏公爺爺〉，後者稱「皇明洪武初，詔封顯應平浪侯」，[50] 則與該醮科一致。晏公與許真君亦傳聞有交涉處，據王士禎轉述其從祖〈晏公廟詩〉序，稱晏公「本江中棕繩為怪，許旌陽以法印擊之，中額，遂稱正神云」。[51] 蕭公雖未見類似傳說，但郭子章在〈太洋三蕭侯傳〉開篇即提到他都漕運見到各地水神信仰，入淮時祀天妃、金龍神，到豫章祀許真君，而吉安則祀蕭、晏二公。實際上，蕭公、晏公為漕運官兵、水手崇奉對象，屢見於明清時人的記述。而二者也被源自光緒末年湖北老河口同德善堂 (宣化壇) 的「淨明」文社吸納，鸞封為「福民天君」、「佑民天君」。[52] 甚至到了民國遂川西溪龍源仙闡化文社扶出的《普天福主演玄法懺》之中，晏公已被提升為「淨明護道天尊」。[53]

　　該醮科的抄寫年代在「淨明」文社興起以前，其已將蕭公、晏公列入真君醮的分位，反映了長江水路對兩位水神的重視，同時也表明宜昌府興山縣公平鄉的道壇或法壇為許真君獻醮，可能只是將其

視為「神功妙濟」之水神。實際上，明代湖北鍾祥即曾因修築漢江堤壩，而立祠供奉許真君（見《鍾祥金石考》所收黎巽〈郡丞孫公修堤記〉）。[54] 或許，在興山縣公平鄉七甲也存在著就水邊建造的許真君廟或供奉許真君及蕭公、晏公的水神廟。甘作霖提到的鄭家坪水滸廟不排除就是這樣的廟宇。

另從科文編撰來看，舉讚「大聖斬蛟濟世天尊」，三獻詞文中又講述斬蛟之功；而化表後「志心皈命禮」所接續的原本應為許真君寶誥（如《許真君醮科》那樣），也就是講述積修至道、累功成仙，現在卻仍為講述斬除慎郎、鐵柱鎮洪水，再三突顯斬蛟鎮水的功績，也充分表明祭祀水神的意圖。因而，儘管其科文中也提到「一根鐵柱，鎖定江西」，但與南昌、進賢、豐城等地域的道觀、道壇將許真君視為「江西福主」、「西江黃籙宗主」很是不同。

第三節　本章結語

儘管許真君信仰在唐代已廣播於長江中下游地區，但其核心區域始終都是所謂洪、瑞二境。在這一區域中，無論是新建西山的玉隆萬壽宮、南昌城內的鐵柱延真宮、豐城縣城內的清都觀，還是進賢縣興真觀派下的道壇、高安縣的火居道士，其儀式儘管呈現禮、懺、朝、醮等不同樣態（甚至僅僅只是進表），都是圍繞「懺雪罪咎」而展開。本章主要處理的《許真君醮科》與《清微正醮真君科》均是來自湖北地區的科儀抄本。《許真君醮科》接近江西諸地使用的《許祖表科》、《淨明啟謝仙班科》，可以認為是進表或啟聖（與進疏的組合）儀節的醮儀化。而該醮科啟請仙真的分位，雖然出現本地化的表述，但也接近江西本地的「龍沙仙班」，不排除是為江西移民所運用。《清微正醮真君科》的核心也是進表。儘管其直截突兀的醮儀格式不太可能是從江西等地區傳入，但也明確提到「進表事畢，各班退位」，同樣顯現出進表儀節的醮儀化。而其啟請神真的分位中出現蕭、晏兩位

水神，加上科文突出許真君斬蛟鎮水之功，透露其水神祭祀的意圖，則與江西等地的相關儀式不同，可以說是具有強烈的本地化色彩。

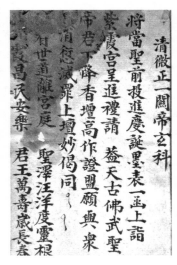

圖7.5 甘玉亭抄本《清微正一關帝玄科》。

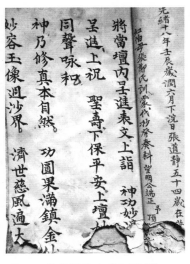

圖7.6 張道靜抄本《真君科》。

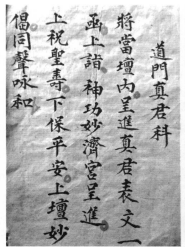

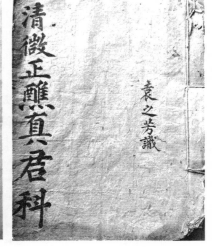

圖7.7 袁守性抄本《清微正醮真君科》。

註　釋

1　關於醮的研究史梳理以及醮儀的種類與發展，參見張超然：〈專醮酧恩——近代道教為民間信仰所提供的儀式服務〉，載侯沖主編：《經典、儀式與民間信仰》(上海：上海古籍出版社，2018)，頁259–269。

2　周楞伽輯註：《裴鉶傳奇》，頁88。

3　許蔚：《斷裂與建構》，頁484。

4　白玉蟾：《新刊瓊琯白先生玉隆集》卷四，葉六。

5　以上參見本書第五章。官方儀式的核心可能就是進疏。關於疏，參見曹凌：〈中古佛教齋會疏文的演變〉，載武漢大學中國三至九世紀研究所編：《魏晉南北朝隋唐史資料 (第三十三輯)》(上海：上海古籍出版社，2016)，頁152–176；曹凌：〈道教疏文的成立與早期發展——以佛道交涉為中心〉，《文史》即刊。

6　參見本書第六章。

7　《北極真武普慈度世法懺》卷一，《道藏》第18冊，頁354。

8　許蔚：〈道教的經懺與拜懺——清刊《太極璇璣金章玉斗寶懺》的初步考察〉，載《世界宗教文化》2021年第3期，頁139–146。

9　參見本書第八章。

10　朱明川：〈清末以來的關帝升格運動——兼談道教淨明派在近代的發展〉，載李世偉編：《歷史、藝術與台灣人文論叢 (十四)》(台北：博揚文化事業有限公司，2017)，頁216–221。參見本書第八章。

11　朝香、朝仙與朝山不能簡單地看作民俗性祈福活動，本身有著強烈的懺罪目的，而去宗教化的民俗寫作往往無法看到。

12　參見本書第五章。

13　參見本書第六章。

14　第五首、第十一首分別見於明鄧志謨《鐵樹記》第六回、第十三回。抄本《淨明演經朝科·講部》署「道光戊壬年夏月吉日抄，楊上達寫」。此年代有錯誤，抄者則見於侯沖教授藏清光緒七年抄本《淨明演經朝科·功集》，參見本書第六章。

15　《玄靈轉經早朝行道儀》，《道藏》第9冊，頁103；任繼愈、鍾肇鵬主編：《道藏提要 (第三次修訂)》，頁219。

16　參見本書第六章。

17 承蒙審查意見指出進表不僅是幾乎所有道教儀式都會有的內容，其本身也可能是一項完整大科儀；討論朝科不能只看到進表儀節，進表前後還有許多相關儀節。確實，台南建醮時的「玉壇發表」科儀本身就是複雜而完整的儀式，但基本上是發送各級文檢（丸山宏：《道教儀禮文書の歷史的研究》，第二部第二章〈玉壇發表科儀考〉，頁249–287）。而茅山地區常行的「進大／小表」，專門拜奏玉皇表，則是可以獨立演行的完整儀式。不過，此處並不是要討論朝科的進表，而進表前後的儀節在上文也根據抄本有所列舉。如前所述，《淨明演經朝科》應當類似「玄靈轉經朝科」，是以唪誦某部或某些淨明經典為核心的行道儀。此處將進表一節提出，並不是說《淨明演經朝科》的核心是進表，而是想以此為支點，去看朝仙賑孤科／《許祖表科》這樣強調進真君表／真君疏或者說以進表為核心的儀式之成立，及其與醮獻之儀的關係。

18 毛禮鎂編著：《江西省高安縣淨明道科儀本彙編》，頁79–104。參見本書第五章。

19 參見本書第六章。

20 「入科」即入壇行科，我以為其提示意義就類似戲曲抄本中常見的「作科」、「科介」、「行科介」。

21 不過，該道壇分派所行「正一表懺都仙勝會」並不只運用《許祖表科》，在持續九天的時間裏綜合了各種賑孤科儀和經懺、朝科。參見本書第五章。

22 語見如不來室藏清宣統元年興真古觀分派真濟雷壇文檢抄本所收〈仙會牒式〉，參見本書第五章。

23 參見本書第五章。

24 參見本書第六章。

25 張超然：〈專醮酹恩〉，頁275–277。

26 同前註，頁274。

27 翻車崗有許仙廟，祀真君僕許大，清代距翻車崗一里處還建有「新宮」，見金桂馨、漆逢源纂：《逍遙山萬壽宮志》卷七，頁487。

28 此清都觀可能就是豐城縣賢能坊的清都觀，係甘真君道場，見金桂馨、漆逢源纂：《逍遙山萬壽宮志》卷七，頁493。豐城縣屬南昌府，因得啟請「南昌府縣城隍」。當然，也不排除應是南昌府南昌縣某個未曾被《逍遙山萬壽宮志》所記錄的清都觀。另外，抄寫者樊春廷「法名高鳳」，應係三山滴血字派「高」字輩。《正一圓香繳願淨明仙醮》憑帖所列

皇壇職事諸位也是用三山滴血字派，其中高功、知磬、奏樂等三人都是「高」字輩。

29　甘玉亭抄本多為袁守真所抄。

30　《興山縣志》卷十八，中國國家圖書館藏清光緒十年經心書院刻本，葉四b。

31　《宜昌府志》卷八，中國國家圖書館藏清同治四年刻本，葉四b。

32　甘玉亭抄本中《瑜伽開方二朝科範全部》題記提到民國十八年(1929)年六十五歲，與《清微玉皇醮科》題記存在牴牾。此外，甘玉亭抄本《清微正一關帝玄科》、《祭曹官、神丁度簧科》署甲戌年，應是指民國二十三年(1934)，可能是所經眼中繫年最晚的。

33　同人售抄本中所經眼之相關抄本凡四種，上述兩種均有題記標明「彭開子，職常欽，字實生」；民國七年抄本《瑜伽迎赦科、瑜伽頒恩放赦朝科》署彭常欽，為同人所抄；而另冊《佛門填還受生行移》中〈十二相屬圖〉署「彭先生製」，似乎就是彭開子，其中所收〈填還陰陽合同〉出現「大△天下湖廣省北宜昌府」，表明係出自宜昌。

34　此處殘損，張道靜抄本亦殘損。

35　此行張道靜抄本作「太羅天，虛無境，三清三境三寶天尊」。

36　原無「前」，據張道靜抄本增。

37　張道靜抄本以下殘損，不知是否有字。

38　「開」，張道靜抄本原作「聞」。

39　「主」，原殘損，據張道靜抄本補。

40　「花」，原殘損，張道靜抄本亦殘損。

41　審查意見認為「請宣威(王？)神○」應為「請宣衛靈咒」，並應根據《道藏》所見校正。我同意「請宣威(王？)神○」或可補正為「請宣威靈神咒」，但為尊重抄本所反映的地方儀式樣貌及私人抄寫習慣，在此就仍其舊，而不以《道藏》所見修正抄本。

42　張道靜抄本無「皇皇金闕宮中」。

43　空格處據張道靜抄本補。

44　「境」，當作「竟」。

45　「姓」原作「生」，據張道靜抄本改。

46　「禮請」，張道靜抄本作「請命」。

47　朱明川：〈清末以來的關帝升格運動〉，頁214。關於紫霞壇的儀式調查，參見朱明川：〈儒壇經典及其應用——以四川江油地區的「紫霞壇」

為例〉，載范純武編：《善書、經卷與文獻（一）》（新北：博揚文化事業有限公司，2019），頁135–161。

48 郭子章輯：《鍥太洋洲蕭侯廟志》卷二，美國國會圖書館藏明天啟二年吉安府永新縣甘幼龍刻本，葉三a–五b。

49 《新刻出像增補搜神記》卷三，日本國立公文書館藏明萬曆金陵唐氏富春堂刻本，葉二十一a。

50 《三教源流搜神大全》卷七，載《三洞拾遺》第17冊，景印清宣統元年葉德輝刻本（合肥：黃山書社，2005），頁474。

51 王士禛：《居易錄》卷二十二，載《景印文淵閣四庫全書》第869冊（台北：台灣商務印書館，1988），頁575。

52 朱明川：〈清末以來的關帝升格運動〉，頁221。

53 參見本書第八章。

54 許蔚：《斷裂與建構》，頁654。

真君背後的真君：
許遜信仰文本中的施岑信仰潛流及施岑降筆的
正典化以及許遜神格的下降與在地化

在道教仙真中，許真君的傳記資料是比較豐富的，除武周時胡慧超所作《十二真君傳》（《晉洪州西山十二真君內傳》）、北宋余卞增補改定《西山十二真君傳》、兩宋之際流行的《西山記》等已經亡佚，僅存殘文以外，《正統道藏》中尚保存有《雲笈七籤》所收〈許遜真人傳〉、約出唐宋之際的《孝道吳許二真君傳》、[1] 南宋白玉蟾所作〈旌陽許真君傳〉（包括〈續真君傳〉、〈西山群仙傳〉）、南宋淳祐間（1241–1252）施岑降筆所作《西山許真君八十五化錄》、元大德（1297–1307）、至治（1321–1323）間成書的《許太史真君圖傳》及其文字副本《許真君仙傳》、[2]《淨明忠孝全書》所收〈淨明道師旌陽許真君傳〉、《歷世真仙體道通鑒》所收〈許太史〉等。[3] 從內容上來看，〈許遜真人傳〉中許遜地位並不很高，可能是出自胡慧超以前的傳記資料。胡慧超所作就《太平廣記》所存佚文來看已有一定規模，部分內容應為《墉城集仙錄》及《孝道吳許二真君傳》所吸收。在《孝道吳許二真君傳》以及余卞增補改定的《西山十二真君傳》基礎上，結合謝守灝的實地調查與記錄，[4] 白玉蟾完成的諸傳涉及許遜及其信仰活動的方方面面，影響也最為巨大，此後成立的諸傳基本上都是以白玉蟾所作諸傳為藍本刪定或改寫而成。其中，《西山許真君八十五化錄》是以白玉蟾所作諸傳分化附詩而成，〈淨明道師旌陽許真君傳〉、〈許太史〉都是據白玉蟾所作諸傳刪略、改寫而成，明景泰三年邵以正序刊本《淨明忠孝

全書》所收〈淨明道師旌陽許真君傳〉甚至還保留了「瓊琯紫清真人白玉蟾譔」的署名。[5]

對於這些傳記資料，以往的研究都只是作為文學的樣本或者道教史研究的一般資料，對於各傳記的成立及意圖雖然也有一些探討，但大都是簡單的背景式梳理，或者作為整體資料分析的一個部分予以討論。[6]近年來，隨著相關信仰文本的發掘以及田野工作的進展，特別是與許遜信仰有關的諸多地方科儀、經懺文本的採獲及其演行實踐的觀察，使這些傳記資料有了被再度審視或者說「再發現」的機緣。此前，通過對明代南昌府鐵柱萬壽宮《神功妙濟真君禮文》、清代新建縣玉隆萬壽宮《淨明演經朝科》以及民國進賢縣興真觀分派道壇《許祖表科》等幾種曾經流行於今江西南昌地區的科儀文本的考察，我們發現在禮拜許真君的道教科儀中，許遜傳記中的事跡或者單元以讚頌、宣示、啟白等方式得以呈現，其作為儀式文本與作為神聖傳記的功能與意涵需要重新予以考量。由於這些文本往往採用韻文的形式，特別是《神功妙濟真君禮文》的相關部分採用七言詩的形式，提醒我們重新審視原名為《許真君詩傳》的《西山許真君八十五化錄》作為一種儀式文本的可能。[7]而在對《西山許真君八十五化錄》這一具有形式特色的傳記予以重新審視，特別是在關注其潛在的宗教功能的同時，其所賴以成立的宗教背景與地方環境也得以重新進入我們的研究視野。

第一節　從許遜傳記的附庸文本及地方遺跡變遷看施岑信仰的潛流

「十二真君」雖然是一個整體，由於許遜信仰的勃興，其他十餘位真君本身的資料多湮沒不傳。其中，吳猛比較特殊，作為許遜以前的孝道宗主，是十二真君中唯一入正史者，相關資料特別是唐

前資料相對較為豐富，由此也使我們得以明白許遜事跡多從吳猛襲得。[8]而其餘十位真君則沒有這麼幸運，甚至如黃真君不僅事跡湮沒，到了兩宋之際更連名字都更換了，由黃輔變為黃仁覽。當然，吳猛、黃輔、彭抗、曾亨、甘戰以及施岑等均有相關的觀宇或遺跡留存，其中，部分道觀至少延續到了清代晚期。[9]

施岑作為西山得道十二真君之一，流傳下來的資料目前看來是很少的。傳記方面，除出現在許遜與慎郎化牛相鬥的故事之中，[10]與吳猛以外的其他數位真君一樣，僅附見於前舉諸種許遜傳記，內容均極為簡單。

目前所見施岑傳記資料，最早的為《仙苑編珠》所保存的胡慧超《十二真君傳》佚文，提到「施君，名峯（岑），字大玉，小字道乙。嘗從許君除滅妖魅。許君凡有經典，悉皆委付。許君昇天後，忽一日見東方日中童子執素書飛下，云真人召汝。乃隨童子聳身入空」。[11]此一記述雖然經過節略，但從白玉蟾〈逍遙群仙傳〉的寫作來看，可以相信與原文在事跡敘述方面差異並不很大。白玉蟾所作大約完成於南宋嘉定（1208–1224）年間，可能是根據謝守灝整理的資料撰寫而成，其資料來源如前所述至少應包括當時能夠見到的余卞《西山十二真君傳》。余卞所作則是在當時西山玉隆觀尚保存的唐代道藏寫本胡慧超《西山十二真君內傳》基礎上增補而成。[12]從白玉蟾所述來看，除增加了原籍沛郡以及祖仕吳、徙九江赤烏縣等信息外，具體事跡並未超出前引《十二真君傳》。當然，所謂「嘗從許君除滅妖魅」在白玉蟾的敘述中更詳細，但相應的問題也更大。據載「太玉狀貌雄傑，勇健多力，弓劍絕倫。真君初領徒誅海昏大蛇，會鄉壯三百餘人來助力，太玉預焉。致恭懇乞，願充役者。真君納之，與甘伯武常執劍侍左右」。[13]此處牽涉到的誅海昏大蛇事，實際上是許遜從吳猛襲得的事跡。[14]如果施岑確實與此事有關，也只能是隨吳猛斬蛇。同樣，施岑所出現的許遜、慎郎相鬥故事，本身是水神相鬥的類型故事，並且可能與吳猛的斬蛇故事也存在模擬改作的關係。因此，

白玉蟾所記錄的施岑事跡究竟有多少是可信，又有多少是純粹的創作實難斷定。

另外，值得注意的是，在胡慧超所記錄的許遜、慎郎相鬥故事中，施岑被稱作「施大王」，所謂「大王」儘管可能只不過是「大玉」之訛，但不排除施岑名字中的「岑」是後來增添，也即「大王」文雅化而改為「大玉」，並且相應地為這個文雅化的字再添加「岑」這個名，從而使其更加合理化。如果回到「大王」的文本，作為十二真君的施岑就不能排除原本是來自地方祠祀信仰的「大王」。特別是考慮到施岑在斬蛇、斬蛟故事中一再不必要地出現，鑒於水神相鬥故事中的雙方在結構上以及祠祀更替的歷史事實上具有同質性，那麼施岑原本便很可能是地方水神一類的信仰對象。實際上，不論是吳猛還是許遜斬蛟故事，本身就是孝道（道教）「征服」和吸納地方祠祀信仰的文學鏡像，也就是一位大王征服另一位大王，只是在敘述上具有了鮮明的立場和正統觀。當然，由於資料的缺乏，在許遜傳記大規模結撰之前的施岑究竟是何種面貌，我們也只能做些捕風捉影的工作。但是在許遜傳記成立以後，作為十二真君之一的施岑信仰確實得到凸顯。如前所述，他在許遜、慎郎相鬥中不必要的出現表明他在「十二真君」中的重要性，而他受日中童子傳書也帶有孝道正統轉移的色彩。[15]換句話說，無論真實與否，施岑在許遜（或吳猛）事跡中出現都表明他在十二真君信仰團體或者孝道團體中地位的上升，參照吳猛替代廬山神（與欒巴事跡存在演變關係）、許遜替代吳猛的模式，施岑是具備替代許遜的可能性的。

施岑昇真之後的遺跡，據白玉蟾所述凡有許真君宅（遊帷觀）附近的紫玉府、西嶺鎮江邊的至德觀，均與師從許真君修道以及隨從許真君斬蛟有關。而白玉蟾轉述的政和冊封誥詞提到「以爾性勇而悟，能自得師。授以至言，俾之入室。神童指妙，飛昇帝鄉。大江之西，故宅猶在」。所涉及的事跡雖未超出傳記所述，但所謂故宅與紫玉府、至德觀不同，並不是斬蛟故事以及隨許真君修道衍生出來

的聖跡，而是與許真君無關，「真正」意義上的施岑遺跡。據《永樂大典》引南宋《江州志》瑞昌縣有「昇龍觀，舊在盆水湄，本晉置龍祠。本朝嘉祐八年，徙縣南晉仙人施岑古宅（倪少通〈玉清觀記〉有云：境接赤烏，有施君住宅是也），止稱城南道院，有仙井。嘉定十四年復舊額」。[16]這一施岑古宅或者住宅，雖然並沒有得到白玉蟾所作傳記的承認，但與白玉蟾所述施岑祖輩徙居九江赤烏是相合的。根據註引倪少通〈玉清觀記〉，我們可以知道，這一施岑古宅至少在唐末仍然保有一定的地方影響。[17]不過，由於昇龍觀的遷建，儘管施岑作為原本的地主，依理度之應當在觀中保有專祠（最低限度應該有塑像或牌位），但「施岑古宅」本身卻轉化為另一道觀，特別是嘉定十四年「昇龍」舊額的恢復，勢必使得該觀不再被看作施岑遺跡，由此在一定程度上也可以理解嘉定時客居玉隆宮的白玉蟾何以只是就近列入玉隆宮周邊的兩處遺跡，而未將遠在九江的這一遺跡記錄在案了。類似的情況，還有同樣存在於瑞昌縣北的所謂施岑別業，該地原為民居，由於常現靈光，紹興間遂建為道院，祀廬山九天採訪真君，稱永豐道院，也是到了嘉定十四年又將「紫陽觀」徙額於此，而紫陽觀原在瑞昌縣南，則是唐代高道鄧紫陽真人遺跡。[18]不難想見，施岑別業的傳說雖然得到一定的尊重，但不論是在廬山接受宋皇室供養的九天採訪真君還是唐代以來聲名卓著的高道鄧紫陽，都可以輕易蓋過古仙施岑的影響。實際上，在元至元十七年（1280）陳有宗〈九天採訪真君行宮記〉的敘述中，昇龍觀、紫陽觀就都被看作九天採訪真君祀廟。[19]當然，作為廬山太平興國宮原地主陳氏的後裔，陳有宗對採訪真君影響的敘述有著天然的聚焦，對昇龍觀、紫陽觀的具體宗教情境不甚注意也很自然，因此，他的話並不表明元代昇龍、紫陽兩觀中已完全不存在施岑的影蹤。

　　關於昇龍觀遷建特別是恢復舊額對當地施岑信仰的負面影響，從明清時人的記述也可以有所了解。隆慶《瑞昌縣志》卷八載「昇龍觀在縣治南半里許，世呼為南觀，與楊林湖近。相傳昔嘗刻龍於四

柱。一日，道士焚香，見一柱無龍。時人見楊林湖有龍戲水。次
日，視之，其柱上龍角粘帶水草，遂改號昇龍觀。妄誕不足信。志
之存其舊耳。正統間重建，成化間修，有田二畝，蓮花塘二口」。[20]
此昇龍觀即徙建後之昇龍觀，但明人敘述只提到「昇龍」觀名由來即
龍戲水的傳說，而並未提到作為該觀所在地主的古仙施岑。同治《瑞
昌縣志》同樣如此。[21]實際上，嘉靖《九江府志》也未將施岑列入仙釋
人物，似乎表明瑞昌以及九江地方至晚到明代中期已經不再有施岑
的影響存在。與此形成鮮明對比的是，同屬九江府但瀕臨鄱陽湖的
都昌縣，在清代編撰的縣志中不僅列入吳猛，還列入了黃仁覽；[22]而
同樣屬於九江府、瀕臨鄱陽湖且地接南昌府的建昌縣 (今永修縣)，
在清代編撰的縣志中除列入許遜外，更列入施岑及甘戰。[23]不過，施
岑、甘戰在仙傳敘述中是隨許遜斬蛟的弟子，與《都昌縣志》列入吳
猛、黃仁覽的情況不同，可能是伴隨許遜的列入而列入的，並不一
定能夠反映當地實際存在施、甘二真君信仰。倒是隸屬南昌府的進
賢縣，在瀕臨鄱陽湖 (南部汊湖)[24]的北山 (又稱白鶴山，屬崇禮鄉)
興真觀留有施岑的煉丹遺跡傳說，而且作為淨明派系統的道觀至晚
在明代已經存在，更一直存在到清代晚期，並在當地留有相應的道
壇分派。[25]

第二節　宋元金陵城的一個微觀宗教地理
——金陵城內區域信仰網絡與許遜、施岑道院的分合

　　與九江故宅以及西山附近遺跡的寖就湮滅不同，長江下游的金
陵城內在南宋淳祐年間出現了崇奉施岑的道院，且該道院弟子還留
下一部託名施岑所作的《西山許真君八十五化錄》。據託名施岑《西
山許真君八十五化錄跋》稱「嘉定甲申之歲，祖師許真君降于金陵，
示陳忠孝之教，溥化眾生，咸歸正道。有王居士者，感蒙聖教，馨

捨家貲，刱崇真道院于天慶觀之西，奉安香火，迄今廟貌存焉。而
岑奉師旨，共闡玄風，忽值弟子邢道堅、梁道寧亦建勇悟道院於嘉
會酒樓之北，為接待仙賓之地」。[26]南宋淨明道的創立及其經典的問
世主要是建炎二、三年的六真降經與紹興元年的許遜降經，其中六
真包括許遜、吳猛、諶姆、張道陵及孝道仙王、孝道明王，[27]並沒有
施岑。而按照「岑奉師旨，共闡玄風」的敘述，嘉定十七年（1224）的
降真除了許遜以外似乎也應有施岑登場，可能在崇真道院所奉香火
中也有施岑的一席之地，而創建勇悟道院的邢道堅等人似乎即從崇
真道院分出。

　　崇真道院自從嘉定創建，至少一直存在到淳祐年間勇悟道院創
建之時，其興建者王居士不知何許人，其位置則在金陵城內天慶觀
之西。[28]天慶觀（入元改玄妙觀，後陞大元興永壽宮，明改朝天宮，
即今南京朝天宮），據景定《建康志》「在府治西北」，淳祐十二年
（1252）章公權〈重修記〉稱其東為況竹亭，[29]其西為冶城樓。[30]冶城樓
則「在天慶觀西偏，吳冶城舊基，卞將軍墓側」，[31]原為「忠孝亭，在
天慶觀西，昔為冶城，晉卞壼與二子同死蘇峻之難，其墓在焉……
嘉定四年留守黃公度改建堂，上為冶城樓」。[32]可知天慶觀在冶城樓
東。而四庫本景定《建康志》記載天慶觀在「城西門內崇道橋北」，同
至正《金陵新志》，不排除是從後者改寫。[33]這一位置似乎有問題。據
景定《建康志》載「崇道橋，在天慶觀東，景定二年馬公光祖重建，
自書橋榜。武衛橋，在天慶觀西，舊名望仙橋，景定二年馬公光祖
重建，改今名，自書榜」。[34]從景定《建康志》對崇道橋、武衛橋的定
位敘述方式來看，似乎應以崇道橋在天慶觀東為是，但從景定《建
康志》所收〈府城之圖〉（圖8.1）以及至正《金陵新志》所收〈集慶府城
之圖〉（圖8.2）來看，武衛橋在天慶觀（永壽宮）的西邊或西南，而崇
道橋卻始終標在天慶觀（永壽宮）西南，不知是記載有誤，還是繪製
有差。[35]

　　天慶觀西邊是冶城樓（卞壼祠），雖然重建過並有形式上的改變，但位置並沒有太大的變化，也就是說崇真道院應該不會在冶城樓的位置。而在天慶觀附近除了崇真道院，稍晚還建有西山道院，同樣也是崇奉許真君的。據至正《金陵新志》卷十一「西山道（院），在冶城山之西麓黃泥巷內。宋嘉定中，默應居士張守正者遇一道人，云來自西山，授以驅蝗法，有應。守正結草菴以居。嘉熙中，其從子妙真因建為西山仙集道院，祠許真君云」。[36]冶城山與天慶觀相鄰，據《金陵玄觀志》載「冶城山朝天宮，在都城冶城山西……其西有西山道院，乃國初敕建，以館劉真人。又西有卞忠貞公墓，即其祠在焉」，又據喻道純〈奏〉稱「臣師祖長春真人劉淵然存日，在南京朝天宮西山道院住坐，其院在冶城西，係宋時嘉定中古蹟……洪武三十年重修本宮已完，又命官重建西山道院，與臣師祖劉淵然安居」。[37]〈集慶府城之圖〉將西山道院繪於卞壼祠（冶城樓）北，永壽宮（天慶觀）西北，與《金陵玄觀志》所載稍有不同，如果並非繪製的差誤，則可能在洪武年間重建時稍有位置上的移動。[38]當然，即便西山道院在明初可能發生位置上的些許改變，但其原本所在的冶城山西麓黃泥巷也應接近天慶觀，也就是說不論是作為其前身的簡單草庵還是後來修建成的西山仙集道院，在地理位置上都與位於天慶觀西的崇真道院接近。張守正在嘉定中所遇道人不知與崇真道院有何關係，鑒於嘉定十七年即有許遜降真之事，地理位置又是如此接近，相信不論是來自西山的道人還是張守正本人，即便未參與其事，至少也應有所風聞。而張守正的姪子張妙真就草庵建立奉祠許真君的西山仙集道院，也不排除受到附近先已存在奉祠許真君香火之崇真道院的影響。

　　勇悟道院在嘉會酒樓之北。景定《建康志》卷二十一載「嘉會樓，在府城右南廂北界大木頭街」、[39]同書卷二十三載「嘉會酒庫，在大木頭街」。[40]李豐楙據此認為嘉會酒樓即在大木頭街，[41]蓋以嘉會酒樓即嘉會樓。問題是嘉會酒庫並非嘉會樓的附屬建築，而是隸屬於戶部

提領酒庫所管轄的瞻軍酒庫之一，[42]另外在大木頭街還有隸屬於建康府管轄的淮士典庫。[43]儘管如此，從施岑將嘉會酒樓作為地標建築與天慶觀並舉來看，以嘉會酒樓即嘉會樓的看法雖然沒有直接證據，但可能還是可以成立的。而嘉會酒庫的命名，當然應與嘉會樓或者嘉會坊有關。並且嘉會坊名為嘉會，也應與嘉會樓有關，即嘉會樓可能就位於嘉會坊。嘉會坊，景定《建康志》只說「在總領所前」，[44]而總領所也只說「在行宮西南，都酒務北，紹興十二年建」。[45]從〈府城之圖〉來看，嘉會庫、嘉會坊分別位於東西向道路的南、北兩側。而從〈集慶府城之圖〉來看，嘉會坊、小木頭街在東西向道路的南、北兩側。至於大木頭街的位置，兩圖均未標出。東西向道路由於有斗門橋這一座標建築，以及在〈府城之圖〉中是西抵龍西門（龍光門[46]）、東抵御街，雖然不清楚宋、元時街名為何，但應可確定就是明代的三山街。小木頭街雖然在〈府城之圖〉中未標出，但南宋時確實存在，景定《建康志》載「大使馬公光祖任內創需館，咸淳二年即沒入之屋為之，在小木頭街」，[47]後來在明代改為鐵作坊，[48]據洪武《京城圖志》所收〈街市橋樑圖〉（圖8.3），則鐵作坊應在東西向道路（三山街）以南，[49]與〈集慶府城之圖〉中標記的小木頭街位置正好相反。而〈集慶府城之圖〉中嘉會坊的位置本來應是〈府城之圖〉中嘉會酒庫的位置，〈集慶府城之圖〉中小木頭街的位置本來應是〈府城之圖〉中嘉會坊的位置，也就是說元代繪圖時應是將小木頭街與嘉會坊的位置標反了。但如果小木頭街在南，嘉會坊在北、嘉會酒庫在南，而後二者均在大木頭街，那麼，大木頭街似乎就應與小木頭街平行並穿越東西向道路（實際上穿越的可能性應該說還是比較小的），同時也不排除大木頭街即是東西向道路在南宋時的街名。當然，無論以上何種猜測能夠成立，大木頭橋所在位置都可以明確就在嘉會樓、嘉會坊、嘉會酒庫、小木頭街這一區域內。

據至正《金陵新志》載「悟真道院，在府城內，正西隅大木頭街。元係南唐燕、翼二王祠宇。宋淳祐間改作道院，奉西山真人」。[50]這

一位於大木頭街的祠廟，在淳祐間改為道院，奉西山真人，李豐楙認為所奉即西山勇悟真人施岑，蓋以悟真道院即勇悟道院。[51]就地理位置來看，大木頭街正是嘉會樓所在地，與勇悟道院在嘉會酒樓（嘉會樓？）北的描述應該說還是相合的，而淳祐也與勇悟道院的創立時間相合，那麼，認為悟真道院即勇悟道院應該是可以成立的。但此道院既然已改名「悟真」而非沿用「勇悟」，至少在名義上已經發生變化。值得注意的是，至正《金陵新志》並未記載位於天慶觀西的崇真道院，卻記錄了同樣位於天慶觀西或者西北（？）並同樣奉祠許真君的西山道院，表明崇真道院到元代至正間（1341–1370）可能已不復存在。同時，至正《金陵新志》也未記載位於嘉會酒樓北（大木頭街？）的勇悟道院，表明勇悟道院到元代至正間至少在名義上也已不復存在。如果認為悟真道院即勇悟道院，那麼「悟真」的「悟」似乎就應當來自「勇悟」，而「真」則應來自「崇真」。[52]也就是說，悟真道院可能是在南宋時勇悟道院的基礎上，合併入已經敗毀的崇真道院的部分因素（可能是人員、財物，也可能只是道院名）而成立的，也就是同時延續兩個道院血脈的新道院。此點從勇悟道院原本應是從崇真道院分出另建來看，是完全可能的。鑒於崇真道院原本除了奉祠許真君外，還應有施真君的香火，奉祠施真君的勇悟道院或者說合併之後的悟真道院自然不會只有施真君的香火。實際上，勇悟道院的邢道堅、梁道寧等人雖然崇奉施岑，但他們推出託名施岑編撰的《西山許真君八十五化錄》終究還是許真君的傳記，並且也正因為是許真君傳記才得以保存於西山玉隆萬壽宮並最終得以收入《道藏》，也就是說仍然是將施真君藏於許真君背後。就此而言，所謂「西山真人」也不應該僅指施真君，至少應當還包括許真君在內。

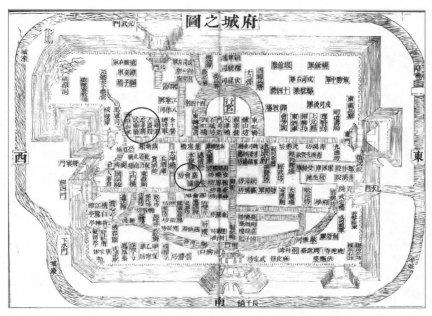

圖 8.1 景定《建康志》所收〈府城之圖〉崇真道院、勇悟道院位置。[53]

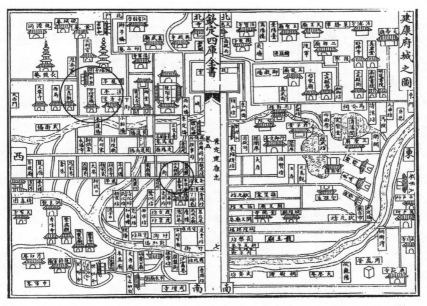

圖 8.2 至正《金陵新志》所收〈集慶府城之圖〉崇真道院、勇悟道院位置。[54]

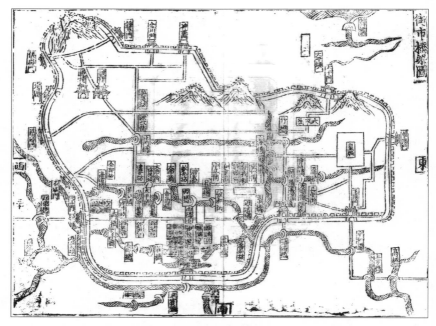

圖 8.3 洪武《京城圖志》所收〈街市橋樑圖〉鐵作坊。

第三節 作為施岑信仰史料的許遜傳記：施岑降筆 《西山許真君八十五化錄》及其正典化

《西山許真君八十五化錄》內容上如前所述與白玉蟾所作諸傳幾乎完全一致，而形式上則將白玉蟾所作諸傳分為八十五化，每化附詩一首而編成。如果不考慮這一由八十五首詩所配合構成之許遜傳記潛在的儀式讚頌功能，對一般的讀者而言，除了形式上的特徵以外，《西山許真君八十五化錄》似乎也就沒有存在的必要。[55] 因此，如果該傳記的內容並不重要，那麼施岑降筆就顯得極為重要了。

該傳分為上、中、下三卷，每卷均題「西山勇悟真人施岑編」，前有署「西山勇悟真人施岑」的〈跋〉、〈序〉(淳祐六年，1246)，後有署「勇悟真人施岑」(淳祐十年，1250) 及「靈寶大師管內都道正知逍遙山玉隆萬壽宮孫元明」(淳祐七年，1247) 的後記。[56] 有關該傳編撰經過，據〈西山許真君八十五化錄跋〉所述，邢道堅、梁道寧創建勇

悟道院後，其教團經過最初的喧囂，最終吸納「汪道沖、宋道昇、趙
道泰、趙道節、林守一、賈守澄、劉道益、孔守善」等八位堅定的信
仰者。其中，宋道昇鈔錄一種「十二真君傳」，請施岑降筆訂正。這
一「十二真君傳」，從《西山許真君八十五化錄》的內容來看，應該就
是指白玉蟾所作諸傳。施岑降筆批評此傳「詞理重複、篇章混雜，使
覽者易生厭倦，深竊惜焉」，顯然是一種誇張的表達，並且也為以施
岑名義重編傳記營造了合理性。而施岑降筆所做編撰工作則是「校正
事跡，分別章句，析為八十五化，化各著詩」，如前所述，該書在內
容上與白玉蟾所作諸傳相比，改動並不大，倒是「分別章句」具有傳
統經學的特徵，[57]「化各著詩」也算是一種「述而不作」。[58]這八十五首
鸞詩由「邢道堅執卷待旨」一一寫出，全部文本則由新加入的朱守中
參核寫定，並由邢道堅募化義金準備刊行。[59]但據施岑後記所述，此
次募化並不成功，蹉跎「五、七年」（實際是五年），到淳祐十年才最
終由宋道昇促成刊行。[60]

　　至於編撰該傳的目的，據〈西山許真君八十五化錄序〉所述，
則「是傳之譔，實祖師立功積德之表鑑焉。是詩之作，豈門弟騁華
衒藻之文詞焉。詩傳者，蓋紀述其行事，贊揚其偉蹟。於祖師也，
冀諸後學之士，知祖師如是而行功，如是而立行，苟能踐履之、
擬鑄之，則充乎道德，證乎神仙，豈不與西山眾真同驅而併駕矣。
八十五化之設，非徒載往事，而祖師垂教設化之意，深有望於後學
之士不淺矣，幸加勉進」。[61]這一段表白很有意思，特別是對於可能
招致的「騁華衒藻」之非議的主動澄清，表現出其重編工作在面對實
際上並非「詞理重複、篇章混雜，使覽者易生厭倦」的白玉蟾所作諸
傳時所潛在的不安。此外，施岑降筆反復強調「祖師」云云同樣是對
重編傳記特別是以施岑名義重編傳記的正當性，以及依託許遜傳記
傳達施岑意旨或者說傳播施岑信仰這一行為的正當性或者正統性的
焦慮。實際上，該〈序〉署名時也特別用了「西山勇悟真人施岑頌詠
聖德，謹稽首百拜序」[62]的表達，將勇悟道院的意圖深深隱藏於頌詠
祖師許真君聖德之後。

值得注意的是，儘管一時未能刊行，但勇悟道院的賈守澄卻已將這一施岑重編的傳記專程送至許遜信仰的本山玉隆萬壽宮。據孫元明後記稱「旌陽許真君飛昇之後，千有餘載，迄今民攸賴焉。有禱則應，無感不通，有神陰相歟。今歲中元之夕，元明炷香於四聖堂，恍惚有神告云：翌日獻書人至。猶謂為茫然。越宿，忽承江淮隱士賈君守澄自石城來敬瞻禮真君聖蹟，又出《旌陽八十五化詩傳》，拜而誦詠，乃覩西山施真人所述之詩，默契神告，感謝弗已。昇堂鳴鼓，舉白大眾，敬以所賜詩傳實于寶藏，永久其傳。上堂幾語，茲不緒錄。繼而賈君了心雲水之興。元明乃直書傳後記云」。[63]這段後記與前述施岑序、跋及後記一起保存在《正統道藏》本《西山許真君八十五化錄》中，相信應當收入了淳祐十年的刊本之中。從後記及現在的文本結果來看，來自勇悟道院的賈守澄獻書本身作為一個事件以及身為玉隆萬壽宮知宮的孫元明有關獻書感應的敘述均極微妙。不論神人預告之事實有實無，孫元明在敘述上將許遜靈感響應與神人預告獻書聯繫在一起，使得賈守澄獻書之事神意化，從而使獻書背後所蘊含的勇悟道院尋求玉隆萬壽宮認可的意圖隱秘化，也為施岑降筆附加上了某種來自許遜靈驗的光環。當然，孫元明也特別點出了「西山施真人所述之詩」，表明他應該是很明白所謂《旌陽八十五化詩傳》雖然號稱重編許遜傳記，實際上主要是要在許遜傳記文本上穿插附加上施岑降筆的八十五首鸞詩，而這才是該傳最重要的內容。儘管這八十五首鸞詩看起來不過是一種韻文的許遜傳記，但畢竟是施岑降筆，不論是作為一種徒供閱讀的文本還是作為一種可以「誦詠」的懺文或者禮文，都是對施岑信仰比較隱晦或者說比較「謙遜」的宣揚。而孫元明作為玉隆萬壽宮知宮，將賈守澄攜來之詩傳宣示大眾，並歸藏於玉隆萬壽宮，實際上將這一來自金陵勇悟道院鸞壇的施岑降筆正典化了，在此意義上無疑也賦予了金陵勇悟道院施岑香火的合法性。有意思的是，孫元明說自己「直書傳記之後」，顯然不僅是書寫在賈守澄所獻書之後，也應當為賈守澄另抄寫

了一份或者由賈守澄鈔錄了一份帶回金陵勇悟道院。施岑後記提到
邢道堅募化多年未能成功，最後宋道昇「以大道心，圓成盛事」，其
時已在淳祐十年，遠在賈守澄獻書玉隆萬壽宮之後，應當是在玉隆
萬壽宮知宮孫元明這一認可的大背景下完成的。我們今日所見到的
《正統道藏》本，最初入藏時間不詳，可能是元代收入，也可能是明
代刊藏時收入，不僅改題為《西山許真君八十五化錄》，在淳祐七年
孫元明後記以外，還收錄了淳祐十年施岑後記，其祖本顯然不會是
玉隆萬壽宮所收藏的寫本，而應當是來自金陵勇悟道院的刊本。另
就收入《正統道藏》而言，這一施岑降筆無疑更得到官家的認可，儘
管其所源出的金陵勇悟道院鸞壇在明代已蕩然無存。

第四節　真君背後的真君：《普天福主演玄法懺》
及其在當代道教恢復中的正典化問題

　　施岑並沒有就此成為文獻中的死信仰，時至今日依然活在民間
宗教實踐之中。在今日江西西山萬壽宮（宋代的玉隆萬壽宮）慶祝許
遜飛昇的廟會中，來自豐城地區的香會普遍拜誦一種《普天福主演
玄法懺》。雖然該法懺所謂「普天福主」是指許真君，使用場合是朝
拜許真君的場合，使用者也是信奉許真君的民眾或香客，但編撰者
卻是施岑，與近八百年以前問世的《西山許真君八十五化錄》驚人的
一致。

　　不過，需要指出的是，儘管一方面，從西山廟會現場所見，
《普天福主演玄法懺》確實是豐城香頭及香客所普遍使用；另一方
面，豐城的伙居道長也談到帶領香團進香所行科儀包括拜《普天福
主演玄法懺》甚至《普天福主演玄真經》，[64]但這只是表明現在的豐城
伙居道士、香頭及香客認同並使用了該經懺，並不代表該經懺就產
生自豐城地區。

　　注意到該懺文中明確提到「闡化文社弟子稽首頓首」，而中國書店2007年拍賣會上拍賣的民國十年(1921)文寶社刊本《普天福主演玄經懺》版心下即署「闡化文社」，此外，孔夫子舊書網及拍賣網售出及在售民國十年吉安文寶社刻本《普天福主演玄真經》、《普天福主演玄法懺》二冊，均有牌記明確標明「板存遂川西溪龍源仙闡化文社」。

　　遂川西溪龍源仙闡化文社，應即位於「江西省遂川縣西溪」的「闡化文社」，見於民國二十三年(1934)鉛印本《淨明溯源》所記錄的扶鸞文社(鸞壇)名單。[65]此外，2007年拍賣的文寶社刊本所鈐朱記「大汾道德會印送」中的「大汾道德會」應該也在遂川。《淨明溯源》所載文社中有一「匡化文社」，位於「江西省遂川縣大汾」，[66]應與「大汾道德會」有關，不排除即「匡化文社」。據孔夫子舊書網售出之西溪龍源仙闡化文社所扶出的「中皇」鸞筆，闡化文社亦成立道德會，募集資金。另據孔夫子舊書網出售之民國二十二年(1933)遂川舒廣文堂刊本《左安博化文社道德會志》所錄子思降筆序及會規，博化文社既創立鸞壇，亦成立「博化慈善道德會」，募集資金。就目前所知，遂川除闡化、匡化、博化外，還有黃坑向化文社及位於北鄉仁同山的仁化文社，後者曾扶出《蕩魔記》一書，由贛州陸廣文堂印行。這些文社與「中皇」信仰有關，根據前舉《淨明溯源》及光緒三十年(1904)宣化文社刊《三教正鵠》[67]所收〈七十二峰大仙飛鸞記〉，應源自清末譚蘭甫根據呂祖降示在湖北老河口所立之同德善堂，後遵呂祖乩示改稱安化文社。稍後，譚蘭甫與江西清江藥材商人羅運開等人證明普天福主(詳後)夢授秘訣，承繼淨明法脈，在壇扶出《三教合一新經》，並遵示前往寶慶刊行。光緒二十七年(1901)，譚蘭甫在湘潭三皇宮與當地經營藥材的羅運方(羅運開之弟)等湘贛商人創立「宣化文社」，開啟此一文社運動的先聲。該運動在湘、贛、鄂等省發展迅猛，進而遍及長江中下游。[68]

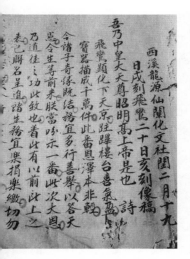

圖 8.4　孔夫子舊書網售出「西溪龍源仙闈化文社」中皇鸞筆。

圖 8.5　孔夫子舊書網出售遂川舒廣文堂刊本《左安博化文社道德會志》子思降筆序及會規。

圖 8.6　孔夫子舊書網售出吉安文寶社《普天福主演玄真經》、《普天福主演玄法懺》牌記。

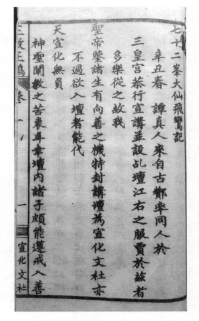

圖 8.7　朱明川提供宣化文社《三教正鵠》。

　　《普天福主演玄經懺》即是這一文社運動的產物。《普天福主演玄法懺》所列諸神即包括玉皇與中皇。南京圖書館藏民國十七年（1928）溥化文社石印本《淨明儀範》中列有中皇壽醮、福主壽醮等，醮位中的福主即被稱為「普天福主濟世消魔大帝」，[69]與今日比較容易見到的《普天福主演玄法懺》是一致的。從目前所見文獻而言，《淨明溯源》中所收譚蘭甫傳記提到「普天福主」傳訣之事，似乎表明稱許真君為「普天福主」的情況在譚蘭甫時期即已存在。另外，《淨明溯源》在〈許旌陽真君傳〉後列入〈歷朝褒祀記〉，提到「清嘉慶八年（1803），敕封靈感普濟。咸豐三年（1853），賜額誠祈感應。五年（1855），敕封錫福佑民。宣化鸞會升授普天福主濟世消魔大帝」，並註明「輯《逍遙山志》」。[70]清代的皇封出自《逍遙山萬壽宮志》沒有問題，見於光緒四年鐵柱宮刊本《逍遙山萬壽宮志》卷二〈國典〉。[71]「宣化鸞會升授」則應是自行添加的記錄。「宣化」即宣化文社。「普天福主濟世消魔大帝」既然是「鸞會升授」，也就是鸞壇降旨，而非皇封，[72]與前述清代褒賜不同，放在一起，似乎是想說明年代在咸豐五年或者稍後，並且至少是想暗示年代是在清朝，那麼，似乎也就與譚蘭甫傳記保持了一致。問題是，「鸞會升授」應該是在宣化文社建立之後才能夠成立。如前所述，宣化文社光緒二十七年才在湘潭三皇宮成立，是否即有「升授」之事不得而知，至少可以確定譚蘭甫傳記中所謂授訣時的許真君實際上應無「普天福主」之名，其記述肯定是根據「升授」以後的說法。[73]不過，譚蘭甫在光緒二十七年九月初二回到老河口安化壇（安化文社），初四即去世，之後「嗣蒙天恩，敕封普度妙濟真人，授淨明玄院度世仙官職」。[74]這一品位亦是所謂「鸞會升授」，似乎不應早於針對許真君的「鸞會升授」，不過，頒降年代也同樣難以確認，倘若是在譚蘭甫去世後不久，那麼，所謂「普天福主濟世消魔大帝」也就很可能即頒降於光緒二十七年。[75]

　　就目前所見許遜信仰核心區域所遺留下來的道教文獻來看，民國十年（這也是文寶社刊本《普天福主演玄經懺》的刊行年代）以前似未出現「普天福主」的影跡。

　　李豐楙藏民國七年 (1918) 劉明彝抄本《太上靈寶淨明普保真君雪罪法懺》，從「奏請西山玉皇閣昊天玉皇大帝、三清殿三清虛無大道、聖母殿聖父聖母元君、三官堂太上三官大帝、祖師殿祖師玄天上帝、靈官殿顯應王大天君、關聖閣協天關聖帝君」等內容來看應是西山進香時所用，[76]但所禮〈許真君寶誥〉與《道藏》所見保持一致，並未出現「普天福主」或「普天福主濟世消魔大帝」的說法。北京國家圖書館藏民國八年 (1919) 張勳刊本《淨明忠孝龍沙經懺》，扉頁載明「板存淨明壇。附存江西廣內甲戌坊劉乙照齋」，此所謂「淨明壇」可能即位於南昌城內凌雲巷的淨明文社 (或淨明壇)，但該經懺中所見〈許真君寶誥〉卻並未出現「普天福主」或者「普天福主濟世消魔大帝」的表述。[77]

　　如不來室藏民國十年春二月進賢縣崇禮鄉興真古觀分派萬法雷壇何遠生抄本《太上老君說常清靜經》等經文二十種，卷末所抄許真君讚語中則出現「普天福主萬壽真君」的表述。如不來室藏民國十六年 (1927) 南昌西山玉隆萬壽宮填寫出給的〈正一圓香繳願淨明仙醮〉憑帖則出現「祖師普天福主神功妙濟玉隆萬壽真君」(刻版，非填寫) 的表述。二者均受到「普天福主」一說的衝擊，但都未出現「濟世消魔大帝」的表述，似乎表明扶鸞文社通過「鸞會升授」而訂立的「普天福主濟世消魔大帝」封號 (可能是通過印送《普天福主演玄經懺》的方式) 雖然對省城南昌周邊 (南昌城內至少存在四個扶鸞文社[78]) 的道教文獻已有一定程度的滲入，但影響力尚不夠強大。[79]

　　該法懺正文起首即署「玄都御史施岑著」，奏啟的仙真則包括「玄都御史神列真人」。後者雖未明確說是施岑，但施岑既然結銜「玄都御史」，則後者也應當是指施岑。但前舉唐宋諸傳中「玄都御史」都很明確是吳猛所受太上封職，而「神列 (烈) 真人」則是吳猛所受宋徽宗敕封。施岑本無太上封職，所受宋徽宗敕封則為「勇悟真人」，金陵勇悟道院即以此命名。如此看來，該法懺存在將吳猛所受太上封職及宋徽宗敕封移植到施岑身上的現象。不過該法懺在進入正文以前的開經部分，又分別列出了「演玄真人淨明贊道天尊」、「神列真人

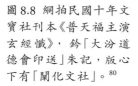

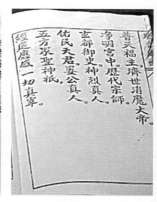

圖8.8 網拍民國十年文寶社刊本《普天福主演玄經懺》，鈐「大汾道德會印送」朱記，版心下有「闡化文社」。[80]

圖8.9 2002年（？）豐城鄒金生抄本《普天福主經、懺》，與《普天福主演玄法懺》同抄的還有《福主經》、《玉皇心印經》，如不來室藏。

圖8.10 西山廟會期間，豐城香頭使用的抄本《普天福主演玄法懺》，2015年9月6日攝於西山萬壽宮高明殿。

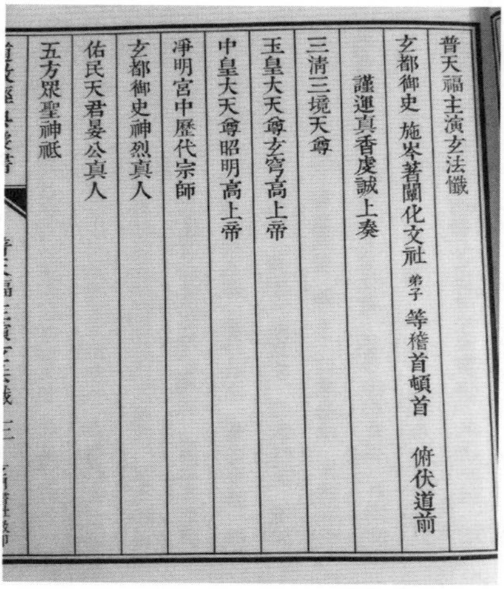

圖8.11 玄門書社2015年重印線裝本《普天福主演玄法懺》，文字有改動，並署「淨明弟子章敬德輯錄」。

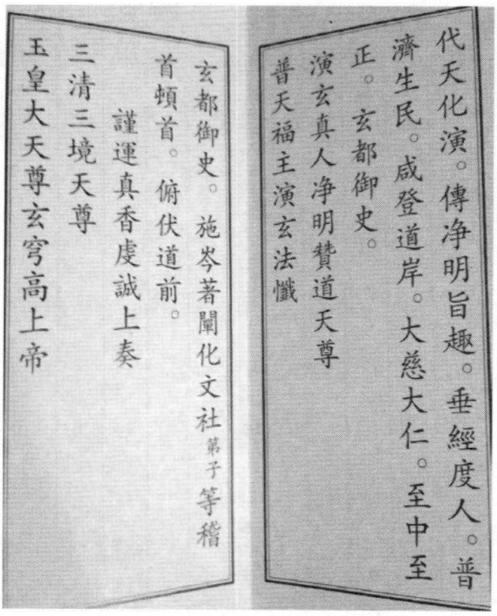

圖8.12 西山萬壽宮提供印刷經折本《普天福主演玄法懺》，文字有改動。

淨明輔道天尊」。前者根據該部分末尾所皈禮之〈演玄真人寶誥〉為
「玄都御史演玄真人淨明贊道天尊」，顯然就是正文所署「玄都御史施
岑」。那麼，「神列真人淨明輔道天尊」似乎就應該另有其人，不排除
仍然是指吳猛。而此種前後文的牴牾現象，表明經懺創作過程中雖
然有意尊崇施岑，但也未能將舊有神靈系統完全拋棄。無論如何，
為施岑移植「玄都御史」的封號，顯然是對施岑地位的提升，而另出
的「演玄真人淨明贊道天尊」則應是與降筆「演玄」著出《普天福主演
玄法懺》有關，應當與「普天福主濟世消魔大帝」一樣為「鸞會升授」，
表明施岑其實才是該法懺的隱含核心。

　　此點從開經部分居然要皈禮〈演玄真人寶誥〉亦可看出。該寶誥
為「宗儒學道，晉代神仙。師事旌陽，道傳正一。真風動蕩，佐福主
以除妖。慧日光明，作玄都之護法。廣開四海玄門，代天化演。傳
一貫旨趣，垂經度人。普濟生民，咸登道岸。大慈大仁至中至正，
玄都御史，演玄真人，淨明贊道天尊」。[81] 其中，「晉代神仙。師事
旌陽」及「佐福主以除妖」是與前述仙傳中的施岑事跡相合的。「作玄
都之護法」則應與「玄都御史」的移植有關。「廣開四海玄門，代天化
演。傳一貫旨趣，垂經度人」與開演《演玄法懺》有關。其中，「傳一
貫旨趣」值得注意。《淨明溯源》卷首所收諸序中，民國二十三年肅
化文社譚焕自序提到諸文社所印書中有《一貫薪傳》，[82] 民國二十三年
新化文社徐暢榮序提到「原夫普天福主忠君孝親，濟世度人，派演
淨明，功德昭著。洎乎孚佑帝君宗三教之遺範，紹一貫之薪傳」。[83]
《淨明溯源》卷末所收諸跋中，民國二十三年普化文社楊家斌跋提到
「世道之淪亡，人心之偷薄，釀成三期浩劫，無法可能回天」，幸虧
有譚普度開壇，繼續淨明法脈。[84] 由此可以知道《普天福主演玄法懺》
所懺悔，「濟世消魔大帝」所濟、所消都與「三期浩劫」這個明清時代
民間教派流行的終末觀念有關。「普濟生民，咸登道岸」則是演經之
功，也即救助人民，度過浩劫。從此寶誥，可以看出闡化文社弟子
對施岑特別是其開演法懺推崇備至。另外，就法懺的實際拜誦過程

來看，雖然正文中首尾各皈禮〈普天福主寶誥〉一遍，但開經即要皈禮〈演玄真人寶誥〉一遍，實際上就是每拜誦一次《普天福主演玄法懺》都要皈禮〈演玄真人寶誥〉一次，顯然是借禮拜許遜達到禮拜施岑的目的。

此外，注意到〈演玄真人寶誥〉中將施岑尊為「淨明贊道天尊」，而同樣在《普天福主演玄法懺》中所收錄的福主寶誥則「尊」許遜為「普天福主濟世消魔大帝」（通過「鸞會升授」給予的封號），隱含著巨大的文本反差與思維衝突，也同樣表明《普天福主演玄法懺》隱含了藉助對許遜的「尊崇」而張大施岑崇拜的意圖。

如所周知，道教系統的許真君寶誥將許遜稱為「淨明普保天尊」。這與此處稱施岑為「淨明贊道天尊」是可以相適應的。另外，《普天福主演玄法懺》中還列入江西地方水神晏公，並稱為「淨明護道天尊」；列入神烈真人，稱為「淨明輔道天尊」，不論如何看待，至少都是可以與「淨明普化天尊」相適應的道教式表達。

至於「普天福主」，顯然是從明代開始出現的「江西福主」演化而來。[85] 所謂福主，在近世道教的神系中，一般是指當坊土地。「江西福主」的出現，將許遜從「九州」之神降低為江西的地方神（或者江西一省的土地，但不可能存在一省的土地），這與明代江西士人與商人的活動有關。而「鸞會升授」將許遜從「江西福主」升為「普天福主」，貌似回到「九州」或者「九天」，[86] 看上去名號好像變大了，但「普天」是虛名，不可能存在普天下的土地或者普天下土地的頭頭，反而脫離了「江西」這一地方文化土壤，實際上也就真正降低到類似當坊土地這樣的神格。從清代以至今日的情況來看，江西各地都普遍存在許真君廟宇。一般的研究者只是將這些真君廟以及相關的真君廟會看作許遜信仰的例證而已。實際上，面對遍佈鄉村的真君廟或者萬壽宮，以及到處都在進行的真君廟會，存在一個認知上的問題。也就是鄉村或者里社層面的真君廟與西山萬壽宮可以等同嗎？那些小廟中的許真君與西山萬壽宮的許真君可以等同嗎？在信仰生活中，只

存在唯一的一位許真君嗎？或者只存在道教的許真君(或者閭山教的
法主公)嗎？值得注意的是，銅鼓縣顯應雷壇戴禮輝道長的科儀中，
神功妙濟許真君(江西福主許真君)與當地真君廟的許真君是可以同
時存在於召請序列中的。[87]這並不是文本上的重複或者錯亂，而是真
實信仰生活的反映。本村真君廟的許真君只是此一地方的許真君，
不是別的村子的許真君，也不是鄉鎮或者縣城的許真君，更不是整
個江西的許真君，不是全中華、全世界的許真君。本村的許真君就
是相當於當坊土地的里域正神，與江西福主或者作為道教「天尊」的
許真君同時出現在科儀中是完全合理的。這也可以解釋為什麼出現
那麼多種不同的「許真君寶誥」。這些寶誥中的許真君並不是同一個
許真君，而是本地的許真君。在此意義上，《普天福主演玄法懺》中
的「普天福主」只是遂川縣西溪龍源仙闡化文社弟子心目中源自鸞會
升授的許真君。就今日的情況而言，對於普遍採用《普天福主演玄法
懺》的豐城信士而言，他們心中的許真君則是作為豐城福主或者本村
本會福主的「普天福主」，而非鸞會福主，更不是道教的「淨明普保天
尊」或者「神功妙濟真君」。

　　另一個類似的問題是，「鸞會升授」的「濟世消魔大帝」，已是帝
王，看上去似乎比「淨明普保天尊」品位要高得多，實際上則成為道
教觀念中的「神」或者「正神」，也即是「人鬼」。從血食祭祀觀念來
看，人鬼成神，封為「大帝」或者「帝君」自然是褒榮，但在道教神
系中卻是不入流，至多作為「里域正神」而與「當坊土地」處在同一
序列。有意思的是，《淨明溯源》卷末所收諸跋中，民國二十三年虔
化文社曾國源跋中就並不稱許真君為「普天福主」或者「濟世消魔大
帝」，而是稱之為「普保天尊」，[88]不排除是對此種神格的改變持保留
態度。實際上，孔夫子拍賣網售出之民國二十年(1931)長沙聖化文
社刊本《淨明忠孝經》稱許遜為「太上淨明普化天尊」，雖然與「普保
天尊」稍有差誤，但仍然是道教的「天尊」。[89]實際上，前舉進賢縣道
壇抄本、西山萬壽宮出給的憑帖以及《許老真君寶經》雖然添入「普

天福主」，卻不出現「濟世消魔大帝」。無論如何，從《普天福主演玄法懺》來看，「普天福主濟世消魔大帝」雖然貴為帝王，並且要三稱寶誥，畢竟是人鬼或者「正神」，其地位甚至不如同樣是「正神」但在該文本中被道教化的「天尊」晏公，自然也不如專有寶誥的「天尊」施岑。

從目前所採獲及所知而言，清代及民國時期存在的許真君相關經懺除前舉《普天福主演玄經懺》、《太上靈寶淨明普保真君雪罪法懺》、《淨明忠孝龍沙經懺》、《許老真君寶經》外，還有《九州都仙許真君新演度緣妙經》及《九州都仙新闈度緣法懺》（孔夫子拍賣網售出光緒二十年抄本、民國十二年黃真靜抄本兩種）、《太上說許仙真君消災滅罪寶懺》、《許祖真君經》（《太上老君說八寶仙真妙經》）、《許仙真君寶經》、《許祖妙經》（全稱《太上靈寶許老真君顯化度人正印妙經》。如孔夫子拍賣網售出玉堂贊化雷壇抄本。另有活字印本，詳後）、《許老真君經》等。

以上除《普天福主演玄法懺》為豐城香會所採用外，其他經懺也有一些今日還在使用。上饒廣豐縣橫山鎮廿三都村萬壽宮的真君廟會，火居道士即拜誦《許老真君經》。[90] 如不來室藏《許祖真君經》（《太上老君說八寶仙真妙經》）雖未署抄寫年代，從紙張、墨水、圓珠筆跡等物質方面可知為當代抄本，而從墨筆字旁有藍色圓珠筆注音（用同音字標註）及計數來看應仍在使用。與此類似的，前舉《許老真君寶經》在墨筆旁也有藍色圓珠筆注音，也應仍在使用。如不來室藏劉度泰抄本《太上說許仙真君消災滅罪寶懺》（題作《太上佛說許仙真君消災滅罪寶懺》）與《許仙真君寶經》合抄一冊，為經、懺組合（《許仙真君經懺》），未署抄寫年代。西山萬壽宮法務處鞠靜儉道長提供的抄本《太上說許仙真君消災滅罪寶懺》，則是鋼筆抄寫、經折裝，據稱是香客提供的，[91] 表明可能在當代仍在使用（該懺成立年代不詳，但孔夫子拍賣網曾售出木刻刷印本）。

有意思的是，在存在如許眾多的許真君經懺，並且也有不少仍在使用的情況下，唯有豐城香客普遍使用的施岑降筆《普天福主演

玄法懺》脫穎而出了。從西山萬壽宮提供的印刷經折本以及玄門書社2015年重印線裝本所附〈前言〉可知，《普天福主演玄法懺》是在時任西山萬壽宮、南昌萬壽宮兩宮住持張繼禹道長的支持下，「組織人員對原散佚民間的淨明道有關經書典籍進行搜集、整理。偶得該寶懺，經嚴謹點校，重印行世」。所謂「搜集、整理」不知還有哪些成果，而所謂「偶得」可想而知就是在西山廟會期間收集了豐城香會所使用的懺本（只有豐城來的香會或香客才拜誦《普天福主演玄法懺》[92]）。但這樣的匆忙認定也並非純屬偶然。

　　事實上，豐城一直是參與西山廟會的香會來源地之一，並且，至晚從清末以來，豐城的香會與香客便成為西山萬壽宮事務以及西山廟會最重要的捐助者和參與者。光緒三十年（1904）西山萬壽宮重建所用款項，「所費合制錢肆萬玖仟叁佰零串」，「得自本山香會者十之四」，「西山香會捐項則劍邑寔居其半，皆盔袍會首士經理」。[93]民國四年西山萬壽宮整修正殿及各殿募化款項中，除個人捐款外，十縣香會捐款則是「豐城縣各仙會善戶」所捐最多，為「錢六佰卅五仟六佰文，洋邊五元正」；其次是高安縣，為「錢叁佰四拾貳仟四佰文，洋边貳拾四元正」；鄱陽縣最少，為「錢拾四仟貳佰文，洋边拾六元正」，相差頗為懸殊。[94]在西山萬壽宮修復開放以前，「豐城有一農民，拿出經費，請他所在生產隊的社員全部到西山參觀萬壽宮。當他們看到西山銀行和郵電所做到萬壽宮裏來了時，説：你們不但不修復文物古跡，反而繼續破壞。説沒有錢修，又不和我們商量。豐城一帶有很多人願意捐款修復萬壽宮」。[95]除應捐修建款項外，豐城香會在廟會等奉神事務上也花費甚巨。光緒三十四年冬結算，豐城香會捐付「整神盔等」、「做福主神衣」、「福主開光繳用」、「蘇繡神袍」、「福主上殿香燭、送捐、食用等」、「各殿繃鼓」、「做盔袍公宇泥、木匠工」、「油漆盔袍公宇等」、「鐵器土工等」、「全真堂代用完糧」、「登山車資船水力」、「在縣收捐、局用等款」及雜用，共計「洋邊壹仟伍佰貳拾叁元四角」。[96]

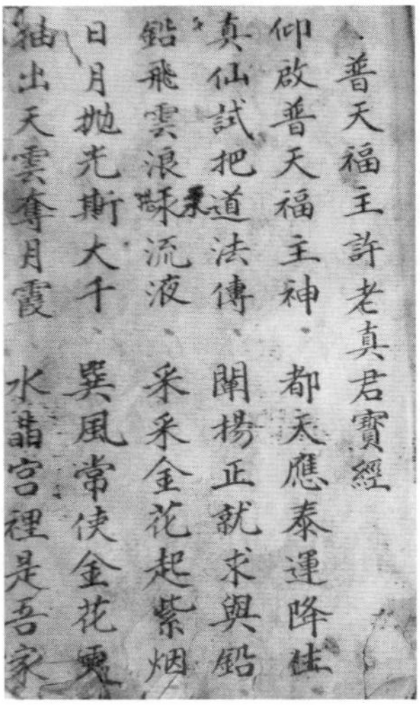
普天福主許老真君寶經
仰啟普天福主神，都天應泰運降仕
真仙試把道法傳，闡揚正就求與鉛
鉛飛雲浪琢流液，采采金花起紫烟
日月拋光斯大千，巽風常使金花更
抽出天雲奪月霞，水晶宮裡是吾家

圖 8.13 金輪堂抄本《許老真君寶經》(與《李老真君經》同抄一冊)，有圓珠筆注音。如不來室藏。

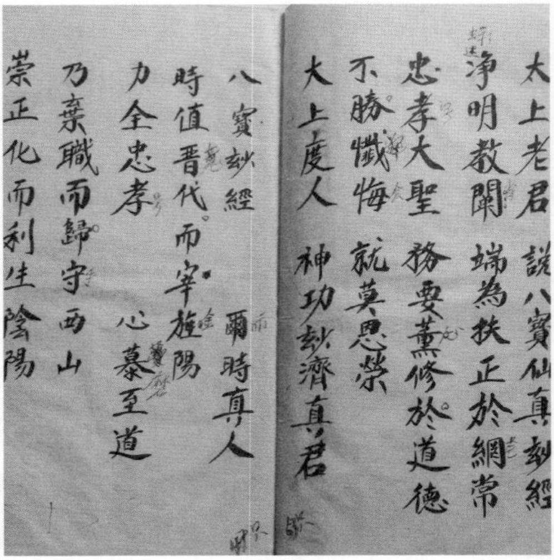
太上老君說八寶仙真妙經
淨明教闡　端為扶正於綱常
忠孝大聖　務要薰修於道德
不勝懺悔　就莫思榮
大上度人　神功妙濟真君
八寶妙經
爾時真人
時值晉代　而宰旌陽
力全忠孝　心慕至道
乃棄職而歸守西山
崇正化而利生陰陽

圖 8.14《許祖真君經》，有圓珠筆注音及數。如不來室藏。

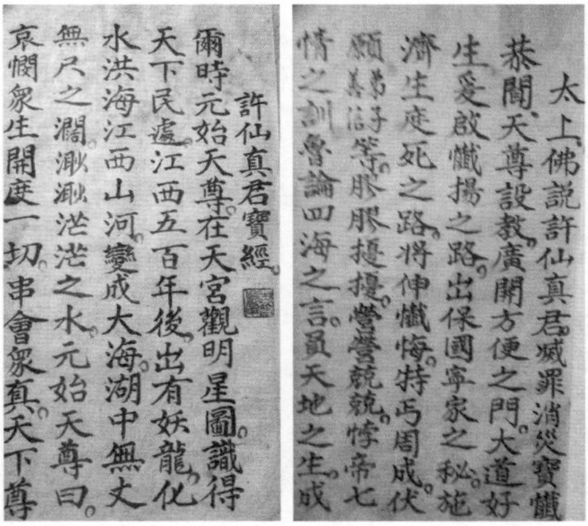
許仙真君寶經
爾時元始天尊在天宮觀明星圖識得
天下民遍江西五百年後出有妖龍化
水洪海江西山河變成大海湖中無丈
無尺之淵湫湫茫茫之水元始天尊曰
哀憫衆生開度一切串會衆真天下尊
太上佛說許仙真君滅罪消災寶懺
恭聞天尊設教廣開方便之門大道好
生受啟懺揚之路出保國寧家之秘施
濟生庭死之路將伸懺悔特丐周成伏
願善信弟子等勝勝提提營營競悖帝七
情之訓會論四海之言昧天地之生成

圖 8.15 劉度泰抄本《許仙真君經懺》(包括《許仙真君寶經》、《太上佛說許仙真君消災滅罪寶懺》)。如不來室藏。

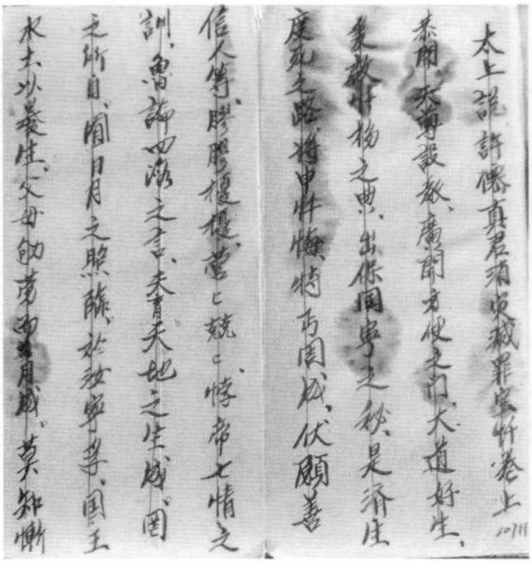
太上說許仙真君消災滅罪寶懺卷上

圖 8.16 鋼筆抄寫經折本《太上說許仙真君消災滅罪寶懺》。2017 年 5 月 4 日攝於西山萬壽宮辦公室。

可以認為，以兩宮住持的身份承認豐城香會所使用的《普天福主演玄法懺》，其背後是豐城香會在當代西山廟會中影響力的反映。[97]當然，民國時期西山萬壽宮已經接受了「普天福主」的說法。出於對尚有「傳承」之記憶的尊重，與兩宮本無淵源的住持對《普天福主演玄法懺》予以輕易地接受，也就可以理解了（任何一位想要做點「恢復」工作的住持可能都會這麼做）。

有意思的是，西山萬壽宮、南昌萬壽宮不僅以張繼禹道長的名義，重印了《普天福主演玄法懺》，還對該懺文本加以「嚴謹點校」，將原經懺中的「一貫」改作「淨明」，更增添了一首〈開經偈〉，即「神功妙濟廣無邊，不戀紅塵伴御前。西山得道通今古，拔宅飛升萬萬年」，從而為這一施岑降筆增添「淨明」因素。[98]值得注意的是，這首〈開經偈〉不見於前舉香頭抄本及鄒金生抄本。文寶社刊本在〈焚香讚〉後緊接著就是「志心皈命禮」，以下若非神靈名單就應是某寶誥，基本上可以認為也沒有這一〈開經偈〉。而西山萬壽宮提供的本宮所用道樂樂譜見有一首〈福主讚〉，其內容即此〈開經偈〉，但樂譜又另外標明結束時需唱三遍「至心稱念普天福主濟世消魔大帝」。[99]姑且不論〈福主讚〉從何而來，與「至心稱念」云云的組合則應與承認《普天福主演玄法懺》有關。此外，本宮所用道樂樂譜中還見有一首〈淨明神仙讚〉，其讚詞內容為「恭焚真香，虔誠上叩演玄真人淨明贊道天尊、晏公真人淨明護道天尊、神列真人淨明輔道天尊、普天福主淨明消魔大帝、玉皇大天尊玄穹高上帝、中皇大天尊昭明高上帝，三清三境天尊，五方眾聖神祇。淨明宮中歷代宗師、玄都御史神列真人、佑民天君晏公真人、經筵應感一切真宰（劃掉）」，很明顯是出自《普天福主演玄法懺》，很可能就是配合拜誦《普天福主演玄法懺》而譜出的。[100]

就此而言，儘管到目前為止，西山萬壽宮道眾並不使用《普天福主演玄法懺》，而是束之高閣，存於庫房；但前此已經施行的重印與配樂，使得這一出自闡化文社的施岑降筆已經完成正典化，從而被道教內外接受為「淨明道為十方善信祈福禳災赦罪解厄的重要科儀」。[101]

第五節　本章結語

　　南宋時問世的施岑降筆《西山許真君八十五化錄》是具有形式特點的許遜傳記，其賴以成立的宗教背景與地方環境頗值玩味。一方面，從地方遺跡來看在鄱陽湖區域一直存在著施岑信仰的潛流。另一方面，南宋淳祐間，在金陵城內天慶觀附近形成以崇真道院為中心的許遜降真之所，隨後又分出一支，遷建於嘉會坊，成為勇悟道院，為施岑降真之地。此後，崇真道院與勇悟道院在元代合併成為悟真道院，仍位於嘉會坊，為同時供奉施岑、許遜的祠祀。從這一微觀宗教地理的變遷，得以窺見《西山許真君八十五化錄》背後所隱藏的張大施岑信仰的訴求以及這一施岑降筆本身的正典化之路。與南宋的情況類似，民國初年產生的《普天福主演玄法懺》同樣出自施岑降筆，並且同樣在淨明祖庭得到承認，從而完成正典化。不同的是，《普天福主演玄法懺》的成立背景相當複雜，除了隱含施岑信仰以外，一方面，當然是清末中皇信仰傳佈與譚蘭甫在呂祖乩示下開創的文社運動的產物，另一方面，也與所謂「龍沙應讖」有所淵源，實際上，清代風行的呂祖臨乩，以及文社刊行的《淨明忠孝經》都與明萬曆以來的「應讖」運動有關。[102] 拋開這些複雜的淵源不論，作為當代道教在恢復宮觀及科儀活動的一個鮮活例證，西山萬壽宮、南昌萬壽宮由於自身傳統的長期斷裂，在時任住持的推動下匆忙對接作為豐城地區流行文本的《普天福主演玄法懺》，從而將其正典化為「淨明道」的「重要科儀」。

註　釋

1 有關年代，參見許蔚：《斷裂與建構》，頁 476。

2 有關年代及關係，參見許蔚：《斷裂與建構》，頁 218–221。

3 明清時代如明萬曆間楊爾增編刊《許真君淨明宗教錄》、明萬曆間李鼎所撰《淨明忠孝經傳正訛》、清康熙間胡之玫編《太上靈寶淨明宗教錄》以及清乾隆丁步上、郭懋隆等編《逍遙山萬壽宮志》中所收諸傳大體淵源自白玉蟾所作，不再計入。其他小說、戲曲亦在此例。

4 關於謝守灝的貢獻，參見李豐楙：《許遜與薩守堅》，頁 69。

5 許蔚：〈《淨明忠孝全書》的刊行與元明之際淨明統緒的構建〉，頁 126；許蔚：〈《淨明忠孝全書》的版本、內容及意涵概説〉，頁 3。

6 關於《西山許真君八十五化錄》與施岑信仰的關係，參見許蔚：《許遜信仰與文學傳述》（華東師範大學中文系碩士論文，2008），頁 70。關於胡慧超《十二真君傳》的行文意圖，參見許蔚：〈許遜形象的構建及其意義〉，載《中國俗文化研究》第 5 輯（成都：巴蜀書社，2009），頁 35–53。關於《孝道吳許二真君傳》的意圖，參見許蔚：《斷裂與建構》，頁 171。關於《許真君淨明宗教錄》對《淨明忠孝全書》內容的變更及其編排方式所反映的意圖，參見許蔚：《斷裂與建構》，頁 94。

7 以上參見本書第六章。

8 學界關於許遜事跡的襲得與演變，早期研究參見黃芝崗：《中國的水神》（景印生活書店，1934；上海：上海文藝出版社，1988）；柳存仁：〈許遜與蘭公〉，載《世界宗教研究》1985 年第 3 期；張澤洪：〈許遜與吳猛〉，載《世界宗教研究》1990 年第 1 期；李豐楙：《許遜與薩守堅》；郭武：《〈淨明忠孝全書〉研究》等。新近的研究參見許蔚：《許遜信仰與文學傳述》，第三章、第六章，以及《斷裂與建構》，第七章第二節。

9 關於吳猛、黃輔及其他諸真君事跡，參見許蔚：《斷裂與建構》，頁 287–340。

10 目前所見最早的相關文本為胡惠超《十二真君傳》佚文，見《太平廣記》卷十四《許真君》。有關文本重經校勘，見於許蔚：《斷裂與建構》，頁 162。

11 《仙苑編珠》卷下，《道藏》第 11 冊，頁 43。

12 許蔚：《斷裂與建構》，頁 159。

13 許蔚校註：《淨明忠孝全書》，附錄〈白玉蟾所撰旌陽許真君傳等傳〉，頁198。

14 許蔚：《許遜信仰與文學傳述》，頁109–111。

15 許蔚：《斷裂與建構》，頁335。

16 《永樂大典》卷六六九八（北京：中華書局，1986），頁2706上。參見倪少通：〈玉清觀碑〉，載許蔚：《斷裂與建構》，頁505。

17 許蔚：《斷裂與建構》，頁336。

18 《永樂大典》卷六六九八引《江州志》，頁2705下–2706上。參見林時英：〈永豐道院藏記〉，載許蔚：《斷裂與建構》，頁537。

19 《廬山太平興國宮採訪真君事實》卷六，《道藏》第32冊，頁694；《廬山太平興國宮採訪真君事實》卷六，載《藏外道書》第18冊，景印明刊本（成都：巴蜀書社，1992），頁400。

20 隆慶《瑞昌縣志》卷八，《天一閣藏明代方志選刊》，景印明隆慶刻本（上海：上海古籍出版社，1963），葉十六。

21 同治《瑞昌縣志》卷二載「昇龍觀，縣南半里，相傳楹龍飛戲湖水，此昇龍所由名也。舊黃冠主之。明季觀燬。國初，邑令劉景皋重建，延僧本祥住持，奉祀真武，仍以觀稱，從其朔也。舊有田二畝，塘六分，久成地，合吳灌所施基地六畝，共八畝六分，又置二畝。康熙五十九年，僧明經因舊有貼觀巷基地一畝五分，為萬璜創居，稟縣清查。萬願出東頭坂上田二畝六分調換，合前文維章、范仲參所施租有加矣。道光二年，水沖。二十八年，大水，盡圮。同治三年，募修」（載《中國地方志集成》江西府縣志輯，景印同治十年刊本〔南京：江蘇古籍出版社，1996〕，頁376。參見同治《九江府志》卷十三，《中國地方志集成》江西府縣志輯，景印同治十三年刊本〔南京：江蘇古籍出版社，1996〕，頁141）。明清易代，施君故宅所在的昇龍觀雖然得以重建，卻由道觀變為僧廟，並且改為「奉祀真武」。真武是元明以來的主流祠祀，也是清微派的法主，而瑞昌縣在地理上處於鄱陽湖與長江之間，接近在西北部有著太嶽太和山（真武道場）的鄂省（江湘鄂三角地帶實際上是許遜或吳猛斬蛟經行區域，在元明時代真武信仰興起以前，臨近瑞昌的鄂州等地應是許遜信仰的輻射地區），縣令劉景皋來自陝西（同治《瑞昌縣志》卷六，頁461），是否因個人信仰真武而推動改祀不得而知，但崇祀真武確實符合時代與地域的信仰風尚。而北方真武大帝本來具有鎮水的

職能，昇龍觀的龍神也是由龍祠遷來的水神，施岑如前所述應當與水神存在同質性，他們之間的相互替代儘管並沒有造成地方功能神祇的缺位，但具體的信仰對象卻在這個過程中湮滅了。當然，即使是崇奉真武的昇龍觀現在也已被毀壞，不復存在了（瑞昌縣志編纂委員會：《瑞昌縣志》卷二十〔北京：新華出版社，1990〕，頁395）。

22　同治《都昌縣志》卷十六〈仙釋〉，《中國地方志集成》江西府縣志輯，景印同治十一年刊本，頁380。值得注意的是，黃仁覽雖屬十二真君之一，但基本上只是影響限定於高安地區的地方信仰，他被遠離高安縣、新建縣的都昌縣志所記錄，不知有何因緣。

23　同治《建昌縣志》卷十二〈仙釋〉，《中國地方志集成》江西府縣志輯，景印同治十年刊本，頁708。

24　譚其驤、張修桂：〈鄱陽湖演變的歷史過程〉，載《復旦學報》1982年第2期，頁49。

25　關於興真觀的地點、興廢以及道壇分派，參見本書第五、六章。

26　《道藏》第6冊，頁815。

27　許蔚：《斷裂與建構》，頁53。

28　李豐楙認為王居士為王圭，其根據是至正《金陵新志》卷十一所載「香山庵，在溧水州城隅，廟東即舊崇真道院。延祐六年王圭等建」，見李豐楙：〈許遜的顯化與聖蹟——一個非常化祖師形象的歷史刻畫〉，載李豐楙、廖肇亨主編：《聖傳與詩禪——中國文學與宗教論集》（台北：中研院文哲所，2007），頁419。問題是此崇真道院位於溧水城內，儘管名字相同，但顯然與金陵城內的崇真道院並非同一個道院。而延祐六年（1319）王圭建香山庵，距離嘉定十七年許遜降示金陵、王居士創道院已逾九十年，可見二人不過偶然同姓而已，也不會是同一人。

29　況竹亭疑即冶亭，但景定《建康志》卷二十二稱「冶亭今即冶城樓所在之處」（載《宋元方志叢刊》，景印清嘉慶六年金陵孫忠湣祠刻本〔北京：中華書局，1989〕，頁1663）。

30　景定《建康志》卷四十五，載《宋元方志叢刊》，頁2065。關於景定《建康志》的版本，參見鄭利鋒：〈《景定建康志》版本流傳考略〉，載《山東圖書館季刊》2008年第3期，頁85–90及〈《景定建康志》版本考辨〉，載《新世紀圖書館》2008年第5期，頁49–51。

31　景定《建康志》卷二十一，載《宋元方志叢刊》，頁1643。

32　同前註，卷二十二，載《宋元方志叢刊》，頁1660。

33　景定《建康志》卷四十五，載《景印文淵閣四庫全書》第489冊（台北：台灣商務印書館，1988），頁577下；至正《金陵新志》卷十一，載《中國方志叢刊》，景印元至正四年刊本（台北：成文出版社，1983），頁1924。

34　景定《建康志》卷十六，載《宋元方志叢刊》，頁1543。

35　在胡邦波根據南京市勘測設計院〈南京市區街道圖〉繪製的〈「府城之圖」古今對照圖〉以及〈「集慶府城之圖」古今對照圖〉中，崇道橋均在天慶觀（永壽宮）正南稍偏西的位置，見胡邦波：〈景定《建康志》與至正《金陵新志》中的地圖初探〉，載《自然科學史研究》1988年第7卷第1期，頁33–34。胡邦波推測景定《建康志》所收〈府城之圖〉原圖為景定二年（1261）修志時繪製、至正《金陵新志》所收〈集慶府城之圖〉原圖為天曆二年（1329）至至正十六年（1356）繪製，並推測〈集慶路治圖〉為至正三年（1343）繪製，見胡邦波：〈景定《建康志》與至正《金陵新志》中地圖的繪製年代與方法〉，載《自然科學史研究》1988年第7卷第3期，頁281。不過，《中國方志叢刊》景印之至正四年刊本《金陵新志》中並無〈集慶路治圖〉，其〈集慶路治圖考〉所附圖即〈集慶府城之圖〉，圖考內容也與〈集慶府治之圖〉相合，不知在胡邦波所說的元刊本中是否還另有一〈集慶路治圖〉，否則所謂〈集慶路治圖〉應該就是〈集慶府城之圖〉。

36　至正《金陵新志》卷十一，頁1930。

37　《金陵玄觀志》卷一，載《續修四庫全書》第719冊，頁136、139。

38　畑忍已注意到此西山道院即明太祖為劉淵然重建之西山道院的前身，見畑忍：〈道士劉淵然初探〉，頁112。另外，〈長春劉真人傳〉、〈龍泉觀長春真人祠記〉、〈長春劉真人祠堂記〉均稱明太祖命於朝天宮建西山道院，從喻道純〈奏〉另述道院在冶城西以及《金陵玄觀志》對朝天宮殿堂的記錄來看，應該只是歸屬於朝天宮，或屬朝天宮建築群，而並不在朝天宮內。據明人喬宇〈遊冶城山記〉所述，高阜（冶城山）之上有朝天宮，朝天宮殿宇之後有亭，在山巔之上，西下為西山道院，山之西有亭，又西為卞壺墓，前有卞壺祠亦隸屬朝天宮管轄，見《金陵玄觀志》卷一，頁144。

39　景定《建康志》卷二十一，頁1645。

40　同前註，卷二十三，頁1697。

41 李豐楙：〈許遜的顯化與聖蹟〉，頁 419。

42 景定《建康志》卷二十六，頁 1778。

43 同前註，頁 1695。

44 同前註，頁 1534。

45 同前註，頁 1749。

46 據景定《建康志》卷二十載「由斗門橋西出曰龍光門。由崇道橋西出曰柵寨門」（頁 1634），可知圖中龍西門應為龍光門。

47 景定《建康志》卷二十一，頁 1659。

48 洪武《京城圖志》，載《北京圖書館古籍珍本叢刊》第 24 冊，景印清抄本（北京：書目文獻出版社，1998），頁 26；萬曆《應天府志》卷十六，載《四庫全書存目叢書》史部第 203 冊，景印萬曆五年刊本（濟南：齊魯書社，1996），頁 497。

49 洪武《京城圖志》，頁 8。

50 至正《金陵新志》卷十一，頁 1931；《至大金陵新志》卷十一，載《景印文淵閣四庫全書》第 492 冊（台北：台灣商務印書館，1988），頁 420。

51 李豐楙：〈許遜的顯化與聖蹟〉，頁 420。

52 另外，南宋時逍遙山玉隆萬壽宮三十六堂之一名為「悟真」，見金桂馨、漆逢源纂：《逍遙山萬壽宮志》卷一〈宋敕建玉隆萬壽宮之圖〉以及卷七〈宋制名考〉，頁 416、483。

53 景定《建康志》卷五，頁 1378。四庫本無此圖。

54 景定《建康志》卷五，載《景印文淵閣四庫全書》第 488 冊，頁 56 下。該本所收〈建康府城之圖〉天慶觀已改永壽宮，並有元代新創寺觀等，經與《中國方志叢刊》所收元刊本至正《金陵新志》對照，應即〈集慶路城之圖〉。四庫本至大（正）《金陵新志》闕〈集慶路治圖〉，元刊本所收〈集慶府城之圖〉漫漶不清，故用四庫本景定《建康志》所收〈建康府城之圖〉替代。

55 除收入《道藏》以外，也收錄於萬曆間楊爾曾編刊《許真君淨明宗教錄》及崇禎間薛大訓纂輯、王宗熙校正《古今列仙通紀》（後有者《中華續道藏》景印清刊本）。《許真君淨明宗教錄》所收《許真君八十五化錄》為每一化配刻圖像，構成一種八十五化圖傳，應與《太上老君八十一化圖》的流行有關，見許蔚：《斷裂與建構》，頁 251。

56 孫元明後記僅署「歲在丁未七月十八日」，從其結銜來看應是南宋時

人，並且據吳澄大約撰寫於至順三年的〈紫極清隱山房記〉，紫極宮余天熙為玉隆管轄孫元明派下第八代（見許蔚：《斷裂與建構》，頁563），則丁未應指淳祐丁未，而不可能指大德丁未（1307）。

57 李豐楙：〈許遜的顯化與聖蹟〉，頁421。

58 值得注意的是，大約刊行於南宋的《大唐三藏取經詩話》與又名《許真君詩傳》或《旌陽八十五化詩傳》的《西山許真君八十五化錄》在形式上也有近似之處，那麼，後者為每化附詩，應受到此種商業出版上流行因素的影響。關於《大唐三藏取經詩話》的刊行年代，參見汪維輝：〈《大唐三藏取經詩話》、《新雕大唐三藏法師取經記》刊刻於南宋的文獻學證據及相關問題〉，載《語言研究》2010年第4期，頁103–107。關於《大唐三藏取經詩話》中每節以韻語詩歌結束的方式與宋代話本接近及其時代特徵的綜合考察，參見陳引馳：〈《大唐三藏取經詩話》時代性再議：以韻文體制的考察為中心〉，載《復旦學報》2014年第5期，頁69–80。

59 《道藏》第6冊，頁815。

60 同前註，頁840。

61 同前註，頁815。

62 同前註，頁815。

63 同前註，頁840。據前舉〈宋敕建玉隆萬壽宮之圖〉及〈宋制名考〉，三十六堂中除一堂失名外，其餘三十五堂名未見四聖，四聖堂不排除即該失名之堂。另外，所謂「實于寶藏」，「寶」當指「經寶」，「寶藏」即「經藏」，應當是指玉隆萬壽宮所藏道藏。

64 參見本書第五章。

65 譚煐編：《淨明溯源》，民國二十三年長沙同文印刷局鉛印本，葉八a。承朱明川提供該書複印件，謹致謝忱。另外，南京圖書館所藏民國十七年（1928）石印本《淨明儀範》扉頁所列文社較少，名單中未見「闡化文社」。

66 譚煐編：《淨明溯源》，葉八a。

67 該書照片承朱明川提供，謹致謝忱。

68 關於文社運動，朱明川有比較清晰的梳理，澄清許多問題，見朱明川：〈清末以來的關帝升格運動〉，頁209–227。

69 《淨明儀範》，葉二十三。

70 《淨明溯源》，葉十九a。

71　金桂馨、漆逢源纂：《逍遙山萬壽宮志》卷二，頁 427–430。

72　「鸞壇升授」既非皇封，是否可以視為道封呢？我認為「鸞壇升授」只是這一以中皇信仰為核心的鸞壇群體的私封，如採用鸞壇本身的用語，則可稱為「鸞授」或「鸞封」。宮廟以鸞諭的方式，號稱「玉封」或者「敕封」，如高振宏所稱「民封」，即民間信仰群體仿擬朝廷或者道教的封神而擬定（見〈朝封、道封與民封：從三個例子談敕封對神祇信仰的形塑與影響〉，載《華人宗教研究》2017 年第 9 期，頁 49）。這與道封是不同的。道封需要區分不同的對象。針對仙或者天尊，所謂道封，主要是指因應信仰而形成經典，在經典表述中，以天、太上或者玉皇等降敕方式授予的職銜。針對正神以及一般的里域香火祠神，所謂道封，主要是通過道士主持朝山請封或者建醮賜封儀式給與的封號。當然，如果動態地看，不論是「鸞封」、「私封」還是「民封」，如果被道士個人、群體或者宮觀系統所施行的道教儀式所接受，進而進入道教的歷史書寫，那麼，即會「正典化」，也就是被接受為「道封」。本章討論的「普天福主濟世消魔大帝」特別之處即在於，適逢當代中國道教的恢復運動，不論是閭山教還是鸞壇信仰等往往登記在道教協會名下，從而使得不同的宗教傳統都具有競爭道教正典的機會，而西山萬壽宮自民國以來即已部分接受該「鸞封」特別是「普天福主」一稱，正如本章討論的，展現了一個過程中的「正典化」訴求。

73　前舉光緒三十年宣化文社刊、湘潭三皇宮藏板《三教正鵠》，就目前所見殘存的中皇、呂祖等序及〈七十二峰大仙飛鸞記〉來看，並未提到傳訣之事，也未提到許真君或者「普天福主」。

74　譚煐編：《淨明溯源》，葉十八 b。

75　與譚蘭甫在湘潭一同創立維持宣化文社的諸人，大多歿於民國以後，也或敕真人及授仙官。此外，目前雖然未能見到遂川西溪龍源仙闈化文社的木刻版《演玄真經》書影，不知是否有標註版刻年代，而民國十年文寶社刊本也僅見到〈焚香讚〉，不知是否有文字說明施岑鸞筆以及編輯刊印的經過，但至少表明在民國十年前應已存在「普天福主」的說法。

76　《真經寶懺》，載李豐楙主編：《道法海涵》，第 1 輯下冊，頁 115–116。據〈同治七年重建西山玉隆萬壽宮圖〉（見光緒刊本《逍遙山萬壽宮志》）、〈光緒三十年重建西山玉隆萬壽宮圖〉（見宣統刊本《逍遙山萬壽

宮志》），清末的西山萬壽宮除「高明殿」外，存在「夫人殿」、「玉皇閣」、
「真武殿」、「三清殿」、「關帝殿」、「諶母閣」、「三官殿」等，此外還有
全真堂等並未標明。《法懺》中的「聖母殿」可能是指「諶母殿」，但「諶
母殿」應是供奉諶母，而非聖父聖母；也可能是在「夫人殿」，但夫人殿
應是供奉許遜妻子。「靈官殿」不見於該圖，也不見於如不來室藏《西山
萬壽宮調查檔案一宗》（擬）中所附1981年11月21日以「江西省南昌市
文物普查小組西山組」名義繪製的〈西山萬壽宮平面圖〉，不知是何時設
置，設置在何處。另外，〈西山萬壽宮平面圖〉中亦未見「真武殿」，據
如不來室藏《西山萬壽宮調查檔案一宗》（擬）所附1981年12月1日以「南
昌市文物普查試點工作小組」名義撰寫的〈西山萬壽宮的調查報告〉引述
西山萬壽宮道人李誠心回憶，真武殿在侵華日軍搶修中正橋時拆去三
分之一，1950年倒塌。

77 參見本書第九章。

78 據《淨明溯源》所載，分別為淨明文社，在「江西省城凌雲巷」；昌化文
社，在「江西省德勝馬路」；覺化文社，在「南昌，省城德勝馬路」；仁化
文社，在「江西省中山馬路」（葉七、八）。

79 參見本書第五章。同樣受到「普天福主」影響的還有如不來室藏金輪堂
銘記《許老真君寶經》，該經題作「普天福主許老真君寶經」，起句為「仰
啟普天福主神」，採用了「普天福主」而未採用「濟世消魔大帝」，不過，
該經最後的寶誥仍然使用道教系統的淨明普化天尊寶誥，而非文社系
統的福主寶誥。可惜的是，該抄本未署抄寫年代。豐城談三沅道長
2010年抄寫的科儀本《開啟請聖》中的許真君寶誥，既非淨明普化天尊
寶誥，也非福主寶誥，而是另一傳承，姑且稱為「許仙真君」寶誥，但
最後數字附加上「普天福主濟世消魔大帝」，稱為「普天福主許仙真君濟
世消魔大帝」，顯然是受到《普天福主演玄法懺》的影響。需要說明的
是，談道長的度師是鼎字輩老道長（已遷化），傳承科書多破損，並有
少量售出，現多轉抄，但《開啟請聖》並未註明從舊本抄出，雖然不排
除是來自師傳的民國舊本，但更可能是在轉抄時受當代豐城的經懺風
尚影響而予以添改。另外，與豐城情況相比更為複雜的是銅鼓縣的情
況，根據藍松炎、呂鵬志的編述，戴禮輝道長的授籙、驅邪等科儀中
所召請的許真君，或稱「九州都仙神功妙濟真君」、「江西福主神功妙濟
真君」、「普天福主神功妙濟真君」、「普濟福主神功妙濟真君」、「普天福

主許仙真君」、「江西福主許仙真君」等（見《江西省銅鼓縣棋坪鎮顯應雷
壇道教科儀》〔台北：新文豐出版公司，2014〕，頁64、91、133、136、
141、144、153、158、162、637），呈現多種樣態，在保持道教本身的
封號的同時，而以「普天福主神功妙濟真君」（或「普天福主許仙真君」）
出現的次數最多，其所用〈許真君聖誕慶壽表〉也稱許真君為「普天福主
神功妙濟許仙真君」（頁601）。

80　2007年中國書店第四十一期大眾收藏書刊資料拍賣會上拍賣。

81　此據豐城香頭所用抄本。鄔金生抄本漏抄了〈演玄真人寶誥〉。西山萬
　　壽宮提供本、玄門書社重印章靜德輯錄本則將「一貫」改作「淨明」。另
　　外，孔夫子拍賣網售出活字印本《演玄真人演垂新律團圓真經六品》一
　　種，其中開卷〈演玄真人寶誥〉與此不同，顯然並非指同一位仙真，不
　　知有何演變關係。該寶誥作「清廉高潔，正己化人。儒宗孔聖，志在復
　　真。三世知返本，化身長庚星。樂育英才首端品，奉天宣化度殘靈。
　　行端品正，萬世師承。三教心法演奧蘊，群聖玄機闡明文。救世殷
　　勤，回頭急早猛省。受道恩準，繼往開來常撐。開壇方方勇進，闡教
　　處處誠明。明心見性，立功建勳。垂經演懺，普度為心。大德垂永，
　　無量度人。大悲大願、大聖大仁、至廉至正、至清至明、承天開化、
　　演玄真人，明靈萬感宗師，育賢夫子」。

82　譚燧編：《淨明溯源》，葉一b。

83　同前註，葉六a。

84　同前註，葉十九b。

85　文獻中「江西福主」的說法似不早於明萬曆，參見許蔚：《斷裂與建
　　構》，頁647。

86　關於許遜仙職中的「九州」與「九天」的演變，參見許蔚：〈宋金之際的
　　淨明道〉，頁243–246。

87　戴禮輝道長的授籙法事中所啟許真君稱作「祖師九州都仙神功妙濟真君」
　　或者「祖師江西（普天）福主神功妙濟（許仙）真君」，而在上鎖昇願法事
　　中則出現「江西福主靈慶真君」與「膽坑真君殿許仙真君」，其中「江西福
　　主靈慶真君」的「靈慶真君」前所未見，但既置於「東吳太極葛仙真君」
　　與「金闕侍臣王、林真君」之間，與授籙法事啟師次第相合，應可肯定
　　是指江西福主許真君，而「膽坑」則是戴禮輝顯應雷壇所在地，「膽坑真
　　君殿許仙真君」與「茶溪水口三軍大王」等各種里域之神並列，可以肯定

只是特指膽坑真君殿所奉祀的作為「當坊福主」的許真君（參見藍松炎、
呂鵬志編：《江西省銅鼓縣棋坪鎮顯應雷壇道教科儀》，頁468）。

88　譚焜編：《淨明溯源》，葉二十七a。

89　有趣的是，鄔金生抄本中《福州（主）經》所見寶誥為「大悲大願，大聖
大慈。無上道祖，普天福主。九洲之仙，大（天？）賜高明。道師至
道，顯應神功。普濟真君，王（？）誦教主。淨明普保天尊」，雖然是另
出的一種寶誥，但仍然採用了道教傳統的「九州都仙」、「淨明普保天尊」
等內容，顯然是對該抄本中《普天福主演玄法懺》「濟世消魔大帝」寶誥
的解構。

90　周虹、李彪、吳雪蕾：〈伙居道教科儀考察──以廣豐縣萬壽宮廟會為
例〉，載《四川戲劇》2015年第11期，頁116。該文未公佈《許老真君
經》，不知是何內容。如不來室藏金輪堂抄本《許老真君經》，同時抄錄
了《李老真君經》，後者與上饒地區的地方信仰鷹武李將軍有關，鑒於
毛禮鎂編著《贛東靈寶教太平清醮科儀本彙編》介紹上饒橫豐縣太平清
醮儀式中出現許真君、李老真君（台北：新文豐出版有限公司，2008，
頁56），因而不排除廣豐橫山鎮廿三都萬壽宮所使用的《許老真君經》即
與金輪堂銘記本相同。關於鷹武李將軍，參見王常啓：《《靈山遺愛續
錄》校註及初步研究》（江西師範大學碩士論文，2009）；許蔚：〈皇家的
大高玄殿與民間的大高玄殿──雙向道上的地方祠神鷹武李將軍〉，待
刊稿。

91　2017年5月4日，鞠靜儉道長與我的私人談話。

92　2015年9月8日，何劍青道長與我的私人談話。

93　魏志良等重修：《逍遙山萬壽宮志》卷首〈新序〉，葉三b。民國《豐城通
志稿》記載豐城「盔袍會」由城內的六個香會輪流帶盔袍，宿山上盔袍，
參見李平亮：〈明清以來西山萬壽宮的發展與「朝仙」習俗〉，頁105。

94　〈民國乙卯年募化整修正殿及各殿樂助芳名併收付數目〉。個人捐款以
「奉新張松壽堂（即張勳）捐錢四佰仟文」居首。

95　南昌市文物普查試點工作小組：〈西山萬壽宮的調查報告〉。

96　〈豐城襄勸本縣捐局用費等款〉（光緒三十四年）。李平亮對光緒三十四
年豐城香會捐款碑中香會組織形式有綜合分析，此外，他也計算豐城
香會的數量，稱數量達到兩千個，參見李平亮：〈明清以來西山萬壽宮
的發展與「朝仙」習俗〉，頁106；〈地方神廟與社會文化變遷〉，頁330。

97 豐城香會甚至曾因給福主換袍與他邑香會發生鬥毆，而一度被禁止在七月三十、八月初一進香（2015年9月10日，豐城香頭X女士與我的私人談話）。

98 玄門書社印本在卷末還附加了〈太上淨明傳承法脈〉（派詩），也是對該法懺所缺少的「淨明」因素的增強。

99 西山萬壽宮道眾在西山廟會期間為香會做進表時，也確實會稱念〈福主贊〉，但不演唱，也不三稱「至心稱念」云云。

100 西山萬壽宮道眾是否唱誦〈淨明神仙讚〉不得而知，在調查廟會期間，我所見證數次儀式均未唱誦該讚。

101 西山萬壽宮提供的印刷經折本以及玄門書社2015年重印線裝本所附〈前言〉。

102 許蔚：《斷裂與建構》，頁370–380。

第九章

文本流傳與科儀拼接：
《太上靈寶淨明道元正印經》的再發現

　　《太上靈寶淨明道元正印經》是南宋淨明法經典，收入《道藏》，並為明清時代淨明派相關文獻所收錄。該經雖然在明清時代的淨明道運動中得到複製與傳播，特別是被清初朱道朗的淨明青雲派（淨明續派）尊崇為首要的淨明「四經」之一，甚至到民國間還有人提出「《道元正印》一經，實闡發天道之秘旨，開啟修士之玄關，字字珠玉，語語金針」[1]並給予專門的闡釋與註解；但由於該經原本並不屬於南宋淨明法的核心經典，且篇幅很短，經義實際上也比較大路，因而，除產生年代及異文有過相關的論述外，歷來並未受到現代學者的重視。[2]而在清代杭州道教流行的一種濟幽科儀《金丹祭煉》中，意外地出現了該經的全部文字，則令人感到極大的興趣。由此引發的思考，首先是，科儀中所融攝的文本是來自《正統道藏》，還是其他明清時代的道教文獻或傳承？其次，此種融攝是偶然，還是有特定的經典、神靈或者人事上的因緣？最後，該經的被重視與被利用，又可以獲得什麼樣的定位和評價？

第一節　《太上靈寶淨明道元正印經》的文本問題

　　關於《太上靈寶淨明道元正印經》的年代，由於元代淨明忠孝道法的經典主要是許遜、胡慧超、郭璞等仙真降授的五篇「高文大

論」，並已全部收入《淨明忠孝全書》，而《道藏》內其他與淨明有關之經典基本上均為南宋時淨明法所出，因此，通常認為該經應該是出自南宋初淨明法。南宋初淨明法曾有建炎間在臨江軍新喻縣（可能在玉虛觀）的喻水「六真」降經與紹興間在洪州玉隆萬壽宮的翼真壇「許遜」降經兩次大規模的降經活動。鑒於南宋初建炎二、三年間周方文等人所出《太上靈寶淨明洞神上品經》下卷見有〈淨明正印篇〉，強調的是諷誦〈靈書〉，並提出「以孝為祖，以身為宗」、「真人非難學，學之先以孝」、「父母本天尊，汝其悟於心」，[3]與《太上靈寶淨明道元正印經》內容基本上沒有關聯；而南宋紹興間翼真壇所出《太上靈寶淨明玉真樞真經》講述了性達心，所謂「淨明常了了」，[4]則與《太上靈寶淨明道元正印經》所表達的意旨接近，表明《太上靈寶淨明道元正印經》可能出自翼真壇「許遜」降經。[5]

　　該經在明清時代得到多次轉載與複製，其中，《道藏》本是目前能夠見到該經最早的版本。其他所見依次有明萬曆時楊爾曾草玄居刊《許真君淨明宗教錄》本、清康熙間青雲譜編刊《太上靈寶淨明宗教錄》本、清嘉慶間蔣予蒲編刊《道藏輯要》本及清光緒間成都二仙庵編刊《重刊道藏輯要》本、清同治湘潭聖訓堂刊《淨明忠孝真經》本、民國張勳刊《淨明忠孝龍沙經懺》本、民國長沙聖化文社刊《淨明忠孝經》本、民國《淨明大道心傳正宗》註解本、某道壇抄本及清活字印本等。以下對各版本作簡要的介紹。

一、《道藏》本

　　該本收錄於太平部，編入奉字第三號，與《太上靈寶淨明玉真樞真經》、《太上靈寶淨明天尊說禦瘟經》、《太上靈寶首入淨明四規明鑑經》等同卷。其文本比較特殊，是現存諸版本唯一作「神有所伸」的一種。而明清時代的刻本、印本包括道壇抄本均作「神中有伸」，由於意義差別並不很大，這一異文似乎暗示《道藏》本所據底本來自某個存在臨文改動的抄本。

從《道藏》所收南宋淨明法諸種經典與文獻來看，《高上月宮太陰元君孝道仙王靈寶淨明黃素書》、《太上靈寶淨明飛仙度人經法》等經典存在後代的改筆與竄亂現象，表明在相關經典流傳過程中確實存在增補和改動的情況。同時，根據相應的闡釋文獻《靈寶淨明黃素書釋義秘訣》、《太上靈寶淨明飛仙度人經法釋例》可知，二者的文本也存在殘缺的情況。類似的，《道藏》中分別單獨收錄的《太上靈寶淨明法序》、《太上靈寶淨明法印式》、《太上靈寶淨明入道品》、《太上靈寶淨明秘法篇》屬於同一經典的不同殘片，也表明相關文獻往往存在殘缺、錯置、離析的現象。

值得注意的是，在這些南宋淨明法的經典與文獻之中有一種《太上靈寶淨明院真師密誥》，包括三部分內容，其一為周方文九祖六親所得仙職，其二為太歲己酉（1129）三月十五日所傳治顛邪瘟瘵符法，其三為〈神仙辟穀服柏葉方〉。三者內容互無關聯，應是隨意地組合在一起，屬於雜鈔性質。[6]而從這一雜鈔形式來看，《太上靈寶淨明院真師密誥》似乎不應是從某一刻本刊入《道藏》的。此外，從內容上來看，所謂九祖六親仙職屬於周方文個人的私人文獻，[7]本不應作為淨明法的經典予以刊刻，更不應作為道教的經典或文獻收入《道藏》之中。實際上，即便是作為私人文獻，這一部分內容也不完整。據九祖六親名單下的說明「以上並係淨明院法師三人恩及者」，[8]則除了周方文九祖六親外，該部分原本應該還包括另外二位真師的九祖六親。[9]也就是說，即便將私人文獻公共化，也不應當只呈現周方文一人的九祖六親。這也再次表明《太上靈寶淨明院真師密誥》不應是據刻本，而很可能是據抄本刊入《道藏》的。

值得注意的是，明清時代諸刻本、印本「此名道元」基本上都作「此明道元」，「明」是改字還是訛字頗難決斷。實際上，以下將提及的諸本中確實有一個例外，某道壇抄本就寫作「名」，而不作「明」。儘管這個抄本時代相當的晚近，並且相對於刻本、印本系統的文本而言只是孤例，卻無疑使得問題進一步複雜化。一般來說，道壇抄本並不是孤立的文獻，本身應是按照祖本遞代轉鈔的，是道壇文獻

傳承史的一環。由於抄寫道經特別是科儀，本身具有神聖性和操作性方面的要求，一般而言，無論是文字、標記還是格式都要求完全照原樣抄寫無誤。儘管如此，抄寫過程中也難免出現訛、誤、漏、衍、竄亂、刪改等情況。但在最理想的情況下，某個抄本應該可以保存該道壇抄本最早祖本的文本情況。具體到「此名道元」與「此明道元」的問題，則存在多種文本情況。如果是根據刻本系統的某個本子抄寫的，則可能是參照《道藏》本而改「明」為「名」，而參照《道藏》，對於一個民間道壇來説可能性是非常小的；當然，更可能只是訛作「名」，特別是考慮到「神中有伸」與刻本系統一致的情況。不過，還存在一種可能，即是根據刻本系統以外的某個本子抄寫的，也就是説「名」既非根據《道藏》本改動而來，也非「明」的訛字，而可能是原本如此，那麼，就出現了《道藏》本、刻本系統以外的第三種文本情況。由於我們目前沒有更早的文本證據，這一文本情況也只能作兩可的分析，即其一，該文本可能保存了該經最初的形態，而刻本系統則改「名」為「明」；其二，該文本是在刻本系統基礎上，改「明」為「名」或者訛「明」為「名」，而偶然與《道藏》本達成部分一致。總體而言，我們傾向於認為道壇抄本所反映的文本情況早於刻本系統的可能性或許更大些。

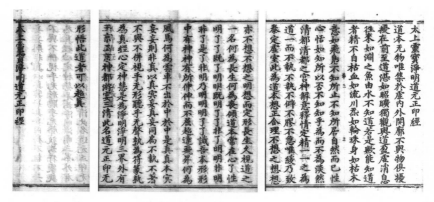

圖 9.1《道藏》本《太上靈寶淨明道元正印經》。

二、《許真君淨明宗教錄》本

該本收錄於萬曆三十一年(1603)楊爾曾序、草玄居刊本《許真君淨明宗教錄》卷一，為該卷首篇，並與《太上靈寶首入淨明四規明鑑經》、《太上靈寶淨明中黃八柱經》、《太上靈寶淨明洞神上品經》(含上、下二卷)等同卷。楊爾曾並沒有說明為什麼在首卷收錄此四經，但這一形式後來卻為清初的朱道朗所沿襲，並且被賦予了特別的意義。而除此四經之外，《許真君淨明宗教錄》實際上還收錄了《太上靈寶淨明法序》、《太上靈寶淨明入道品》等兩種南宋淨明法經典，並置於卷六之首。[10]

就文本內容而言，《道藏》本的「神有所伸」，該本作「神中有伸」，此後的各種版本包括道壇抄本均與該本相同。

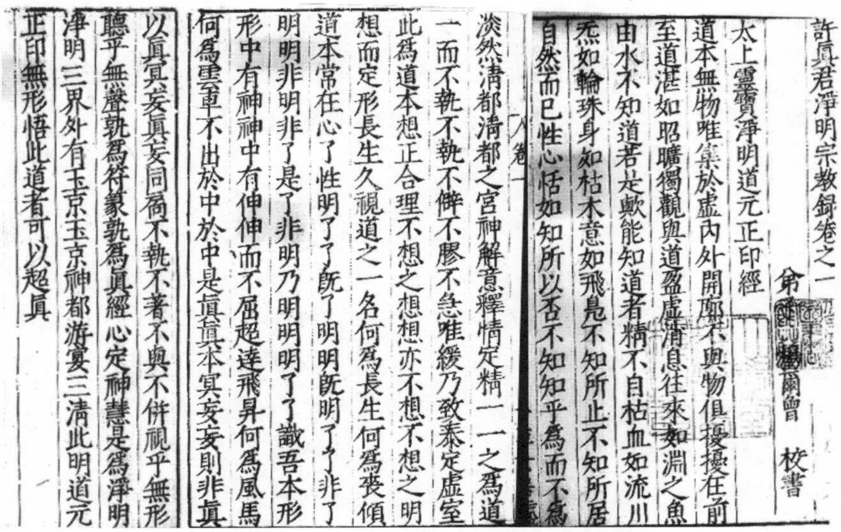
許眞君淨明宗教錄卷之一
弟 楊爾曾 校書
太上靈寶淨明道元正印經
道本無物唯集於虛內外開廓不與物俱擾擾在前
至道湛如昭曠獨觀與道盈虛消息往來如淵之魚
由水不知道若是歟能知道者精不自枯血如流川
炁如輪珠身如枯木意如飛鳥不知所止不知所居
自然而已性心恬如知所以否不知知乎爲而不爲
淡然清都清都之宮神解意釋情定精一一之爲道
一而不執不執不倂不膠不急唯緩乃致泰定虛室
此爲道本想正合理不想之想想亦不想不想之明
想而定形長生久視道之一名何爲長生何爲喪傾
道本常在心了性明了了既了明明既明了了非了
明明非明非了是了非明乃明明明了了識吾本形
形中有神神中有伸伸而不屈超達飛昇何爲風馬
何爲雲車不出於中於中是眞眞本冥妄妄則非眞
以眞冥妄眞妄同爲不執不著不與不倂視乎無形
聽乎無聲孰爲符篆孰爲眞經心定神慧是爲淨明
淨明三界外有玉京玉京神都游宴三清此明道元
正印無形悟此道者可以超眞

圖 9.2《許真君淨明宗教錄》本《太上靈寶淨明道元正印經》。

三、《太上靈寶淨明宗教錄》本

　　該本收錄於清青雲譜刊本《太上靈寶淨明宗教錄》卷一，[11]該本與《太上靈寶首入淨明四規明鑑經》、《太上靈寶淨明中黃八柱經》、《太上靈寶淨明洞神上品經》等同卷，也與《許真君淨明宗教錄》形式相同。其中，《太上靈寶淨明洞神上品經》不分卷，作一卷計，實際僅含卷上的十七篇，並非完帙，與《許真君淨明宗教錄》存在鮮明的差異，但應當不是因為底本的殘缺，而是有意截取了卷上，放棄了卷下的十八篇。

　　儘管就後知的立場不難發現，《太上靈寶淨明宗教錄》在卷一收錄以上四經應當是從《許真君淨明宗教錄》沿襲而來；但在面對他的預設讀者時，朱道朗卻不說這是襲舊，而是為此種編排形式賦予了教理上的特定意義。他在全書〈跋〉中提到「《淨明宗教》首明《道元》、《洞章》、《中黃》、《明鑑》，分四經以補三才，更洽神氣，互為其根，返還招攝，暢丹旨而定九論，又繼以《靈寶赤文》，為飛仙度人寶筏」。[12]此說與他在該卷〈衍〉中的闡釋稍有差異：

> 天文家以二十八宿各有常度，而無更變，名曰經星。吾《淨明宗教錄》首錄四經，蓋取其主有常度，而無更變者也。稽之《靈寶赤書玉篇真文》生於元始之先、空洞之中，已有制星秘文，主召星官，明度數，正天分矣。道之有經，乃人之有命。天之有仙，乃命之有元辰耳。不立命，不可以明經。不知天，不可以造命。星君可不顯乎？經功可不信乎？《道元正印經》曰：伸而不屈，超達飛昇。伸者，信（音申）也。太上云：其精甚真，其中有信。自古及今，不無超達之士，何飛昇之不數數見也？亦其屈之未盡伸歟？亦其中之未盡信歟？乃知超匪真超，達匪真達，是以雲車風馬，空懷瞻望而已。嗟夫，目未親覩，其誰信之。任斯道者，能不高懸金鑑，以印無形之正印者乎？《四規明鑑經》曰：明真而信夫道，則道為汝有矣。信者，慤實也，不疑也。能慤實而不疑者，斯可以動天地，格鬼神，調心性，而明人倫矣。《曲禮》云：執友稱其仁也，交遊稱其信也。是豈

山澤之癯童者哉？又豈坐廟堂而握權衡者哉？惟當於日用人倫之間，真忠至孝，各率性天之自然；聖智庸愚，咸識尊親之大本。為汝有者，不益多乎！璇機日湊，光明其日遠矣。中者，八方之空也。黃者，五色之正也。八者，少陰之數也。柱者，兩楹之幹也。虛四谷，塞二兌，開二洞，立八柱，以位中黃，而城郭宮室具矣。洞者，通徹而無碍也。神者，陽氣而靈明也。上者，下方之對照也。品者，仙官之階級也。天官列次，昇真受符，上帝賜名，〈靈書〉隱玄，而圖籙金書定矣。蓋城郭完而文武備，宮室具而主人在其中，經道燦然，天人懽慶。爾時都仙受玉皇誥命，主校神仙圖籙金名，攝星官，明天度，制北酆，正鬼炁，召蛟龍，伏水神，皆出於南雲通天寶經、空洞自然之靈書。於是括其秘要，演是四經，以防蠹運，以消離法，用廣流傳，以至下元之期，微妙秘密，功並玉章。祖師傳經，置其身於千百世之後。學人尊經，置其身於千百世之前。則古人之深意可得，而微言足徵矣。[13]

他在這裏説首錄此四經，是主其有常，「以消離法」，目的性是很強烈的，與總結全書時的「配三才」之説似乎尚有可以溝通之處。而他對《太上靈寶淨明道元正印經》、《太上靈寶首入淨明四規明鑑經》的闡釋，強調的是信道、明真，「申者，信也」，信道不疑，即陽明學中所謂「信得及」。這並非隨意的比附。朱道朗本以聖學與修真為一，並且明確説「吾修真之道，與正心誠意之學，千古一理，千聖一心」，[14]「真儒即道，真道即儒」。[15]在為青雲譜弟子立〈規〉時，他強調「大眾修持，先在慎獨。此刻信不到處，莫待來日。參求乾惕之用，六時無暇。清靜之體，一息不染。同堂互相究竟得個主宰，慎勿逐浪隨波，忘卻本相。今認此身此心與凡聖微分，須見此身此心與凡聖迴合，這裏莫放過去，外物斷不進來」，[16]即是此意。當然，具體到對應的經典，也未必就一定是聖學的翻版。他對《太上靈寶淨明中黃八柱經》所謂城郭宮室的引申與經文有關，當然應屬修證上的譬喻，但與該經的內丹修煉意旨顯然也有一定的隔膜。至於《太上靈寶淨明洞神上品經》，他所取偏於品階，顯然與他只選取了該經上卷，

而放棄了下卷的具體法術內容有關。從以上對各經的解說來看，他雖然多少引用了該經的文字，但基本上都是作選擇性的闡釋，與該經本身的意旨關係並不太大，主要是表達他對信道、明真、修證、定品的系統性想像，理學色彩或者說道論的意味較為濃厚。

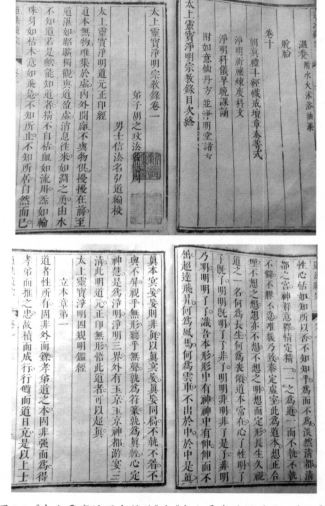

圖9.3《太上靈寶淨明宗教錄》本《太上靈寶淨明道元正印經》。

四、《道藏輯要》本及《重刊道藏輯要》本

　　該本收錄於《道藏輯要》及《重刊道藏輯要》危集第四《太上靈寶淨明宗教錄》。《重刊道藏輯要》本身是《道藏輯要》的重刊。關於二者所收經典的異同，莫尼卡已有較詳細的論述，在此不贅。[17]而《道藏輯要》及《重刊道藏輯要》所收錄《太上靈寶淨明宗教錄》一卷，在內容上應當說是完全一致的，為免繁瑣，姑作一種介紹。此一卷本《太上靈寶淨明宗教錄》，從題署方式與內容來看，應是從青雲譜刊本選輯的，[18]內容包括青雲譜刊本的卷一、卷七的全部內容、卷三的部分內容以及不見於青雲譜刊本的〈純陽祖師降示詩〉並跋一首。其中，原屬青雲譜刊本卷三的《飛仙度人經法》被剔除了，帶有明顯的去道法目的，而其後的《太上靈寶淨明法序》、《太上靈寶淨明入道品》則被置於卷前，從而將此一卷本偽裝成完整的一部書。而《太上靈寶淨明道元正印經》在此一卷本中的收錄形式與青雲譜刊本相同，也是與《四規明鑑經》等同卷。不同的是，四經後所附〈衍〉有所改寫：

　　吾《淨明宗教錄》首錄四經，蓋取其主有常度而無更變。更傳於千世萬世、前聖後聖，只是這一箇道心為主，強名之曰道元正印。經曰：道本常在，心了性明。此乃三教同源之旨，何如直捷！所謂神中有伸，伸而不屈，超達飛昇。此乃道元正印之妙用也。悟此道者，四規明鑑，朗然洞徹，聖功生焉，神明出焉。一感而鉛汞生，再感而黃芽苗，三感而龍虎交。觀其感通，元本忠孝立其基。及至寶鼎安矣，慶雲生矣，以吾之忠使人之不忠者盡變而為忠，以吾之孝使人之不孝者盡變而為孝，其功德可勝言哉？《中黃八柱經》曰：心腎正，鉛汞生，而後可以安金鼎，為大烹矣。故善學者，以身為安宅，以見聞覺知為風雨，立八柱，安垣墉，而風雨之患消。《洞神上品經》曰：倬倬孝弟，忠義不虧，雖無大藥，亦可悟法，名列巍巍。或行符咒，給藥度厄，未若以孝弟而服炁，事雙親，養一身，不尸

解，即超昇。不治身，不事親，是曰貪而欲黃金。天官列次，
不易書名，不難書名，不難不易，至道之精。嗟夫！是四經者
之在琅函流傳已久，諸學仙童不知凝神，何以變化身形，得我
寶圖元炁之本、流演之綱、昇仙之藥。昇仙之方，得之云何？
孝弟六親。能孝弟者，可行吾書。吾書非常，上帝之符。帶
書佩圖，忽然乘虛。又云：太上簡易，不尚紙筆，念念真經，
自然有得。信傳之千世萬世，前聖後聖，同符一軌而無變更者
也。願執經者，忽爾飛騰，咸券靈書而膺寶籙矣。[19]

　　這一解說與青雲譜刊本所見朱道朗解說差異極大，除開始的一
句外，可以說是完全不同的文字，具有非常突出的內丹修煉方面的
意趣。值得注意的是，將「道心」之說與「道本常在」云云比附較朱道
朗原文更加理學化，但只是為下文的內丹心性之說做鋪墊。而「所謂
神中有伸」云云比照青雲譜刊本可知，應是從朱道朗的解說中刪存下
來的，但與上下文不甚協調，是比較突兀的一句，為什麼要保留這
一句，不得而知，但即便插入了這一句，也不改變此處所強調的應
是「只是這一箇道心為主」、「道本常在，心了性明」的意義組合。而
之所以強調這一句，從下文來看，可能是為了順利導入關於《太上靈
寶首入淨明四規明鑑經》、《太上靈寶淨明中黃八柱經》內丹修煉也即
是「飛昇」方法的解說。實際上，儘管《太上靈寶淨明洞神上品經》確
實也含有孝悌成仙的明確主張，但此處應該是為了配合前述諸經的
內丹心性特別是命功解說，而強調其性功的一面。這樣的改寫，可
能在《道藏輯要》所據底本中即已存在，也可能是在選輯入《道藏輯
要》時所添改。

　　按《重刊道藏輯要》本卷末見有〈純陽祖師降示詩〉「斗中原有孝
悌王」云云並跋一首，據京都大學人文科學研究所藏本，《道藏輯要》
該卷末有不少闕葉，但殘存的葉四十九尚見有「吾是以降而娓娓。少
選，另有一盤星老實至言，為子二人現破也」一句，可證該詩及跋
確實應出自《道藏輯要》本。據跋，呂祖自稱是由一位名為「還誠」的

人特別為某二人（均是縣尹）降示。此外，在跋中呂祖還提到此前曾度陸光旭、蔣礎、劉餘霖等，此六人俱中怠，又度買藻，尋得了真道路，此外，度「天然」已有二十二年，度「還誠」也已七年。[20]《道藏輯要》本身是由信仰呂祖的鸞壇「覺源壇」弟子蔣予蒲編輯完成，其所收經典除選自《道藏》等書外，將覺源壇道書盡數收入，彰顯呂祖信仰與丹道修煉的特色。[21]由於早在覺源壇以前在廣大地區長期流行呂祖鸞壇及降經活動，特別是康熙至乾隆間湖北江夏涵三宮的呂祖降鸞與經典編撰工作影響深廣，因而，〈純陽祖師降示詩〉與一卷本《太上靈寶淨明宗教錄》的組合究竟是在編入《道藏輯要》時形成，還是在《道藏輯要》之前就已存在這樣一個組合文本，目前尚無更多的證據可予證明。[22]同樣，陸光旭等人，特別是呂祖降詩時的鸞手「還誠」，儘管從名字來看接近涵三宮構成人員「厶恕」、「厶誠」的法名命名方式，但目前看來也無確實的證據表明是出自涵三宮或者覺源壇以至其他呂祖鸞壇。[23]不過，雖然目前還無法證明對《太上靈寶淨明宗教錄》的截取究竟是出自覺源壇的蔣予蒲等人還是涵三宮等其他呂祖鸞壇，〈衍〉的改寫確實符合《道藏輯要》突出內丹修煉的追求與特色。

五、《淨明忠孝經》本

　　湖南省圖書館藏《淨明忠孝真經》一卷，清同治七年（1868）湘潭聖訓堂重刊本，未見。《澹生堂藏書目》著錄《淨明忠孝宗教經》二卷二冊，《傳是樓書目》著錄《呂祖覺世淨明忠孝經》二本，又同治《新建縣志》載明末熊人霖有《淨明忠孝經注》，不知是否即《淨明忠孝真經》。[24]又孔夫子拍賣網成交民國長沙刊《淨明忠孝經》一種，扉頁題「民國二十年辛未歲（1931）聖化堂重鋟」、「長沙聖化文社敏真子胡榮家、泰真子楊濬湘翻印」，書口下題「聖化文社」，可能與聖訓堂刊本《淨明忠孝真經》有關。該書前為焚香讚、燃燭讚等以及諸真寶誥，

清嘉慶刊《道藏輯要》本	道藏輯要 太上靈寶淨明宗教錄 道元正印經 淨明宗教錄 弟子玟之玫法名德周 仝男士信法名弘道編校 昭曠獨觀與道盈虛內外閴廓不與物俱擾擾在前至道湛如 能知道者精不自枯血如流川炁如輪珠身如枯木意如飛鳧 不知所止不知所居自然而已恬心恬如初不否不知乎 萬而不爲淡然清都清都之宮神解意釋情定精一之爲道 道之一名何爲長生何爲喪傾道本常在心了性明了了 明既明了了非了明明非了是了非明乃明明明了了 藏吾本形形中有神神中有伸伸而不屈超達飛昇何爲風馬 何爲雲耕不出於中於中是真真本冥妄則非真以真冥妄 真妄同爲雲耕不出於中不軌不著不與不併視乎無形聱乎無聲 轂爲真經心定神慧是爲淨明淨明三界外有玉京玉京神都 遊寞三清此明道元正印無形悟此道者可以超真 一而不執不悖不膠不急惟綏乃致泰定虛室此爲道本 想正合理不想之明想亦不想之明想而定形長生久視
清光緒刊《重刊道藏輯要》本	重刊道藏輯要 太上靈寶淨明宗教錄 道元正印經 淨明宗教錄 弟子胡之玫法名德周 仝男士信法名弘道編校 道本無形形中有神神中有伸伸而不屈超達飛昇何爲風馬 昭曠獨觀與道盈虛內外閴廓不與物俱擾擾在前至道湛如 能知道者精不自枯血如流川炁如輪珠身如枯木意如飛鳧 不知所止不知所居自然而已恬心恬如初不否不知乎 萬而不爲淡然清都清都之宮神解意釋情定精一之爲道 道之名何爲長生何爲喪傾道本常在心了性明了了 明既明了了非了明明非了是了非明乃明明乃明了了了 識吾本形形中有神神中有伸伸而不屈超達飛昇何爲風馬 何爲雲耕不出於中於中是真真本冥妄則非真以真冥妄 真妄同何以於中不軌不著不與不併視乎無形聱乎無聲 轂爲真經心定神慧是爲淨明淨明三界外有玉京玉京神都 遊寞三清此明道元正印無形悟此道者可以超真 一而不執不悖不膠不急惟綏乃致泰定虛室此爲道本 想正合理不想之明想亦不想之明想而定形長生久視

圖9.4《道藏輯要》及《重刊道藏輯要》本《太上靈寶淨明道元正印經》。

後為《許仙旌陽真君淨明忠孝經》，據書影所收至少應包括《太上靈寶淨明道元正印經》及《太上靈寶首入淨明四規明鑑經》。末仍有讚曰「道原立本，正己修身，克行忠孝建功勳。學貴乎成終，性理圓融，拔宅飛昇」，並三稱「太上淨明普化大天尊」，似乎應是出自一個尊奉淨明或者許真君的團體。

按「聖化文社」見於南京圖書館藏民國十七年（1928）石印本《淨明儀範》扉葉背所載，為參與刊印該書的五十七家文社之一。另據民國二十三年（1934）湖南善書流通處發行鉛印本《淨明溯源》所收

諸文社名單，「聖化文社」在「長沙城外天心馬路」。[25]根據《淨明溯源》，其信仰活動源自湖北襄陽人譚蘭甫據呂祖乩示所立之善堂。此後，譚蘭甫受呂祖乩示雲遊訪道，在張之洞署中請乩之後，往老河口住持安化壇，又受呂祖乩示改壇名為「安化文社」，與江西清江藥材商人羅運開等人證明普天福主（許真君）夢授玄關秘訣，承繼淨明法脈。接著，他再奉呂祖乩示前往湖南寶慶刊行經典，光緒二十七年在湘潭三皇宮，與在當地開設藥棧的羅運方（羅運開之弟）約江西豐城人曾文開、熊天楨、江西清江人楊培美、鄒慶善、張振聲、傅作礽以及湖南湘潭人李作聖等湘贛兩省緣人共同創建、維持「宣化文社」，成為後來諸多扶鸞文社信仰網絡的先聲。[26]值得注意的是，稱許真君為普天福主是這一扶鸞文社活動的發明，該稱隨著文社運動影響的擴大，也為民國間西山萬壽宮及進賢縣淨明道壇所接受，出現在相應的文檢與科儀抄本之中，[27]而今日江西豐城香會所使用的《普天福主演玄法懺》實際上也是出自諸文社之一、位於江西遂川西溪的「闡化文社」的扶鸞作品。[28]

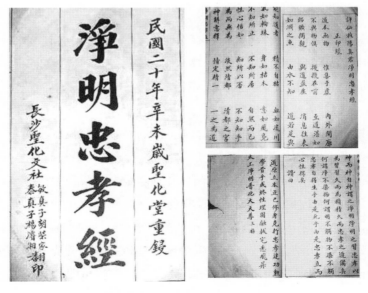

圖9.5 孔夫子拍賣網售出《淨明忠孝經》。

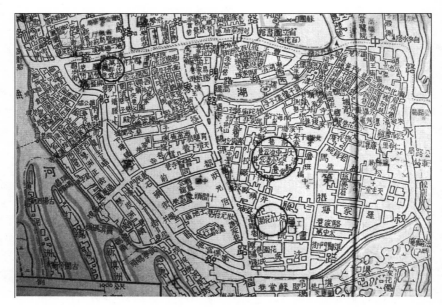

圖 9.6 民國三十八年（1949）左克昇編繪、知行地學社發行〈南昌市區暨街道圖〉。

六、《淨明忠孝龍沙經懺》本

　　該本收錄於民國八年張勳刊《淨明忠孝龍沙經懺》卷首，次於〈淨明忠孝龍沙會上真像〉、張勳〈序〉、張嘉猷〈序〉、〈許真君寶誥〉、〈康節先生早晚誦文〉、〈玄天上帝十勸文〉等之後，其下尚依次收有《太上靈寶首入淨明四規明鑑經》、《太上靈寶淨明中黃八柱經》。

　　按《淨明忠孝龍沙經懺》扉頁註明「張松壽堂。板存淨明壇。附存江西廣內甲戌坊劉乙照齋」。張勳號松壽老人，「張松壽堂」見於西山萬壽宮現存民國募化題名碑刻，有可能是奉新張氏張勳一支的堂號。[29]江西廣內甲戌坊即江西省城（南昌）廣潤門內甲戌坊，是清代南昌書坊、刻字店集中街區。[30]省城萬壽宮（鐵柱宮）亦在廣潤門內，除刻過《逍遙山萬壽宮志》外，還刻過一些俗文學和善書。淨明壇則很可能是指前舉扶鸞文社系統的「淨明」文社或「淨明」壇，據《淨明

溯源》所載應在「江西省城凌雲巷」，[31] 距離張勳公館（友竹花園）不遠（如圖9.6）。不過，《淨明忠孝龍沙經懺》中的〈許真君寶誥〉儘管與《道藏》本《諸師真誥》及其他道書、科儀抄本所見〈許真君寶誥〉差異甚大，但並未出現「普天福主」或者「普天福主濟世消魔大帝」的說法。

七、《淨明大道心傳正宗》註解本

　　該本目前未見公立圖書館收藏，孔夫子舊書網及古泉社區各成交一冊，綜合二冊書影簡介如下。據卷首戊寅仲春文帝（文昌帝君）降序《淨明大道心傳正宗》，應印行於民國二十七年，目錄後錄《大學》、《道元正印經》白文二篇，其次內容根據〈淨明大道心傳正宗目錄〉則包括〈大道淵源〉、〈神道設教〉、〈入道規律〉、〈學道志願〉、〈煉道法門〉、〈心印妙語〉、〈薪傳要旨〉、〈大學釋義〉、〈大學分解〉、〈道元正印闡微〉、〈道元正印分解〉。

　　考慮到該書將《大學》與《道元正印經》並列的情況，或許正是由於《太上靈寶淨明道元正印經》篇幅短小，並且也只是泛泛而論而不是專深的修煉文本，因而才獲得較為廣泛的流行和尊崇。

圖9.7　古泉社區成交本。

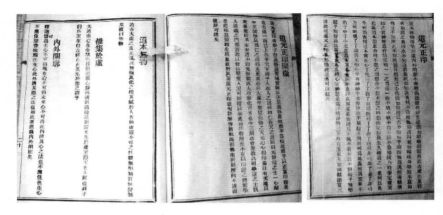

圖 9.8 孔夫子拍賣網成交本。

八、道壇抄本《許祖妙經》本

　　該本見抄於孔夫子拍賣網成交署「玉堂贊化雷壇書」抄本《許祖妙經》卷末，題作《太上靈寶飛昇淨明忠孝道元正印經》，與刻本系統一樣，「神有所申」作「神中有伸」。「名」字不同於刻本系統的「明」，但與《道藏》本一致，有關意義的討論如上，不贅。

　　值得注意的是，該抄本所呈現的物質形態反映了動態的書寫過程。一方面，該抄本存在明顯的筆誤或者改動。如「識吾本形」作「非吾識形」。鑒於上文「了」字和重文符號幾乎一致，連續的「非」、「了」帶來書寫順暢的同時，可能也使得下文誤鈔了「非」字，進而在此誤鈔上順勢將「本」改為「識」字，儘管保存了原本四個字中的三個字，意義也似乎差別不大，但也就製造了異文。另一方面，也存在明顯的二次補字。如「道本常在」的「道」、「視乎無形」的「形」均為補寫，表明初寫後又有校正。同時這一物質形態上的特徵也表明「非吾識形」以及「此名道元」應是遵照底本而來，確有可能反映該道壇某個階段抄本或者祖本的文本情況。

　　另外，玉堂贊化雷壇是受籙奏職受領壇位，屬《天壇玉格》所記載的六十甲子壇靖，分別見於乙亥「降真集靈靖玉堂贊化雷壇」、乙

已「契真保元靖玉堂贊化雷壇」，[32] 據書影，該抄本未標明何靖，故不知抄寫者應為乙亥生人還是乙巳生人。該抄本名為《許祖妙經》，據內文首葉所見經題，應即《太上靈寶許老真君顯化度人正印妙經》。該經不見於《正統道藏》、《萬曆續道藏》、《道藏輯要》，也不見於清初《太上靈寶淨明宗教錄》等書，《藏外道書》及其他已出版的科儀本或民間宗教集成文獻也未收錄，似應屬清代以來民間道壇流行的許祖經懺之一，流行地域目前尚不明確。如不來室藏「金輪堂銘記」抄本《許、李老真君經》所收《普天福主許老真君寶經》亦名為「許老真君經」，很可能是上饒地區流行文本，但與該經內容並不相同。[33]

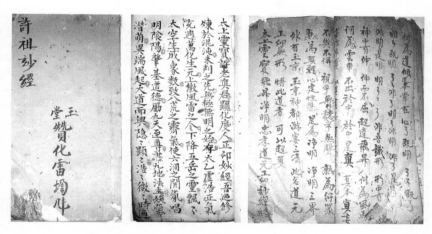

圖9.9　道壇抄本《太上靈寶淨明道元正印經》。

九、清活字印本《許祖妙經》本

　　清活字印本《許祖妙經》，如不來室收得照片一套，封面題「（許）祖妙濟真經」，書口題「真君經」，首尾有序一首、碑文一首，正文首題「許祖度人妙印真經」，在〈淨心咒〉、〈淨口咒〉、〈淨身咒〉、〈土地咒〉、〈祝香神咒〉、〈金剛（光）神咒〉、〈開經玄蘊咒〉、〈許祖寶誥〉後，又有正題，作「太上靈寶許祖真君顯化度人正印妙經」，末題則作「太上靈寶顯化度人許祖真人妙經」，而將正題後首葉與前舉道壇

抄本比較，可知二者內容應屬一致。該本中所收《道元正印經》題作
「太上靈寶飛昇淨明忠孝道元正印經後卷」，同樣是「神中有伸」，與
前舉道壇抄本也幾乎完全一致。

　　該本序署「光緒二十八年歲次壬寅（1902）夏月新鐫。梅江曾瑞
庭印送」，提到辛丑（1901）冬為免遭洪水而唪經，壬寅五月以誦經再
免洪水，遂刊送真經。末附碑文署「小布市卓峰寧元馤譔」，提到清
嘉慶十六年歲次辛未（1811），距州治百里的小布市附近數十村倡議
捐貲為江西福主許真君建廟。梅江係贛江支流，代指寧都。小布亦
屬寧都，為客家聚居區域。所謂許真君廟應即今寧都縣小布鎮的萬
壽宮，當地稱始建於清嘉慶十八年（1813），與碑文大體相合。由此
可知，《許祖妙經》至晚在清光緒二十八年已流行於贛州寧都地區。
而前舉道壇抄本的流行地區不排除也在贛州地區。

圖 9.10　清活字印本《太上靈寶淨明道元正印經》。

第二節　呂祖降乩與金丹後派：
《金丹祭煉》的成立背景

清代杭州道教流行的《金丹祭煉》，全稱《玉清內相警化孚佑帝君混元金丹度靈祭煉真科》，儘管今日已被《薩祖鐵罐煉度施食焰口》所替代，所幸尚有科本留存。從目前公佈的部分書影來看，上卷《孚佑帝君內煉度靈真科》所收〈聖語〉起「道本無物」訖「可以超真」，即為《太上靈寶淨明道元正印經》全部經文。[34]

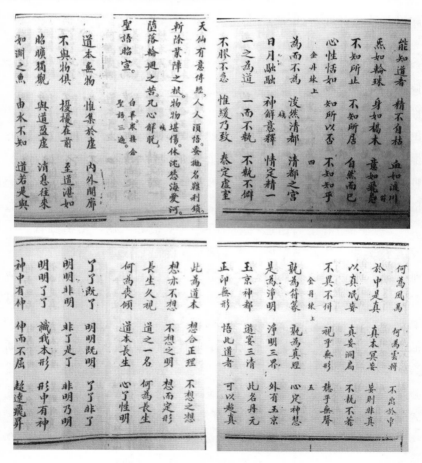

圖9.11《金丹祭煉》所見《太上靈寶淨明道元正印經》全文。

　　就文本而言，〈聖語〉末十數字與《道藏》本不同，而與上述明
清諸本基本一致。當然，從具體的文字上來看，〈聖語〉與明清諸
本也存在眾多的差異。如「身如枯木」，此本作「身如槁木」。「性心
恬如」，此本作「心性恬如」。「清都之宮」下，此本有「日月融融」四
字。「道本常在」，此本作「道本長生」。「識吾本形」，此本作「識我
本形」。「何為雲車」，此本作「何為雲軿」。「以真冥妄」，此本作「以
真泯妄」。「真妄同局」，此本作「真妄洞局」。「此明道元」，此本作
「此名丹元」。其中，多數差異可以視為傳寫造成的訛變，但「日月
融融」、「此名丹元」則顯然並不易被認定為傳寫訛變，而很可能是有
意的改動。考慮到該科儀稱為「金丹祭煉」，上卷又稱「內煉度靈真
科」，「日月融融」、「丹元」應是表達與「金丹」、「內煉」等有關修煉
層面的意旨。另外，值得注意的是，「此名」不同於明清刻、印本，
而與《道藏》本及前舉某道壇抄本一致，考慮到〈聖語〉本身是「完整」
的文本，其所據為底本的《太上靈寶淨明道元正印經》顯然並非《道
藏》本，而應與明清刻、印本特別是某道壇抄本屬於同一系統，從而
使得某道壇抄本不再是孤例，其可靠性增強，存在第三個文本系統
的可能性也就更大了。

　　該〈聖語〉在上卷所述科儀程序中，處於在入壇、禮迫攝官將、
至寒林所灑淨、升座舉偈、焚淨壇符、念白之後，由兩序道眾所念
誦，其下是否還接有其他科文，還是上卷就到此為止，目前尚不清
楚，因而難以判斷是如念白所表達的意思那樣是開悟亡魂，還是另
有別的意涵。而在《金丹祭煉》整個科儀或者各卷完整文本環境中，
該〈聖語〉又處於什麼樣的位置，承擔什麼樣的功能，目前也尚難斷
言。而該科為何會對《太上靈寶淨明道元正印經》作出這樣或有意或
無意的文本改造或變動，並將之稱為〈聖語〉，進而融入到煉度科儀
之中，無疑需要對該科儀的成立背景和編撰過程作進一步的考察。

　　根據曹本冶、徐宏圖的介紹，該科本據說曾經四次刊刻，版存
杭州西湖昭慶慧空經房。[35]他們對於四次刊刻並沒有提供更多的信

息，不知根據何在；版存昭慶慧空經房則為〈浙杭西湖慧空經房梵本價・道家梵本價目表〉著錄《金丹祭煉正科》所證實。[36] 而他們所轉引的序跋則有道光二十年（1840）嗣金丹後派章元靖〈重刻金丹祭煉原跋〉與光緒二十年（1894）杭州雲道堂下祝慧信〈後記〉。根據這兩篇文字，似乎只刻過三次。

〈後記〉提到因庚辛之難（太平天國攻陷杭州），科儀遺失，遂於同治九年（1870）請蔡崧甫去「荻」尋找，次年（1871）寄來章瑞堂所存「申江之原本」一冊，至光緒十八年（1892）又有周涵虛出示樂石友抄本，使內功、外秘遂為完璧。[37] 光緒二十年似乎應即目前能夠見到的昭慶慧空經房所刊本的刊行年代。而〈重刻金丹祭煉原跋〉則應見於所謂「申江之原本」，為道光二十年重刻時所作。該跋提到最初參與編撰的陳錦簾等幾位人物，但並沒有提到該書具體在何年編成。從書影來看，下卷《金丹祭煉科儀回向內秘文檢》前有署「嗣金丹後派初代弟子陳錦簾謹序」的〈陳錦簾原序〉，[38] 應該也見於「申江之原本」，而且應該是初刻時所作，但該序並未標明年代。上卷前有〈孚佑帝君金丹內煉自序〉，署「時壬午孟夏」。[39] 這應該是該科儀最初編撰成立的年代。不過，該干支紀年並未標明年號。所幸在乾隆四十年（1775）邵志琳所編《呂祖全書》卷四十三《名壇新詠》中收錄〈金丹內煉自序〉一首，即〈孚佑帝君金丹內煉自序〉，文末署「時乾隆壬午孟夏」，[40] 並且標題下還另標有小字注「乾隆二十七年，呂祖降筆湖郡雲巢精舍，傳此度靈真科，以濟幽爽」，[41] 可知該序降世的年代應可確定為乾隆二十七年（1762），昭慶慧空經房刊本漏了「乾隆」二字，而該科初次刊行也不應早於乾隆二十七年。

注意到上卷卷首見有「金丹後派傳道弟子陳錦簾重訂」的署名，[42] 似乎在陳錦簾之前另有刊本（如果有，則就是共有四次刊刻了）。實際上，「重訂」是指該科的最初編撰。對此，〈重刻金丹祭煉原跋〉有比較詳細的描述。鑒於該跋對於我們了解該科編撰及相關乩壇活動而言非常重要，茲轉錄如下：

吾荻有樓曰玩真，仙人嘗居之，時而談真講道，蓋即錦簾陳先生之廬也。表伯春陽朱先生，年甫十三歲，亦侍焉。呂祖降，令扶鸞。身矮小而手難抬，立墩乃稱。舊傳有張紫陽真人所纂《呂祖慈航無極懺》，出於康熙戊申年，刻於武林元妙觀。呂祖以其前後未馴，復編次之，並博采真詮洞章，翻作拯幽之法，垂為祭煉之科，廣惠泉壤，承恩不淺矣。第向之法士，行持純熟，不假諸科，故所刊有正科、副科。啟聖、回壇、內秘、符籙、行儀散列諸本，遇事預修，合一明了。厥後，前輩漸解化去。惟有繡源陳先生，乃錦簾先生之季子，嗣法，系後派第二代，佩受籙職，曾奉此科。以他阻，未克依科修奉。遂慨後學人稀，又恐真科秘失，特授堂兄養泉先師。師亦勉力修奉，系後派第三代。道光元年地蠟日，傳授於靖。逮壬午，師歸道山時，泣謂靖曰：凡行持道法，不依科修奉者，律有罪。其毋忽焉！靖誌遺言，不敢忘。今因同志，發心重刊，隨將啟聖、正、副、回向本貫鐫成冊，即註內功、外秘並飛符式，以便後之行持者溫習。或曰：科中註默啟帝師，回壇俯伏，何又有啟靈、回向儀文耶？曰：此固有兩法也。吾祖師開壇闡教，廣化人間。或在壇下行事，則依科內儀文。若須立壇場，請降聖師，必照啟聖、回向科。或曰：此則是矣，而元奧太泄，恐有藉此欺世者憎為多事，及稍知涉獵者執此誇能，奈何？曰：吾祖師序內不云乎，發心傳派，庶幾下嗣無誤。陳序又云，全憑內美，不事外觀。蓋至理真常，亦在乎人之慧力精貫。其憎者、執者，吾未如之何也已矣。其捐貲重刻者，王聿來、鄭錦宗、葉雲鵬、丁芷生、丁汲、勞本岱。書者，臨水王元福也。道光二十年，歲在庚子，道德蠟之辰，嗣金丹後派第四代芝陽章元靖謹跋。[43]

由上可知，《金丹祭煉》是一個自稱「金丹後派」的乩傳道派，以康熙初年降筆的《呂祖慈航無極懺》為基礎，根據乩示重新編訂而成的祭煉科儀。該乩傳道派最初在「荻」之玩真樓建立鸞壇請呂祖降

鸞，並由呂祖鸞諭啟派。據《孚佑帝君金丹內煉自序》稱「重陽受道，派自終南，始誤上陽，遂傳失秘。今者蘭場設備，重建金丹，接上世之祥光，繼下嗣之仙悟。乃茲緣聚玩真，整書傳於覺路；鳩集同嗣，得方明於見式。……特發虔心，以傳後派。庶幾下嗣無誤，以覺出凡入聖之階」。[44]所謂「重陽受道，派自終南」是指王重陽受呂祖之道，創立全真派。「始誤上陽，遂傳失秘」則是指自上陽子陳致虛開始，大道誤失。而針對這一情況，呂祖現在玩真樓下降鸞示要「重建金丹」，再傳「金丹正真法派」。[45]該序且署「金丹授道呂喦」，即金丹後派的授道之師。而金丹後派的「後」則應該是相對全真派說的。

該乩傳道派自陳錦簾始，為初代。其季子陳繡源嗣法為第二代，並曾受籙補職，成為道士。到第三代傳至其堂兄陳養泉。道光元年（1821），陳養泉傳法給章元靖，是為第四代。而章元靖則是初代陳錦簾從事降鸞時的鸞手朱春陽的表侄。可知金丹後派的主要成員基本上都有親緣關係，並且都是「荻」人。

「荻」是傳出《金丹祭煉》的地方，清末祝慧信在喪亂之後也是請人到「荻」去尋找該科，並且確實在那裏得到一本。該本原屬章瑞堂。他與同樣是「荻」人的章元靖可能也有親緣關係。「荻」是什麼地方呢？《陳錦簾原序》都是些美飾之辭，沒有提到鸞壇的任何信息，署名時也沒有提到鄉貫。

不過，《呂祖全書》卷二十二《金丹示掌初編》收錄有〈長生圖〉一種，署「玉清門下弟子錦簾、雲漢、杏林、春煦、赤城合參」。[46]該書前有〈孚佑帝君自序〉，署乾隆二十八年（1763），即呂祖降下《金丹祭煉》的次年。據《呂祖全書》卷前〈凡例〉所載，《金丹示掌初編》「出湖城雲怡草堂刻本」，[47]該卷題下小字注則說「出湖城雲巢精舍降筆抄本」，這似乎存在矛盾。但《呂祖全書》卷四十三《名壇新詠》收錄〈秋夜〉一首，題下註「出雲怡草堂抄本」，而其「共向南巢結伴游」一句下有小字注「南巢即湖郡南關之雲巢精舍」，[48]可知雲怡草堂與雲巢精舍即使不是指稱同一個鸞壇，也應屬於同一個鸞壇，而與

《金丹祭煉》出自雲巢精舍降筆的説法還是相應的。而《金丹示掌初編》雖然經過邵志琳的重新排序與增補，但據〈孚佑帝君自序〉，該書最初即含有〈長生圖〉，[49]因而《呂祖全書》所收本應該是可以反映該書降世時的情況的。所謂「玉清門下」即呂祖門下，而「錦簾」似乎應該就是陳錦簾。陳錦簾從事降鸞的鸞壇最初在他所居住的玩真樓，玩真樓似乎並非雲巢精舍或者雲怡草堂，但既然與他有關的《金丹祭煉》、《金丹示掌初編》都被説成是出自雲巢精舍降筆，二者顯然應該有密切的關係，可能屬於同一個鸞壇，至少應該在同一個地方。另外，《呂祖全書》卷五十八收錄《玉清金丹救劫度人寶懺》，即《呂祖金丹懺》，也曾有慧空經房刻本。該懺據卷末〈雲崖自述〉署「丁亥十月辛酉日，降筆於善養書屋」，而邵志琳於題下註（小字）則稱「乾隆丁亥（1767）孟冬，石雲崖先生降筆於湖郡雲巢精舍」，此點與懺中「命下南巢，宣此寶懺」一語相合，可知善養書屋應即屬雲巢精舍。其題中「金丹」應與《金丹祭煉》、《金丹示掌初編》一樣均為金丹後派之「金丹」，實際上該懺志心敬禮諸真最末為「金丹法派歷代祖師」，[50]即應指金丹後派，當然這只是為後世起例，在壇扶筆之人應即初代弟子，除非陳錦簾已去世，否則不可能列名其中。總之，金丹後派所活動的「荻」，可以確定應該就在湖城或者湖郡，也就是應在湖州。

　　章元靖提到，陳錦簾在玩真樓從事扶鸞時的鸞手是年僅十三歲的童子朱春陽。據《歸安縣志》載，朱烜，字春陽，歸安縣荻岡（也寫作「壋」）鎮人，是荻岡呂祖廟（祖師堂）的募建者。該廟由他於乾隆三十四年（1769）發起募緣，「雙林金洪夔購基，里人章遹翰、章寶芝等助資捐地，先後興建」，最終落成於乾隆四十三年（1778），嘉慶五年（1800）阮元奏請賜額「玉清贊化」。而該廟大殿前即雲怡堂。[51]《呂祖全書》卷二十二《金丹示掌初編》末有〈金丹示掌初編後記〉，署「乾隆甲午初秋，純陽子降撰於雲怡草堂」。[52]乾隆甲午即乾隆三十九年（1774），距呂祖廟募化興建已五年。

　　此外，《歸安縣志》也收載一則較簡略的朱春陽傳記，註稱據程同文〈朱春陽先生傳〉。[53]《金蓋山志略》收錄了程〈傳〉，同時還收錄荻塸人章藩所作〈朱春陽真人傳〉，此外，閔一得也作有一篇〈朱春陽先生傳〉，見於《金蓋心燈》。程〈傳〉以記述朱春陽的生平經歷和創建樓宇等事跡為主，比較詳實，相應的繫年也很明確，從行文來看應是根據家人提供的資料所作傳狀碑志一類的文字；章〈傳〉以記述他為鄉里行雷法祈雨、除妖等事跡為主，是一篇鄉人傳記；閔〈傳〉以記述他在金蓋山的師承與興建事跡為主，則為本山道脈傳記。

　　據程〈傳〉稱，朱春陽曾讀書雲巢精舍，此應即閔〈傳〉所說朱春陽十四歲入金蓋山從徐隆巖學道之事。[54]而雲巢精舍則是金蓋山的一個釋氏靜室，一名淨眾，在其東偏供奉著純陽帝君像。後來他在荻塸創建呂祖祠，前堂後樓，名為雲怡草堂，[55]據章〈傳〉在「溪隱堂故址」。[56]這與《歸安縣志》的記載稍有不同。「雲怡草堂」可能是乾隆三十四年呂祖祠最初興建時的命名，而《歸安縣志》所謂呂祖祠大殿前的雲怡堂則可能是乾隆四十三年最終擴建完成後的形制，當然，也可能是在嘉慶間獲得賜額以後為保留「雲怡」舊名而作的調整。[57]呂祖祠（雲怡草堂）建成後，最晚在乾隆三十九年，朱春陽邀請道士蔡來鶴來住持，並師事之。而蔡來鶴不僅參與降鸞，並且將有關降鸞文獻幾乎都帶到杭州交邵志琳刊刻流通。[58]

　　乾隆五十四年己酉（1789）新正，朱春陽離開荻塸，養靜於雲巢精舍。閔〈傳〉說朱春陽入金蓋山之時，他自己剛去雲南做官。鮑廷博註稱「懶雲子於五十五年丁未服官入滇南，次年戊申春陽子始入山」，[59]與程〈傳〉不合。而閔一得所作〈金蓋山純陽宮古今蹟略〉提到「專殿址復，由於朱君之寓守，歲在乾隆己酉也」，[60]則應以程〈傳〉為是。當然，不論閔一得究竟是乾隆五十二年丁未（1787）還是五十五年庚戌（1790）赴雲南，乾隆五十四年己酉新正的前一天就是乾隆五十三年戊申（1788）的除夕，鮑廷博的註其實與程〈傳〉也只相差了一天。

到雲巢精舍之後，由於是客居，[61]而呂祖也只是東邊的偏祀，所以朱春陽決定重拓基創造，在舊址前建設殿宇，並於乾隆五十六年(1791)完工，重命名為「撥雲巢」。不久，他便去世了。關於他的生卒，程〈傳〉稱他「生雍正癸丑(1733)臘月初二卯時，歸真於乾隆癸丑(1793)重五戌時」，[62]得年計六十歲(或六十一歲)。〈閔〉傳稱他在乾隆壬子(1792)金蓋山的興建剛剛完工，五月五日就去世了，年五十九歲。[63]無論是工程完工還是朱春陽去世的時間以及得年，都與程〈傳〉不同。實際上，五十九歲也是三篇傳記中最少的。章〈傳〉說他「年六十餘歲，童顏鶴髮，仙骨飄然」，[64]由於是要渲染他的道術高妙，所以應是文章上的修辭，並非實數。而閔〈傳〉的差異則顯然並非由於傳記書寫的原因。閔一得是在朱春陽身後才從雲南返回的。他在〈金蓋山純陽宮古今蹟略〉中自述「朱歿，又四載，余入山守」，[65]以他恢復淨眾「始自嘉慶二年(1797)」[66]逆推，四年前即乾隆五十八年，與程〈傳〉相合，可見閔〈傳〉應屬誤記。另外，閔〈傳〉說朱春陽「三十五始開雲怡堂於荻岡」，[67]無論是以乾隆五十七年歿、年五十九計還是以乾隆五十八年歿、年六十計，或者以雍正十一年生計，都是乾隆三十三年(1768)，與《歸安縣志》所載乾隆三十四年稍有差異，或許是指擇地改建前，朱春陽在荻堽演教寺、三元宮旁奉祀呂祖之事，[68]可能那時候已有「雲怡」之名。

閔〈傳〉提到朱春陽幼年「受記於呂祖」，被稱為「小神仙」(出自朱春陽自述)，十四歲時到金蓋山，徐隆巖請他試鸞，上手即飛舞，出詩文七千餘言，「宿學老儒咸奉為選體」，徐隆巖也留他在山學道，[69]可知他在湖州是有名的神童鸞手。章元靖是朱春陽的晚輩，與閔一得為同時人。章元靖提到朱春陽在玩真樓扶筆的年紀是十三歲，與閔一得所記十四歲初試不同，可能存在誤記，也可能是出於敘述立場不同而產生的差異。閔一得是以金蓋山為本位來敘述的。章元靖則是以玩真樓降真或者金丹後派為本位來敘述的。不論以何者為準，《金丹祭煉》如前所述應該可以確定是降於乾隆二十七年，

其時朱春陽年二十九，遠大於十三歲（乾隆十一年，1746）或十四歲（乾隆十二年，1747），顯然並不是朱春陽最初從事扶筆時的作品。考慮到《金丹示掌初編》降於乾隆二十八年，如果同意參與降筆的「錦簾」即陳錦簾，那麼，玩真樓降真似乎可以認為持續了近二十年。不過，邵志琳註稱《金丹祭煉》降筆於雲巢精舍，與章元靖所説扶筆地點為玩真樓也不相同。乾隆二十七年，雲怡草堂尚未建立，降筆地點肯定不會在雲怡。而閔一得説朱春陽十四歲在雲巢初試扶筆，可知雲巢確有鸞壇。乾隆二十七年主雲巢者為陳樵雲。他與朱春陽年紀相仿，稍長三歲，也是荻岡人，並且也是徐隆巖的弟子。[70] 陳樵雲與前輩陳錦簾可能有親緣關係，具體是何關係，目前尚不清楚。如果《金丹祭煉》確實是降於雲巢，則可能也與陳樵雲有關。

第三節 「聖語」與「人心」：
從《呂祖慈航無極懺》到《金丹祭煉》

如前所述，《金丹祭煉》是以《呂祖慈航無極懺》為基礎重新編撰而成的。章元靖提到《呂祖慈航無極懺》為張紫陽降筆編次，「出於康熙戊申年，刻於武林元妙觀」。儘管我們並未見到這一杭州玄妙觀刻本，但邵志琳《呂祖全書》卷五十九即據杭州玄妙觀刻本收錄該懺。據《呂祖全書》本，該懺名為《玉清純陽慈航無極寶懺》，為張紫陽降筆所編，前有〈孚佑帝君慈航無極寶懺原序〉（於守珍庵降筆），末有〈紫陽張真人後跋〉，署「康熙七年歲在戊申」或「康熙戊申」，[71] 與章元靖所述相合。另外，該懺末有〈讚〉（目錄列作〈懺後讚〉）提到「樵陽啟化」，可知該懺是因應許真君龍沙讖而產生的文獻。以目前能夠見到的《金丹祭煉》部分書影與《慈航無極寶懺》對讀，可知該懺的絕大部分內容都被捨棄了，只有最後的〈回向〉儀節中一段被稱為「聖語」的內容被保留了下來，[72] 實際上相當於完全新編。如前所述，金丹後

派通過乩筆另編了一種《呂祖金丹懺》。該懺雖然也讚禮呂祖顯化事跡，但與《慈航無極寶懺》不存在文本上的關聯，並且實際上也完全可以替代其懺儀功能。對比此種情況，採用了「聖語」的《金丹祭煉》也就確實是一種「重訂」。

就《金丹祭煉》書影中所見，《聖語》是在「士」(高功) 念白之後，由兩序道眾所念誦。而在《慈航無極寶懺》中，作為「聖語」的《太上靈寶淨明道元正印經》則是以一句「無極今完，乃人心之所喻；丹元再續，則聖語而未終」引起，直接置於迴向文之末。所謂「無極今完」顯然是指本懺即《慈航無極寶懺》到此已拜誦完畢。而「丹元再續」初看不知所云，但顯然應是指接下文。從下文將「此名道元」改作「此名丹元」，可知「丹元」確實就是指《太上靈寶淨明道元正印經》。該經文在此被稱為「聖語」，從〈回向〉儀節的整個文本來看似乎並沒有什麼特別的涵義，很可能只是為了與上句的「人心」形成修辭而已。

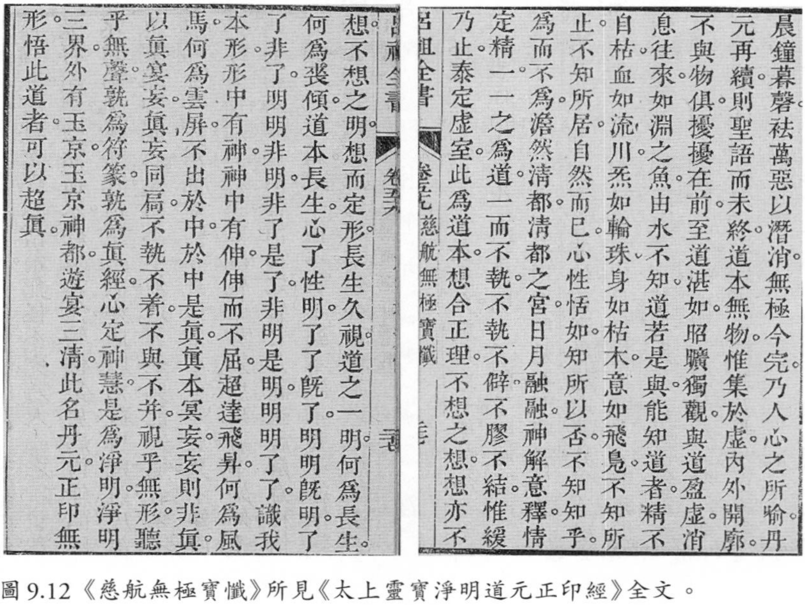
呂祖全書　慈航無極寶懺

晨鐘暮磬。祛萬惡以潛消。無極今完。乃人心之所喻。丹
元再續。則聖語而未終。道本無物。惟集於虛。內外開廓。
不與物俱。擾擾在前。至道湛如。照曠獨觀。與道盈虛。消
息。往來。如淵之魚。由水不知。道若是。與能知道者。精不
自枯。血如流川。烝如輪珠。身如枯木。意如飛鳧。不知所
止。不知所居。自然而已。心性恬如。知知所以否。不知知乎。
爲而不爲。澹然清都。清都之宮。日月融融。神解意釋。情
定。精一。一之爲道。一而不執。不執不僻。不膠不結。惟綏
乃止。泰定虛室。此爲道本。想合正理。不想之想。想亦不

想。不想之明。想而定形。長生久視。道之一明。何爲長生。
何爲喪傾。道本長生。心了性明。了了既了。明明既明。了
了非了。明明非明。非了是了。非明是明。明明了了。識我
本形。形中有神。神中有伸。伸而不屈。超達飛昇。何爲風
馬。何爲雲屏。不出於中。於中是眞。眞眞本冥。妄妄則非眞。
以眞寔妄。眞妄同扃。不執不着。不與不并。視乎無形。聽
乎無聲。孰爲符篆。孰爲眞經。心定神慧。是爲淨明。淨明
三界外。有玉京。玉京神都。遊宴三清。此名丹元。正印無
形。悟此道者。可以超眞。

圖 9.12《慈航無極寶懺》所見《太上靈寶淨明道元正印經》全文。

該懺引入《太上靈寶淨明道元正印經》的原因不明，可能與呂祖是應龍沙讖而出的宗師有關，不過，該懺所朝禮的諸仙真中雖然出現許真君，但只是作為三省的一員，並不具有淨明色彩。至於為何將「道元」改為「丹元」，從該懺全文敘述來看似乎也難以得出結論。不過，從該懺在朝禮的諸祖師中將呂祖列為開山，將劉海蟾、王重陽列為玉清法派，並列出「玉清法派無上聖師虛靈神妙顯化王真人」、「玉清法派總司五雷佐化宣道萬法葛天君」、「玉清法派九天紫府司丹真宰雲崖石仙師」來看，可能在守珍庵或者玄妙觀存在一個自稱「玉清法派」的乩傳道派。而雲崖石仙師則是金丹後派編撰《呂祖金丹懺》時臨壇的仙真。據《呂祖金丹懺》卷末〈雲崖自述〉，他自稱是萬曆間進士，被謀害而死，少時曾夢呂祖授以〈金丹內篇〉，被害後受呂祖指引習誦〈金丹內外篇〉，後受命為受煉司司丹真宰。[73] 儘管這是遠在乾隆間湖州的降筆，可能附加了雲怡草堂或者金丹後派的理念，但從錦簾等人曾署「玉清門下」來看，很可能與杭州「玉清法派」有一定的關聯。而金丹後派編出的《金丹祭煉》既然沿用了《慈航無極寶懺》的〈聖語〉，「丹元」的舊文也被保持下來，不論《慈航無極寶懺》最初的改動是否與「玉清法派」的內丹主張有關，在被沿用之後也就與所謂「金丹」相印合了。

與「此名丹元」類似，前舉《金丹祭煉》與《太上靈寶淨明道元正印經》的差異中，「心性恬如」、「日月融融」、「道本長生」、「識我本形」等也都襲自《慈航無極寶懺》。但這並不代表《金丹祭煉》是完全沿用《慈航無極寶懺》的文本。二者實際上也存在不少文字差異。如「道之一名」，《慈航無極寶懺》作「道之一明」。「不膠不急」，《慈航無極寶懺》作「不膠不結」。「惟緩乃致」，《慈航無極寶懺》作「惟緩乃止」。「身如槁木」，《慈航無極寶懺》作「身如枯木」。「非明乃明」，《慈航無極寶懺》作「非明是明」。「何為雲軿」，《慈航無極寶懺》作「何為雲屏」。「以真泯妄」，《慈航無極寶懺》作「以真宴（冥）妄」。「真妄洞局」，《慈航無極寶懺》作「真妄同局」。「不異不並」，《慈航無極寶懺》作「不與不並」。

其中，「身如枯木」、「以真冥妄」、「真妄同局」均與《太上靈寶道元正印經》相同，《慈航無極寶懺》並未改動，但《金丹祭煉》卻也未加沿用，而是另作新的改動。《金丹祭煉》這幾處改寫既有文學上的好尚如「泯妄」，也有意義上的調整如「洞局」。而「槁木」雖然看上去沒有改變原文的意義，只是文學上的修飾，但卻植入了金丹後派的觀念。《雲巢精舍語錄》所載呂祖降筆稱「可知此道原非旦夕間事也。到得身如槁木，心若死灰，則進道之階矣」。[74]此應即陳錦簾等人改「枯木」為「槁木」之緣由。

「道之一明」不知玄妙觀刊本是否即如此，既可能是《慈航無極寶懺》編撰時的有意改動，也可能是刊刻時（初刊或者重刊）的訛誤。「惟緩乃止」則似乎並非邵志琳重刊時發生的訛誤，而很可能是《慈航無極寶懺》對文意所作調整。至於「非明是明」與「非明乃明」意義相同，並沒有高下之分，似乎是很隨意的改寫。而「不膠不結」則顯然是有意的改動。以「膠」對「結」，最初可能只是出於文句上的修辭，但也改變了原文的意義。與此類似的是「不與不並」。令人驚訝的是，對於這幾處或隨意或有特別意圖的改動，《金丹祭煉》不僅沒有接受，反而全都恢復為《太上靈寶淨明道元正印經》的相應原文。類似的，「雲屏」與「雲車」差異明顯，無疑為《慈航無極寶懺》的改動。但《金丹祭煉》既沒接受「雲屏」，也沒有接受「雲車」，而是選取了一個與「屏」同音，同時含有「車」的意義的「軿」，作出一種折中的處理。可見，陳錦簾、朱春陽等人在扶出《金丹祭煉》時應當是明白這段「聖語」就是《太上靈寶淨明道元正印經》的，[75]因而才能作出相應的文本調整，但他們仍稱之為「聖語」而未像恢復上述文字那樣恢復經名，顯然是並不認同《太上靈寶淨明道元正印經》本身，只是將其文本作為編修時的一種參考，並且也不以其文本為標準，只是隨其心意（或許是鸞示）而予以選擇性的處理。

既然他們並不認同《太上靈寶淨明道元正印經》，同時也將《慈航無極寶懺》刪略幾盡，那又為何要保留這一「聖語」呢？

　　注意到，出自雲巢精舍降筆抄本的《金丹示掌初編》中有一篇〈金丹捷法論〉，提到「功在進退，道介有無。云道有道，何常有道。云道無道，誰道無道。道道是道，道是非道。不道之道，方為是道。非道是道，方見道了。了了明明，明明了了。非了是了，明明是明。明明了了，識見真形。誠一不二，反了原形。原形無外，只在無心。心焉能無，無心是無。無心能無，心自無矣。非心不心，不心是心矣。其中妙理，應有神機。非人能透，能透非人。人人有道，道道依人。得是道者，可以長生」。[76] 其所論意旨與「聖語」基本一致，並且「了了明明，明明了了。非了是了，明明是明。明明了了，識見真形」也很明顯是從「聖語」的「了了既了，明明既明。了了非了，明明非明。非了是了，非明是明。明明了了，識我本形」轉寫而來。結合〈長生圖總論〉中「後但不覺我有身，彼即我身。不見有身也，是如真身了。凡身去也，真身成也。此了身也，非了身也。得道身也，非道身也。化無形也，自有神也。非有神也，靜靜機也。非是機也，天地清也。清清而神明也。神明而變化無窮也。無窮而道生也。道生而道道也，道道而道無也。無道而無著也，無著而性得也。性得而道現也，道現而理遍也。理遍而大道通也」的論述來看，他們應當是認為「聖語」所改動的文本「丹元」比「道元」更加符合他們心目中金丹修證之意味，因而接受了「聖語」，放棄了《太上靈寶淨明道元正印經》。

　　另外，有意思的是，類似的論述也見於《孚佑帝君證道成真心懺》的〈啟懺偈〉作「妙哉大道，無神無形。今今古古，古古今今。即今是古，即古是今。非今是古，非古是今。明明了了，了了明明。非了是了，非明是明。明了是了，了明是明。形神俱妙，與道合真」。[77] 該懺據邵志琳小字注「出湖郡張氏刻本」，雖然不確定是否雲巢精舍或者雲怡草堂所出，但也是來自湖州的文獻。其中，「明明了了」等與《金丹捷法論》有關，「今今古古」則與《慈航無極寶懺》的〈啟請頌〉「是非非是非非是，今古古今古古今」[78] 有關。

　　由上可知，陳錦簾、朱春陽等人或者說湖州一帶的扶鸞文人對作為「聖語」的《太上靈寶淨明道元正印經》的語言形式非常著迷，並將其奉為金丹修證之圭臬，用之科儀，化為丹論，從而使本來並不高深的文本也顯得意味無窮，蘊含深刻。由此，也可以理解後世何以竟會有人將《太上靈寶淨明道元正印經》與《大學》相提並論，以為字字珠璣了。

第四節　本章結語

　　在《太上靈寶淨明道元正印經》現存諸本中，《道藏》本是最為特殊的一種，除了作為《道藏》的一部分頒藏各地宮觀外，基本上並沒有進入流通。明清時代為道教或者奉道人士所認同和使用的，基本上都是文中作「神中有伸」以及末為「此明道元，正印無形。悟此道者，可以超真」的文本。其中，明萬曆間楊爾曾刊行的《許真君淨明宗教錄》本是目前所見該系統最早的本子，而其文本包括四經組合的形式也為清康熙間青雲譜編刊的《太上靈寶淨明宗教錄》所繼承。並且這種可能只是出於偶然的編排方式也被賦予特定的意涵，從而使得包括《太上靈寶淨明道元正印經》在內的南宋初淨明法四種被尊奉為首要的經典。此後的《道藏輯要》本、《重刊道藏輯要》本《太上靈寶淨明宗教錄》沿襲了這一內容與形式，並在相應的〈衍〉中改換文句，更加突出《太上靈寶淨明道元正印經》在內丹修煉中的心性意涵。此種處理與呂祖鸞壇有關，但是否出自覺源壇或者涵三宮，目前尚難決斷。而這一認識顯然並不僅僅反映在《道藏輯要》中。清乾隆間湖州荻岡的乩傳道派金丹後派，由於秉承呂祖「再建金丹」的鸞諭，即對《太上靈寶淨明道元正印經》的經句作此種理解。只不過，他們並不尊崇《太上靈寶淨明道元正印經》，而是尊崇作為「聖語」的該經文本本身。

　　作為「聖語」的該經文本，被金丹後派運用於他們所編訂的《金丹祭煉》之中。在金丹祭煉科儀中，該文本是用於覺悟亡魂，還是用來授亡魂以道從而使其昇天，由於目前公佈的書影並不完全，尚難以決斷。而由於其科儀功能不明，該文本為何會被運用於煉度科儀便難以解明。不過，僅就文本淵源的層面而言，該文本之所以被融入煉度科儀，並不是因為金丹後派通過某版本的《太上靈寶淨明道元正印經》認識到其意義從而加以轉化，而是因為《金丹祭煉》本身是通過呂祖降筆在清康熙初年杭州玄妙觀刻本《慈航無極寶懺》基礎上刪修、增廣而成，而「聖語」即出現在該懺之中。經對讀可知，《慈航無極寶懺》的內容除「聖語」外，其他內容在目前所見《金丹祭煉》書影中完全沒有出現，可見《金丹祭煉》是特意選擇了「聖語」。而這一「聖語」在《慈航無極寶懺》中原本是被置於〈迴向〉儀節之末。鑒於其迴向文講述大道流行及修持大道等等內容，結合「聖語」將「道元」改為「丹元」來看，似乎已經具有突出丹道的意味。這樣的處理符合明清時代呂祖信仰及降筆實踐所蘊含的內丹風尚，也契合獲岡呂祖鸞壇眾人的金丹理念，因而其文本遷徙便順理成章。有意思的是，「聖語」所據為底本的《太上靈寶淨明道元正印經》不出意外地並非《道藏》本，而應是與明清諸本屬同一系統的本子。目前所見兩個版本的「聖語」雖然並不是康熙原刊，並且「聖語」本身還經過文本上的遞次改造，但所反映的《太上靈寶淨明道元正印經》的文本面貌卻恰與某道壇抄本存在一絲關聯的可能，暗示該道壇抄本所據底本為《道藏》本、明清諸本以外第三種文本的可能性確實存在。

註　釋

1　民國二十七年鉛印本《淨明大道心傳正宗》卷首戊寅仲春文帝（文昌帝君）
　　降序，葉一 a。書影參見古泉社區，http://bbs.chcoin.com/show-7484759.
　　html?authorid=197809，上網日期：2014年6月12日。

2　郭武曾討論該經的產生年代，我也曾討論該經的產生年代及異文情
　　況，參見郭武：《《淨明忠孝全書》研究》，頁206及許蔚：《斷裂與建
　　構》，頁465–466。

3　《道藏》第24冊，頁609。

4　同前註，頁612。

5　許蔚：《斷裂與建構》，頁62、465。

6　我此前認為後二者是《靈寶淨明院真師密誥》的附錄，並認為符法與柏
　　葉方是同時所傳，顯然是受到這種文本組合形式的誤導，見許蔚：《斷
　　裂與建構》，頁57。

7　關於周方文九祖六親與海陵周氏的考證，見許蔚：《斷裂與建構》，頁
　　46。

8　《道藏》第10冊，頁525。

9　許蔚：《斷裂與建構》，頁444。

10　關於該書版本及內容的討論，參見許蔚：《斷裂與建構》，頁83–102。

11　關於該書編撰年代、版本及內容的討論，參見許蔚：《斷裂與建構》，
　　　頁130–148。

12　南昌新風樓藏清青雲譜刊本《太上靈寶淨明宗教錄》卷十，葉二五 b。

13　同前註，卷一，葉二七 b–二九。

14　北京大學圖書館藏清康熙刊本《青雲譜志略》，葉二十 a。據《青雲譜志
　　　略·藝文》所收〈語略附記〉，朱道朗〈語略〉由其弟子沈兆奎（弘慈）、
　　　鄭弘果記錄並編輯付梓，但未刻完就被朱道朗阻止，儘管《青雲譜志略》
　　　所附經板目錄中並未著錄，但北大藏本在目錄前裝入了版式不同的兩
　　　葉語錄，版心上題作《青雲圃語略》，可證朱道朗的語錄先前確實曾單
　　　獨刊行，經比對可知，此兩葉中除部分文句外，已收入《青雲譜志略》
　　　所收〈語略〉。關於《青雲譜志略》版本情況的討論與介紹，參見許蔚：
　　　《斷裂與建構》，頁413–415。

15　《太上靈寶淨明宗教錄》卷八，葉三四 a。

16 《青雲譜志略》，葉十四 a。

17 參見莫尼卡：〈《道藏輯要》及其編撰的歷史——試解清代《道藏》所收道經書目問題〉，載《第一屆道教仙道文化國際學術研討會會議論文》（高雄：中山大學，2006）以及〈清代道教における三教の寶庫としての『道藏輯要』在家信徒と聖職者の權威の封峙〉，載麥谷邦夫編：《三教交涉論叢続編》（京都：京都大學人文科學研究所，2011），頁 431–468。

18 參見許蔚：《斷裂與建構》，頁 137。

19 《道藏輯要》危集四《太上靈寶淨明宗教錄》，葉二十 a–葉二十一 a。

20 清光緒刊本《重刊道藏輯要》危集四，葉四十八。

21 莫尼卡：〈「清代道藏」——江南蔣元庭本《道藏輯要》之研究〉，載《宗教學研究》2010 年第 3 期，頁 22。

22 我此前認為是編刊《道藏輯要》時附入，顯然並沒有什麼證據，見許蔚：《斷裂與建構》，頁 139。

23 當然，這些人也不見於同樣崇奉呂祖的青雲譜士人群體。關於涵三宮與呂祖乩壇及文獻編撰，參見尹志華：〈《呂祖全書》的編撰與增輯〉，載《宗教學研究》2012 年第 1 期，頁 16–21；黎志添：〈清代四種《呂祖全書》與呂祖扶乩道壇的關係〉，載《中國文哲研究集刊》2013 年第 42 期，頁 183–230；〈識見、修煉與降乩——從南宋到清中葉呂洞賓顯化度人的事蹟分析呂祖信仰的變化〉，載《清華學報》2016 年新 46 卷第 1 期，頁 41–76。關於覺源壇的歷史及人員構成，參見黎志添：〈《呂祖全書正宗》——清代北京覺源壇的歷史及其呂祖天仙派信仰〉，載《中國文哲研究集刊》2015 年第 46 期，頁 101–149。

24 許蔚：《斷裂與建構》，頁 394、426。《呂祖覺世淨明忠孝經》所反映的呂祖與淨明文獻的結合應與龍沙讖記有關。約成書於萬曆末的《瀛洲仙籍》提到「感師相遇宗兩口」，兩口即呂，宗兩口即宗呂祖。胡之玫《太上靈寶淨明宗教錄序》即引用「宗兩口」來說明呂祖為紹學宗師。《逍遙山萬壽宮志》收錄呂祖傳記，也題作〈龍沙應讖呂真人傳〉。關於《瀛洲仙籍》年代的討論，參見許蔚：《斷裂與建構》，頁 373–374。

25 譚煐編：《淨明溯源》，葉七 b。

26 以上參見〈譚普度真人傳〉、〈羅覺世真人傳〉、〈曾明德真人傳〉等，載譚煐編：《淨明溯源》，葉三十八–四十。光緒三十年宣化文社刊《三教正鵠》卷一〈七十二峰大仙飛鸞記〉也提到「辛丑春，譚真人來自古鄠，率同人於三皇宮恭行宣講，並設乩壇。江右之服賈於茲者，多樂從

之。故我聖帝鑒諸生有向善之機，特封講壇為宣化文社，亦不過欲入壇者能代天宣化，無負神聖闡教之苦衷耳」(葉一a)。關於譚蘭甫扶乩活動與中皇信仰的關係，參見朱明川：〈清末以來的關帝升格運動〉，頁216–222。

27　參見本書第五章。

28　關於該懺及闡化文社的討論，參見本書第八章。

29　參見本書第五章。

30　與淨明道相關的傅金銓《樵陽經》，也有一種版本為光緒十三年(1887)江西省廣潤門內甲戊坊乙藜齋藏版。乙藜齋所刻書還有光緒十八年(1892)《文昌帝君救劫寶誥》、民國元年(1912)《呂祖註講金剛心經》等。

31　《淨明溯源》，葉七a。

32　張應京校集，張洪任編正，施道淵參閱：《正一天壇玉格》卷下，葉二b、四b。

33　按該經中稱許遜為「九天高明大使神功妙濟真君」、「神功妙濟許老真君」或「許老真君」，且採用淨明普化天尊寶誥，不採用普天福主寶誥，可知其經題和部分經句中出現的「普天福主」只是一種局部的文本現象，很可能是受到扶鸞文社「普天福主」及《普天福主演玄法懺》影響而出現的調整。類似的，如不來室藏民國十六年(1927)西山萬壽宮出給的〈正一圓香繳願淨明仙醮〉憑帖中的「祖師普天福主神功妙濟玉隆萬壽真君」及民國十年(1921)進賢縣興真古觀分派萬法雷壇何遠生抄本許真君讚中的「普天福主，萬壽真君」也是一種局部的增飾。而前舉民國八年張勳刊本《淨明忠孝龍沙經懺》以及李豐楙所藏民國七年(1918)王鼎義、劉明彝抄本《太上靈寶淨明普保真君雪罪法懺》(載《道法海涵》第1輯下冊《諸神醮科》)就未受到影響，沒有出現「普天福主」。此外，如不來室尚藏有《許祖真君經》、《許仙真君經懺》兩種，均未出現「普天福主」。後者包括《許仙真君寶經》及《太上說許仙真君消災滅罪寶懺》，其內容則大體見於西山萬壽宮教務處鞠靜儉道長提供的《太上許仙真君消災滅罪寶懺》，也都與此不同。

34　曹本冶、徐宏圖：《杭州抱朴道院道教音樂》(台北：新文豐出版公司，2000)，頁479–482。

35　同前註，頁164。

36　〈道家梵本價目表〉著錄「《呂祖金丹懺》二角二分」(頁40)、「《太極金丹祭煉》二角五分」、「《金丹祭煉正科》六角」(頁43)，見定源整理：〈浙

省西湖慧空經房書目〉（民國二十二年），載《「地府與十王」工作坊資料集》（上海：上海師範大學哲學系，2017）。其中，《呂祖金丹懺》應指《玉清金丹救劫度人寶懺》；《太極金丹祭煉》可能是指《太極仙翁神煉玄科》。

37　曹本冶、徐宏圖：《杭州抱朴道院道教音樂》，頁158。

38　同前註，頁485。

39　同前註，頁473。

40　哈佛大學燕京圖書館藏清乾隆四十年武林王履階刊本《呂祖全書》卷四十三，葉十二b。

41　同前註，葉十二a。

42　曹本冶、徐宏圖：《杭州抱朴道院道教音樂》，頁474。

43　同前註，頁156–157。

44　同前註，頁473；《呂祖全書》卷四十三，葉三。

45　《呂祖全書》卷二十二〈孚佑帝君自序〉，葉一a。

46　同前註，葉六b。

47　同前註，凡例，葉二a。

48　同前註，卷四十三，葉四十六b。

49　同前註，卷二十二，葉一b。

50　同前註，卷五十八，葉十三b、一a、一b、三a。

51　陸心源等修：《歸安縣志》卷十七，載《中國方志叢書》華北地方第83號，景印光緒八年刊本（台北：成文出版社，1970），頁158。

52　《呂祖全書》卷二十二，葉三十一a。

53　《歸安縣志》卷四十三，頁449。

54　閔一得編，鮑廷博註，鮑鯤評：《金蓋心燈》卷七，載《藏外道書》31冊（成都：巴蜀書社，1992），頁309。

55　李宗蓮編：《金蓋山志略》卷四，載《中華山水志叢刊（山志）》第20冊，景印光緒二十二年古書隱樓刊本（北京：線裝書局，2004），頁329。

56　同前註，頁330。

57　鮑廷博註稱，史常哉「後同朱春陽創開获岡雲怡堂者」，也稱為「雲怡堂」，見《金蓋心燈》卷七〈蔣雨蒼先生傳〉，頁316。另外，〈吳竹巢傳〉稱吳峙「雲怡開山春陽朱君大弟子」，他在金蓋山與沈仁備扶鸞，獲許旌陽鸞示振興雲巢，見《金蓋心燈》卷七，頁331。

58　蔡來鶴是與邵志琳一同編刊《呂祖全書》的諸人之一。邵志琳所據雲巢

精舍抄本、刻本以及雲怡草堂抄本、刻本等降筆資料都是蔡來鶴提供
的(參見卷前諸序、刊校人名、邵志琳按語及卷末蔡來鶴跋等)。這些
降筆資料時間跨度前後約十年，標明紀年最晚的為乾隆甲午(參見黎志
添：〈清代四種《呂祖全書》與呂祖扶乩道壇的關係〉，頁199–201)。邵
志琳為《金丹示掌初編》所寫按語也提到「甲午初秋，蔡君之湖，師命捧
回交琳重輯」(《呂祖全書》卷二十二，葉三十一b)。所謂師命，即呂祖
乩示，《呂祖全書》卷四十三《名壇新詠》收錄〈示邵萬善重輯金丹示掌初
編〉七絕一首，註「出雲怡草堂抄本」(《呂祖全書》卷四十三，頁五十九
b)，可知蔡來鶴最晚應在乾隆三十九年受邀住持荻塭呂祖祠(雲怡草
堂)，並參與乩壇降乩。另據〈邵秋漪先生傳〉載，邵志琳年十五六，禮
蔡來鶴為師，鮑廷博註稱邵志琳「受記於呂祖，時在朱春陽居山時五年
間」，見《金蓋心燈》卷七，頁322。

59 《金蓋心燈》卷七，頁310。

60 同前註，附錄，頁367。

61 閔一得引潘秀峰語說朱春陽「寄居撥雲」，鮑廷博註稱「時撥雲精舍基址
    尚隸苓山，故曰寄居」，見《金蓋心燈》卷七〈潘秀峰先生傳〉，頁319。

62 《金蓋山志略》卷四，頁330。

63 《金蓋心燈》卷七，頁309。閔一得自述於乾隆壬子自滇歸，鮑廷博註仍
    稱朱春陽卒於乾隆五十七年，見《金蓋心燈》卷七〈陳天行先生傳〉，頁
    317。

64 《金蓋山志略》卷四，頁331。

65 《金蓋心燈》附錄，頁368。

66 同前註，頁367。

67 同前註，卷七，頁309。

68 《金蓋山志略》卷四，頁330。

69 《金蓋心燈》卷七，頁309。鮑廷博註稱徐隆巖傳朱春陽茅山顯異法秘各
    種。另據閔一得依陳樵雲〈紀事錄〉及口述所作〈徐隆巖嗣師傳〉稱，徐
    隆巖，名一返，字龍元，號隆巖，山東東昌人，皈正一法派，名漢
    臣，康熙五十二年(1713)曾來金蓋山，康熙五十八年(1719)再至，師
    事徐紫垣，其後蔣雨蒼、陳樵雲、朱春陽、史常哉四人傳其斗法。據
    鮑廷博註，蔣雨蒼(洞庭人，在荻岡經營染坊)從徐隆巖受「茅山祈禱
    法」，「承張真人正一法派」，「名通祥」(以上見《金蓋心燈》卷四，頁

244）。史常哉，名吉，荻岡人，修煉於雲怡，以祈禱（月孛法）、驅邪法術行鄉里，事見章潘〈史公子傳〉，載《金蓋山志略》卷四，頁331。

70　陳樵雲，名陽復，原名去非，字翼庭，世居荻岡，生於雍正八年庚戌（1730），歿於乾隆五十年乙巳（1785），據鮑廷博註引陳樵雲〈紀事錄〉，乾隆十年（1745）入山，年方十六，從徐隆巖受《道源》一卷，乾隆十九年（1754）再至，從徐隆巖受紫光梵斗法，見《金蓋心燈》卷五〈陳樵雲律師傳〉，頁259。另外，乾隆二十七年，閔一得年十五，讀書雲巢，亦見〈陳樵雲律師傳〉，頁259。

71　《呂祖全書》卷五十九，葉二十九b。

72　劉仲宇已注意到迴向後的文字即《太上靈寶淨明道元正印經》，見黎志添：〈清代呂祖寶懺與扶乩道壇：廣東西樵雲泉仙館《呂祖無極寶懺》的編撰及與其他清代呂祖懺本的比較〉，載《漢學研究學刊》2018年第9卷，頁173。

73　《呂祖全書》卷五十八，葉十三。

74　同前註，卷四十四《語錄會粹》，葉二b。

75　鑒於陳樵雲傳紫光斗法，而紫光斗法出自董漢策（參見童誠：《上海道教《紫光斗科》初探》，上海道教學院本科論文，2017），董漢策曾參與編撰《太上靈寶淨明宗教錄》，並且閔一得也提到過《太上靈寶淨明宗教錄》，湖州當地的奉道（奉鸞）士人無疑是可以見到《太上靈寶淨明道元正印經》的。

76　《呂祖全書》卷二十二，葉六b。另外，《呂祖全書》卷四十三《名壇新詠》據雲怡草堂抄本收錄降筆〈悟道〉一首，曰「是道是非道，見人不是人。人道俱不見，方得見道人」（葉七十三a）。

77　同前註，卷六十，葉一a。

78　同前註，卷五十九，葉二b。

結語

　　本書係圍繞淨明科儀文獻展開的專門研究，並以不同時代、不同議題形成九章論述。

　　晉唐時代流行的孝道文獻，除見諸著錄者外，存世只有零星的符刻、仙真傳記以及經文殘卷。本書附錄整理三卷《慈善孝子報恩成道經》，即此碩果僅存之孝道經典。至於其科儀、法術，則只能付之闕如。

　　南宋初，淨明法文獻大體保存下來，但有關立成之儀亦屬缺佚。本書將淨明法置於靈寶法的脈絡中，利用共同文本所見「常式」，盡力恢復淨明法的相關儀式做法。此項工作，不僅針對淨明法，同時也針對靈寶法，以及近世道教幽科的構成而展開，因而也將宋以後以至今日的幽科文本盡量納入討論範圍。這一關心，也體現在我關於《先天斛食濟煉幽科》、孤魂救濟的研究中，由於二者研究主題與本書稍有距離，故不予編入。

　　元代淨明忠孝道法，尤其是其初代創教者劉玉，往往被認為是道法的革去者。但通過對《淨明忠孝全書》及相關文獻的研讀，特別是對邵以正刻本的整理，劉玉以降的行法記錄得以浮現。邵以正刻本的整理，由於先前已作為專書出版，亦不再編入，只作為本書行文參考的基礎文獻予以引用。至於淨明忠孝道法的科儀與法術，則有幸通過晚近道壇輾轉傳抄保存下來的元代文本得以討論。這一文本

除涉及傳度、內丹修煉外，也涉及道法襲取與傳播的問題，呼應我關於宋明道法研究應當置於共同文本與歷史進程中予以考察的理念。

　　與此相關的，由於趙宜真系統的清微法文獻中出現淨明院官將，並且趙宜真、劉淵然一度被邵以正塑造為淨明嗣派，進而被歷史化為淨明宗師，趙宜真、劉淵然的身份認同與道法傳承也就成為必須釐清的問題。實際上，他們二人，不僅關涉淨明忠孝道法，也涉及元明以降眾多道法尤其是清微法的整理與傳承問題，是關係今日對元明時代道教史整體認知的關鍵人物。本書附錄整理的《沖虛至道長春劉真人語錄》，保留了趙宜真、劉淵然、邵以正師弟之間關於道法、科儀、內丹、品行等眾多方面的交談，可以說鮮活地呈現了明代道門行持道法的實況。

　　明代以來關於許遜聖誕及上昇日慶典的科儀文獻，除《道藏》內所收《神功妙濟真君禮文》以外，現存還有多種晚清以來的道壇抄本及相關文獻。對這些文獻的成立、屬性及儀式構成的研究，有利於了解明代以來洪、瑞地方「淨明科儀」或者更具體地說「淨明仙醮」的大致樣貌。至於湖北地方的道壇抄本，除反映伴隨移民流動的信仰文化與在地認知外，也對道教儀式的地方風格有所體現。而本書關於具體文獻在科儀傳統與近世鸞壇活動中呈現之討論，也將歷史與當下相連接，提醒學界對歷史傳統作情境化、動態化的認知。

　　本書希望藉助對前述淨明文獻的開掘，呼籲學者重視道教文獻的研究。當然，本書也並非純粹文獻學的研究，毋寧說是帶有親文獻立場的歷史研究。本書所謂歷史，當然是限定於道教史，並且是以道教「內」史為主要關心的道教史。本書雖然是以淨明科儀及相關史事為主要考察對象，但關心的問題並不限於淨明本身，而是希望藉由對具體文獻、具體科儀或者法術的研究，來觀照宋明以來近世道教的動態歷史。同時，儘管強調「內」史的研究，本書在探尋相關文獻、科儀產生及流行的情境時，也力圖避免將活生生的人僅僅當作歷史陳跡，通過為文獻把脈的方式，希望能夠有幸感知這些過往生命哪怕一瞬的心跳。文獻具在，知非妄作。

　　總之，本書在揭示具體文獻的成立背景、歷史因緣與潛在意圖之餘，也希望具體而微地展現淨明道在近世道教科儀發展史中的作用與定位，從而為進一步深入開展近世道教史特別是科儀互動、道法競進、傳統生成等重要問題的研究奠定基礎。這一目標是否達成？讀者既已瀏覽至此，當可大笑三聲吧。

《沖虛至道長春劉真人語錄》校點

　　本校點以清順治十八年彭定求抄本為底本，校以明胡文煥編刊《格致叢書》本，參校明胡文煥編刊《元宗博覽》本，以及明《道藏》本《原陽子法語》等。

《劉真人語錄》序

夫天地之間，至精至[1]微者，道也，至明至顯者，法也。道非法不明，法非道不顯。道、法之用，二者而言，其寔一也。夫乾坤之覆載、陰陽之變化、寒暑之往來、日月之循環、山川之流峙、艸木之盛衰，是皆不離為道、不離為法也。故聖人之化，因其自然之道，顯其自然之法，未嘗以一毫私意而加焉。是故因其變化之理而成《易》，因其問答而成《書》。所以終天地、互古今而不朽者，出其自然之妙也。是故老子之言以清淨无為為道，著書五千餘言。後世嘗有以之為治而治者矣，其庶幾於道者乎！今觀道錄演法兼朝天、靈濟二宮住持邵以正氏珍藏其先師長春真人劉公《傳道或問法語》一篇出視。因見以正窮理盡性、博問辨惑，莫不留心於一念之間也。且觀其天姿穎敏、器識超邁，然琅函藥笈、金科玉訣之文靡不該貫而極其玄微。其所造詣豈苟然哉！而以正領道錄之重任，專以化人誘善、輔國翊祚之心為心。其何見於此哉！是知德業本於無為，而能遊心太初，與道為一，神與意會，有不期然而自然者矣。其有補於老氏之道者乎！又豈神誕之誇者比哉！使後之崇道清虛之士觀覽是書，庶克繼其善也，當知警勉焉。姑述其概於篇末，以紀其所自。其發揚潛耀，尚有俟於當世大手筆焉。是為之序。

正統九年龍集甲子十一月下潮

制授正一嗣教崇修至道葆素演法真人領道教事嗣漢四十五代天師九陽子澹然序

沖虛至道長春劉真人語錄

明弟子道錄司右演法朝天宮住持兼掌靈濟宮事邵以正編集

○或問：修道。道²者，何也？

真人曰：道本無形無名，無聲無色，非高非下，非有非无，寂寥杳冥，不生不滅，亘古亘今。其大无外，其小无內。視之而不見，聽之而不聞，搏之而不得，迎之而不見其首，隨之而不見其後。天地由之而生，万物由之而化。不可得而知，不可得而名也。太上所以強名，曰道。然則談道而不知此，更說箇什麼？

○或問：入道之要，如何進修？

真人曰：學道者先當務忠孝以報君親之恩。蓋忠孝乃大道之本。故先儒之論君子務本，本立而道生。吾教亦然。如不本之忠孝而能成道，吾未聞也。洞真胡君曰：「修仙要不在參禪問道、入山鍊形，貴在忠孝立本，方寸淨明。四美俱備，神漸通靈。不用修鍊，自成道成」。夫仙經萬卷，忠孝為先。天上人間，那有不忠不孝的神仙也？

○或問：修行之士將何立根本？

真人曰：《虛皇經》云：「齋戒者，道之根本、法之津梁。」子欲學道，清齋奉戒，念念正真，遠離塵垢。此要言也。子當猛省，割嗜慾根、除煩惱障，清靜身心，以立根本，始可入道而修行也。

○或問：「人能常清靜，天地悉皆歸。」何以致清靜？

真人曰：人人本來清靜。只因主人無覷炤，被物欲所牽，聲色汩於外，情欲蕩於內，顛倒夢想，无由暫息，所以不能清靜。若能一切斷除，捨妄歸真，則觀心無心，觀形無形，觀物無物，觀空亦空，方寸虛明，一塵不染，一物不留，寂然湛然，常清常靜，天地自然歸矣。

○或問：性命之理。

真人曰：靈光一點，浩劫常存，本來面目，性也。玄關一竅，先天至精，真一之氣，命也。性則神也，命則氣也。神凝則氣固，氣聚則神靈。性無命不立，命無性不存。仙師云：「神是性兮氣是命，神不外馳氣漸定。本來二物互相親，失却將何為本柄。」此性命之理也。

○或問：長生之道可得聞乎？

真人曰：可。廣成子曰：「毋勞汝形，毋搖汝精。」汝神守形，形乃長生。《大道歌》云：「神御氣，氣留形，不須雜術自長生。」人能虛其心，凝其神，以養其性；惜其精，愛其氣，以養其命。性命混一，妙在黃庭。根深固蒂，太乙含真。通元入妙，迴老返嬰。此長生久視之道也。

○或問：金丹大藥果為何妙？

真人曰：金丹大藥，鉛汞而已。鉛者，黑中白也，陰虎也，嬰兒也，陰中陽也。汞者，雄裏雌也，陽龍也，姹女也，陽中陰也。或曰龍虎性命，曰陰陽，曰坎離，曰水火，其寔不過神、炁二物耳。神乃性之宗，寶之而自靈。氣乃命之本，固之而自生。二者混一，天地常存。所以盜天地、奪造化，能依時採取，依法煆煉而成大丹。仙師云：「大藥身中神氣精，天然子母互相親。迴風混合歸真體，煅煉工夫日日新。」果能此道，自然无中生有，有中生无，玄珠成象，體變純陽。然後真性明矣，命寶固矣，神自靈矣，胎仙成矣，金丹之道畢矣。若外神氣而修丹，不亦難乎？

○或問：藥用先天，採有時節。

真人曰：先天之妙，惚恍杳冥，有物非物，有精非精，即之而不可見，[3] 求之而不可得。逆而修之，成仙成佛，乃先天之道。順而委

之,生物生人,後天之道也。採取有時,必待一陽節令,陽生之時。不可認着時辰上,皆身中自然之節令。紫陽云:「鉛遇癸生須急採,金逢望遠不堪嘗。」此採藥老嫩之至言也。若後天地而有形有質之物,非先天之氣也。修仙者當明順逆之機、聖凡之理,勿流於旁門,亂神耗精,背真就偽,於道遠矣。道光祖師曰:「若説採陰之法,即是誹謗大道,九祖永沉下鬼,自身惡報。戒之。慎之。」

○或問:鼎器之旨。

真人曰:玄關一竅,神氣歸藏之府,乃鼎器也。在乾下坤上,震西兑東,一身天地之正中。不依形立,體道而生,似有非有,似⁴無初非無,不可執於無為,不可泥於有作。丹書云:「鉛汞歸土釜。」又云:「以神歸氣穴。」又云:「一點落黃庭。」此鼎器之旨備矣。世有地獄種子,不知無為大道,妄以邪術誆惑愚迷,以女人為鼎器,乖詮天理,敗道悞人,本期延壽,反戕其生,良可惜夫!

○或問:火候之法。

真人曰:丹書比喻甚多。火即神也,以神馭氣。運用周天,神即火也。雖云聖人傳藥不傳火,非不傳也。若遇真師口訣,方知藥即火,火即藥也。知其藥,火自知矣。一動一靜,進退自然。故曰:「真火本無候,大藥不計斤。無子午卯酉之分,無二至弦望之説。」所謂開闢乾坤造化機,煆煉一爐真日月也。

○或問:玄牝之旨。丹訣云:「窮取生身受氣初。」又云:「念頭起處。」莫曉其理。

真人曰:玄牝者,天地之根,造化之宗,太極之蒂,混沌之源。似有似無,若亡若存。不可以有心守,不可以無心求。仙聖不傳之秘,天寶至重,玄律甚嚴。經云:「泄漫墮地獄,禍及七祖翁。」煉丹修仙,非玄牝不立。採藥行火,非玄牝不成。純陽云:「自古神仙

無別法，皆憑玄牝立其根。」若宿有仙骨，得遇至人口傳心授，方知念頭起處、受氣初之旨，則產藥之處、老嫩之時、火候之妙，悉自知矣，還丹之道畢矣，可以位證天仙，立躋聖地。其有道緣淺薄，不遇明師，泥於丹書，以意猜度，轉生疑惑。紫陽云：「饒君聰慧過顏閔，不遇明師莫強猜。」宜審察之。

○或問：五氣朝元之理。
真人曰：五氣即心、肝、脾、肺、腎之氣，以應木、火、土、金、水。學者常能制精神魂魄意於黃庭，自然五炁朝元也。

○或問：如何是賓主？
真人曰：神是主，形是客。今假形以棲神，所謂「身者，神之舍也」，以安吾之性，以全吾之道。故讓他為主，我為賓也。修仙者要知賓主之法，浮沉之理。力到功成，形神妙矣。

○或問：何謂沐浴？
真人曰：滌慮洗心，冥情滅念，有無俱遣，動靜兩忘，忘無可忘。無可忘者，斯謂清靜無為。此謂之沐浴也。

○或問：溫養之法。
真人曰：守乎一，存乎中，真息緜緜，含光默默，念中無念，專氣致柔，如雞覆子，如龍養珠，朝斯夕斯，念茲在茲，不可頃刻放失。此之謂溫養。

○或問：脫胎之理。
真人曰：瓜熟蒂落，胎[5]圓神化，自然之理。修丹至此，不待師訣而自知矣。

○或問：按摩、導引、氣訣等法，可得長生否？

真人曰：此皆安樂之法。且夫人之氣血通乎一身，周乎四肢，會於五臟。流暢則百體泰然，窒礙則百體病焉。即流水不腐、戶樞不朽之義。得其訣，可以去病延年。不得其訣，則氕壅滯，反傷其生。譬如水能載舟，亦能沉舟。氣血之用，亦可以生，亦可以死。又有辟穀休糧、湌霞服氣、存思運用、吐故納新，晝夜勞役神形，遂至形羸氣憊，猶未悟也。或習學傍門，專務採陰，種種邪術，似蛾投火，自取滅亡。長生之道豈在是耶？或燒煉金石[6]丹藥，服食欲求成仙，不遇至人傳授，不過檢方修煉。不得其訣，不知金石經火有火毒，服之百脈湧沸，癰以生，又不可不慎。

○或問：凝神守一之要。

真人曰：神者，精氣之主。經云：「上藥三品，神與氕、精。」能以神凝於精氣之內，三元[7]混而守其一也。純一而不離，靜一而不變，專一而不間，抱一而不離。致虛極，守靜篤。知其無，守其有。玄中玄，妙中妙也。

○或問：如何斷除妄[8]念？

真人曰：念從心生。心為神主，動靜從心。然心主於一身，應於萬事。心有所主，則萬事莫能移，妄念從何而有哉？若心不能主宰，為物欲所誘，則妄念紛紛，何能斷除？若能澄心遣慾，自然性寂情空。蓋心虛則念靜，念靜則一塵不染，萬幻皆空，六慾不生，三毒消滅，妄念自除矣。

○或問：心有真妄。何謂真心？何謂妄心？

真人曰：舉此一念，便屬妄心。所謂修道必修於大道，論心必論於真心。當念慮未起之先求之，寂然不動的便是。古人云：「無心即真心。」微而莫顯，湛然虛明。若一念已萌之後，即妄心也。《經》云：

「眾生所以不得真道者，為有妄心。」修道者當滅妄心，妄心滅即真心見，則道自明。

○或問：身中三寶，何物也？

真人曰：身中三寶，神、氣、精也。故以上藥名之。修丹之士先要明此三寶，洞明身、心、意三要，存而煉之，養而全之。盖精全可以保身，氣全可以養心，神全可以成真。三者混一，胎元兆嬰。《翠虛篇》云：「大藥須憑神氣精，採來一處結交成。」正謂此也。

○或問：守中之理。

真人曰：中之一字，至為要妙。大藏經所云無非發明此字。為仙為佛，皆從此中而成。此箇中者，杳杳冥冥，無色無形，無內無外，無倚無偏，無欠無餘，非身中之中、四維上下之中也。修道者要識得箇中，當於念慮未起之先求之，此中之體也。《書》云：「喜怒哀樂未發，謂之中。」又云：「真人潛深淵，浮游守規中。」老子云：「多言數窮，不如守中。」一日十二時，時時要常守。即若一時不守，即不中也。真訣云：「勤守中，莫放逸。外不入，內不出。還本源，萬事畢。」斯言盡矣。

○或問：清靜法身。

真人曰：先天而生，生而無形。杳冥恍惚，混然而成。不生不滅，亙古亙今。無狀之狀，虛無自然。無象之象，象帝之先。清靜法身，無中之妙有也。

○或問：存心養性，其說云何？

真人曰：心不存則理不明，性不養則神不靈。若思慮戕於內，聲色鑠於外，六慾七情之反制，安得靈明而與神為一哉？修道者必清靜無為，以存以養。純純全全，合乎大方。溟溟涬涬，合乎無倫。自然攝情歸性，攝性還元。

〇或問：飛神奏章之妙。

真人曰：要在平日靜工。屏息萬緣，煉神養氣，時時不忘，刻刻常存。久則自然心與天通，神與氣合，可以造清虛之境。或者不務內工，只憑步罡、念咒、掐訣，存思某將某服色某竅出，從法師飛空步虛，次第進奏，以期感格，亦難矣。然祖師立法，恐後學道眼未明，放散其心，不能自檢，故以此繫其念耳。若專務此，則散亂精神，不能純一，思之所存皆成妄想，何以望其感通？蓋飛神之妙，一神出，萬神俱出，一竅開，則百竅齊開，天人合德，此感彼應，自然之妙。祖師云：「元神只捧一封書，一道寒光射太虛。徑達玉京金闕去，玄恩星火下天衢。」非窮神知化者，不可與言也。

〇或問：諸階符法、字號、咒訣皆繁，惟尊簡者何？

真人曰：靈光一點為符，何必泥於字號、咒訣，無非假朱墨以寓此靈耳。祖師立法，恐初學不明先天大道，故用字號、咒訣以繫其念，以致其誠，以取信鬼神。符者，合也，信也。要在平日工夫。理心正行，養氣存神。仙師云：「法行大道合先天，咒訣符應總是玄。至道杳然無所得，符圖咒訣也徒然。」又云：「莫問靈不靈，莫不驗不驗。信筆掃[9]將去，莫起一切念。」所謂一氣成符，自然感應。且如泥丸、蓑艸亦能治病。知此者，即知先天一氣真符訣也。

〇或問：有等行法者不能修德行，不顧罪福，妄作胡為，有時感應者，此理不曉。

真人曰：蓋雷神天將體上帝好生、祖師立法，不違昔日之盟。或者投詞誠切。或因前世曾於道法香火中修積功緣，今生故獲[10]此報。然此等最不可恃，他日豈無冥譴也哉！

〇或問：有行法者曾遇至人，得其傳授，焚修敬謹，有時不應者，何？

真人曰：行持道法，在乎法師平日存養心神。心不存不能明，神不養不能靈。法靈須要我神靈，我神靈後法驚人。彼雖遇至人，得真傳，而存養工夫未到。或者神氣衰弱，或者機緣淺薄，感通亦難。故曰：「法行先天大道，將用自己元神。」體用兩全，無施不可。

○或問：如何行持，能伏邪祟？

真人曰：在乎法師平日。先治自己身中邪魅，則外邪自然除滅矣。所謂心中邪魅，二六時中動念舉心，貪、嗔、癡、愛、邪、淫，思妄想、背理者是也。須當勇猛決烈，先治內祟，方可降伏外邪。所謂治邪必先正己，己正則雷神聽其指揮，邪祟自然伏矣。

○或問：天堂地獄，果有果無？

真人曰：天堂地獄，即是善惡二字。為善而享福，即是天堂。作惡而受禍，即是地獄。幽冥異途，善惡同理。若言形既朽滅，且無所施，假如人夜夢飢寒，苦樂還與畫同。夢死何殊也？故陽主善，陰主惡。為善者昇，為惡者墜。天堂地獄，善惡之報，在人一念迷悟耳。

○或問：修真謝罪之法。

真人曰：人孰無過，貴乎改悔。始因恣縱無明，而三業縈章，六根纏結，遂有殺盜、邪淫、貪嗔、愚癡、兩舌、惡罵、綺言、妄語種種諸惡。然此諸惡悉由心造。若欲修真謝罪，必須將心懺悔。不敢隱於往咎，不可再犯前非。一悔能消百過，怨業可以淨盡矣。昔天尊說戒，以此十戒為首。人能持之，則三業盡消，諸惡俱滅。所謂持戒制六情，念道遣所欲，自然六根清淨，五蘊皆空，可以入希夷之門矣。

○或問：施食之法。

真人曰：施食濟幽，其功大矣。昔太極仙公以濟鍊之功，道成沖

舉。西河薩祖師亦輟飡施食，位證仙階。先師原陽真人體二祖慈憫之心，編述祭煉施食之法，俾後學體而行之，可以利濟幽冥，以立其功也。學者先當洞明自己本真，識破塵緣幻妄，然後可以開悟幽冥。蓋鬼神者，只因一念有差，障迷本性，沉淪苦趣，而有飢寒疾苦、冤債仇儷累。殊不悟四大形體今已壞空，六慾根塵俱為幻化，豈復有身口飲食之累哉？蓋其世慾染習之未忘，故施法食以覺悟彼妄。且一捻之食，豈能充滿河沙鬼神之眾？無非假天尊慧力，神咒加持，攝化無窮，以絕其種種妄念，以破其種種迷惑，使其頓悟本來，了無窒礙，直超無極，上登朱陵。豈但幽靈得以惠濟，而祖宗亦沾其善利也。若自己不能徹悟，幽靈何由解脫？同志者勉之。

○或問：煉度鬼神。

真人曰：煉師者，須明至道玄微，洞達陰陽妙理，攢簇五行，和合四象，身心合一，性命混融，無中生有，體變純陽。所謂先憝憝後，自度度他。以我之陽煉彼之陰，以我之真憝彼之妄。使幽靈悟有形之幻化、識無相之圓明，返陰成陽，超度必可。苟或先天水火之不識、返還昇降之周明，存心腎為水火，建池沼象陰陽，自己昏昏，惟務於外，徒為鬼神窺笑。殊不知心腎元非水火鄉。故曰：「真陰真陽既不識，水可浴兮火能炙。靈光一點不分明，受度亡魂有何益？」上負仙聖設教之意，下辜幽冥望度之情。學者審之。

○或問：一子學道，九祖生天。此語信否？

真人曰：昔都仙真君行滿功成，名高玉籍，慶延宗祖，福及一門，仙眷四十二口白日上昇。歷代成仙者，祖宗皆列仙品，豈非九祖生天之明驗乎？學道者當取以為法。或出家而不能積功累行，於道無成，名玷玄宗，殃及九祖。簪裳之士可不精進乎！

○真人曰：欲修仙道，先修人道。人道立，而仙道成。不修人道，而成仙道者，未之有也。《淨明經》云：「父母之身，天尊之身。能事

父母，天尊降臨。欲拜星宿，兄友弟恭。」故孝弟之至，通於神明，光於四海，無所不通。修道者若能孝弟，不待祈福於天，自然學道得道，求仙得仙。苟不孝弟，雖朝夕朗誦不輟，亦徒然耳。

○真人曰：學道者宜超跡塵凡，棲真物表，懲忿窒慾，閑邪存誠，須要勇決，慎無二心，如弩發機、如水出峽而不可回，更向百尺竿頭進步，至於行無所行、修無所修之地，然後仙道可成。

○真人曰：正一之教，昔漢祖天師正一真君垂慈濟世而設，陰翼皇家、濟顯度幽、禱雨祈晴、除邪輔正，教人積功以為進道之階。學道者要在平日工夫。靜存動察，外去事物之誘，內體道心之微，正以存之，一以守之，潛神於心，聚炁於身，混然歸一，變化通靈。故曰：「收為胎息用為竅，道法之中真要妙。」可以動天地、感鬼神，所謂寂然不動，感而遂通也。

○真人曰：全真者，先當識破塵緣，知身是幻，脫愛慾網，入希夷門，悟性明心，皈真捨妄。寶精氣以為宗，守真寂以為本。積功累行，漸次進修。欲求金丹大乘之道，須要參禮明師，以求點化。古人云：「性由自悟，命待師傳。」所謂性者，自己靈明覺性，迷悟在乎人。命則先天真一之氣也。奈何世人不能寶之，則先天之氣日喪，往往流蕩於後天生死之域。是故先聖憫念下愚沉溺愛河、流趨慾海，教以返還之道，不過返其後天而復還先天也。大丈夫遇真訣，能一炁還元始，元神返太初，制鉛汞於土[11]釜，伏龍虎於黃庭，進退抽添，精專運用，三元混一，二物成團，自然身心合、性命全、形神妙、胎仙靈，可以出入有无，逍遙雲際。或者但以全真為名，不務本宗，不明大道，以戕生之術為養生之方，以盲引盲，教人房中御女、三峰採戰，以女人為鼎器、天癸為藥物，鑄雌雄劍，閉尾閭關，種種邪術不可盡舉，悉非長生之道，乃促命之法也。妄

引丹書「休妻漫遣陰陽隔，一陰一陽之謂道」、「竹破須將竹補宜」等語以證其邪，豈知「火生於木，禍發必尅」，殊乖仙聖著書立言之意。祖師云：「自家身裏有夫妻，説向世人須笑殺。」《還元篇》云：「自家燮理內陰陽。」《還丹篇》云：「陰陽須採自家真。」豈可外吾身而求之他人哉？原陽云：「用盡黃金覓土填，[12]救焚加火冷加泉。戕生莫甚房中術，悞殺閻浮幾少年。」《經》云：「長生至慎房中急，胡為便作令神泣。」祖師曰：「錯路教人行，永劫墮迷津。」明達之士可不戒哉！

○真人曰：凡行持經法，必當究竟經旨，依法修行。昔太上説經、祖師垂科立教，為眾生開方便之門，導群迷而歸大道。自非洞達經旨，安能開悟幽明。如《十回度人》、《九轉生神》經法云：「元始祖劫，化生諸天，開明三景，是為天根」。「中理五氣，混合百神，十轉廻靈，萬氣齊仙」。「魂生攝游氛，九轉自成仙」。故曰：「生身受度，劫劫長存。死魂受煉，仙化成人。」必能通玄究微，造夫返還之妙，然後有所饒益。苟徒誦念，不達經旨，有悞幽明，自招冥譴。

○真人曰：行持齋醮，要在修身慎行，洞明齋法。至於書篆符命、奏告詞章、行移三阼，切宜簡當，默用一誠，庶能感格。或不明至誠感神之理，不悟齋法運用之妙，惟務虛文、歌詠唱念、裝嚴壇場，反致褻瀆，因齋獲譴。可不慎乎！

○真人曰：為領袖師範者，不可不自重。先須正己，然後可以振肅玄綱，作新後學。所謂表端影正，源潔流清，庶幾教可興、俗可化，不忝簪裳之儀表。

○真人曰：學道者當以利濟存心，堅持戒律，焚修香火無怠無荒，閒時收拾精神，庶乎臨用有應。蓋養神以靜，沖氣以和，則神自

靈，氣自充。以我之精合天地萬物之精，以我之神合天地萬物之神。所以法法皆心法，心通法自通。放下寂然不動，舉起感而遂通。知此者，自然符[13]矣、將應矣。

○真人曰：邇來有等學法者，不能修德持身，往往只借重於聲名，以投奏職、撥[14]度，便謂法官。不究道法精微、體用之妙，亦無利濟之心，惟務利名而已。焚修功缺，戒律不持。一旦行之不靈，乃歸咎於師匠、雷神。惑矣！殊不知非道法之不靈，蓋缺存養之功，無誠敬之道也。

○真人曰：學道須要端潔身心，精一無二，學必有成。切忌小有聰明，便自滿足。仙聖經書以意猜度，往往溺於偏見，不悟大乘，卒無成就。質魯之人聞師指授，篤志修持，易於成道，以誠一不二故也。《經》云：「多則惑，少則得。大巧若拙，大辯若訥。」學者審之。

○真人曰：施藥治病，其功至博。若旌陽祖師如意丹，無病不治，尤為良劑。學人誠能依法請降、依法修合，以濟疾病，可以全活人心。然其所以取效，非藥味所能盡，蓋神力之助也。世之施藥者，得一方一法即修合、散施。方中多有大戟、巴豆、川烏、艸烏、硫黃、水銀、硃砂、黑錫之類，雖或去病，損益兼半，豈可輕用？大凡用藥，先要辨藥性之寒溫，察病體之虛寔，對症而施，庶不悮人。雖云濟世之道莫大乎醫，若不明藥性，不究病源，以致傷生，返損陰隲。故薩祖師棄醫學道，良有以也。

○真人曰：近世有習爐火之術者，皆被一箇財字迷了本心。假仙聖金丹大藥為名，妄引《參同契》、《悟真篇》等書為證，誑惑癡愚，紿取資貨。以勾芼縮為質，升砒死硫、養砂乾汞，種種之術，千舉萬敗，鮮有成者。然因貪而愈迷，欲捨而不舍，遂至破家蕩業，不可

殫舉。其或硫汞詐伏，經火而飛，瞞昧神天，損人利己。雖陽憲或可逃，而陰譴莫可逭。可不戒哉！古人點化，無非養道濟貧。昔道師真君以神丹點化石金，濟貧民以輸稅糧。今之學者非為利濟，惟希富足。殊不知金丹之道、點化之方，非天仙莫能為之。蓋其竊陰陽之造化、集天地之神功，煉而成丹，丹成化金，金液之到口，白日登天墀，豈凡愚末學所可妄為？故舉此以辨惑。

○真人曰：後學雖嘗遇人指點，內外全無寸功，自以為得道，便入深山窮谷。殊不知功行未修，神炁未充，飢寒不適，多致疾病，以傷其生，或被毒蟲殘害，深可憫也。昔于吉真人親遇太上而道未成，入兵濟人，為孫策所害。若道已成，則入水不溺，入火不焚，策豈能害乎？古云：「入山不避虎兕，入軍不避甲兵。」蓋為道成者言。豈初學所易能哉？

○真人曰：人生天地間，參乎三才，靈於萬物，日用常行，必須洞燭善惡、邪正以去取之。古人云：「勿以善小而不為。」蓋九層之臺，起於累土；千里之行，始於足下。種種方便，得行便行，不可因循蹉過，悔將無及。

○真人曰：吾見今之出家者，其間有圖自在快活，殊乖祖師立教之意。既割恩愛，出家學道，當修德持身，積功累行，以證仙階，而成福果。苟靜無修習，動違科戒，不耕而食，不蠶而衣，日受人天供養，罔知補報，却是樂中受了，苦中還他。《虛皇經》云：「吾道苦而後樂，眾生樂而後苦。」此語最宜深味。

○真人曰：近有學道者，徒有好道之名，而無踐履之寔。朝作暮輟，一逢魔障，即不堅持，半途而廢。蓋大道幽微，難於見功。始勤終怠者，不可勝數。故知道易，信道難；信道易，行道難；[15] 行

道易,得道難;得道易,守道難。累年修之而不足,一日敗之而有
餘。盧靖云:「所以千萬人學道,必竟終無一二成,必也。」慎終如
始,堅心一志。修至於無所修,方可造玄玄之妙。

○真人曰:吾行持以來,凡齋醮符命、文字皆親自檢點,尚且有
失。昔丙戌年主修金籙齋醮,不意典書者倒用印信,竟達三元考校
府,夢被冥譴。不久,有西南之行。此譴報也。薩祖師曰:「道法於
身不等閒,尋思戒律徹心寒。千年鐵樹開花易,一入酆都出世難。」
可不慎哉!

○真人曰:明日是先人忌日,可為辦[16]供祀之。
弟子曰:師尊自幼學道,立功濟物,禱雨祈晴、濟幽利顯、施藥印
方、行符治病,種種方便,功行甚多,祖宗父母必昇天久矣。何以
祀為?
答曰:木由本而茂,人由親而生。劬勞大恩莫能報,稱時思之,禮
豈敢忘乎?

○真人曰:人生世間,富貴貧賤,壽夭窮通,係乎造化分定,豈可
苟求?間有謀而遂所欲者,非其能也,造物也。有謀而弗遂者,
非不能也,亦造物也。學者當知造物分定,但不敢心不背理,閒情
念,葆神炁,麄衣淡飯,聽其自然,庶合乎道。

○真人曰:吾自幼學道,荷先師原陽真人授以日記一帙,令每日凡有
舉念動心、出言下筆、接人應事皆書於帙。其不可書者,即不可為。
既已為之,必當書之。所謂人心即天心,欺心即欺天。故以天心標其
帙。警曰:「天心本與我心同,我若欺心昧化工。拈起筆時須猛省,
神明暗室不相容。」又書玉真祖師三十字戒云:「懲忿窒慾,明理不昧
心。有纖毫失度,即招黑暗之愆。要[17]項邪言,必犯禁空之醜。」吾遵
守奉持,不敢頃刻遺忘,則一生受用不盡。法子當體而行之。

　　原夫心外無道，道外無心，心乃道之体，道乃心之用。蓋三教
一貫之理也。是故太上五千言，大要不過以明此心、此道而已。若
夫金仙大乘之說，以指心而畟；素王《大學》之旨，以正心為本，
亦豈有二致哉？以正自幼獲侍先師長春真人於滇南龍泉山，服勤歷
十四載，朝夕無移。荷師憐憫，砭愚訂頑，耳提面命，開發道心。
教之忠君孝親以立本，濟顯度幽以立功。慎言語、節飲食以養身，
閑情念、葆神氣以養德。以真畟妄，為施食法；以陽煉陰，為煉度
功。靈明畟性以為不昧，通玄究微以為持經。靈光一點為符，自己
元神為將。正己以治邪，存誠以章醮。破採陰術，以辨其真偽；論
導引法，以安樂延年。至於金丹大道，上天所寶，不傳下士，乃真
乘之密旨、至道之秘言。恐後進被地獄種子惑於旁門，以亂正道，
故敢受泄慢之咎以明之。其要有三。採先天氣為藥物，守中黃為鼎
爐，以神用為火候。返本還元，歸根復命，神炁混一，結而成丹，
入聖超凡，形神俱妙，金丹之道無餘蘊矣。且丹經浩渺，設象比
喻，隱奧玄微，淵乎莫測。故愈多愈繁，愈參愈迷，後學者患焉。
我先師之言，簡要明白，沿流溯源，造夫至道之極。若夙有仙骨，
性耽玄虛，情寡嗜好，則智慧自明，尋文解悟，乃天之所授也。可
以禱雨祈晴、除邪輔正，可以濟顯度幽、奏章設醮，可以救灾治
病，可以煉丹修仙。如入寶藏之中，惟人所求，隨力所及，各有所
獲。言言句句，無非道也。以正佩服師訓，亦已有年。竊以私之於
己，不若公之於人。由是命工鋟梓，以廣其傳。蓋欲人人體道，咸
離迷途，造精微於性理之中，忘筌蹄於言象之外。此則先師平昔開
度人天之願力，而亦區區本心也。謹識此，以驗諸同志者云。

　　正統癸亥秋道錄司右演法朝天宮住持兼掌靈濟宮事吳郡邵以正
稽首謹序

註　釋

1　「至」，原作「志」。

2　「道」，據《格致叢書》本補。

3　「見」，原闕。

4　二「似」原作「以」，據《格致叢書》本改。

5　「胎」原作「脫」，據《格致叢書》本改。

6　「石」，據《格致叢書》本補。

7　「元」原作「光」，據《格致叢書》本改。

8　「妄」原作「忘」，據《格致叢書》本改。

9　「掃」原作「歸」，據《清微道法樞紐》等改。

10　「獲」原作「護」。

11　「土」原作「玉」，據《格致叢書》本改。

12　「填」原作「瑱」，據《格致叢書》本改，《原陽子法語》亦作「填」。

13　「符」下應有闕字，疑當作「靈」。

14　「撥」，原作「揆」。

15　「行道難」原闕。

16　「辦」原作「辨」。

17　「要」，〈西山隱士玉真劉先生語錄內集〉作「雯」。承尹志華教授提醒，謹致謝忱。

附錄二

《慈善孝子報恩成道經》合璧

此經成立於隋唐之際，其上限不早於隋文帝開皇八年 (588)，下限可能不晚於武周延載元年 (694)。原經至少有四卷，現僅存三卷。其中，兩卷見於敦煌寫卷，即〈慈善孝子報恩成道經序品第一〉、〈慈善孝子報恩成道經道要品第四〉，後者亦見於《道藏》，改題作《洞玄靈寶道要經》。《道藏》中另保存《元始洞真慈善孝子報恩成道經》一卷，又同經異名《洞玄靈寶八仙王教誡經》一卷，此卷在原經中之次第不明。[1]

- **慈善孝子報恩成道經序品第一：** 據北京故宮博物院藏唐寫本錄文，並參考《敦煌道教文獻合集》。
- **慈善孝子報恩成道經道要品第四：** 以法藏編號 P.2582 敦煌寫本為底本，校以《道藏》本《洞玄靈寶道要經》，並參考《敦煌道教文獻合集》。
- **元始洞真慈善孝子報恩成道經：** 以《道藏》本《元始洞真慈善孝子報恩成道經》為底本，校以《道藏》本《洞玄靈寶八仙王教誡經》。因無法確定是否在四品之內或四品之外，故置於末。因無法確定是否原名「八仙王教誡品」，故沿用經名，而未據異本擬定。

慈善孝子報恩成道經序品第一

　　爾時，大慈天尊以己酉之歲八月十五日，為因緣故，下游神州之西，[2]沙場小邑，戎侶之家。其姓瞿氏，名曰大剛，為此一境之所首領，總握群下，無不順從。大剛元來未有子息，以其日戌時，大風驟雨。食頃之間，雲開見月，昏昏不明，兼復缺蝕，三分餘一。須臾之頃，雲露冥合，風雨甚疾。是時，大剛第三夫人，因睡得夢，夢見梟鳥從西飛來，入其懷中，攘之不去，又夢奔星直下，入其喉中。須臾睡覺，便覺體重，欲得生肉，及嗜熱血。起向夫言，說其夢中所見之狀，及以愛食生血肉味。其夫大喜，言是吉祥，必生男子。即敕廚吏，急辦血肉。須臾，廚吏殺羊，取血並肉俱到。是時，夫人便即就啖。

　　爾時，大剛出來，向我說如上事。我便和[3]之，外助歡喜，內心知其必生逆子。何以故？除昔因緣，此人住宅中有逆流，從東南來，出向西北，是為一逆。宅南山高，宅北伍下，是為二逆。天門立圍，開戶向北，是為三逆。妻夢梟鳥入其懷中，是為四逆。嗜食血肉，是為五逆。復次，受胎之年又是金年，受胎之月又是金月，受胎之時又是黃昏，猛風驟雨，雲露月蝕。此時有娠，兒主惡逆，為臣不忠，為子不孝。

　　我去已後，來年五月十五日，黃昏之時，第三夫人果生男子，字曰阿善，性急聲燋，其啼如叫。及至三歲，齧斷母乳，母因致死。兒年七歲，伺其父睡，手執利刃，[4]刺其父眼。左右見此，恐兒長大，害及他人，因爾逃遁。家資日減，生道漸窮。兒年十八，形貌奇異，殊於眾人，胸背二處皆生逆毛，其色紅赤，齊長八寸，豺聲狼顧，虎踞鴟視，目圓珠亞，張露四白，口齒尖利，哆脣褰鼻，形像獸貌。及年二十，氣力壯盛，常執兵仗，斷路殺人，鳩集惡黨六千餘眾，謀偽天下，破掠眾生，殺戮無數。猶有老父，其年八十，無人供養，飢寒困苦，託附鄰里，朝夕繼命。父聞其子反逆

狼狽，寄言訶罵。其子大怒，還殺其父，利刃[5]支解，五裂其體。鄉人聞之，驚走入草，無敢當者。

爾時，大慈天尊託作隱士，寒棲山林，時出人間。以是因緣，臨近長老爾時人者，來白我言：恐畏狂賊來見侵逼，合境恐怖，身心不寧。我即答言：長者無慮。此名逆賊，殺害君父。其年三歲，[6]齧[7]斷母乳，母因致死。殺父害母，逆不過此。時諸長老從我乞計。我即許之而告之言：我有弟子某，姓姬氏，名順義，為人慈善，立性恭儉，其能弘大，必定善將。先是，中州慈善孝子，十七得舉，位至邦君，孝心彌固，車載父母，往返赴任，官未二年，百姓豐樂。順義性儉，不浪官祿，心自念言：忝為人子，豈假橫利供養二親，令我父母衣食不義，非人子也。於是，退官還家，勤苦躬耕，供養父母。天地愍其慈善，所種穀稼，悉收百倍，一年躬耕，十載豐足。父母歡樂，皆得壽老，年過百歲。天子聞之，穀帛賜賞。鄉人稱嘆，號曰慈善孝子。二親卒後，三年伏塚，棄離妻子，誓願入山，修無上道。以其慈善，性與道合，[8]故我為其一時師資。首末已得六十三年，衣服破壞，兼闕香燈，時出行乞，人不識之。待我還山，為汝等故，因緣之事，告語順義。

天尊爾時登即還山，而語順義，而作是言：西戎逆賊，其姓瞿氏，名曰阿善，徒眾六千，殘害眾生。中州人村老少恐怖，恐此賊來侵其境內。汝當為其行大慈力，以攘卻之。此諸長老是汝施主，常行佈施，供給汝身衣食香燈及諸法具，是大因緣，功德不少。應須行慈而報人恩，願其存亡皆受福慶。爾時，順義年已過百，氣力不衰，再拜受命，辭別天尊，出見長老。

長老見之，歡喜無量，而向順義說賊因緣。順義答言：我在山中，聞我天[9]師具說上事，敕語我訖，故我速[10]出，與汝相見。汝欲攘彼逆賊，當選國內孝順之士，立性慈善，度量弘大，隨得少多。何故選覓孝順之子？彼賊逆故，殺害君父，天必咎之。是故我等當用孝順大慈之士，擊其反逆，天必助我，不煩多人叢雜之眾。是諸

長老騁報國王。王聞大喜，而作是言：此人何在？我欲見之。中有大臣而答王言：無上大士，慈善孝順，道德高妙，不可召來，輕失珍敬。王為大事，欲見賢者，車駕[11]詣之。是時，大王從臣忠[12]言，便即動駕，躬到山門。爾時，順義笋冠草褐，杖策而來，以謁天子，而作是言：老臣不忠，無德匡政，枉勞車駕，臨幸山門，寒林變春，慈光曲照。爾時，大王拱手斂足，而答順言：寡人無道，濫當高位，視聽踈失，仁德不備，遂與賢者君臣道乖。今得相見，寡人之幸[13]也。即為邊戎擾動，兆庶無寧，敢從大賢，乞以良計。是時，順義而答王言：戎狄無知，體多野性，度其心力，計亦無能。伏願大王勿以為慮，還國安坐。王[14]當給臣慈兵駿馬，器仗衣糧，成辦即行，更無疑惑。王大歡喜，左右卿士咸稱萬歲。即拜順義以為慈勇安國大將軍，封邑三萬，賜金六車，請順西行，泯彼凶逆。

王與順義同車還國，敕下天下，選覓孝子，唯得一千三百六十八人。是時，順義上白大王，而作是言：以順擊逆，如石下山，人眾已足。王當給臣上精寶馬、金光寶鎧、百鍊鉤鑲、五纏車紭、金剛寶箭、紫柘[15]鳴弧、昆吾寶劍、四丈霜戈、龍虎大旌、金犨寶角、衣糧支料，必使盈餘。爾時，大王即備前件所須之物，皆是上精第一國寶，龍馬兵器，以給大將。爾時，大將受命執斧，以十月辛酉之日，時加於申，挹王而出。王及卿士百里相送，鳴鼓秉節，昇駕西征。是時，天氣中和，清飆引旗，紫雲陰從，龍氣從遊，暈闢右門，雲張左陣，神玦東抱，日蝕西缺，所止之處，地涌石城，以周大將。

三日三夜，行至沙戎，結幕施威，震鐸張旗，電火前爐，天鳴後雷，龍馬騰跳，嘶吼喧喧。後晨清旦，士馬食竟，束帶嚴仗，引隊張儀，下範地勢，則天鋪陣。三鼓既竟，通信赴期。時加正中，兩敵相望，間去一里。賊不敢進。是時，安國大將，[16]以慈力故，上得冥助，天地感動，神靈符會。三刑噴吹，塵蒙賊眼。奔星墜石，陷賊之營。是時，大將震威雷駭，躍武追電，一攬四夫，空中

勇旋。是時，群逆睹此奇異，不敢當敵，恐懼戰慄，驚怛沸亂，自省罍咎，思退不暇，飲丹舉白，赤身束杖，銜髮屈伏，心膽塗地，身無生氣，猶如死蚍。爾時，大將善明玄候，知賊無能，高聲命賊，急令前進。是諸逆賊匍匐肘行，流汗負水，頓顙叩搏，面目青腫。爾時，大將抗聲勃色，誡語數罪，而作是言：天生於人，居物之首，深思所由，忠孝君父。殺[17]親弒主，何名臣子？罪當極法，必為天咎。何有茲顏，食穀飲水！汝諸逆賊，急當自死。高聲喝之。一時俱靡。氣絕，良久，又更少蘇。遍體失色，血壅脈滯。爾時，大將雖執利器而不用之，以其慈力，不戰而勝。是時，沙戎聞賊歸首，遠近俱萃，[18]齋持牢醴，大會軍士，老少拜謝，喜得再生。上勞君父光臨隅藪，冒罪伏死，輒薦丹誠。願君流念，以暢愚懷。言畢，再拜，歡喜舞蹈。是時，順義而語之言：我奉君命，行真行偽，而來至此。故我終身持不殺誡，身口未曾饗諸血肉，常用慈悲。玄天善神，助我滅逆。我當潔淨，以報冥恩。賊且彌滅，子當自慶，醺竟，勿停，各復生業。是時，諸人歡喜受命，飽醉[19]而去。

爾時，大將經停三日，驅賊而歸。國王聞之，車駕百里，大設音樂，盡備威儀。合國父老，俱來慶賀。還國之後，大赦[20]天下，遠近歡樂，無復憂患，謠歌太平，頌聲滿路。是時，天子大出珍奇，以賜軍士，醺會言笑，視將如子。爾時，順義不受君賜，而作是言：臣雖盡忠，實無功效。承君之威，用君之德，問罪不戰，西戎自束。以是義故，臣實無勳，不合加賞。大王答言：卿德義清高，上合玄天，忠孝慈仁，淳善厚地。家國安寧，卿之德也。寡人無道，不合天心，敢欲思退，卿為知之。順義答言：臣負天釁，早喪二親，誓願出家，以酬父母罔極之恩。首末山居六十餘載，在國之南，修心學道，歲月經久，闕少衣糧、法具、香燈，每聽行乞。奉師教敕，令建微功，酬報施主。驅役既畢，請放還山。於是大王不違其意。王敕大臣，出庫穀帛，以為順義酬報施主，並度國內男女六千，立觀供養，以報道恩。又度清才俊士、孝義之人一百五十，

侍從順義。又度內吏六十人，供給薪水。又度孝子六十人，以為內
外通事，出入山門，還往[21]家國，使不斷絕因果之路。是時，國王大
備車駕，[22]盛設威儀，燒香熏天，撞鐘擊磬，前後皆奏天鈞大樂，金
漿玉[23]餌，以禮順義，送到山門。王與順義執手躊躇，良久，辭別。
王作是言：唯願大德存念寡人，朝禮之次，餘香見及，因緣既重，
願不相忘。言畢，灑淚迴駕而歸。爾時，順義與諸侍從捨王賜衣，
草服而去。老少觀者，咸悉悲啼。還山禮師，起居行道。

　　爾時，天尊語諸道士，而作是言：人恩珍重，信施難銷，若聖
若凡，無不報德。汝當自念，因父母生，飲食覆護，身得長成。[24]
又得王度，以為道士。今當孝順，慈悲行道，以報君父無極之恩，
普願十方世界一切眾生、人及非人同登道果。學道之士，常當願
念，行道報恩，莫造眾惡，敬遠非法，流通此經，開悟道俗。何名
行道以報施主？若諸道士，得他信施，應為施行功德之用，燒香禮
念，齋潔蔬素，恒願君王、父母、施主生死開度，同入無為，成無
上道。若諸道士，或為因緣功德之事，出游人間道場、俗舍，得他
供養，應生慚愧，燒香洗漱，斂念彈指，行大慈悲，正坐調聲，緩
唱是經，令諸道俗心生慈悲，歡喜恭敬，如見天尊，存亡獲福。以
此功德，奉報施主。一時供養，福德無量，不可思議。若有道俗男
女，聞見是經，則為見道聞法。若復有人，聞見是經，心念書寫，
受持讀誦，為他人說，開悟其心，令其捨惡，行慈悲道，此人七祖
父母在八難者，應時解脫，生天受樂。若復有人，書寫是經，百卷
千卷，流通供養，使不斷絕，此人現世得大果報，所生男女聰明端
正，萬願成就，一切善神空中影衛，必無橫夭，尅得元吉。若復有
人，聞見是經，以此名義，教未聞者，令其信受，慈悲孝順，報父
母恩，行無上道，此人現身已入道位，諸天記名，上聖稱嘆，神明
守門，不遭兇橫，九玄七祖[25]因其善功，悉時解脫。若復有人，聞見
是經，不生恭敬，存亡二世失大果報，得欺慢罪。若復有人，受持
是經，行慈悲道，人神見之，如見天尊，禮拜供養，生大珍重，施

其所須，令無闕少，得修大道，同入無為。若復有人，聞見是經，不起恭敬，不樂修行慈悲之道，不樂孝順供養父母，不樂懷道酬報人恩，是其罪深，心不歸道，永無信根，初雖安隱，後必無終，定為惡鬼恒伺其便，漸向凶衰，必不元吉。如此惡人，猶如草木，其根浮淺，微風拔之，傾倒摧折。無道之人，亦復如是，微細禍害，便能殺之。大善之人，信力堅固，雖逢大害，身命不殘，猶如松柏，其根牢，雖被霜雪，轉加蔚茂。大慈之士，亦復如是，心力弘大，萬福冥扶，雖處惡世，其身光顯，為物依止。善男子，當知慈悲孝順不可思議。以是義故，慈善道士孝養二親，天感其德，一種百倍，十載豐足。父母卒後，入山修道，晨夕勤苦，燒香禮念，飢寒切己，不暇飽暖，身臨成道，猶建大功，為一天下，銷滅凶惡，以報君父、施主之恩，以其慈力，自天助之，寡能伐眾，惡敵首伏，不勞兵刃，豈非神力而能如此。向使順義不孝父母，不行大道，心無慈悲，志求名利，將此寡眾深入賊境，必定碎身於凶逆之手。善男子、善女人，若有眾生貪利忘義，害必及之。忘利存道，天必生之。建功於國，道來助之。立德於家，天神祐之。建心普善，萬物慶之。建德報道，得道之心。建道報德，得人之心。聖凡護念，誰能害之？如此之人，不求元吉，元吉自來；不求生道，生道自全；不求得道，身自成真；不求福利，福利自至；不權[26]禍害，禍害自吉。順義立身，其德如此。以是義故，不戰而勝，彼此不失全生之道。若有眾生，戰得勝者，損益不均，是清高慈悲之士，非是無上大道之士，名為片仁[27]片德，片功片善，非是全仁全德，全功全善。道德不備，智慧不具，是名為片，不名為具。如此之人，或吉或凶，或進或退，不能堂堂得至無為無上道果。

　　道男子，劫初有人，其姓因氏，名曰果，生神州之東海隅人也。唯生一子，字曰寶珠。其年七歲，孝養父母，住近道場，晨夕常聞鐘磬之聲。寶珠尋常掃拭父母坐臥之處，恒以燻香，向親作禮。年至十七，常辦果供，如人建齋，以養父母。父母憐愍，自

生慚愧，減割口味，不飡魚肉，恒以長齋，施食放生，一日三時，向山作禮，願其寶珠長居膝下，父子節給。如此願念，卅六年，勤勤不絕。忽以三月三日，其子寶珠，晨朝之時，朝禮父母，禮訖還房，解寫衣服，忽見三足丹烏，翔集室內。從此已後，所履之處，烏輒從之，日入便去。夜有白兔，又入其家，隨逐寶珠，還往出入。其夜三更，復有香氣滿宅而薰，神光如晝，光中有人，通身玉色，口吐金光，照其父子，夜夜如此。後年正月十五日，日中之時，上元太虛[28]慈善真人駕以飈輪，迎其父母並子三人，上登太霄浮雲上觀，賜以上道六通秘要，報其父子行孝之道，永離生死。此皆幽驗，效在目前。人不能行，良可悲嘆。善男子，慈孝之道，其來久遠，大道所珍，真仙所重。故我說之，以開後學，脫有修行，獲斯果報而不虛[29]也。

爾時，天尊說此經已，慈善順義登證六通，成無上道，號曰慈善真人。會中法眾進入五通，到不退地。一切善神空中彈指，放光稱善，天地震動，虛[30]空雨花，山靈爇香，煙氣成雲。當知修道行孝報恩，其德廣大，不可思議。

報恩成道經卷第一

天寶十二載六月　日白鶴觀為　皇帝敬寫

慈善孝子報恩成道經道要品第四

　　道言：大道幽虛，寂寥無名。孝出於無，乘無[31]受生。生形法孝，無名曰道。處於無上，玄應無下。名行高遠，利益弘大，神通無礙，不終不始，故名孝道。有形之類，非道不生，非孝不成。故大道生元氣，元氣生太極，太極生天地，天地生萬物。萬物之類，人居其長。萬靈之中，大道最尊。仁孝尊道，故名孝道。道為萬物父，亦名萬物母。[32]萬物得道則昌，失道則亡。精微柔弱，忍辱慈孝，進修中道，心無懈倦。以孝自牧，上[33]報元恩。元父元母，[34]二親大恩。二親大恩，故名行孝。行孝，道也。心出於虛，道入於無。虛無相感，不動而應。應則道成，成孝道也。故虛心以待物，物亦虛心以待之。彼此相待，然後神交。先通其神，後通其身。身神俱通，則孝道成矣。出有入無，分形百億，無所不宅。在天為天靈，在地為地祇。天靈地祇，二景之根精也。晨夕輪照，養育含生。在東主九夷，在南主八蠻，在西主六戎，在北主五狄，在中主三秦。雖邊邦雜類之種，水陸行藏之族，悉皆賴道而得受生。母以慈養，子以孝生。生成之日，定有反哺。蟲鳥之心，猶知報恩。五逆之人，不如禽獸，不行孝道，背叛元恩，是名凶人，非君子也，不名道士，是真罪鬼。凡百人倫，不行孝道，見善不從，聞道不信。道猶慈恩，元元不捨，方便示現，種種神變，與其幽驗。不能用之，是名蠱[35]屍。蠱敗之屍，亦有妒魅[36]守屍之精，住其身中。

　　爾時，高明真王，而作頌曰：

　　勿言孝不真，勿言道不神。行孝光天下，明燈[37]照爾心。心迷暗不悟，躊躇失生路。吉會孝勳名，無功終不度。天堂寂不歡，地獄多號呼。[38]語汝善男[39]子，勤建仙真步。莫學蠱屍[40]群，灰身螻蟻聚。一墮浮游鬼，萬劫忘生路。湯炭罪未窮，茫茫守丘墓。

　　爾時，真王作此頌已，俛而彈指，聲聞十八湯炭地獄、六宮罪門，又作苦頌曰：

天堂永不閉,地獄未曾開。受苦無休息,罪鬼合群來。渴則飲鑊湯,飢則食熱灰。[41]由何失孝道,財色受殃媒。強壯不行道,臨終始欲廻。聞孝翻誹笑,湯火長悲哀。

是時,六門作此頌已,於是真王[42]放心孝光,洞朗天下,光變成燈,照曜十八大地積夜之獄。真王慈氣化成仙雲五[43]色,遍覆十方無極世界。是諸罪鬼,一時放赦,洗沐玄津,昇於鳳階,禮悔首過,歡喜慶泰,而作歌曰:

六宮除罪目,九幽無對魂。天燈朗暗識,[44]稽首禮玄門。三官不受事,長歸帝一尊。

爾時,罪鬼作此歌已,未得受生,復歸丘墓,夕夕通夢,語其子孫曰:欲得存亡如願,急傳[45]九幽神香,建立精舍,盛施牀座,精心行道,慈救萬物,香燈願念,報二親恩,報大道恩,轉誦經教,助國扶命,救濟孤危,療治疾疫,守一立功,勸人作善。是時,凡人感通此夢,睡中驚寤,[46]各見庭中,天燈照明,光芒射心,皆悉冥悟,行孝奉道,一十八年,得六通果。是其先亡,南宮受化,皆生福地,見道聞法,並登仙位。

道言:道德弘大,孝攝幽明。罪鬼蒙赦而行道,子孫冥悟而行孝。奉吾道者,先當行孝,而後行道,故名孝道。往昔有人先行道而後行孝。道無生滅,人有始終。行道,道行未成。欲孝,孝親不守。[47]是[48]故,則有伏哀,[49]傷和損氣,不明變[50]易。年過四十,衰相表現,守一遂廢,心喪不終。及年六十,伏死[51]塚間。積經三年,形神不散,靈禽翼覆,猛獸衛護。以七月七日立秋之節,太一天尊俯而愍之。後至秋分,遣一仙使,齎持瓊丹,下而救之。入口便活,猶如睡覺。西宮八王給其飇輪,上昇天府,號曰孝仙。于今壽九萬大劫,形如金玉,氣色似雲,出死入生,長存無窮。孝仙初始,備嬰荼[52]炭,風霜不改,飢惱無變。道貴丹誠,[53]高尚其志,懷貞抱節,然後獲果,坐命雲車,飛浮上界。于今行孝,憶想二親元元大恩,使我成道,不可思議。

　　往昔劫時，中州⁵⁴一人，先行至孝。二親俱壽一百三十七歲。子年已登一百五歲，善明方藥，常餌丹光。父母並子，筋力不衰。於是，孝子被服綵衣，又善音樂，一日二時，歌舞作樂。是時，父母一旦終亡，如人睡臥，身不痛惱，心志不亂。孝子結塋，舉殯二親，鳥獸雲集，助其銜土。積經三年，墳高百尺。於是，孝子結廬九載，行孝修道。天下神燭，以明其心。香官獻⁵⁵嬰，以為道信。天地父母感其精志，賜其交⁵⁶梨，昇入西宮，錫號金光孝子明玉真童。老而成道，于今反嬰。雖得道真，不忘孝道。況於凡夫，忘恩背義，仁德不行，與屍何別？反逆天地，軌淫嗜酒，貪財無義，利己害物，生啖魚肉，膏血污口，通體膻腥，信用邪魅。或為利出家，詐云奉道，毀損功德，竊取法財，貿易酒色，不知厭足。臨死求哀，罪目已定，生神不居，志意悶亂，氣冷色變，徒有悔心，道不原赦，魂魄離散，處處受苦，肉食螻蟻，骨血⁵⁷和土，五內糜爛，無復人形。語汝來生，欲奉孝道，勤誦經戒，諦觀身心，斷諸貪著。既斷貪著，即無煩惱。煩惱因緣，因貪欲生。若斷貪欲，生死攀緣，永絕無餘，身心快樂，道心弘廣，七祖介福，何但一身而成道邪？⁵⁸孝道神力，譬如天地。天地所生，無種不⁵⁹有。唯有二親，不可假作。應當行孝，以報大恩。應當修道，齋戒拔度，燒香然燈，以濟苦尼。七祖在難，希望子姪，請道神力，冀得解脫。如人囚禁，枷鑠繫縛，望逢恩赦，蕩除罪咎，快樂自在，心無憂慮。冥陽罪目，大同小異。有罪逢赦，不如無罪。有罪雖免，其目猶在。既失一行，終身無信。⁶⁰故生不可失，道不可忘。忘道失生，是名罪鬼，不名人也。忘道失生，隨境而舍，展轉無窮，如汎大海，不識邊際，思歸舊島，風浪所漂，永失來路。失⁶¹生道者，亦復如是。及其強健，難事已辦，何不行孝、修無上道，永斷生死煩惱因緣？

　　道言：聞吾道者，為賢人。行吾道者，為真人。爾時，仙王，而作頌曰：

　　欲知孝道隆，滿堂皆玉童。⁶²窈窕西宮室，承運補仙⁶³公。此時

吾道行，天燈處處明。神香廻朗識，山野慶雲生。敵國罷鬥戰，四海不交兵。能修孝道戒，斯須見泰平。

道言：道不修人，人須修道。道本自然，故不修人。[64]人非自然，故應精進，修自然道。三萬六千道要，要以孝道為宗。未有不慈不孝、反逆父母、殺害君主，而得成道。不忠不孝，名十惡人。生犯王法，死入地獄，生死受考，無有出期，得餓鬼道。

道言：至孝修道，修孝道也。道在至孝，不孝非道也。何以故？孝能慈悲，孝能忍辱，孝能精進，孝能勤苦，孝能堅正，孝能降伏一切魔事。財色酒肉、名聞榮位、傾奪諍[65]競、交兵殺害。至孝之士，泯然無心，守一不動，一切魔事，自然消伏。孝堅金關，閉捷死道，是諸魔奸，津梁斷絕。內外寂靜，專行孝道，內無交兵，外無伏賊。孝道無形，不可取相。孝道弘大，不可捨相。取捨無相，真應動用，如無盡藏。無盡藏，故無取無捨。有取有捨，則有窮有怠。窮則非道，怠則非孝。不窮不怠，是名孝道。孝如噓吸，氣不可停，停氣則死滅，停孝則道敗。喘息繼念，行住憶想，故念念在心，不可放捨。放捨則道敗，故不可捨也。

道言：來生男女，欲求孝道，莫為利求，莫為色求。利生癡貪，癡貪非道。色生嫉妒。一切苦緣，因色滋長。嫉妒非德，苦緣非道。色心求道，道不可得。道非祭祀，不可以酒肉求。道本清潔，不可以穢慢求。孝道無心，不可以智慧求。大道無形，不可以色相求。夫求道者，應以無得心求，亦不前心求，亦不後心求，應以不起不滅心求，應以秘密心求，應以廣大心求，應以質直心求，應以忍辱精進心求，應以寂靜柔弱心求，應以慈悲至孝心求。略舉道要，以類推之，久自明矣。

爾時，真王為諸來生略說道要，流通供養。有得之者，晨夕誦念，精修其事，必得成道，不可思議。

報恩成道經卷第四

元始洞真慈善孝子報恩成道經

道言：左、右、中真結形之始，分於元始無上大道應化之氣，孕靈瓊胎，九萬大劫，幽閑寥寂。九萬劫後，法當應世，結形理氣，[66]出於瓊胎。出胎之時，九天雷震，九地開裂。舉步之初，登天寶華，身出金光，猶如初日，二晨挾[67]照，晶彩曜眸。[68]背[69]有斗星，心[70]前日象，綠髮駢齒，紫氣連霄。所在之處，七素之雲，晨夕陰[71]蓋，隱龍負[72]蓮，以為牀座。天燈天燭，照明雲路。天樂天梵，萬音齊鼓，龍鳳撫節，謠歌太平，邕邕和雅，非可名目。[73]甘泉甘井，飲之愈疾。形如金玉，無有衰老。無為和化，經九萬劫。爾時，三真化作嬰童，託附真母，以[74]漸長大，隨世成立。

無上大道元始天尊授此三真號曰至孝真王，治化中國，傍攝四夷，有生之類，咸來受事。教其慈孝，敬天順地，守一寶形，憐憫萬物。三千[75]百年後，又更改新。所謂淘汰滓穢，水火冶鍊。是時，三真孝王一治日中，二治月中，三治斗中。上持三辰，[76]晶曜幽夜，玄治三氣，冥適空有。應變倏忽，不待呼召，如形出影，不由憶想。雖處上界，道適下土，無上無下，無邊無際。隨方設教，友[77]諸異類，與其同好，心無疑懅。孝心高遠，神力無比。廻天轉地，制御陰陽，賒促運度，驅役千靈。感動祥瑞，無翼而飛，瞬息九萬，屈伸之頃，已周萬天。皆由至孝，慈順二親，憐恣一切動[78]植之類。孝道慈悲，好生惡殺。食肉飲酒，非孝道也。男女穢慢，非孝道也。胎產屍敗，非孝道也。毀傷流血，非孝道也。偷劫竊盜，非孝道也。好習不善，講論惡事，非孝道也。樂處穢賤，內外流污，心形踈懶，不修生道，信心不篤，輕浮彼[79]好，隨事放逐，守一不專，[80]心氣離散，生老病死，種種煩惱。死入地獄，窮劫受苦，永無出期。無善[81]因緣，失吾孝道，得種種苦。下世男女，修吾孝道，與道同德，既同德已，與道同光，既同光已，與道同真，既同真已，與道同身，既同身已，與道同神，既同神已，與道同變，既

同變已，與道同壽，既同壽已，與道同有，既同有已，與道同無，既同無已，無處不無。無處不無，[82] 亦無處不有。無處不無，[83] 寂寥虛豁。無處不有，[84] 隨心應變。或為帝王，或為忠臣，或為賢人，或為孝子，或為道士，或為國師。或為棲寒林，清齋苦行，誦經念道，立[85] 功立德。或為良將，不戰而勝。或積穀帛，濟惠飢寒。或作明師，除[86] 諸疾疫。種種利益，一切有生。[87] 或不[88] 燈燭，照明積夜。或促萬劫，以為一劫。或延一劫，以為百劫。或一毫端，而勝[89] 大地。或一毛孔，盛九大河，及以[90] 四海。不撓物性，不覺不知。或引十方世界昇[91] 一針鋒，來對目前。有生之類，皆見三真光氣法身，種種說法，各得悟解。奉吾孝道，能入不可思[92] 議處，能為不可[93] 思議事。失吾孝道，救苦不暇，生死相續，不可思議。奉吾孝道，得無畏果。第一，離生死怖畏，得不生[94] 死果。第二，離暗障怖畏，得光明果。晝明神光，夜照天燈，久則身光，無晝無夜。[95] 第三，離飢寒怖畏，得天廚天衣果。第四，離眾試怖畏，一切魔王及諸猛獸，皆來受事而為侍衛。第五，離有形怖畏，得入無形果。入無形果者，非滅非生，而無形相。[96] 即此凡身，得成道身，身同光氣，昇入無形，同於虛空，是[97] 故謂之得無形果。高下自任，聚散隨心，有無在意，不待身心而所為也。孝治天下，不勞法令。孝治其身，志性堅正。孝治百病，天為醫之。孝治萬物，眾毒不害。孝治山川，草木不枯。孝營生業，田蠶萬倍。孝至於天，風雨以時。孝至於地，萬類安靜。神芝靈朮，處處呈瑞。孝至禽獸，龍麟鸞鳳，翔集境內。孝至淵澤，河侯獻珠，魚龍踊[98] 躍，靜息波浪。但孝二親，元元大恩，天地萬靈，晨夕侍衛，行道守一，自然得道。孝道至大，與無[99] 並生，治於三光，照曜幽夜，有生之類，恃[100] 賴無窮。

爾時，靈童稽首，敢問天尊：下世生[101] 人，又[102] 有不幸，早喪二親，孝心何申？

於是，天尊[103] 答曰：敬天順地，朝禮三光，如孝父母，無有異也。成道益速，所願從心。又順地者，順於王氣，朝禮五嶽，大小

便利，不忤太歲，順於四時，修日新道，期於八節，請生謝罪，內外芳潔，披心露膽，心[104]香自熏，洗滌荒[105]穢，精而復精，猶嫌不精，真而彌真，猶嫌不真。不真為真，求吾真道，邪魅應之，卒至退敗，生入邪道，魂魄被縶，顛狂惑亂。自製一法，敗黷[106]道要，以求利用，贓滿罪積，生身被考，種種苦惱，死入地獄，遍遭湯炭，永無出期。縱得出世，生墮六畜，不如意中。或生下賤，盲聾瘖瘂，手足不具，永不見道，永不聞法，為諸人畜之所擯役，[107]飢寒困苦，性命危脆。一失大道，長淪惡趣，不可思議。

道言：有德之人，孝心高遠。道合天地，故天不能殺。道不可滅，故地不能埋。如埋[108]瓊霜，終成舍利，[109]不可毀壞。上天入地，無所滯礙。往昔有人，不識大道，貪生畏死，晨夕正念，朝禮枯樹，以求不死，積四十年。大道愍之，勤苦不懈，救[110]其道氣，如是枯樹一旦榮華。此人歡喜，彌加精進，採服其華，身遂得道。修道之士，取於不懈，積功累德，心行日新。神燈神香，神光神通，是道之信。其[111]志不已，道來降之，教其真要，定不虛也。

道言：下世邪俗，覩道幽驗，因以求用，規他施財，入己私費，為邪所中，終不得道。慳貪不捨，失慈悲道，無孝順心。為利奉道，益其詐偽。詐偽之罪，天地不赦。學道之士，莫與共處，應須訶責，舉其過咎，擯出治罪，勿許詐悔，更次道流。收其贓賄以給貧病，不得穢財以營神功。

道言：孝治堂宇，裝[112]嚴精舍，無令穿敗。流俗士女，卑賤熏臭，瘡疣垢穢，酒色喪產，食啖魚肉，茹葷辛者，永絕彼[113]往，勿相親近，勿履[114]齋廚。

道言：復[115]有十惡五逆，不孝陰賊，誹謗毀訾，破敗善道，嫉妒傲[116]慢，貪淫嗜酒，好啖魚肉，田獵捕殺，偷盜劫賊，遵奉邪道，心無慈孝，志不平等，捨貧親富，喜好嘲調，情愛戰鬥，習蓄[117]器仗，無忍辱心，利己傷物，孝道所忌，人畜所畏，不合聞道，應須遠避，勿相親近。

　　無上大道說此教戒，為下世明王孝治天下，為諸孝子報父母恩，軌則家國，使天下太平，八表歸一，咸遵至孝。有得之者，晨夕誦持，不揀[118]男女，無論貴賤，皆令習[119]誦，以答二親元元大恩。說此經時，天現神燈，處處明朗，天鐘天磬，天梵[120]天樂，空中自鼓，天香天華，隨風流轉。家國人人，供養是經，思其義趣，奉行其事，傍勸未聞。有用之者，應精紙筆，疏潔澡沐，[121]焚香抄寫，百卷千卷，[122]流通供養。香燈不絕，心無懈倦，必得成道，不可思議。

元始洞真慈善孝子報恩成道經

註　釋

1　許蔚：〈《慈善孝子報恩成道經》的成立年代及相關問題〉，頁83。參見許蔚：〈《洞玄靈寶八仙王教誡經》提要〉，載黎志添主編：《道藏輯要·提要》，頁294–296。

2　「西」，原作「酉」，據下文改，以與原卷上一行「己酉」平齊，似屬涉上誤寫。

3　「和」，《敦煌道教文獻合集》錄文誤作「知」。

4　「刃」，原作「刀」。

5　「刃」，原作「刀」。《敦煌道教文獻合集》錄文亦改作「刃」。

6　「歲」，原作「藏」，據上文改。《敦煌道教文獻合集》錄文亦改作「歲」。

7　「齧」，《敦煌道教文獻合集》錄文誤作「齒」。

8　「合」，《敦煌道教文獻合集》錄文上衍「和」。

9　「天」，《敦煌道教文獻合集》錄文漏。

10　「速」，《敦煌道教文獻合集》錄文誤作「蘇」。

11　「駕」，《敦煌道教文獻合集》錄文誤作「馬」。

12　「臣忠」，《敦煌道教文獻合集》錄文漏。

13　「幸」，原作「年」。

14　「王」，《敦煌道教文獻合集》錄文漏。

15　「柘」，《敦煌道教文獻合集》錄文誤作「拓」。

16　「將」，《敦煌道教文獻合集》錄文下補「軍」，非。

17　「殺」，原作「教」，從《敦煌道教文獻合集》錄文改。

18　「萃」，《敦煌道教文獻合集》錄文作「苹」，並擬改作「平」。

19　「醉」，《敦煌道教文獻合集》錄文誤作「罪」。

20　「赦」，原作「殺」。《敦煌道教文獻合集》錄文亦擬改作「赦」。

21　「還往」，《敦煌道教文獻合集》錄文倒作「往還」。

22　「駕」，《敦煌道教文獻合集》錄文誤作「馬」。

23　「玉」，原寫作「王」，據上文改。

24　「成」，《敦煌道教文獻合集》錄文誤作「久」。

25　「九玄七祖」，《敦煌道教文獻合集》錄文倒作「七玄九祖」。

26　「權」，《敦煌道教文獻合集》錄文誤作「擁」。

27　「仁」，原作「人」，據下文改。

28 「虛」,《敦煌道教文獻合集》錄文誤作「靈」。此卷中,「虛」、「靈」二字
　　書寫極為接近,但有細微差別,「靈」字書寫有較為明確的雨字頭,可
　　知應是不同的兩個字。P.2582書風與此卷有差異,而「虛」、「靈」二字
　　書寫也有清晰的差異,且均與此卷不同,可知二者確為不同書手所書
　　寫。

29 「虛」,《敦煌道教文獻合集》錄文誤作「靈」。

30 「虛」,《敦煌道教文獻合集》錄文誤作「靈」。

31 「無」,原寫作「无」,《道藏》本作「元」。

32 「母」,《道藏》本下有「又曰:道生一,一生二,二生三,三生萬物」。

33 「上」,原作「卜」,據《道藏》本改。

34 「元父元母」,《道藏》本作「玄父玄母」。

35 「蠱」,原作「靈」,據《道藏》本改。

36 「魅」,《道藏》本作「媿」。

37 「燈」,《道藏》本作「然」。

38 「號呼」,《道藏》本作「寒沍」。

39 「善男」,《道藏》本作「儀堂」。

40 「屍」,《道藏》本作「死」。

41 「灰」,原有塗抹,勘其痕跡,當是先寫作「炭」,再抹改為「灰」。

42 「是時,六門作此頌已,於是真王」,《道藏》本作「於是,真王作此頌
　　已」。「六門」即上文「六宮罪門」。

43 「五」,上原有「七色」,據《道藏》本刪。

44 「識」,《道藏》本作「室」。

45 「傳」,《道藏》本作「然」。

46 「寤」,《道藏》本作「悟」。

47 「孝親不守」,《道藏》本作「而親不待」。

48 「是」,《道藏》本作「為不待」。

49 「哀」,其下《道藏》本有「之慟」。

50 「變」,《道藏》本作「益」。

51 「死」,《道藏》本作「屍」。

52 「茶」,《道藏》本作「塗」。

53 「誠」,《道藏》本作「成」。

54 「時,中州」,《道藏》本作「中有」。

55 「獻」,《道藏》本作「燌」。

56 「交」,原作「文」,據《道藏》本改。

57 「血」,《道藏》本作「肉」。

58 「邪」,《道藏》本作「耶」。

59 「不」,《道藏》本作「所」。

60 「信」,《道藏》本作「言」。

61 「失」,《道藏》本作「央」。

62 「玉童」,《道藏》本作「女僮」。

63 「仙」,《道藏》本作「王」。

64 「故不修人」,《道藏》本作「不修人道」。

65 「諍」,《道藏》本作「爭」。

66 「氣」,《八仙王》作「炁」。

67 「挾」,《八仙王》作「俠」。

68 「曜眸」,原作「朗耀」,據《八仙王》改。

69 「背」,原作「眸」,據《八仙王》改。

70 「星」,原作「心」;「心」,原作「星」,據《八仙王》改。

71 「陰」,《八仙王》作「蔭」。

72 「負」,《八仙王》作「圓」。

73 「非可名目」,《八仙王》作「晃曜耳目」。

74 「以」,《八仙王》作「已」。

75 「千」,其下《八仙王》有「三」。

76 「辰」,原作「晨」,據《八仙王》改。

77 「友」,《八仙王》作「拔」。

78 「動」,《八仙王》作「種」。

79 「彼」,《八仙王》作「頗」。

80 「專」,《八仙王》作「慧」。

81 「無善」,《八仙王》作「原乎」。

82 「無」,《八仙王》作「有」。

83 「無」,原作「有」,據《八仙王》改。

84 「有」,原作「無」,據《八仙王》改。

85 「立」,《八仙王》作「建」。

86 「除」,《八仙王》作「決」。

87 「有生」，原作「生有」，據《八仙王》改。

88 「不」，《八仙王》作「下」。

89 「勝」，《八仙王》作「昇」。

90 「以」，《八仙王》作「已」。

91 「昇」，原作「勝」，據《八仙王》改。

92 「可」，《八仙王》闕。

93 「可」，《八仙王》闕。

94 「生」，其下《八仙王》有「不」。

95 「無晝無夜」，《八仙王》作「光無晝夜」。

96 「非滅非生，而無形相」，《八仙王》作「非滅生而無形耶」。

97 「是」，《八仙王》闕。

98 「踊」，《八仙王》作「涌」。

99 「無」，《八仙王》作「元」。

100 「恃」，原作「侍」，據《八仙王》改。

101 「生」，原作「世」，據《八仙王》改。

102 「又」，原作「多」，據《八仙王》改。

103 「於是，天尊」，《八仙王》闕。

104 「心」，《八仙王》作「誠」。

105 「荒」，《八仙王》作「流」。

106 「敗黷」，《八仙王》作「販賣」。

107 「役」，《八仙王》作「觸」。

108 「埋」，原作「理」，據《八仙王》改。

109 「舍利」，原作「金寶」，據《八仙王》改。

110 「救」，原作「求」，據《八仙王》改。

111 「其」，《八仙王》作「建」。

112 「裝」，原作「粧」，據《八仙王》改。

113 「彼」，《八仙王》作「攸」。

114 「履」，《八仙王》作「理」。

115 「復」，《八仙王》作「後」。

116 「傲」，《八仙王》作「驕」。

117 「蓄」，《八仙王》作「畜」。

118 「揀」，《八仙王》作「簡」。

119「習」，《八仙王》作「尋」。

120「梵」，原作「歌」，據《八仙王》改。

121「澡沐」，《八仙王》作「沐浴」。

122「百卷千卷」，《八仙王》作「千卷百卷」。

主要參考書目

一、原始文獻（按部類及筆劃排列）

（一）史部

《九江府志》,《中國地方志集成》江西府縣志輯,景印同治十三年刊
　　本,南京：江蘇古籍出版社,1996年。

于敏中等編纂：《日下舊聞考》,北京：北京古籍出版社,1985年。

田中慶太郎編印,《文求堂書目》,東京：文求書店,1939年。

《永新縣志》,中國國家圖書館藏,清乾隆十一年刊本。

《安福縣志》,中國國家圖書館藏,清康熙五十二年刊本。

《安福縣志》,中國國家圖書館藏,清乾隆四十七年刊本。

《西山萬壽宮調查檔案一宗》(擬),如不來室藏,1981年。

《西山萬壽宮志略》,南昌：江西省西山萬壽宮地方整理處,1937年。

司馬光：《司馬氏書儀》,排印學津討原本,上海：商務印書館,
　　1936年。

〈民國乙卯年募化整修正殿及各殿樂助芳名併收付數目〉,碑存西山
　　萬壽宮。

《吉安府志》,中國國家圖書館藏,清順治十七年刊後印本。

《吉安府志》,中國國家圖書館藏,清乾隆四十一年刊本。

《明太宗實錄》,景印,台北：中研院歷史語言研究所,1963年。

洪武《京城圖志》,《北京圖書館古籍珍本叢刊》第24冊,景印清抄
　　本,北京:書目文獻出版社,1998年。

《金陵玄觀志》,《續修四庫全書》第719冊,景印南京圖書館藏明刊
　　本,上海:上海古籍出版社,1997年。

至正《金陵新志》,《中國方志叢刊》,景印元至正四年刊本,台北:
　　成文出版社,1983年。

《至大金陵新志》,《景印文淵閣四庫全書》第492冊,台北:台灣商
　　務印書館,1988年。

閔一得編,鮑廷博註,鮑鯤評:《金蓋心燈》,《藏外道書》第31冊,
　　景印,成都:巴蜀書社,1992年。

李宗蓮編:《金蓋山志略》,《中華山水志叢刊》(山志)第20冊,景印
　　光緒二十二年古書隱樓刊本,北京:線裝書局,2004年。

朱道朗:《青雲譜志略》,北京大學圖書館藏,清康熙刊本。

景定《建康志》,《宋元方志叢刊》,景印清嘉慶六年金陵孫忠潪祠刻
　　本,北京:中華書局,1989年。

景定《建康志》,《景印文淵閣四庫全書》第489冊,台北:台灣商務
　　印書館,1988年。

《建昌縣志》,《中國地方志集成》江西府縣志輯,景印同治十年刊
　　本,南京:江蘇古籍出版社,1996年。

《重陽庵集》,《中華續道藏》初輯第4冊,景印清光緒丁氏刊本,台
　　北:新文豐出版公司,1999年。

婁近垣輯:《重修龍虎山志》,《中華續道藏》初輯第3冊,景印清乾
　　隆道光遞修本,台北:新文豐出版公司,1999年。

丁步上、郭懋隆撰:《逍遙山萬壽宮志》,上海圖書館藏,清乾隆五
　　年刊本。

金桂馨、漆逢源纂:《逍遙山萬壽宮志》,《四庫未收書輯刊》第6輯第
　　10冊,景印光緒四年鐵柱宮刊本,北京:北京出版社,2000年。

魏志良等重修:《逍遙山萬壽宮志》,江西省圖書館藏,清宣統三年
　　刊本。

李林甫等撰，陳仲夫點校：《唐六典》，北京；中華書局，1992年。

《都昌縣志》，《中國地方志集成》江西府縣志輯，景印同治十一年刊
　　本，南京：江蘇古籍出版社，1996年。

《進賢縣志》，中國國家圖書館藏，清康熙十二年刊本。

《進賢縣志》，上海圖書館藏，清同治十年刊本。

《高安縣志》，中國國家圖書館藏，清康熙十年刊本。

《海鹽縣圖經》，中國國家圖書館藏，清乾隆十三年刊本。

《海鹽縣志》，中國國家圖書館藏，清光緒三年刊本。

白雲霽：《道藏目錄詳注》卷二，《道藏》第36冊，景印清刊本。

新建縣文物普查小組：《萬壽宮與許真君》，無印刷年代。

《瑞州府志》，中國國家圖書館藏，清同治十二年刊本。

《瑞昌縣志》，《天一閣藏明代方志選刊》，景印明隆慶刻本，上海：
　　上海古籍出版社，1963年。

《瑞昌縣志》，《中國地方志集成》江西府縣志輯，景印同治十年刊
　　本，南京：江蘇古籍出版社，1996年。

瑞昌縣志編纂委員會：《瑞昌縣志》，北京：新華出版社，1990年。

《新建縣志》，中國國家圖書館藏，清康熙十九年刊本。

《興國縣志》，中國國家圖書館藏，清同治十一年刊本。

《歸安縣志》，《中國方志叢書》華北地方第83號，景印光緒八年刊
　　本，台北：成文出版社，1970年。

《應天府志》，《四庫全書存目叢書》史部第203冊，景印萬曆五年刊
　　本，濟南：齊魯書社，1996年。

〈豐城襄勸本縣捐局用費等款〉（光緒三十四年），碑存西山萬壽宮。

《盧陵縣志》，中國國家圖書館藏，清乾隆四十六年刊本。

《贛州府志》，《天一閣藏明代方志選刊》，景印明嘉靖刊本，上海：
　　上海古籍書店，1962年。

《贛州府志》，中國國家圖書館藏，清乾隆四十七年刊本。

(二) 子部

《三教正鵠》，清光緒三十年宣化文社刊、湘潭三皇宮藏板，朱明川
　　提供照片。

陳致虛，《上陽子金丹大要》卷九，《道藏》第 24 冊。

金允中，《上清靈寶大法》，《道藏》第 31 冊。

王契真，《上清靈寶大法》，《道藏》第 30 冊。

《太上老君説常清靜經》等經文二十種，如不來室藏，民國十年興真
　　古觀分派萬法雷壇何遠生抄本。

杜光庭，《太上黃籙齋儀》，《道藏》第 9 冊。

《太上靈寶淨明飛仙度人經法》，《道藏》第 10 冊。

《太上靈寶淨明入道品》，《道藏》第 10 冊。

《太上靈寶淨明秘法篇》，《道藏》第 10 冊。

《太上淨明院補奏職局太玄都省須知》，《道藏》第 10 冊。

《太上靈寶淨明洞神上品經》，《道藏》第 24 冊。

《太上靈寶淨明宗教錄》，江西南昌新風樓藏，清青雲譜刊本。

《太上靈寶淨明宗教錄》，《道藏輯要》危集第四，京都大學人文科學
　　研究所藏，清嘉慶刊本。

《太上靈寶淨明普保真君雪罪法懺》，李豐楙藏，民國七年劉明彝抄
　　本，載李豐楙主編：《道法海涵》第一輯《真經寶懺》下冊，台
　　北：新文豐出版公司，2014 年。

《太上説許仙真君消災滅罪寶懺》，鞠靜儉道長藏，鋼筆抄寫經折
　　本，無抄寫年代。

朱權：《天皇至道太清玉冊》，《道藏》第 36 冊。

朱權：《天皇至道太清玉冊》，中國國家圖書館藏，明萬曆三十七年
　　張進刊本。

張應京校集，張洪任編正，施道淵參閱，《正一天壇玉格》，北京大
　　學圖書館藏，清順治十五年刊本。

〈正一表懺都仙勝會〉（擬），如不來室藏，清宣統元年興真古觀分派
　　真濟雷壇鈔本。

〈正一昭答雷府雪罪延生醮〉醮壇誠意，如不來室藏，民國興真古觀
　　分派萬法雷壇何遠生寫本。

〈正一圓香繳願淨明仙醮〉憑帖，如不來室藏，民國十六年南昌西山
　　玉隆萬壽宮出給。

王松年，《仙苑編珠》，《道藏》第 11 冊。

《仙傳外科秘方》，《道藏》第 26 冊。

《北極真武佑聖真君禮文》，《道藏》第 18 冊。

《北極真武普慈度世法懺》，《道藏》第 18 冊。

《永樂大典》，景印，北京：中華書局，1986 年。

《白先生雜著指玄篇》，上海圖書館藏，明刊本。

《西山許真君八十五化錄》，《道藏》第 6 冊。

《赤松子章曆》，《道藏》第 11 冊。

《沖虛至道長春劉真人語錄》，上海圖書館藏，清順治十八年彭定求
　　抄本。

《呂祖全書》，哈佛大學燕京圖書館藏，清乾隆四十年武林王履階刊
　　本。

《法海遺珠》，《道藏》第 26 冊。

杜光庭，《洞天福地嶽瀆名山記》，《道藏》第 11 冊。

《神功妙濟真君禮文》，《道藏》第 9 冊。

《急救仙方》，《道藏》第 26 冊。

《度人朝》，如不來室藏，民國七年興真古觀分派萬法雷壇何遠生抄
　　本。

劉淵然編，《原陽子法語》，《道藏》第 24 冊。

《高上玉皇本行集經卷上》，如不來室藏，民國六年興真古觀分派萬
　　法雷壇何遠生抄本。

《真君科》、《申發科》，如不來室藏，清光緒十八年張道靜抄本。

《許祖表科》、《三仙表科》，如不來室藏，民國十一年興真古觀分派
　　萬法雷壇何遠生抄本。

《許老真君寶經》、《李老真君經》，如不來室藏，金輪堂抄本，無抄
　　寫年代。

《許祖真君經》，如不來室藏，抄本，無抄寫年代。

《許仙真君經懺》，如不來室藏，劉度泰抄本，無抄寫年代。

《許真君淨明宗教錄》，北京大學圖書館藏，明萬曆三十一年楊爾曾
　　序刊本。

《許太史真君圖傳》，《道藏》第6冊。

《淨明忠孝全書》，日本國立公文書館藏，明景泰三年邵以正序刊本。

《淨明忠孝全書》附錄《許真君七寶如意丹後敘》，李顯光藏，清嘉慶
　　雲南刊本殘本。

《淨明忠孝龍沙經懺》，北京國家圖書館藏，民國八年張勳刊本。

《淨明儀範》，南京圖書館藏，民國十七年溥化文社石印本。

譚煐編：《淨明溯源》，民國二十三年長沙同文印刷局鉛印本，朱明
　　川提供複印件。

《淨明演經朝科·功集》，侯沖藏，清光緒七年楊上達抄本。

《清微正醮真君科》，如不來室藏，清宣統元年袁守性抄本。

《啟師玄範》，如不來室藏，民國廣振雷壇吳玄真抄本。

《開啟請聖》，談三沅道長2010年抄本，2015年攝於松湖黃堂隆道
　　宮。

《普天福主經懺》，如不來室藏，2002年（？）鄔金生抄本。

《普天福主演玄法懺》，豐城香頭抄本，2015年攝於西山萬壽宮高明
　　殿。

《普天福主演玄法懺》，重印線裝本，玄門書社，2015年。

《普天福主演玄法懺》，西山萬壽宮重印經折本，無印刷年代。

張善淵述：《萬法通論》，《道法會元》卷六十七，《道藏》第29冊。

《諸師真誥》，《道藏》第6冊。

《養生秘錄》,《道藏》第10冊。

趙道一撰:《歷世真仙體道通鑒續編》,景印《道藏》本,揚州:江蘇
　　廣陵古籍刻印社,1997年。

《瓊琯白玉蟾先生指玄集》,日本國立公文書館藏,元勤有堂刊本。

《廬山太平興國宮採訪真君事實》,《道藏》第32冊。

《廬山太平興國宮採訪真君事實》,《藏外道書》第18冊,景印明刊
　　本,成都:巴蜀書社,1992年。

趙宜真,《靈寶歸空訣》,《道藏》第10冊。

《靈寶玉鑑》,《道藏》第10冊。

《靈寶淨明大法萬道玉章秘訣》,《道藏》第10冊。

《靈寶淨明院諸師密誥》,《道藏》第10冊。

《靈寶淨明院教師周真公起請畫一》,《道藏》第10冊。

《靈寶淨明新修九老神印伏魔秘法》,《道藏》第10冊。

《靈寶淨明天樞都司法院須知法文》,《道藏》第10冊。

《靈寶淨明黃素書釋義秘訣》,《道藏》第10冊。

《靈寶淨明院行遣式》,《道藏》第11冊。

〈靈寶九幽資度大法〉齋壇誠意,如不來室藏,清道光十八年興真觀
　　樊元章寫本。

(三) 集部

白玉蟾:《新刊瓊琯白先生玉隆集》,德國巴伐利亞州立圖書館藏,
　　元勤有堂刊本。

危素:《雲林集》,《景印文淵閣四庫全書》第1226冊,台北:台灣商
　　務印書館,1988年。

李道純:《清庵先生中和集》,日本國立公文書館藏,元大德十年翠
　　峰丹房刊本。

李祁:《雲陽集》,《景印文淵閣四庫全書》第1219冊,台北:台灣商
　　務印書館,1988年。

周麟之：《海陵集》，《景印文淵閣四庫全書》第1142冊，台北：台灣商務印書館，1986年。

周必大：《周益公文集》，《宋集珍本叢刊》，景印明澹生堂抄本，北京：線裝書局，2004年。

張宇初：《峴泉集》，《道藏》第33冊。

陳璉：《琴軒集》，景印康熙六十年萬卷堂刊本，上海：上海古籍出版社，2011年。

楊士奇：《東里續集》，《景印文淵閣四庫全書》第1238冊，台北：台灣商務印書館，1988年。

歐陽玄：《圭齋文集》，《四部叢刊》初編集部，景印明成化刊本，上海：商務印書館，1936年。

謝枋得：《新刊重訂疊山謝先生文集》，《宋集珍本叢刊》，景印明嘉靖刊本，北京：線裝書局，2004年。

二、近人研究論著

（一）中文論著（按筆劃排列）

王咨臣：《西山萬壽宮史話》，載《西山雨》1985年第2期「西山萬壽宮專號」，頁4–6。

王見川、高萬桑主編：《近代張天師史料彙編》，台北：博揚文化事業有限公司，2013年。

王馳：〈武當清微派雷法探奧〉，載《正一道教研究》第2輯，北京：宗教文化出版社，2013年，頁133–159。

王崗點校，劉大彬編，江永年增補：《茅山志》，上海：上海古籍出版社，2016年。

───：〈明代江西地方淨明道的傳播〉，載《華人宗教研究》第10期，台北：新文豐出版公司，2017年，頁59–168；又載謝世

維、林振源主編：《道法縱橫：歷史與當代地方道教》，台北：
　　新文豐出版公司，2019年，頁165–304。

王亞：〈南宋淨明道的法、職、籙與洞神部籙階的徹底符號化〉，載
　　《弘道》2016年第2期，頁96–100。

王常啟：《《靈山遺愛續錄》校註及初步研究》，江西師範大學碩士論
　　文，2009年。

毛禮鎂編著：《江西省高安縣淨明道科儀本彙編》，台北：新文豐出
　　版公司，2006年。

毛禮鎂編著：《贛東靈寶教太平清醮科儀本彙編》，台北：新文豐出
　　版公司，2008年。

尹志華：〈《呂祖全書》的編撰與增輯〉，載《宗教學研究》2012年第1
　　期，頁16–21。

尹翠琪：〈《道藏》扉畫的版本、構成與圖像研究〉，載《美術史研究
　　集刊》2017年第43期，頁1–140。

孔祥毓：〈明孝康張皇后授籙考──以〈張皇后之籙牒〉為中心〉，載
　　《中國道教》2012年第5期，頁44–49。

何振中：〈明彩繪本《煉丹圖》及其淨明丹法〉，載《中國道教》2018年
　　第1期，頁54–57。

任繼愈主編：《中國道教史》，上海：上海人民出版社，1990年。

───、鍾肇鵬主編：《道藏提要（第三次修訂）》，北京：中國社會
　　科學出版社，2005年。

曲爽、張煒：〈清微派傳承考──以趙宜真、李得晟傳天津天后宮
　　一系為主〉，載上海市道教協會、華東師範大學等主編：《正一
　　道教研究國際學術會議論文彙編（下）》，上海：上海市道教協
　　會、華東師範大學，2013年，頁562–586。

朱明川：〈清末以來的關帝升格運動──兼談道教淨明派在近代的
　　發展〉，載李世偉編：《歷史、藝術與台灣人文論叢（十四）》，
　　台北：博揚文化事業有限公司，2017年，頁216–221。

———：〈儒壇經典及其應用——以四川江油地區的「紫霞壇」為例〉，載范純武編：《善書、經卷與文獻（一）》，新北：博揚文化事業有限公司，2019年，頁135–161。

李豐楙：〈宋朝水神許遜傳說之研究〉，載李豐楙：《許遜與薩守堅：鄧志謨道教小說研究》，台北：台灣學生書局，1997年，頁65–121。

———：〈許遜的顯化與聖蹟——一個非常化祖師形象的歷史刻畫〉，載李豐楙、廖肇亨主編：《聖傳與詩禪——中國文學與宗教論集》，台北：中研院文哲所，2007年，頁367–442。

李遠國：〈莫月鼎與元代神霄派〉，載《中國道教》2001年第3期，頁11–15。

李平亮：《明清南昌西山萬壽宮與地方權力體系的演變（1550–1910）》，廈門大學歷史系碩士論文，2001年。

———：〈明清以來西山萬壽宮的發展與「朝仙」習俗〉，載《江西師範大學學報》2009年第5期，頁101–107。

———：〈地方神廟與社會文化變遷——南昌西山萬壽宮碑刻研究〉，載鄭振滿主編：《碑銘研究》，北京：社會科學文獻出版社，2014年，頁415–437。

李志鴻：〈試論清微派的「會道」與「歸元」〉，載《世界宗教研究》2005年第3期，頁116–125。

———：《道教天心正法研究》，北京：社會科學文獻出版社，2011年。

李長莉：〈清末民初城市的「公共休閒」與「公共時間」〉，載《史學月刊》2007年第1期，頁82–89。

汪維輝：〈《大唐三藏取經詩話》、《新雕大唐三藏法師取經記》刊刻於南宋的文獻學證據及相關問題〉，載《語言研究》2010年第4期，頁103–107。

忻平、張坤：〈政俗關係視野下的民國「新年」之爭——以《申報》為中心〉，載《江蘇社會科學》2014年第2期，頁241–249。

岳湧（南京市博物館）：〈南京西善橋明代長春真人劉淵然墓〉，載《文物》2012年第3期，頁22-30。

———：〈〈長春劉真人祠堂記〉與棲真觀〉，載《中國道教》2017年第2期，頁54-58。

周虹、李彪、吳雪蕾：〈伙居道教科儀考察——以廣豐縣萬壽宮廟會為例〉，載《四川戲劇》2015年第11期，頁113-117。

柳存仁：〈許遜與蘭公〉，載《世界宗教研究》1985年第3期；載柳存仁：《和風堂文集》，上海：上海古籍出版社，1991年，頁714-752。

胡邦波：〈景定《建康志》與至正《金陵新志》中的地圖初探〉，載《自然科學史研究》1988年第7卷第1期，頁24-37。

———：〈景定《建康志》與至正《金陵新志》中地圖的繪製年代與方法〉，載《自然科學史研究》1988年第7卷第3期，頁280-287。

高立人主編：《廬陵古碑錄》，南昌：江西人民出版社，2007年。

高萬桑：〈近代中國的天師授籙系統：對《天壇玉格》的初步研究〉，載黎志添主編：《十九世紀以來中國地方道教變遷》，香港：三聯書店，2013年，頁437-456。

高振宏：〈溫瓊神話與道教道統——從劉玉到黃公瑾的「地祇法」〉，載謝世維主編：《經典道教與地方宗教》，台北：政大出版社，2014年，頁189-249。

———：〈張宇初〈金野菴傳〉、〈趙原陽傳〉中的傳道譜系與聖傳書寫研究〉，載正修科技大學通識教育中心編：《2015宗教生命關懷國際學術研討會成果報告》，高雄：正修科技大學通識教育中心，2015年，頁127-148。

———：〈朝封、道封與民封：從三個例子談敕封神祇信仰的形塑與影響〉，載《華人宗教研究》2017年第9期，頁45-77。

陳垣編，陳智超、曾慶瑛校補：《道家金石略》，北京：文物出版社，1988年。

陳文龍：《王契真《上清靈寶大法》研究》，中國社會科學院博士論文，2011年。

陳引馳：〈《大唐三藏取經詩話》時代性再議：以韻文體制的考察為中心〉，載《復旦學報》2014年第5期，頁69–80。

卿希泰主編：《中國道教史》第三卷，成都：四川人民出版社，1996年。

———：〈天心正法派初探〉，載《世界宗教研究》1999年第3期，頁19–24。

郭武：《《淨明忠孝全書》研究：以宋、元社會為背景的考察》，北京：中國社會科學出版社，2005年。

———：〈趙宜真、劉淵然與明清淨明道〉，載《世界宗教研究》2011年第1期，頁77–86。

———：〈明清淨明道與全真道關係略論——以人物交往及師承關係為中心〉，載《全真道研究》第1輯，濟南：齊魯書社，2011年，頁144–153。

莫尼卡：〈《道藏輯要》及其編撰的歷史——試解清代《道藏》所收道經書目問題〉，載《第一屆道教仙道文化國際學術研討會會議論文》，高雄：中山大學，2006年，頁1–17。

———：〈「清代道藏」——江南蔣元庭本《道藏輯要》之研究〉，載《宗教學研究》2010年第3期，頁17–27。

袁志鴻、劉仲宇整理：〈《正乙天壇玉格》校訂本〉，載《正一道教研究》第2輯，北京：宗教文化出版社，2013年，頁319–353。

酒井規史：〈地方的雷法與《道法會元》：以《洞玄玉樞雷霆大法》為中心〉，載謝世維主編：《經典道教與地方宗教》，台北：政大出版社，2014年，頁105–130。

曹本冶、徐宏圖：《杭州抱朴道院道教音樂》，台北：新文豐出版公司，2000年。

曹凌：〈中古佛教齋會疏文的演變〉，載武漢大學中國三至九世紀研

究所編：《魏晉南北朝隋唐史資料（第三十三輯）》，上海：上海古籍出版社，2016年，頁152–176。

———：〈元明間地方道法融合之一例——以兩種清代民間道教抄本為中心〉，《世界宗教文化》2022年第3期，頁134–140。

———：〈道教疏文的成立與早期發展——以佛道交涉為中心〉，《文史》即刊。

張超然：〈援法入道：南宋靈寶傳度科儀研究〉，載謝世維主編：《經典道教與地方宗教》，台北：政大出版社，2014年，頁131–188。

張澤洪：〈許遜與吳猛〉，載《世界宗教研究》1990年第1期，頁65–73。

———：〈淨明道與靈寶派——兼論與正一道法術的關係〉，載《道韻》第9輯，台北：中華大道出版社，2001年，頁102–126。

許蔚：《許遜信仰與文學傳述》，華東師範大學中文系碩士論文，2008年。

———：〈宋金之際的淨明道——以〈詔旌陽許真君碑〉為中心〉，載《國學研究》第24卷，北京：北京大學出版社，2009年，頁235–251。

———：〈許遜形象的構建及其意義〉，載《中國俗文化研究》第5輯，成都：巴蜀書社，2009年，頁35–53。

———：〈淨明道祖師圖像研究——以《許太史真君圖傳》為中心〉，載《漢學研究》2011年第29卷第1期，頁119–152。

———：〈《如意丹方》與淨明道醫藥傳統的生成〉，載《道教研究學報》2011年第3期，頁49–82。

———：〈神聖的閱讀——宗教生活中的許遜傳記〉，載《雲南大學學報》2013年第4期，頁79–83。

———：《斷裂與建構：淨明道的歷史與文獻》，上海：上海書店出版社，2014年。

———：〈《淨明忠孝全書》的刊行與元明之際淨明統緒的構建——

以日本內閣文庫藏明景泰三年邵以正序刊本為中心〉，載《古典文獻研究》第17輯上卷，南京：鳳凰出版社，2014年，頁124–135。

————：〈《慈善孝子報恩成道經》的成立年代及相關問題〉，載《敦煌研究》2014年第4期，頁79–84。

————：〈《淨明忠孝全書》的版本、內容及意涵概說〉，載《香港中文大學道教文化研究中心通訊》2015年第37期，頁1–5。

————：〈從神仙到聖人——羅念菴的修持經驗、文學表達與身份認同〉，載《新國學》第11輯，成都：巴蜀書社，2015年，頁178–216。

————：〈新建文潔鄧定宇先生年譜稿〉，載《國學研究》第35卷，北京：北京大學出版社，2015年，頁339–389。

————：〈辛天君法與混元道法的構造〉，載《道教研究學報》2017年第9期，頁141–159。

————校註：《淨明忠孝全書》，北京：中華書局，2018年。

————：〈孤魂考——道教與中土佛教幽科中一種類型化幽靈的生成〉，載《中華文史論叢》2018年第4期，頁271–308。

————：〈《先天斛食濟煉幽科》中的禪宗公案兼談近世道教科儀編撰問題〉，載《宗教學研究》2019年第1期，頁60–67。

————：〈淨明道諸師傳記〉，載《南昌道教》2020年第1期，頁26–32。

————：《道教文學、文獻與儀式：許蔚自選集》，新北：博揚文化事業有限公司，2021年。

————：〈《明真破妄章頌》提要〉，載黎志添主編：《道藏輯要‧提要》，香港：香港中文大學出版社，2021年，頁1206–1207。

————：〈《洞玄靈寶八仙王教誡經》提要〉，載黎志添主編《道藏輯要‧提要》，香港：香港中文大學出版社，2021年，頁294–296。

————：〈道教的經懺與拜懺——清刊《太極璇璣金章玉斗寶懺》的初步考察〉，載《世界宗教文化》2021年第3期，頁139–146。

———：〈莫月鼎使者符法的作用與傳派——以明抄本《九天梵炁雷晶碧潭使者大法》為中心〉，載《道教研究學報》2021年第12、13期，頁101–133。

———：〈明代道法傳承諸側面——明內府抄本《玉清宗教祈雪文檢》識小〉，載《宗教學研究》2021年第4期，頁63–73。

———：《豫章羅念菴、鄧定宇二先生學行輯述》，上海：中西書局，2022年。

———：〈方方壺叢考〉，載《全真道研究》第11輯即刊。

———：〈石碇大湖格宗教團組的財神文化營造〉，載《正一道教研究》第7輯即刊。

———：〈皇家的大高玄殿與民間的大高玄殿——雙向道上的地方祠神鷹武李將軍〉，待刊稿。

———：〈趙宜真從張天全所受道法考〉，載《宗教學研究》即刊。

———：〈桂心淵〉，歷代高道傳計劃，待出版。

曾廣墀：〈西山萬壽宮朝香紀〉，載《江西農訊》1935年第1卷第19期，頁353–359。

黃長椿：〈朱思本及其《輿地圖》〉，載《江西師院學報》1983年第3期，頁61–64。

黃芝崗：《中國的水神》，景印生活書店1934年版，上海：上海文藝出版社，1988年。

馮千山：〈邵以正生平、《道藏》及其他〉，載《宗教學研究》1992年第1、2期，頁46–52。

游海華、張兆金：〈民眾教育與鄉村改進：民國南昌西山萬壽宮實驗區研究〉，載《江西師範大學學報》2012年第45卷第5期，頁92–97。

童誠：《上海道教《紫光斗科》初探》，上海道教學院本科論文，2017年。

湛曉白：〈從禮拜到星期：城市日常休閒、民族主義與現代性〉，載《史林》2017年第2期，頁1–12。

褚國鋒：〈明代道官胡守法生平事跡考論〉，載《宗教學研究》2019年
　　第3期，頁46–52。

鄭素春：〈元代全真道長春宗派的南傳：以金志陽法脈為主的研
　　究〉，載《丹道研究》創刊號，台北：丹道文化出版事業有限公
　　司，2006年，頁134–186。

———：〈金元全真道中原地區以外的傳教活動〉，載《成大歷史學
　　報》2010年第39號，頁61–108。

鄭利鋒：〈《景定建康志》版本流傳考略〉，載《山東圖書館季刊》2008
　　年第3期，頁85–90。

———：〈《景定建康志》版本考辨〉，載《新世紀圖書館》2008年第5
　　期，頁49–51。

趙樹龍：《道士吉凶儀校釋及初步研究》，首都師範大學碩士論文，
　　2011年。

鄧錫斌：〈虞集著述考〉，載《湖南師範大學社會科學學報》2013年第
　　3期，頁132–134。

劉枝萬：《台灣民間信仰論集》，台北：聯經出版公司，1983年。

劉師培：〈讀道藏記〉，載《國粹學報》1911年第79期，南京廣陵書社
　　2006年影印。

黎志添：〈清代四種《呂祖全書》與呂祖扶乩道壇的關係〉，載《中國
　　文哲研究集刊》2013年第42期，頁183–230。

———：〈《呂祖全書正宗》——清代北京覺源壇的歷史及其呂祖
　　天仙派信仰〉，載《中國文哲研究集刊》2015年第46期，頁101–
　　149。

———：〈識見、修煉與降乩——從南宋到清中葉呂洞賓顯化度人
　　的事跡分析呂祖信仰的變化〉，載《清華學報》2016年新46卷第
　　1期，頁41–76。

———：〈清代呂祖寶懺與扶乩道壇：廣東西樵雲泉仙館《呂祖無極
　　寶懺》的編撰及與其他清代呂祖懺本的比較〉，載《漢學研究學
　　刊》2018年第9卷，頁133–196。

劉仲宇：〈光緒抄本《正乙天壇玉格》初探〉，載《正一道教研究》第2
輯，北京：宗教文化出版社，2013年，頁88–115。

劉奉文、王春偉：〈《道園學古錄》成書及元明刻本考〉，載《古籍整
理研究學刊》2015年第4期，頁54–59。

劉文楠：〈借迷信行教化：西山萬壽宮朝香與新生活運動〉，載《近代
史研究》2016年第1期，頁89–105。

鮑菊隱：〈《神功妙濟真君禮文》提要〉，載黎志添主編：《道藏輯要·
提要》，香港：香港中文大學出版社，2021年，頁1530–1536。

蕭霽虹：〈道教長春派在雲南的歷史與現狀〉，載《中國道教》2011年
第6期，頁38–44。

───主編：《雲南道教碑刻輯錄》，北京：中國社會科學出版社，
2013年。

───、萬上行：〈雲南保山道教「長春靈寶派」科儀研究──以三
日道場為例〉，載上海市道教協會、華東師範大學等主編：《正
一道教研究國際學術會議論文彙編（下）》，上海：上海市道教
協會、華東師範大學，2013年，頁243–255。

謝聰輝：《新天帝之命：玉皇、梓潼與飛鸞》，台北：台灣商務印書
館，2013年。

───：〈繳籙研究：以南安市樂峰鎮黃吉昌道長歸真為例〉，載蓋
建民主編：《「回顧與展望：青城山道教學術研究前沿問題國際
論壇」文集》，成都：巴蜀書社，2016年，頁622–644。

───：〈道壇譜系與道法研究──以黃吉昌道長歸真繳籙儀式為
例〉，載《宗教哲學》2016年第78期，頁53–84。

───：《追尋道法：從台灣到福建道壇調查與研究》，台北：新文
豐出版公司，2018年。

───：〈閩中瑜珈法教官將的來源與特質考論〉，載《輔仁宗教研
究》2020年第40期，頁71–98。

藍松炎、呂鵬志編：《江西省銅鼓縣棋坪鎮顯應雷壇道教科儀》，台
北：新文豐出版公司，2014年。

譚其驤、張修桂:〈鄱陽湖演變的歷史過程〉,載《復旦學報》1982年第2期,頁42–51。

羅爭鳴:〈趙道一《歷世真仙體道通鑒》的編撰、刊刻與流傳論考〉,載《宗教學研究》2018年第3期,頁36–44。

龔巨平:〈南京明代鍾山告天文發覆〉,載《南京曉莊學院學報》2014年第3期,頁77–80。

(二)日文論著

丸山宏:《道教儀禮文書の歷史的研究》,東京:汲古書院,2004年。

秋月觀暎:《中國近世道教の形成:淨明道の基礎的研究》,東京:創文社,1978年。

畑忍:〈道士劉淵然初探——その事跡と道教史上における位置〉,載《中國文史論叢》2009年第5號,頁101–118。

宮川尚志:〈祈雪儀礼と道教〉,載牧尾良海博士喜寿記念論集刊行会編:《儒・佛・道三教思想論攷:牧尾良海博士喜寿記念》,東京:山喜房佛書林,1991年,頁197–212。

酒井規史:〈南宋時代の道士の稱號——經籙の法位と「道法」の職名〉,載《東洋の思想と宗教》2008年第25號,頁115–134。

莫尼卡:〈清代道教における三教の寶庫としての『道藏輯要』在家信徒と聖職者の權威の封峙〉,載麥谷邦夫編:《三教交涉論叢続編》,京都:京都大學人文科學研究所,2011年,頁431–469。

(三)西文論著(按字母順序排列)

Ang, Isabelle. "The Revival of the Cult of Xu Xun in Jiangxi Province: The Pilgrimage to Xishan, and the Annual Rites in a Clanic Village." 載《道教學刊》2018年第1輯,頁111–132。

———. "How the Daoist Master of a Village Helps to Keep Alive a Local Cult: A Case Study in Jiangxi." 載柯若樸、高萬桑、謝世維主編：《道教與地方宗教——典範的重思國際研討會論文集》，台北：漢學研究中心，2020年，頁309–321。

Boltz, Judith Magee. "Exploring the Daoist Canon for Ritual Counterparts to Xinggan Xi (醒感戲)." 載連曉鳴主編：《天台山暨浙江區域道教國際學術研討會論文集》，杭州：浙江古籍出版社，2008年，頁447–479。

Little, Stephen, and Eichman, Shawn. *Taoism and the Arts of China*. Chicago: University of California Press, 2000.

Luk, Yu-ping. *The Empress and the Heavenly Masters: A Study of the Ordination Scroll of Empress Zhang (1493)*. Hong Kong: The Chinese University of Hong Kong Press, 2015.

Reiter, Florian C. *Basic Conditions of Taoist Thunder Magic*. Wiesbaden: Harrassowitz Verlag, 2007.

Schipper, Kristofer M. "Master Chao I-chen 趙宜真 (?–1382) and the Ch'ing-wei 清微 School of Taoism." 載秋月觀暎主編：《道教と宗教文化》，東京：平河出版社，1987年，頁716–734。

———, and Franciscus Verellen (eds.). *The Taoist Canon: A Historical Companion to the Daozang*, vol. 2. Chicago: The University of Chicago Press, 2004.

Wang, Richard G. "Liu Yuanran and Daoist Lineages in the Ming." 載《道教研究學報》第7期，香港：香港中文大學出版社，2015年，頁265–335。

後記

　　雖然成長於萬壽進香的「南朝」路綫之上，並且在西山萬壽宮恢復開放的數年內，已跟隨父親前往遊覽，但當時並非香期，是否燒過香，已毫無印象。只記得一些殘垣斷壁，以及之後一直別在家中每一扇紗窗、紗門上的紀念徽章。這些負載著「淨明忠孝」的陰陽魚，大約保護了我的童年、少年，也在我心中埋下了西山勝境，儘管那時只是朦朧地知道那裏有位同姓的神仙——許真君。大學三、四年級時，一邊著手完成先秦易學史方面的畢業論文，一邊也開始為將來的碩士論文作準備。在短暫地將目光投向《鏡花緣》，以及因在天大圖書館處理圖書時購得楊爾增小說而一度考慮研究韓湘子後，決定還是回歸鄉土。如果從那時初步收集和閱讀相關文獻、研究算起，我進入淨明道研究領域已接近二十年。

　　本書是由我近年承擔的國家社會科學基金「淨明道科儀文書收集、整理與研究」項目成果，以及結項之後陸續撰寫的系列論文所構成，既是我持續近二十年淨明道研究的總結性論述，也是我走出淨明道，轉向近世道教科儀與法術研究的起點。本書的部分內容或在兩岸三地高校、學術機構及道教宮廟主辦的講座、課程及學術會議報告過；或在兩岸三地專業刊物、會議文集及大型叢書中先行刊登公佈，收入本書時做了相應的修訂與調整。

　　本書在研撰過程中得到家嚴、家慈及內子的支持，也得到曹凌教授、郭武教授、侯沖教授、王崗教授、吳真教授、岳涌研究員、趙益教授、高振宏教授、黎志添教授、李豐楙教授、李平亮教授、羅爭鳴教授、丸山宏教授、謝聰輝教授、巫能昌教授、謝世維教授、尹翠琪教授、尹志華教授、張超然教授、朱明川博士、李顯光先生、施慧侖女士、X女士、李倩道長、童誠道長、何劍青道長、H道長、鞠靜儉道長、談三沅道長、汪登偉道長、熊國寶道長及已故傅國強道長等師友的幫助和建議，謹致謝忱。另外，由衷感謝李豐楙教授的青眼！作為淨明道研究的開拓者之一，李老師為本書賜下大序，意義自屬非凡！最後，特別感謝黎志添教授一直以來的照拂，無論是邀請我赴香港中文大學報告研究進展、提供發表平台，還是慨允本書投稿「道教研究學術論叢」！本書能得到諸位道教及淨明道研究領域先進的肯定，深感榮幸！

壬寅五月朔上海封鎖逾兩月
鍾陵石蟾子誌於如不來室

【人名索引】

三劃

上官良佐 9–11, 50, 146, 154, 157, 160

四劃

支寶慈 249

方從義 10

毛澤東 23

王直 162–163, 167–168, 170, 173, 179, 184–185, 189–190, 196–198, 200, 207, 210–211

王契真 6, 70, 72, 75–77, 80, 82, 84, 100–101, 103–104, 106–107, 109–115, 117–123, 203, 241

王龍溪 215

五劃

丘處機 198, 200, 211

甘玉亭 288–290, 298, 301

白玉蟾 2, 42, 48–49, 168–170, 198, 200, 218, 220–223, 250, 252, 254–255, 259, 273–274, 284, 299, 303–307, 314–315, 331–332

六劃

朱法滿 214

朱思本 8, 50

朱春陽 365–369, 372, 374, 379–380

朱道朗 1, 19, 137, 274, 343, 347–349, 352, 376

朱德 23, 37, 66

朱權 2, 8, 49, 125, 157, 187, 241, 258

邢道堅 309, 312, 314–315, 317

七劃

何守證 1, 48

何遠生 227, 229–233, 235–237, 242, 258, 266–267, 269, 282, 321, 378

吳猛 2, 3, 17, 179, 217–218, 240, 249, 256, 304–306, 308–309, 321, 323, 331–332

呂元素 251

呂洞賓 129, 158, 377

呂祖 19, 188, 318, 330, 337, 352–353, 355, 361, 363–372, 374–375, 377–381

宋道昇 315, 317

李得晟 201, 211, 213

李誠心 30, 37, 63, 66, 338

李道純 129, 157

李贄 190, 210

杜光庭 214, 219, 249–250, 252

邵元節 201–202, 213

邵以正 2, 13–18, 43, 45, 50, 52–53, 161–163, 165–170, 173–175, 180–186, 189–190, 196–198, 200–203, 206–213, 241, 255, 303, 383–384, 388–389, 403

邵志琳 366–367, 369, 372–373, 379–380

八劃

周方文 1, 3–5, 122, 270, 344–345, 376

周必大 220, 252, 259, 273

周定觀 13, 175

周麟之 3, 251, 269–271, 276

林靈真 252–253

金允中 2, 6, 43–45, 70–72, 74–79, 86–87, 89–91, 96, 98–100, 111, 115, 117–122, 187, 196, 241, 251–252, 258

金蓬頭 9, 44, 51, 125, 138–146, 155, 159, 180, 183–184, 192, 199

九劃

哀德淵 11, 190, 194, 205–207, 209

施岑 46, 218, 230, 249, 256, 268, 285, 303–309, 311–312, 314–317, 321, 323–324, 326, 329–331, 333, 337

胡文煥 175, 186, 387

胡慧超 7, 12, 131, 134, 137, 178–179, 188, 224, 303, 305–306, 331, 343

胡儼 51, 170, 172–174, 184, 207, 212, 215

范仲淹 159

十劃

孫元明 314, 316–317, 335–336

孫德彧 9, 132, 139, 146

徐慧 9–14, 18, 43, 125, 136–137,
　　146, 154, 156, 160, 187–188,
　　224, 241
翁葆光 157
袁守真 288, 301
陳天和 8–10, 136–137, 146
陳致虛 215, 365
陳錦簾 363, 365–366, 369, 372,
　　374

十一劃
張之洞 355
張元旭 56
張天全 10, 13, 45, 51, 154, 160,
　　164, 168–170, 190, 192,
　　198–199, 201, 210, 213
張正常 10
張宇初 139, 159, 162–163,
　　168–170, 182–184, 189, 191,
　　200, 207, 209
張虛靖 136, 158–159
張萬福 214, 252
張道陵 3, 5, 49, 116, 309
張與材 139
張勳 21–22, 56, 227, 236, 256,
　　321, 340, 344, 356–357, 378
張懋丞 175, 210
曹希鳴 51, 189–190, 195, 200,
　　209

許宗聖 6–7, 49, 134, 137, 158

十二劃
喻道純 16, 170, 184, 189, 197,
　　201–202, 212–213, 310, 334
彭定求 175–176, 188, 387
曾貴寬 10, 181
閔一得 367–369, 379–381
黃元吉 1, 7–9, 44, 125, 132, 134,
　　136–140, 146, 155, 188, 224
黃公望 159

十三劃
楊上達 228–229, 263, 274, 299
楊士奇 191, 200, 210, 212
楊榮 170
董漢策 381
虞集 8, 50, 132, 134, 138–139,
　　158, 252
詹義階 52, 147–148, 150, 166
賈守澄 315–317

十四劃
熊式輝 24, 36, 58
趙宜真 2, 8, 10–14, 16, 45, 51–52,
　　125, 136, 153–154, 156, 160–
　　170, 172, 174, 176, 179–184,
　　186, 189–193, 195–215, 224,
　　241, 255, 384
趙道一 53, 189, 209–210

十五劃

劉天素 9, 44, 132, 134–140, 145–147, 155–156

劉玉 1–2, 6–8, 10, 12, 17, 19, 43, 45, 49–50, 115, 125–126, 131–132, 134, 136–139, 146, 157–158, 160, 167, 178–180, 187–188, 224, 228–229, 231, 241, 258, 261, 383

劉海蟾 159, 371

劉淵然 11–16, 18, 45, 51–52, 136, 154, 161–162, 164, 166–167, 170, 172, 174–190, 193, 195–198, 200–202, 204, 206–212, 214–215, 224, 241, 255, 310, 334, 384

劉混康 123

蔡來鶴 367, 379–380

蔣予蒲 344, 353

蔣介石 22, 24–25, 57–59

蔣日和 201, 212–213

蔣叔輿 119, 252

十六劃

鮑廷博 367, 379–381

十七劃

謝守灝 218, 250, 303, 305, 331

謝西蟾 9, 50, 132, 146, 158, 160

謝枋得 251

韓守松 35, 65

十九劃

羅念庵 215

譚蘭甫 318, 320, 330, 337, 355, 378

【地名索引】

二劃

九江 305, 307–308, 332

三劃

三皇宮 318, 320, 337, 355, 377

大上清宮 10, 51

大木頭街 310–312

上饒 326, 340, 359

四劃

天后宮 201, 213

天慶觀 309–312, 330, 334–335

五華觀 198

五靈道院 9, 44, 132, 139, 147, 155

五劃

玉隆宮 7, 220, 222, 238, 242, 249, 255, 259–260, 268, 276, 283–284, 307

玉隆萬壽宮 1, 5–8, 19, 46, 50, 53,
　　55, 132, 139, 146, 250–251,
　　259, 262, 270, 277–279,
　　285–286, 297, 304, 312, 314,
　　316–317, 321, 335–337, 344
玉隆觀 305
玉虛觀 3, 344
甲戌坊 22, 56, 321, 356, 378
白雲觀 167, 184, 197–198, 201,
　　211
白鶴山 10, 51, 193, 267–268, 308
玄妙觀 11, 170–171, 195, 309,
　　369, 371–372, 375
永新 13, 51, 175, 302

六劃
吉安 9–11, 13, 24, 55, 60, 146,
　　154, 175, 212, 296, 302,
　　318–319
老河口 296, 318, 320, 355
西山 1–2, 7, 15, 19, 22, 24–28,
　　30, 36–38, 46–47, 49, 55, 58,
　　60, 62–63, 66–67, 125, 132,
　　141, 157–160, 175, 178, 180,
　　185, 218–225, 228–229, 238,
　　241–242, 244–245, 249–250,
　　254, 259–260, 262, 264, 268,
　　271, 274–275, 277, 279, 295,
　　297, 303–305, 308, 310–312,

314–317, 321–322, 327,
　　329–331, 336, 341, 404
西山萬壽宮 1, 19–22, 24, 26,
　　28–33, 36–38, 41–42, 45–46,
　　54–55, 57–67, 221–223, 225–
　　226, 229, 238, 250, 252–256,
　　259, 262, 268, 270, 274, 279,
　　297, 305, 312, 317, 321–330,
　　337–341, 355–356, 378
西山道院 170, 209, 285, 310, 312,
　　334
安福 6–10, 50–51, 55, 192,
　　195–196, 210, 212

七劃
妙清觀 198

八劃
奉新 20–22, 55, 62–63, 223,
　　249–250, 256, 340, 356
武當山 284
青雲譜 19, 35, 52–53, 65–66,
　　137, 162, 184, 241, 257, 274,
　　344, 348–349, 351–352, 374,
　　376–377
長沙 249, 325, 336, 344, 353, 355
長春道院 51, 138
長春殿 167, 184, 197, 201, 211
長春觀 9, 44, 50, 132, 138–139,
　　147, 150, 152, 154–155

杭州 47, 55, 191, 343, 361–363,
　　367, 369, 371, 375, 378–379
昊天觀 13, 51, 175, 186
昇龍觀 307–308, 332–333
金陵 141, 184, 213, 262, 264, 296,
　　302, 308–313, 316–317, 321,
　　330, 333–335
金蓋山 367–368, 379–381
治平觀 10–11, 14

九劃
宜昌 287–290, 296, 301
宜黃 9, 44, 52, 138–139, 147–150,
　　154–155
南昌 1, 10, 13–14, 16–17, 19–24,
　　28–31, 34–37, 41, 46, 50–
　　51, 53–66, 146, 164, 169,
　　171–172, 175, 192, 218, 223,
　　229, 241, 244, 249–250, 253,
　　256–257, 260–262, 266–267,
　　273, 275, 284, 286, 295, 297,
　　300, 304, 308, 321, 327,
　　329–330, 338, 340, 356, 376
南昌萬壽宮 19, 21–22, 28–31,
　　34–35, 41, 46, 57, 59, 65–66,
　　327, 329–330
洪州 1, 5, 10, 19, 223, 249, 254,
　　259, 275, 277, 295, 303, 344
洞淵閣 10

洞淵觀 51
神樂觀 13–14
勇悟道院 309–310, 312–313,
　　315–317, 321, 330

十劃
泰宇觀 10, 164, 192
逍遙山 19–20, 52–53, 55, 65,
　　161, 179, 184, 221, 230–231,
　　249, 252, 254, 257, 259–260,
　　267–268, 273, 375, 300, 314,
　　320, 331, 335, 337, 340, 356,
　　377
凌雲巷 57, 321, 338, 357
高安 20, 24, 55, 58, 60, 63, 186,
　　221, 223–224, 228–229, 234,
　　236–238, 242, 250, 253–255,
　　258–259, 261, 268, 270,
　　273–275, 281, 283, 297, 300,
　　327, 333
海陵 3, 251, 270, 276, 376
悟真道院 311–312, 330
雩都 10, 192–193

十一劃
荻岡 366, 368–369, 374–375,
　　379–381
荻塆 367–368, 380
崇仁 3

崇真道院 309–310, 312–313, 330, 333

進賢 20, 45, 55, 217, 223, 229–231, 233, 238, 242, 244, 249–250, 257, 266–269, 274–275, 282–284, 297, 304, 308, 321, 325, 355, 378

麻城 284, 296

旌陽道院 10, 14, 50

清江 10, 20–21, 55, 223, 250, 254, 296, 318, 355

清都觀 9, 146, 157, 285, 297, 300

淨明壇 22, 57, 321, 356

涵三宮 353, 374, 377

十二劃

黃堂隆道宮 45, 252

朝天宮 184, 191, 200, 209, 212, 309–310, 334, 389, 403

雲怡草堂 365–367, 369, 371, 373, 380–381

雲怡堂 366–368, 379

雲巢 363, 365–369, 372–373, 379, 381

紫清宮 7

紫陽觀 10, 193, 203, 307

紫極宮 336

紫霄觀 162–168, 179, 189–203, 207–208

遂川 296, 318–319, 325, 337, 355

湖州 366, 368, 371, 373–374, 381

湘潭 318, 320, 337, 344, 353, 355

十三劃

瑞州 223, 255

新建 1, 17, 19–20, 24, 27–28, 37–38, 53–55, 60, 215, 223, 226, 242, 250, 273, 284, 297, 304, 333, 353

新喻 1, 3, 22, 55, 344

十四劃

嘉會坊 311, 330

嘉會酒樓 309–312

嘉會樓 310–312

鄱陽 20, 36, 55, 61, 66, 223, 250, 254, 256, 327

鄱陽湖 217, 250, 308, 330, 332–333

寧都 55, 360

十五劃

廣潤門 19, 22, 56, 278, 356, 378

慧空經房 362–363, 366, 379

撫州 9, 54, 57, 138, 149, 249, 254

十六劃

興山 288–289, 296–297, 301

興真古觀 45, 217, 229–231, 233,

236, 238, 242, 266–268, 282,
300, 321, 378
興真觀 230–231, 257, 267–268,
274, 297, 304, 308, 333
興國 10–11, 14, 50–51
龍女寺 295
龍虎山 10, 13, 56, 65, 138–139,
164, 171–172, 192, 209, 213,
254, 274, 293
龍泉觀 167, 170–174, 184–185,
187, 207, 334

十七劃
臨江軍 3, 5, 254, 344
濟瀆廟 3
翼真壇 1, 5–7, 49, 344

十八劃
豐城 8, 20, 24, 26–28, 36, 45–46,
54–55, 61, 66–67, 223,
249–250, 252–254, 279, 285,
297, 300, 317, 322, 325–327,
329–330, 338–341, 355

十九劃
廬山 17, 139, 217, 240, 249,
306–307, 332

二十劃
闡化文社 256, 296, 318–319,

322–323, 325, 329, 336–337,
355, 378
覺源壇 353, 374, 377

二十一劃
鐵柱延真宮 16–17, 19, 53, 253,
261, 278, 297
鐵柱宮 19–20, 35, 52, 241, 257,
260, 278, 284, 320, 356

二十四劃
贛州 10–11, 14, 170–171, 174,
190, 196, 203, 210, 213, 318,
360